Grundriß

der

Volkswirthschaftslehre.

Ein Leitfaden

für

Vorlesungen an Hochschulen und für das Privatstudium.

Von

H. v. Mangoldt.

Stuttgart.
Verlag von J. Engelhorn.
1863.

S.B.N-GB: 576.53166.9
Republished in 1968 by
Gregg Press Limited
1 Westmead
Farnborough Hants
England
Printed in Germany

Den Meistern

Georg Hanssen in Berlin

Wilhelm Roscher in Leipzig

zum Zeichen inniger Verehrung und aufrichtiger Dankbarkeit für vielfache Förderung durch Wort und That

gewidmet

vom

Verfasser.

Vorrede.

Dieses Buch ist zunächst zum Gebrauche bei meinen eigenen Vorlesungen bestimmt. Insofern bedürfte es keiner Vorrede. Da indessen vielleicht der eine oder der andere meiner Collegen nicht abgeneigt ist, sich dasselbe darauf anzusehen, ob es auch ihm für den gleichen Zweck passe, so halte ich es für nöthig, mich kurz über die Hauptgesichtspuncte auszusprechen, von denen ich bei der Abfassung ausgegangen bin.

Vor Allem war es mir um eine consequent durchgeführte Systematik zu thun, welche den innern Zusammenhang der verschiedenen volkswirthschaftlichen Lehren ans Licht stellte. Ich lege auf dieselbe hauptsächlich aus zwei Gründen ein besonderes Gewicht. Einmal bin ich der Meinung, daß die Vorlesungen vorzugsweise die Aufgabe haben, den Zuhörer zu eigenem Nachdenken anzuregen, und daß dies dauernd nur dann gelingen kann, wenn man es dem letzteren zum Bewußtsein bringt, wie der ganzen Darstellung eine consequent fortschreitende Begriffsentwickelung zu Grunde liegt. Und sodann schien es mir ein praktisches Bedürfniß, denjenigen Zuhörern, welche eine oder ein paar Stunden versäumt haben, das Sichwiederzurechtfinden in dem Gange der Vorlesung zu erleichtern, wozu die Folgerichtigkeit der Anordnung dieser das beste Mittel bietet.

Ein Uebelstand ist freilich bei diesem Verfahren. Ich rede nicht von der Unmöglichkeit, in welche es den Lehrer versetzt, über gewisse schwierige Probleme mit Stillschweigen oder höchstens mit einigen nichtssagenden Wendungen hinwegzugehen. Was ich meine, ist die Nöthigung, die einzelnen Puncte im Verhältniß nicht zu ihrer materiellen, sondern zu ihrer formellen Bedeutung zu behandeln. Manches minder Wichtige tritt dabei unvermeidlich in den Vordergrund und ungleich Bedeutsameres zurück. Wenn verschiedene Möglichkeiten gegeben sind, will eine jede abgewogen sein, wenn auch vielleicht eine fast immer und eine andere fast nie sich verwirklicht u. s. w. Dazu kommt noch ein Anderes. Um die einzelnen Gesetze in ihrer vollen Einfachheit darzustellen, läßt es sich nicht umgehen, die Berücksichtigung störender Einwirkungen von vornherein durch eine Reihe von Voraussetzungen abzuschneiden, durch welche man sich von dem Boden der Wirklichkeit entfernt. Die Darstellung bekommt dadurch nothwendig etwas Trockenes und Steifes.

Dem hat nun das lebendige Wort des Lehrers abzuhelfen. Mein Grundriß soll die Vorlesungen nicht entbehrlich machen, sondern nur einen Leitfaden für dieselben bieten. Dies führt noch auf einen zweiten Punct, den ich bei der Abfassung meines Buches vorzugsweise im Auge gehabt habe. Je mehr ich es für geboten erachtet, in der Anlage der ganzen Vorlesung streng einen systematischen Gedankengang zu verfolgen und dies auch den Zuhörern zum Bewußtsein zu bringen, desto mehr mußte ich auch das Bedürfniß anerkennen, in der Ausführung des Einzelnen dem Ermessen des Lehrers freien Spielraum zu lassen. Eine gute Vorlesung will, so oft sie wiederholt wird, neu reproducirt sein. Der Lehrer verlangt, seine Individualität und seinen jeweiligen Entwickelungszustand zur Geltung zu bringen, auch die Zuhörer und ihre Anforderungen sind nach Zeit und Art fortwährend verschieden; selbst die Interessen der Zeit wollen berücksichtigt sein. Deßhalb mußte ich darauf bedacht sein, Jeden, der mein Buch als Lehrer benützen will, zunächst also mich selbst, für den Vortrag nicht weiter zu fesseln, als durch die Rücksicht auf die Systematik geboten war. Dies ist der Grund, weßhalb ich namentlich die Anwendung der einzelnen Lehren auf das Leben regelmäßig nur bis zu allgemeinen Andeutungen verfolgt und mit ganz wenigen Ausnahmen mich der Heranziehung praktischer Beispiele enthalten habe. Nicht daß ich die Beziehung auf die Praxis bei der Lehrthätigkeit für entbehrlich halte, sondern weil ich glaube, daß Art und Maß dieser Beziehung in jedem einzelnen Falle dem Lehrer überlassen werden muß.

Auf der andern Seite bin ich mit meinen Andeutungen an mehreren Stellen weiter gegangen, als vielleicht Manche zu billigen geneigt sein werden, indem ich hier und da auch auf die allgemeinen Grundsätze hingewiesen habe, die sich aus den Sätzen der Volkswirthschaftslehre für das Verhalten der Regierungen ergeben. Ich bin mir sehr wohl bewußt, welche Vortheile die Lostrennung der Volkswirthschaftspolitik von der Volkswirthschaftslehre für die Behandlung dieser letzteren hat, auf dem Katheder aber scheint es mir unmöglich, diese Scheidung streng durchzuführen, und ich habe mir daher kein Gewissen daraus gemacht, wo die Gedankenentwickelung es nahe legte, jene Grenze um einige Schritte zu überschreiten, es im Uebrigen der jedesmaligen Erwägung des Lehrers überlassend, ob und wie weit er auf diesem Wege noch weiter vorwärts gehen will.

Ich bezeichne mein Buch als einen Leitfaden für Vorlesungen an Hochschulen und für das Privatstudium. Was die erstere Bestimmung betrifft, so beeile ich mich zu erklären, daß ich bei der Bezeichnung, Hochschulen nicht bloß an Universitäten, sondern ebenso an Polytechniken, Handelsakademien und ähnliche Anstalten gedacht habe. Bei den Ansprüchen, die heutzutage auf diesen verschiedenen Anstalten an die Besucher gemacht werden, glaube ich nicht, daß der wissenschaftliche Character einer Vorlesung über Volkswirthschaftslehre für Polytechniker, Akademiker ꝛc. ein wesentlich anderer zu sein braucht, wie für Studenten. Nur die Ausführung im Einzelnen wird je nach den verschiedenen Interessen verschieden ausfallen müssen; gerade in Bezug auf sie läßt aber, wie gesagt, der Grundriß dem Lehrer freie Hand. Daß derselbe andererseits eine gewisse Reife des Denkvermögens bei den Lesern voraussetzt und um deßwillen nicht auf die Benutzung in Schulen mittlerer und niederer Ordnung berechnet ist, brauche ich nicht besonders hervorzuheben.

In welchem Sinne ich ihn als Leitfaden für das Privatstudium bezeichne, läßt sich aus den vorangegangenen Auseinandersetzungen leicht abnehmen. Er soll das Studium der grundlegenden Hauptwerke und des einen oder des andern unserer größern Systeme nicht ersetzen, wohl aber dasselbe erleichtern, in ihm zurechtweisen und es abkürzen.

Für diese letztere Benutzung sind die Litteraturnachweise vornehmlich berechnet. Von diesem Gesichtspuncte aus habe ich sie auf folgende Kategorien von Schriften beschränken zu dürfen geglaubt: 1) die wichtigsten und verbreitetsten Handbücher, von denen Rau und Roscher namentlich auch als Fundstätten weiterer Litteraturnachweise benützt werden mögen; 2) die grundlegenden Hauptwerke, sei es für die gesammte Wissenschaft, sei es für einzelne Lehren; 3) einige neuere Erscheinungen, die erst seit den letzten Auflagen von Rau und Roscher erschienen und dort daher noch nicht citirt sind. Ich will übrigens hier bemerken, daß die ersten Bogen schon vor längerer Zeit gedruckt sind. Heute würde ich an mehreren Stellen noch Verschiedenes hinzuzufügen haben, wie die Preisschrift von Hanssen über die Aufhebung der Leibeigenschaft in Schleswig-Holstein, die neuesten Schriften von A. Wagner, die Monographie von Michaelis über das Monopol der Eisenbahnen, das letzte Werk von Dankwardt über den Zusammenhang der Nationalökonomie und Rechtwissenschaft, die theory of exchanges (deutsch mit Anmerkungen von Schübler) ꝛc.; 4) solche Schriften, denen ich in einzelnen Fällen speciell in der Darstellung gefolgt bin. Nur aus diesem Grunde bitte ich es erklären zu wollen, daß ich auch meine eigene Schrift über den Unternehmergewinn und meine Aufsätze in dem deutschen Staatswörterbuch verschiedentlich citirt habe. Es ist das übrigens nur an solchen Stellen geschehen, wo mir eine Hinweisung, sei es zur bessern Verdeutlichung, sei es zur Rechtfertigung der vorgetragenen Meinung erforderlich schien. Ungern habe ich mir es versagt, mit den Citaten weiter zu gehen und dadurch ein Zeugniß von dem Werthe, den ich vielen nicht genannten Leistungen beimesse, abzulegen, aber eine Grenze mußte gezogen werden, und ich muß mich auf eine andere Gelegenheit vertrösten, um zu zeigen, daß ich der Verdienste manches von mir hochverehrten Mannes nicht uneingedenk bin.

Ueber den Inhalt meines Buchs im Einzelnen noch Bemerkungen an dieser Stelle hinzuzufügen, halte ich für unnöthig. Nur zwei Puncte will ich kurz berühren. §. 132 enthält eine Bezugnahme auf den zweiten Theil des isolirten Staates. Man wird es, hoffe ich, gerechtfertigt finden, daß ich es dem Andenken eines Mannes wie Thünen schuldig zu sein glaubte, auf seine Ansichten auch da hinzuweisen, wo sie eine unmittelbare Bedeutung für die Beurtheilung der Wirklichkeit nicht haben und meines Dafürhaltens der Begründung entbehren. Ebenso schien es mir geboten, die von J. S. Mill angeregten Untersuchungen über die Gleichung der internationalen Nachfrage einmal wirklich durchzuführen. Für die Vorlesungen eignen sich dieselben natürlich nicht, und ich habe sie deßhalb in eine Anmerkung am Schlusse (zu §. 73 gehörig) verwiesen. Wenn keine andere, so dürfen sie doch wol die Bedeutung einer Denkübung in Anspruch nehmen.

Und so sei denn dieses Buch mit aller Bescheidenheit dem Wohlwollen der Fachgenossen bestens empfohlen. Daß es nicht flüchtig hingeschrieben, sondern aus vielfach wiederholtem Nachdenken hervorgegangen ist, werden sie, wie ich hoffe, nicht verkennen. Auf der andern Seite bin ich mir der Undankbarkeit der Aufgabe, die ich zu lösen versucht habe, wohl bewußt. Es ist lockender und lohnender praktische Specialfragen zu bearbeiten, als sich um eine möglichst gedrängte Darstellung einer allgemeinen Theorie, welche erst durch den mündlichen Vortrag Fülle und Leben erhalten soll, abzumühen. Ein treuer Jünger der Wissenschaft soll aber die Aufgaben nehmen, wie sie ihm geboten werden, nicht wie er sie sich aussucht, und ich bin durch meinen Beruf auf die vorliegende hingeführt worden. Möge ein unparteiisches Urtheil finden können, daß ich sie nicht ganz verfehlt habe.

Göttingen, den 13. August 1862.

H. v. Mangoldt.

Inhaltsverzeichniß.

Erstes Buch.

Volkswirthschaftliche Propädeutik.

Erstes Kapitel.

Allgemeine Grundbegriffe.

Zweites Kapitel.

Das Verhältniß der Volkswirthschaftslehre zu andern Wissenschaften und die Methode ihrer Behandlung.

Zweites Buch.

Von der Entstehung der Werthe, insbesondere von der Production.

Erstes Kapitel.

Werthentstehung im Allgemeinen. — Nichtwirthschaftliche Werthentstehung insbesondere.

Zweites Kapitel.

Production.

Erster Abschnitt.

Nothwendigkeit, Aufgabe, Modalitäten, Bedingungen des Erfolgs der Production.

Zweiter Abschnitt.

Die äußern Vorbedingungen der Production.

A. Die natürlichen Vorbedingungen.

B. Die socialen Vorbedingungen.

Dritter Abschnitt.

Die Arbeit.

A. Die nationale Arbeitskraft.

Die besondern Voraussetzungen eines erleichterten Güterumlaufs.

I. Die Ausbildung der Kunst der Waarenconservirung und des Transportwesens.

Drittes Kapitel.

Das Tauschverhältniß der Güter.

Abtheilung I.

Das Tauschverhältniß der Güter im Allgemeinen.

Abtheilung II.

Vom Maßstabe des Tauschwerthes.

Abtheilung III.

Vom Werthe des Geldes insbesondere.

Viertes Buch.

Die Vertheilung der Güter.

Erstes Kapitel.

Von den Kosten und dem Ertrage der Production.

Seite

Dritter Abschnitt.

Vom Lohne.

Vierter Abschnitt.

Von der Rente und von der Einbuße.

Abtheilung III.

Das Verhältniß der verschiedenen Einkommenszweige zu einander.

Anhang.

Fünftes Buch.

Vom Untergang der Werthe, insbesondere von der Consumtion.

Erstes Kapitel.

Untergang der Werthe im Allgemeinen. Unabsichtlicher Werthuntergang insbesondere.

Zweites Kapitel.

Consumtion.

Anhang.

Die ethische Bedeutung der unproductiven Consumtion.

Anmerkungen.

Erstes Buch.

Volkswirthschaftliche Propädeutik.

Erstes Capitel.

Allgemeine Grundbegriffe.

Adam Smith. An Inquiry into the nature and causes of the wealth of nations 1776 und seitdem in zahlreichen Auflagen. Neueste deutsche Uebersetzung von C. W. Asher. Ueber die Quellen des Volkswohlstandes, Stuttgart 1861. — J. B. Say. Cours complet d'économie politique pratique 1828 bis 1829 und seitdem öfter. Deutsche Uebersetzung von R. Stirner unter dem Titel: ausführliches Lehrbuch der praktischen politischen Oekonomie. Leipzig 1845. — K. H. Rau. Grundsätze der Volkswirthschaftslehre (auch als erster Band des Lehrbuchs der politischen Oekonomie). Leipzig u. Heidelberg 1. Auflage 1826, 6. 1855. — F. B. W. Hermann. Staatswirthschaftliche Untersuchungen über Vermögen, Wirthschaft, Productivität der Arbeiten, Capital, Preis, Gewinn, Einkommen und Verbrauch. München 1832. — W. Roscher. Die Grundlagen der Nationalökonomie (auch als Band I des Systems der Volkswirthschaft). Stuttgart und Augsburg zuerst 1854, 4. Aufl. 1861. — J. Stuart Mill. Principles of political economy with some of their applications to social philosophy, zuerst 1847, seitdem drei neue Auflagen. Deutsche Uebersetzung von Ad. Soetbeer. Grundsätze der politischen Oekonomie, nebst einigen Anwendungen auf die Gesellschaftswissenschaft. Hamburg 1852.

§. 1.

Bedürfniß, Werth, Gut.

Ad. Smith (Asher'sche Uebersetzung) I S. 25 ff. — Say, Thl. I Abthl. 1 (Stirner I S. 80 ff.). — Rau, §. 46 ff. — Hermann, S. 1 ff. — Roscher, §. 1 ff. — Mill (Soetbeer) I S. 451.

Alle lebenden Wesen haben zu ihrer Existenz und Fortentwickelung nöthig, mit der sie umgebenden Außenwelt gemäß dem ihnen innewohnenden Lebensgesetze in gewisse Beziehungen zu treten. Dieses Nöthighaben heißt Bedürfen. Jede einzelne Anforderung des Lebensgesetzes ein Bedürfniß, die Gesammtheit der Bedürfnisse überhaupt oder in einer bestimmten Richtung der Bedarf.

Das Vorhandensein eines Bedürfnisses pflegt für das bedürfende Subject mit einem Gefühle des Mangels, der Unlust, die Erfüllung mit einem Gefühle der Lust, der Befriedigung verbunden zu sein.

Der Mensch, hiedurch auf seine Bedürfnisse aufmerksam gemacht, wird vermöge seiner Vernunft sich derselben nicht nur bewußt, sondern lernt auch die Außenwelt in ihren einzelnen Bestandtheilen unterscheiden und diese nach ihrer Fähigkeit, seinen Bedürfnissen zu entsprechen oder mit denselben in Widerspruch zu treten, beurtheilen, schätzen.

Die den Gegenständen der Außenwelt in Folge der ihnen zuerkannten Fähigkeit, einem Bedürfniß zu entsprechen, beigelegte Bedeutung nennen wir Werth (im weitesten Sinne), die Gegenstände, welchen wir einen Werth beilegen, Güter.

§. 2.

Folgerungen aus dem Werthbegriff, abstracter und concreter Werth.

Rau, §. 58 ff. — Roscher §. 4 ff. — Friedländer, Theorie des Werths, Dorpat 1852. — Knies, in der Zeitschrift für die ges. Staatswissenschaft 1855 S. 421 ff.

Der Werth ist keine den Gütern innewohnende Eigenschaft, sondern eine ihnen von außen beigelegte Beziehung auf ein bestimmtes Subject. Es giebt also keine Güter und keinen Werth derselben an sich, sondern nur im Hinblick auf bestimmte Subjecte. Hierin liegt einerseits die Vergleichbarkeit aller Güter, andrerseits die Möglichkeit der Werthverschiedenheit der nämlichen Güter für verschiedene Personen, auf der die Möglichkeit eines freien Tauschverkehrs beruht.

Diese concrete Auffassung des Werthes als einer Beziehung bestimmter Gegenstände auf bestimmte Subjecte erfährt bisweilen eine abstracte Erweiterung und zwar in doppelter Richtung:

a) in Beziehung auf das Subject. Gegenständen, welche zur Befriedigung von Bedürfnissen dienen, welche unter einer Mehrzahl von Personen verbreitet sind, wird Werth schlechthin beigelegt, indem man stillschweigend die betreffenden Personen sich zu einer Gesammtheit vereinigt vorstellt oder aus ihnen eine Durchschnittspersönlichkeit abstrahirt.

b) In Bezug auf das Object. Die meisten Güter sind in einer Menge mehr oder minder gleichartiger Exemplare vorhanden. Indem man diese zu einer Einheit zusammenfaßt, entsteht der Begriff der Gütergattungen und mit ihm der des Gattungswerthes.

Die Höhe des Werthes der Gütergattungen bestimmt sich:

1) nach der Dringlichkeit und dem Umfange der Bedürfnisse, welchen sie abzuhelfen geeignet sind;

2) nach der größeren oder geringeren Vollständigkeit und Vollkommenheit, in welcher diese Befriedigung von ihnen zu erwarten ist (Specieswerth). —

Für die Bestimmung des Werthes concreter Gütermengen oder Exemplare kommt aber außer diesen beiden Punkten noch in Betracht:

3) die größere oder geringere Sicherheit der Verwendung,

4) das Verhältniß, in welchem das einzelne Gut zur Gesammtmenge des verfügbaren Vorrathes steht. Einen je größeren Bruchtheil von diesem es ausmacht, um so größer ist sein Werth.

§. 3.

Eintheilungen der Güter.

Hermann, S. 1 ff. Rau, §. 46 ff. Roscher, §. 3.

Die Güter lassen sich eintheilen

1) ihrer Natur nach:

a) in sinnlich bestimmte Güter (Sachen, Sachgüter);

b) in solche, deren gegenständliche Abgeschlossenheit nur auf unserer Abstraction beruht.

Diese letzteren sind theils Kräfte, Fähigkeiten, Neigungen, Tendenzen, theils Zustände und Verhältnisse, sowohl zwischen dem Werthsubjecte und Dritten, als zwischen Dritten untereinander — durch Gesetze oder

Verträge gesichert werden sie zu Rechten —, theils einzelne bestimmte Aeußerungen und Wirkungen jener Kräfte und Verhältnisse, die von uns als abgesonderte Gegenstände aufgefaßt werden, Leistungen, Dienste;

2) nach der Art der ihnen zugedachten Verwendung:

a) Güter von unmittelbarem,

b) Güter von mittelbarem Werthe.

Diese sind:

α) Hülfsmittel und Werkzeuge;

β) Güter, die zu Herstellung oder Erwerbung anderer Güter geopfert werden müssen.

aa) Güter, die zu diesem Zwecke verzehrt werden;

bb) Güter, die zu diesem Zwecke an Andere abgetreten werden. Die Fähigkeit der Güter, sich gegen andere Güter zu vertauschen, heißt ihr Tauschwerth, Werth im engern Sinn, welchem man alsdann den Gebrauchswerth als die den Gütern zuerkannte Fähigkeit, unmittelbar in der eigenen Wirthschaft gebraucht zu werden, entgegenzusetzen pflegt.

3) Nach der Einwirkung der Verwendung auf den Fortbestand des Werthes:

Vernutzungs-, Abnutzungs-, Nutzungs-Güter;

4) nach der Stellung, welche der Mensch zu Herstellung und Erwerbung der Güter einnimmt:

Freie, wirthschaftliche Güter;

5) nach dem Verhältnisse zu den Personen, denen die Güter zu dienen bestimmt sind:

Allgemeine, Besitzgüter.

Damit Güter Besitzgüter werden, ist einestheils die natürliche und sociale Möglichkeit der Beherrschung derselben, anderntheils in der Regel eine bestimmte Veranlassung, sie dieser Herrschaft zu unterwerfen, erforderlich.

§. 4.

Vermögen, Reichthum, Eintheilung des Vermögens.

Rau, §. 46 ff. — Hermann, §. 5 ff. — Roscher, §. 7 ff.

Die Gesammtheit der einem Subjecte zustehenden Besitzgüter heißt dessen Vermögen, ein großes Maß von Vermögen, insbesondere im Vergleich mit dem Anderer, Reichthum. Den Maßstab des Vermögens und des Reichthums giebt, insoweit man eine Wirthschaft als auf regelmäßige Tauschbeziehungen zu andern (Verkehr §. 6) begründet betrachtet, der Tauschwerth; insofern man sie als in sich geschlossen auffaßt, wie man es im Allgemeinen bei der Wirthschaft des Volkes als Ganzen muß, der Gebrauchswerth der Güter.

Das Vermögen zerfällt für die im Verkehr stehenden Wirthschaften

1) in Verbrauchsvorrath;

2) in solche Güter, welche bestimmt sind, in ihrem Werthe dauernd erhalten zu werden und nur durch die Nutzungen, welche sie gewähren, zu dienen — Capital, Stammgut.

Das Capital ist entweder Nutzcapital oder Erwerbscapital, und das letztere theilt sich wiederum in Leihcapital und Productivcapital, das Productivcapital aber zerfällt in stehendes und umlaufendes, je nachdem bei der Production nur die Nutzung desselben verzehrt, es selbst in seiner Substanz aber bestehen bleibt, oder aber das Gut, in welchem das Capital sich darstellt, zu Grunde oder wenigstens für seinen Besitzer verloren geht und nur in seinem Werthe durch das damit erzeugte oder erworbene Gut ersetzt wird.

Für Wirthschaften, welche in sich geschlossen sind, wie das im Wesentlichen von der Volkswirthschaft gilt (s. oben), ist der Begriff des Capitals etwas anders zu fassen*), nämlich als die Gesammtheit der Güter, welche bestimmt sind, Grundlagen neuer Werthentstehungen zu bilden (Gegensatz: zum unproductiven Verbrauch bestimmte Güter). Je nachdem diese Werthe nun Nutzungen oder selbständige Güter sind, ist das Capital Nutzcapital oder Productivcapital, Capital im engern Sinn, und das letztere wiederum stehendes Capital, wenn nur seine Nutzungen verzehrt werden, umlaufendes, wenn diese Verzehrung seine Substanz selbst trifft.

§. 5.

Wirthschaft, Arbeit.

Rau, §. 68 ff. — Hermann, S. 3 ff. — Roscher, §. 11 ff.

Der Widerspruch der Außenwelt mit den Bedürfnissen der Menschen ruft in den letzteren das Bestreben, ihn zu beseitigen, wach. Dieses Bestreben äußert sich nicht unvermittelt wie bei den Thieren, sondern wird durch Ueberlegung vermittelt. Es richtet sich einestheils auf die Persönlichkeit selbst, die auf diese Weise den äußern Verhältnissen angepaßt werden soll — Erziehung, Abhärtung —; anderntheils auf die Gegenstände und Verhältnisse der Außenwelt, um diese den persönlichen Bedürfnissen entsprechend zu gestalten. Die gesammte Bethätigung eines Subjectes in der letzteren Richtung nennen wir Wirthschaft.

Der Fortschritt der Civilisation steigert die Ansprüche an die Wirthschaft in Folge theils der Erweiterung der Zwecke des Menschen, theils der bessern Erkenntniß der Natur der Dinge der Außenwelt, theils der Gewinnung einer vermehrten Gewalt über dieselbe.

Die Triebfedern der Wirthschaft sind Selbstliebe und Gemeinsinn (Subjectivismus, Idealismus). Erstere tritt in positiver Form als Erwerbstrieb, in negativer als Sparsamkeit auf. Ueber die durch das Sittengesetz gezogenen Schranken hinausgehend wird die Selbstliebe Selbstsucht, der Erwerbstrieb Habsucht, die Sparsamkeit Geiz. Die positive Form des Gemeinsinns ist die Freigebigkeit, die negative die Uneigennützigkeit.

Jede um des erwarteten Erfolgs willen geschehende Kraftäußerung eines lebenden Wesens nennt man Arbeit. Im wirthschaftlichen Sinne ist Arbeit jede solche auf einen äußern Erfolg gerichtete Kraftäußerung.

Aus dieser Definition folgt zugleich, daß die Arbeit als eine Last, als ein Uebel aufgefaßt werden muß, und daß daher die Wirthschaft die Aufgabe hat, mit einem möglichst geringen Maße von Arbeit ein möglichst großes Ergebniß zu erzielen.

---

*) Die Begründung in der Anmerkung am Schluß.

§. 6.

Tausch, Credit, Verkehr, Markt, Tauschwerth, Preis.

Rau, §. 3 ff. — Hermann, S. 8 ff. — Roscher, §. 2. — Knies in der Zeitschr. f. Staatswissenschaft XV, S. 561 ff.

Auf Grund der Verschiedenheit der Bedürfnisse und Fähigkeiten einerseits, des Motives des Eigennutzes andererseits werden die Menschen bei ihrer Wirthschaft zum Tausche geführt, d. h. zu wechselseitig in der Absicht, ihre Lage dadurch zu verbessern, zwischen verschiedenen Personen vorgenommenen Zustandsänderungen. Der Aufschub, den eine der tauschenden Parteien für die Erfüllung der Tauschbedingungen gewährt oder erhält, wird als Credit bezeichnet.

Eine regelmäßige Tauschverbindung heißt Verkehr; das Gebiet, auf welchem man für eine Gütergattung auf Austausch rechnen kann, ihr Markt.

Der Tauschwerth der Güter ist um so höher, ein je größeres Quantum anderer Güter man für sie erhalten kann; er ist um so weiter, je manichfaltiger die Güter sind, die man dafür einzutauschen vermag. Der Tauschwerth eines Gutes, in dem Quantum eines bestimmten andern Gutes, welches man dafür erhalten kann, ausgedrückt, ist der Preis.

Der Fortschritt der Civilisation führt eine immer weiter gehende Entwickelung des Verkehrs herbei durch Ausbildung der individuellen Verschiedenheiten, Erleichterung der Güterübertragung und Erweiterung des Credits. Die einzelnen Haushaltungen treten in Folge dessen in immer vielseitigere Beziehung zu einander, bei den verschiedenen Güterarten aber wird dadurch die Wichtigkeit des Tauschwerthes immer mehr in den Vordergrund gerückt.

§. 7.

Volkswirthschaft und Volkswirthschaftslehre, Menschheitswirthschaft.

Rau, a. d. ang. Stelle. — Hermann, desgl. — Roscher, §. 12. — Hildebrand, die Nationalökonomie der Gegenwart und Zukunft. Frankf. 1848. S. 20 ff. — Knies, die politische Oekonomie vom Standpunkt d. geschichtl. Methode. Braunschw. 1853. S. 37 ff.

Die einzelnen Wirthschaften, in ihrer Entwickelung auf einander angewiesen und durch den Verkehr an einander gebunden, lassen sich auch auffassen als eine Gesammtthätigkeit zur Erreichung eines Gesammtzwecks. Insofern hierbei besonders die Wichtigkeit der nationalen Zusammengehörigkeit sowohl für das Ziel, als für die Gestaltung der Wirthschaften und ihrer Verbindungen unter einander betont werden soll, entsteht der namentlich von der neueren deutschen Wissenschaft ausgebildete Begriff der Volkswirthschaft als der Gesammtthätigkeit eines Volks zur Herstellung der äußern Bedingungen seines nationalen Wohlergehens.

Die Volkswirthschaftslehre ist die wissenschaftliche Darstellung der der Wirthschaft der Völker zu Grunde liegenden Kräfte, der Richtungen, in denen sie sich äußern, der Gesetze ihrer Wirksamkeit und der Bedingungen ihres Erfolgs.

Die Idee der Volkswirthschaft weist übrigens hinaus auf eine weitere Idee, die der Menschheitswirthschaft, als der gemeinsamen Thätigkeit der Menschheit zu Gewinnung der äußern Voraussetzungen für die immer vollständigere Erfüllung ihrer Aufgabe. Es wird aber eines ausgebildeteren internationalen Verkehrs, als er jetzt besteht, und reicherer Erfahrungen über die eigenthümliche Bedeutung der verschiedenen Nationen, als über welche wir jetzt verfügen, bedürfen, ehe die Wissenschaft eine Weltwirthschaftslehre, d. h. eine Philosophie der wirthschaftlichen Entwickelung der Menschheit mit Darlegung der den verschiedenen Nationen darin einzuräumenden Stelle, zu begründen unternehmen kann.

Zweites Capitel.

Das Verhältniß der Volkswirthschaftslehre zu andern Wissenschaften und die Methode ihrer Behandlung.

§. 8.

Verhältniß der Volkswirthschaftslehre zur Statistik und Geschichte der Volkswirthschaft, zur Volkswirthschaftspolitik und Finanzwissenschaft.

Rau, §. 21 ff: — Roscher, §. 16 ff.

Wie überhaupt die verschiedenen Zweige menschlichen Wissens unter die drei Hauptgesichtspunkte der Sammlung und Ordnung von Thatsachen, der Feststellung der den letztern zu Grunde liegenden Gesetze und der Aufstellung von Grundsätzen für die zweckmäßigste Ausnutzung dieser Gesetze gebracht werden können, und demgemäß historische, dogmatische und practische Wissenschaften unterschieden zu werden pflegen,. so giebt auch die wirthschaftliche Seite des Völkerlebens zu einer dreifachen wissenschaftlichen Behandlung Veranlassung, einer historischen, einer dogmatischen und einer practischen. Die Frucht der ersteren ist die Statistik und die Geschichte der Volkswirthschaft, die der andern die Volkswirthschaftslehre, die der dritten die Volkswirthschaftspolitik und die Finanzwissenschaft. Alle diese Wissenschaften ergänzen und fördern sich gegenseitig, sind für einander Hilfswissenschaften.

§. 9.

Zu den Naturwissenschaften, zu den anthropologischen und politischen Wissenschaften, zur Logik und Mathematik, zur Ethik und zur Cameralwissenschaft.

Der Gegenstand, den die Volkswirthaftslehre zu erklären hat, ist die Bewältigung der Außenwelt für die Befriedigung der Bedürfnisse der in nationalen Verbindungen stehenden Menschen. Daher beruht sie auf einer doppelten Grundlage, nämlich einerseits der Kenntniß der natürlichen Dinge, ihrer Eigenschaften und Kräfte, d. h. den Naturwissenschaften, den theoretischen und practischen; andererseits auf der Kenntniß der Menschen, und zwar sowohl individuell aufgefaßt — anthropologische Wissenschaften — als in ihrer gesellschaftlichen Verbindungen — moralisch-politische Wissenschaften. — Für die formell richtige Verarbeitung des ihr aus diesen Quellen zugeführten Materials stützt sie sich auf die Lehre von den Denkgesetzen — Logik —, in der Richtung auf Größenverhältnisse: Mathematik.

Ihrerseits ist die Volkswirthschaftslehre eine Hilfswissenschaft namentlich für diejenigen Wissenschaften, welche die andern Seiten des socialen Lebens zum

Gegenstand haben: Staatswissenschaft, Rechtswissenschaft, Philologie, Religionslehre u. s. w.

Die Ethik und die Volkswirthschaftslehre stehen zwar nicht im Verhältniß gegenseitiger Hilfswissenschaften, wohl aber in dem gegenseitiger Anregung. Das Gemüth fordert für einen etwaigen Widerstreit zwischen dem, was die Eine als sittlich geboten, und dem, was die Andere als wirthschaftlich heilsam bezeichnet, eine Ausgleichung, und dieses Bedürfniß veranlaßt eine wiederholte Prüfung der betreffenden Lehre, durch welche bisher noch immer der vermeintliche Widerspruch aufgelöst und die Voraussetzung einer Harmonie der wirthschaftlichen und sittlichen Weltordnung bestätigt worden ist*).

Das practische Bedürfniß hat in früherer Zeit dahin geführt, die Summe der Kenntnisse, welche man für den wirthschaftlichen Beruf des Verwaltungs- und Finanzbeamten für erforderlich erachtete, in ein Ganzes zusammenzufassen, dem man den Namen der Kameralwissenschaft gegeben hat. In derselben fanden sich Bruchstücke der Volkswirthschaftslehre verbunden einerseits mit wirthschaftspolitischen und finanziellen, andererseits mit technischen Erörterungen verschiedener Art. Je mehr der Inhalt aller dieser Wissenschaften sich entwickelt hat, und je systematischer sie ausgebildet worden sind, je mehr zugleich die Aufforderungen an die wissenschaftliche Bildung der Beamten gestiegen sind, desto weniger konnte diese Zusammenfassung genügen, und desto weniger lag zugleich zu derselben Veranlassung vor. Dieselbe ist deßhalb neuerdings mehr und mehr außer Gebrauch gekommen.

§. 10.

Abgrenzung des Gebiets der Volkswirthschaftslehre.

Bei der Behandlung der Volkswirthschaftslehre ist vor Allem festzuhalten, daß ihre Aufgabe in der Erklärung der wirthschaftlichen Thatsachen durch deren Zurückführung auf allgemeine Gesetze, nicht in der Sammlung und Sichtung jener oder in der Aufstellung von Idealen und von Verhaltungsregeln zu deren Erreichung besteht.

Ferner können nur Erscheinungen wirthschaftlicher Art und insoweit sie diesen wirthschaftlichen Charakter tragen, in das Bereich ihrer Erörterungen fallen.

Es handelt sich mithin bei der Volkswirthschaftslehre um die Feststellung der Gesetze, nach welchen die volkswirthschaftlichen Vorgänge durch bestimmte Voraussetzungen bedingt und bestimmte volkswirthschaftliche Folgen nach sich zu ziehen geeignet sind. Indem aber die volkswirthschaftlichen Erscheinungen in ihrer Manichfaltigkeit als die wechselnden Wirkungen wechselnder Ursachen begriffen werden, erweitert sich die Aufgabe dahin, auch für jenen Wechsel der Ursachen den gesetzmäßigen Verlauf nachzuweisen. Auf diese Weise erhebt sich die Volkswirthschaftslehre zur Wissenschaft von den Entwicklungsgesetzen der Volkswirthschaft, und diese Auffassung ist es, in welcher zugleich der Zusammenhang der wirthschaftlichen Seite des Volkslebens mit dessen übrigen Seiten zur vollen Anerkennung gelangt.

---

*) Vgl. hierzu die durch Proudhons Système des contradictions économiques (1846, deutsche Uebersetzungen von Jordan und von K. Grün) angeregten widerlegenden Darstellungen von Hildebrand a. a. O. S. 283 ff. und namentlich Bastiat, Harmonies économiques 1850.

§. 11.

Die Methode der Volkswirthschaftslehre.

Roscher, §. 22 ff. — Knies, polit. Oekonomie S. 123 ff. — J. St. Mill. Essays on some unsettled questions of polit. economy 1844 Essay 5.

Die Volkswirthschaftslehre findet ihre Sätze durch eine Verbindung von Induction und Deduction. Jene stützt sich auf die einzelnen wirthschaftlichen Thatsachen, diese auf die Natur des Menschen und der Dinge. Nur diejenigen Sätze, welche, nachdem sie auf dem einen Wege gewonnen worden, auf dem andern ihre Bestätigung empfangen, können als wissenschaftlich begründet gelten. Bei der Verwickeltheit der ökonomischen Phänomene und bei dem fast gänzlichen Ausschlusse der Möglichkeit, den Kreis der Beobachtungen vermittelst des Experiments zu erweitern, muß jedoch die Ausbildung der Wissenschaft weitaus überwiegend auf dem Wege der Deduction erfolgen, so daß die specielle Erfahrung in den meisten Fällen nur dazu dient, die Richtigkeit der auf deductivem Wege gefundenen Sätze zu controliren.

In Folge dieser Methode ist die Volkswirthschaftslehre genöthigt, sich bei ihren Betrachtungen auf die regelmäßigen Haupttriebfedern der Menschen bei ihrer Wirthschaftsführung und auf die für den Wirthschaftszweck wesentlichsten Eigenthümlichkeiten der Dinge, Verhältnisse, Einrichtungen zu beschränken. Die Sätze, welche sie aufstellt, gelten daher immer nur unter der stillschweigenden Voraussetzung, daß nicht andere Motive, als die in Betracht gezogenen, die wirthschaftliche Thätigkeit, nicht andere Eigenschaften der Objecte, an denen sich diese ausläßt, und andere mitwirkende Bedingungen, als die in Rechnung gestellten, den wirthschaftlichen Erfolg modificiren.

Für die praktische Anwendung ergibt sich daraus die Nothwendigkeit, die Möglichkeit störender Einwirkungen in Rechnung zu ziehen. Für die theoretische Formulirung empfiehlt es sich aus dem gleichen Grunde, statt von bestimmten Folgen bestimmter Vorgänge nur von der Tendenz letzterer, gewisse Wirkungen hervorzubringen, zu sprechen.

Zweites Buch.

Von der Entstehung der Werthe, insbesondere von der Production.

Erstes Capitel.

Werthentstehung im Allgemeinen. — Nichtwirthschaftliche Werthentstehung insbesondere.

§. 12.

Ursachen der Werthentstehung. Wirthschaftliche, freie Werthentstehung.

Die Ursache der Entstehung von Werthen kann eine dreifache sein. Sie kann liegen:

1) auf Seiten des Werthobjects. Entstehung neuer als nutzbar anerkannter Gegenstände und Veränderung vorhandener Gegenstände in der Weise, daß sie Brauchbarkeit, bezüglich größere Brauchbarkeit, erhalten (vgl. §. 2. Nr. 2);

2) auf Seiten des Werthsubjects, d. h. desjenigen Subjects, auf welches die Werthgegenstände bezogen werden. Erweiterung seiner Bedürfnisse nach Menge, Art und Intensität, bessere Erkenntniß der für seine Zwecke dienlichen Mittel, Vermehrung der Fähigkeit, die letzteren zu benutzen (§. 2 Nr. 1);

3) kann sie beruhen auf einer Veränderung in dem Verhältnisse zwischen dem schätzenden Subjecte und dem geschätzten Objecte. Occupirende Thätigkeiten, Handel, Werthzunahmen im Gefolge verbesserter Communicationsmittel, gesicherteren Rechtszustandes u. s. w. (§. 2. Nr. 3);

Die Erhöhung des Werthes, welche einzelne Güter oder selbst ganze Gattungen solcher in Folge einer Verminderung ihres Gesammtbestandes erfahren (§. 2 Nr. 4), ist nicht als eine Werthentstehung, d. h. als ein Hinzukommen neuer Werthe zu den vorhandenen, sondern nur als eine Veränderung des Werthverhältnisses unter den vorhandenen verminderten Gütern aufzufassen.

Die Entstehung der Werthe erfolgt entweder ohne darauf gerichtetes Zuthun der Menschen — nicht wirthschaftliche, freie Werthentstehung — oder in Folge eines solchen. Im letzteren Falle spricht man von Wertherzeugung, Production.

§. 13.

Nichtwirthschaftliche Werthentstehung.

Roscher, §. 36.

Die nichtwirthschaftliche Werthentstehung findet unter allen Verhältnissen auf jedem der drei bezeichneten Wege statt.

1) Durch Veränderung der Werthobjecte.

Insoweit sich diese Art der Werthentstehung auf materielle Naturgaben bezieht, ist sie im Allgemeinen um so stärker, je energischer der Umwandlungsproceß in der Natur sich vollzieht und je niedriger andererseits der Culturzustand eines Volkes ist. In dieser Richtung ist sie aber sehr ungleich, und je mehr ein Volk sich auf sie verläßt, desto mehr muß sein Zustand den Schwankungen extremen Mangels und Ueberflusses ausgesetzt sein. Große Freigebigkeit der Natur in dieser Beziehung wirkt erschlaffend, große Kargheit niederdrückend auf den Menschen ein, doch lernt der Letztere diesen Einflüssen auf höheren Culturstufen mehr und mehr widerstehen.

Insoweit dagegen diese Art der Werthentstehung eine Folge menschlichen (aber nicht dies als Zweck verfolgenden) Verhaltens ist, tritt sie mit fortschreitender Cultur immer bedeutungsreicher auf, indem einestheils der freie Thätigkeitstrieb der Einzelnen sich immer mehr entwickelt und sich auf nützlichere Weise äußert, anderntheils das gesellige Leben zu einer immer größern Reichhaltigkeit werthvoller Bezüge führt.

§. 14.

2) Durch Veränderungen in den Werthsubjecten.

Diese Art der Werthentstehung tritt mit fortschreitender Civilisation in immer größerem Maßstabe auf, doch wechseln hier Perioden rascher Entwicklung mit Perioden überwiegender Ruhe.

Die Möglichkeit fortdauernder Werthentstehung auf diesem Wege ist wesentlich durch die sittliche Kraft einer Bevölkerung bedingt.

Zum Theil wird die freie Werthentstehung dieser Art dadurch beschränkt, daß auf den höheren Culturstufen die Erweiterung der Einsicht in die nutzbaren Eigenschaften der Dinge und der Befähigung zu ihrer Verwendung zunehmend aus absichtlicher Bethätigung hervorgeht und also zu einem wirthschaftlichen Acte wird.

Bemerkenswerth ist die viel allgemeiner sich ausbreitende Wirkung dieser Art der Werthentstehung. Während bei den andern Arten nur die einzelnen concret betroffnen Gegenstände an Werth gewinnen, erstreckt sich dieser Gewinn hier auf ganze Gütergattungen; und wenn andererseits hier dadurch eine Schranke gezogen zu sein scheint, daß die Wertherhöhung doch nur für diejenigen Personen eintritt, welche die fragliche Einwirkung an sich erfahren, so ist nicht zu übersehen, daß gerade der letzteren eine Tendenz spontaner Ausbreitung innewohnt.

§. 15.

3) Durch Veränderung des Verhältnisses des Subjects zum Werthobject.

Die Werthentstehung auf diesem Wege ist nur ausnahmsweise eine freie. Nur die wertherzeugende Einwirkung vermehrter Rechtssicherheit läßt sich regelmäßig hierher rechnen, insofern der Ordnung des Rechtes nicht wirthschaftliche

Motive zum Grunde liegen, was aber mit fortschreitender Civilisation mehr und mehr der Fall zu sein pflegt.

Im Allgemeinen nimmt die nichtwirthschaftliche Werthentstehung mit der Entwickelung der Völker zu, jedoch nicht proportional der Wertherzeugung.

Zweites Capitel.

Production.

Erster Abschnitt.

Nothwendigkeit, Aufgabe, Modalitäten, Bedingungen des Erfolgs der Production.

§. 16.

Nothwendigkeit der Production. Aufgabe derselben.

Die Nothwendigkeit der Production beruht darauf, daß die Natur freiwillig den Bedürfnissen des Menschen nicht in genügender Weise entgegen kommt.

Die Größe der der Production obliegenden Aufgabe wird bedingt einestheils *von dem Grade der Entwickelung der Bedürfnisse*, anderntheils *von dem Umfange der freien Werthentstehung*. In ersterer Beziehung muß dieselbe mit fortschreitender Cultur immer mehr sich ausdehnen, ohne daß hier eine bestimmte Grenze abzusehen wäre. Der Einfluß des letzteren Moments ergibt sich aus den vorhergehenden Paragraphen.

§. 17.

Modalitäten der Production.

Von den drei oben bezeichneten Modalitäten der Werthentstehung (§. 12) hat für die Production die zweite eine weniger umfassende und constante Bedeutung. Dagegen entfaltet sich die productive Thätigkeit um so ausgedehnter, manichfaltiger und regelmäßiger auf den beiden andern Wegen (§. 12, 1 u. 3) und verdrängt namentlich auf dem ersten vielfach die freie Werthentstehung, während sie dem letztern erst überhaupt größere Bedeutung verleiht.

§. 18.

Bedingungen des Erfolgs der Production.

Der Erfolg der productiven Bestrebungen hängt einestheils *von der Größe der Aufgabe* ab, die ein Volk sich stellt (§. 16, vgl. auch §. 13), anderntheils *von den Vorbedingungen, welche ihm dabei von außen geboten sind*, drittentheils *von dem Umfange der Kräfte, die es aufzuwenden, und der Wirksamkeit, die es ihnen zu geben vermag.*

Zweiter Abschnitt.

Die äußern Vorbedingungen der Production.

A. Die natürlichen Vorbedingungen.

§. 19.

Naturstoffe und Naturkräfte.

Bei den meisten Productionen handelt es sich um eine Zustandsänderung der natürlichen Welt. Sieht man auf den Zustand, welcher verlassen, oder den, der hergestellt werden soll, so ist es das Beharrungsvermögen der Dinge, sieht man auf die Umgestaltung selbst, so ist es die den Dingen innewohnende Tendenz zur Veränderung, welche für die Production in's Gewicht fällt. Die natürlichen Gegenstände auf ihr Beharrungsvermögen angesehen, heißen Stoffe; die in ihnen vorhandenen Neigungen zur Veränderung Kräfte. Die Bedeutung der Naturstoffe für die Production ist eine passive, die der Kräfte eine active; jene liegt am Anfang und am Ende, diese im Verlaufe der Production; jene besteht darin, daß die Dinge in ihrem Beharrungsvermögen die Möglichkeit gewähren, einen gewünschten Zustand zu verwirklichen; diese darin, daß die Naturkräfte sich als Mittel darbieten, einen Zustand in einen andern überzuführen.

§. 20.

I. Naturstoffe.

Die Wichtigkeit der Arbeitsstoffe richtet sich zuvörderst nach deren Menge und Manichfaltigkeit. Ferner nach der Dringlichkeit und Manichfaltigkeit der Bedürfnisse, denen, und nach dem Grade, in welchem sie diesen zu dienen vermögen. Sodann nach ihrer größern oder geringeren Annährung an die wirthschaftliche Vollendung und dem Maße der Schwierigkeiten, das sie deren Erreichung entgegensetzen. Und zwar gewinnen historisch die verschiedenen Stoffe im Allgemeinen in derselben Reihenfolge Bedeutung für die Production, in welcher sie der Arbeit größere Zumuthungen stellen. In Zeiten des Verfalls dagegen hält die Production häufig vorzugsweise an den Stoffen fest, welche, um verwendbar zu werden, den größten Aufwand erheischen. Endlich nach der größern oder geringern Energie, mit welcher sie, in den verarbeiteten Zustand übergeführt, verändernden Einflüssen Widerstand leisten und die Eigenschaften, um deren willen man sie schätzt, sich bewahren.

Die Besitznahme der Stoffe erfolgt um so eher und um so allgemeiner, in je geringerer Menge dieselben im Verhältniß zu den Zwecken, denen sie dienen sollen, vorhanden sind; je mehr die Verwendung des Stoffes die ausschließliche Disposition über ihn voraussetzt; je mehr die Voraussicht in die Bedürfnisse und die Einsicht in die nützlichen Eigenschaften der Dinge sich entwickelt, und je mehr die Menschen die Macht, sich dieselben anzueignen und sie auszubeuten, gewinnen.

Aus allen diesen Gründen gehen mit fortschreitender Civilisation die Stoffe immer vollständiger in den Besitz über.

§. 21.

II. Naturkräfte.

Rau, §. 86 ff. — Roscher, §. 31 ff. — Mill (Soetbeer) I. S. 121 ff. — Steinlein, Handbuch der Volkswirthschaftslehre. München 1831. S. 238 ff. — Riedel, Nationalökonomie. Berlin 1838. I. §. 126 ff.

Die Bedeutung der Naturkräfte für die Production ist abhängig:

1) von ihrer Art, in welcher Hinsicht insbesondere der Umstand in's Gewicht fällt, ob sie die menschliche Arbeit zu unterstützen und zu ersetzen geeignet sind oder Wirkungen hervorbringen, die durch Menschenarbeit überhaupt nicht zu erreichen wären;

2) von ihrer größeren oder geringeren Stärke;

3) von ihrer Nachhaltigkeit, Stetigkeit und Gleichmäßigkeit;

4) von der größeren oder geringeren Schwierigkeit, sie zur Wirksamkeit hervorzurufen, ihnen eine beliebige Entwickelung zu geben, sich ihrer zu bemächtigen, sie zu beherrschen und zu controliren;

5) von der größeren oder geringeren Ausdehnung, in welcher man ihnen eine nützliche Anwendung zu geben im Stande ist.

Die wichtigsten Eintheilungen der Naturkräfte vom wirthschaftlichen Gesichtspuncte aus sind folgende:

1) in spontane und in durch menschliche Einwirkung hervortretende. Mit der Entwickelung der Civilisation tritt die Verwendung der letzteren immer mehr in den Vordergrund.

2) In mechanisch, chemisch und physiologisch wirkende. Die ersteren unterscheiden sich wirthschaftlich von den beiden letzteren namentlich dadurch, daß sie gleicher Art mit der Menschenkraft sind und daher zu deren Ersetzung benutzt werden können, während diese Wirkungen hervorbringen, welche meistentheils der Menschenkraft gänzlich unerreichbar sind (s. oben unter 1).

3) In solche, die von Einzelnen nicht appropriirbar, doch in Verbindung mit ganzen Ländern auftreten; in solche, die mit appropriirbaren Immobilien verbunden sind, und in solche, die durch die Anwendung beweglicher appropriirbarer Körper hervortreten. Die Vorzüge der verschiedenen Länder an den beiden erstern bestimmen vorzugsweise die Art und Weise, in welcher sich jene in die Aufgabe der Production theilen. Die letztern haben hierauf um so weniger Einfluß, je leichter die betreffenden Güter versendbar sind.

B. Die socialen Vorbedingungen.

§. 22.

Das Recht der freien Persönlichkeit und das Eigenthum.

Say (Stirner), II. 206. — Ch. Dunoyer, de la liberté du travail. 1846.

Die socialen Vorbedingungen für die Entwickelung der Production sind vornehmlich die Verwirklichung des Rechts der unbehinderten Entfaltung der Persönlichkeit und die Ausbildung der Institution des Eigenthums.

§. 23.

I. Das Recht der freien Persönlichkeit.

Roscher, §. 67 ff. — Mill (Soetbeer) I. 134 ff. und 283 ff.

Dasselbe entwickelt sich in einer doppelten Richtung, nämlich

a) in der immer vollständigeren Zurückweisung des Anspruchs Bevorrechteter über die Person Anderer zum eigenen Vortheile zu verfügen;

b) in der immer allgemeineren Anerkennung des Rechtes der Individuen, ihre Kräfte auf jede nicht rechtswidrige oder gemeinschädliche Weise zu gebrauchen.

a) Die persönliche Unfreiheit, die regelmäßig in den niedern Culturepochen der Völker hervortritt, verdankt ihren Ursprung namentlich dem Kriege und der Noth. Ihr Auftreten selbst bezeichnet übrigens schon einen Fortschritt und eröffnet die Möglichkeit weiterer Fortschritte.

Die Entwickelung der Cultur verbessert auf der einen Seite die Lage der Unfreien, insbesondere auch dadurch, daß sie die Recrutirung derselben aus den Freien mehr und mehr abschneidet; andererseits führt sie zu fortschreitender Emancipation, indem die vermehrten Anforderungen an die Production es immer nöthiger machen, die Arbeiter für deren Erfolg zu interessiren. Die bessere Würdigung der Freiheit und die weitere Ausbildung des Verkehrs begünstigen diese Bewegung, die endlich zur Herstellung der vollen persönlichen Freiheit führt.

b) In dieser Hinsicht kommt namentlich die Abschließung bestimmter geographischer oder technischer Erwerbsgebiete in Betracht. Auch diese hat unter den mittelalterlichen Verhältnissen, unter welchen sie entsteht, meist ihren guten Grund und erweist sich für Wirthschaft und Cultur förderlich. Im weitern Verlauf der nationalen Entwickelung aber entartet sie leicht zu einem Mittel, durch welches ein Theil der Bevölkerung seinen Vortheil auf Kosten der Gesammtheit sucht, und wird zu einer lästigen Fessel des wirthschaftlichen Fortschrittes. Lebenskräftige Völker schütteln dieselbe daher, je weiter sie fortschreiten, um so entschiedener von sich ab. So lange das Moment der obrigkeitlichen Autorität bei ihnen überwiegt, richtet sich das Streben hauptsächlich auf Milderung der Beschränkungen und Beschneidung ihrer schädlichen Auswüchse; die Form dafür ist vornehmlich die obrigkeitliche Reglementirung und Dispensertheilung. Wenn aber die Berechtigung des Individuums mehr zur Geltung kommt, so geht die Richtung auf gänzliche Beseitigung der betreffenden Beschränkungen. Der Verwirklichung dieser Aufgabe stellen sich jedoch oft dadurch bedeutende Schwierigkeiten in den Weg, daß sich auf Grund der bestehenden Verhältnisse Zustände entwickelt haben, deren rücksichtslose Erschütterung und Umstürzung den Anforderungen der Billigkeit wie der Klugheit widerstreiten würde.

Die Beseitigung der Fesseln der individuellen Freiheit bringt indessen auch die Hilfsbedürftigkeit der individuellen Existenzen immer mehr zu Tage. Hiedurch eröffnet sich ein weites Feld, einestheils, insofern es sich um uneigennütze Unterstützung Anderer handelt, für den Gemeinsinn, anderntheils, insofern sich die Abhilfe durch gegenseitiges Sich-Stützen und Fördern darbietet, für die Association. So erscheinen auf den höchsten Culturstufen gemeinnützige Thätigkeit und

Association, als die beiden großen Hilfen der persönlichen Freiheit in ihrer Richtung auf Vermehrung des allgemeinen Wohlstandes.

Im Wesentlichen läßt sich die wirthschaftliche Bedeutung der Entwickelung der persönlichen Freiheit auf zwei Hauptmomente zurückführen. Diese Entwickelung führt einmal zu einer immer engeren Verbindung des Interesses des Arbeiters mit dem Ergebnisse seiner Arbeit; sie bewirkt sodann als Freiheit der Berufswahl durchschnittlich die wirksamste Vertheilung der persönlichen Kräfte und erhöht, indem sie die Arbeit zu größerer Ehre bringt, die Arbeitslust und Energie. Durch das Eine wie durch das Andere ist sie geeignet, die Production wesentlich zu fördern.

§. 24.

II. Das Eigenthum.

Roscher, §. 77. — Mill (Soetbeer) a. o. O.

Die Entwickelung des Eigenthums geht mit der der persönlichen Freiheit Hand in Hand. Auch sie hat eine doppelte Richtung:

a) auf Schutz gegen Eingriffe Dritter — Sicherheit;

b) auf Anerkennung der unbehinderten Dispositionsbefugniß des Berechtigten — Freiheit des Eigenthums.

a) Die Sicherheit des Eigenthums wird vor Allem gegen auswärtige Feinde erstrebt; mit der Ausbildung des Sondereigenthums macht sich das Bedürfniß des Schutzes gegen Ein- und Uebergriffe der bürgerlichen Genossen mehr und mehr geltend; endlich gilt es, das Eigenthum auch gegen unberechtigte Anmuthungen der öffentlichen Gewalt selbst zu wahren und die Voraussetzungen und Formen zu regeln, unter denen die letztere auf das Vermögen der Bürger zurückgreifen darf.

b) Die niedern Culturstufen kennen größtentheils nur ein Gesammteigenthum; eine Folge hauptsächlich davon, daß hier der Lebensunterhalt in der Regel nur in Gemeinschaft beschafft werden kann. Eine der frühesten Formen des Sondereigenthums ist das an den Weibern; aus diesem geht die Familie hervor, die namentlich in den germanischen Völkern selbst wieder zum vornehmsten Eigenthumssubjecte wurde. Das Sondereigenthum tritt dann zunächst an den Gegenständen des persönlichen Gebrauchs, weiter überhaupt am beweglichen Vermögen hervor. Erst später entwickelt sich das Eigenthum an Grund und Boden, dergestalt daß zunächst die Hauptmasse noch Gemeingut bleibt, das Privatland aber als nur in Nutznießung und zwar an die Familie gegeben gilt. Aus Krieg und Eroberung gehen unmittelbar und mittelbar getheilte Eigenthumsverhältnisse hervor. Im Laufe der Zeit wird das Verhältniß der Inhaber zum Boden immer mehr als Eigenthum, nicht mehr als bloße Nutznießung aufgefaßt, vom Gemeingut geht immer mehr in Sondereigenthum über. Der Fortschritt der persönlichen Freiheit, die wachsende Bedeutung des beweglichen Vermögens und die Nothwendigkeit intensiverer Cultur des Bodens führen nach und nach dahin, theils auch das Grundeigenthum als individuelles anzusehen, theils die ihm anklebenden Beschränkungen zu beseitigen.

Dagegen müssen mit fortschreitender Civilisation das Anwachsen der Forderungen des Staates und die größere Manichfaltigkeit der Berührungspuncte der Menschen unter einander zu wesentlichen Beschränkungen, wie der persönlichen Freiheit, so auch des Eigenthumsrechtes führen. Kommen hierzu sittlich zersetzende Elemente, so tauchen Pläne einer mehr oder minder consequent durchzuführenden Gütergemeinschaft auf und bemächtigen sich des Geistes der Völker. Als Gegenmittel gegen solche Tendenzen dienen namentlich die Erweckung des Geistes der Selbsthilfe auf dem Wege der Association und eine auf die persönliche und wirthschaftliche Hebung der Unterstützten zweckmäßig berechnete Wohlthätigkeit.

Die Bedeutung der Anerkennung des Eigenthums für die Production besteht hauptsächlich einmal in der Anregung, welche dadurch die Selbstliebe zur Thätigkeit empfängt, und sodann in der Möglichkeit, welche den für die verschiedensten Productionsaufgaben geeignetsten Persönlichkeiten eröffnet wird, sich die zu diesem Behufe erforderlichen Mittel überall her zu verschaffen und ihnen ungehindert die fruchtbarste Verwendung zu geben. Hiermit ist zugleich die mit den Verhältnissen wechselnde Grenze bezeichnet, innerhalb deren Beschränkungen des Eigenthumsrechts als unnachtheilig und selbst förderlich für die Production erachtet werden können.

Dritter Abschnitt.

Die Arbeit.

A Die nationale Arbeitskraft.

§. 25.

Grundlage der nationalen Arbeitskraft. Art ihrer Entwickelung.

Roscher, §. 40. — Mill (Soetbeer) I. 122. — Dunoyer, L. II.

Die nationale Arbeitskraft ist nach ihrer Größe und charakteristischen Eigenthümlichkeit ein Ergebniß theils natürlicher Anlagen, theils absichtlicher Ausbildung. Je höher die Völker stehen, desto deutlicher tritt die Verschiedenheit der ersteren hervor, desto mehr fällt aber auch andererseits die letztere in's Gewicht. Die fortschreitende Ausbildung der Arbeitskräfte ist unter allen Verhältnissen hauptsächlich durch die sittliche Kraft der Bevölkerung bedingt.

Auf niederen Culturstufen ist es vornehmlich der Drang der äußern Umstände, auf höheren sind es vorzugsweise die Aussichten auf Erringung eines höheren Wohlstandes, welche die Entwickelung der Arbeitskräfte befördern, daher sich im letztern Falle mit dem ökonomischen Fortschritte auch die nationale Arbeitsbefähigung zu heben pflegt. Je mehr das geistige Element bei der Arbeit hervortritt, desto weniger kommt bei der Ausbildung der Arbeitskräfte das eigentlich ökonomische Motiv zur ausschließlichen Geltung. Ein gleichmäßiger in allmäligen Uebergängen sich abstufender Wohlstand bringt von den vorhandenen Arbeitskräften verhältnißmäßig am meisten zur wirklichen Verwendung.

B. Die Productivität der Arbeit.

§. 26.

Die Productivität der Arbeit.

Ad. Smith (Asher), I 322. — Say (Stirner) I 110. — Rau, §. 102 ff. — Hermann, S. 20 ff. — Roscher, §. 59 ff. — Dunoyer, L. V. — Mill (Soetbeer) I S. 59 ff.

Die Productivität der Arbeiten ist lediglich nach dem Verhältniß der gewonnenen Werthe zu dem stattgehabten Aufwande an Mühen und Auslagen zu beurtheilen. Jede Arbeit, wo die erstere Größe die letztere übersteigt, ist productiv. Die Materialität des Resultats, seine Fähigkeit, aufbewahrt zu werden und in den Verkehr überzugehen, ist dabei gleichgültig, daher dem Handel und den persönlichen Diensten die Productivität an sich nicht abzusprechen. Dagegen ist zu beachten:

1) daß bei Gütern, welche für den Verkehr bestimmt sind, die Production ökonomisch erst mit dem wirklich erfolgten Absatze, als vollendet angesehen werden kann und folglich erst damit sich die Frage über die Productivität ihrer Herstellung entscheidet.

2) Der Unterschied der Productivität vom privatwirthschaftlichen und vom volkswirthschaftlichen Standpunct aus. Dort bezieht sich die maßgebende Vergleichung der Kosten mit dem erreichten Nutzen auf den Einzelnen, hier auf das Volk als Gesammtheit. Daher können Arbeiten, die privatwirthschaftlich als productiv erscheinen, volkswirthschaftlich nicht als solche gelten, wenn dabei der Nutzen der Einen durch den Schaden der Andern aufgehoben wird, und umgekehrt können Arbeiten, die privatwirthschaftlich nicht productiv sind, es doch volkswirthschaftlich sein, wenn aus dem Schaden Derer, welche sie betreiben, ein überwiegender Vortheil für die nationale Gemeinschaft hervorgeht. Ferner fällt für die volkswirthschaftliche Beurtheilung der Productivität der Arbeiten die Gütervertheilung, zu welcher diese führen, in's Gewicht. Endlich sind die unmittelbar auf die Person Anderer bezüglichen Arbeiten, welche privatwirthschaftlich als productiv erscheinen, volkswirthschaftlich nicht als solche anzusehen, weil sie vom Standpuncte der Gesammtheit aus gar nicht den Character von wirthschaftlichen, sondern von Culturarbeiten haben.

§. 27.

Die die Productivität bedingenden Elemente.

Die größtmögliche Wirksamkeit der Arbeit geht aus zwei sich wechselseitig bedingenden Elementen hervor, nämlich aus einer zweckmäßigen Gliederung (Theilung und Vereinigung) der Arbeit und aus der Verwendung von Capital. Die erstere stützt sich vornehmlich auf die Entwicklung des Rechts der Persönlichkeit, die letztere auf die des Eigenthums. Auf Grundlage beider entfaltet sich endlich als ein drittes förderndes Princip der Production der unternehmungsweise Betrieb.

I. Die Gliederung der Arbeit.

§. 28.

Die Arbeitstheilung.

Ad. Smith (Asher) I. 4 ff. — Say (Stirner) I. 207 ff. — Rau, §. 119 ff. — Roscher, §. 48 ff. — Mill. I. S. 137 ff.

Die Arbeitstheilung, d. h. das Auseinandertreten der verschiedenen Aufgaben der Production und die möglichste Beschränkung der wirthschaftlichen Thätigkeit der Einzelnen auf einen speciellen Zweck verdankt der Verschiedenheit sowol der menschlichen Anlagen und Fähigkeiten, als auch der localen Productionsbedingungen ihre Entstehung. Schon innerhalb der Familie sich geltend machend wird sie die Ursache zum Auseinanderfallen umfangreicherer Gemeinwirthschaften in eine Mehrzahl selbständiger, aber auf einander angewiesener Haushaltungen; andererseits führt sie zu regelmäßiger Verbindung ursprünglich unberührt neben einander hergehender Wirthschaften.

Die Vorstufe für dieselbe bildet die zeitliche und örtliche Sonderung der dem nämlichen Wirthschaftssubject obliegenden Aufgaben, ihre einfachste Form die Zuweisung verschiedener Functionen an verschiedene Glieder einer Gemeinwirthschaft. Ihre weitere Entfaltung stellt sich theils in der Uebertragung bestimmter Arbeitsaufgaben an außerhalb der betreffenden Wirthschaft stehende Personen, bezüglich periodische Hereinziehung der Letzteren zu diesem Zwecke, theils in der Verzichtleistung auf bestimmte Productionen und der Bescheidung, sich deren Ergebnisse durch den Verkehr zu beschaffen, dar. Ihre höchste Entwickelung erreicht sie als internationale Arbeitstheilung, wenn die Völker gegenseitig regelmäßig gewisse Productionen für einander besorgen.

Die Ausbildung der Arbeitstheilung ist theils durch die Möglichkeit die wirthschaftlichen Aufgaben von einander zu sondern, theils durch die Ausdehnung des Marktes für den Absatz der Producte, theils durch die Größe des disponibeln Capitals bedingt. Hieraus erklärt sich, daß unter verschiedenen Verhältnissen die Grenzen derselben sich verschieden gestalten und mit dem Wechsel jener sich ebenfalls verändern müssen.

Die Vortheile der Arbeitstheilung bestehen in der Ausbildung der Arbeiter zu größerer Geschicklichkeit und Leichtigkeit der Leistung, in der Erleichterung von Verbesserungen, Entdeckungen und Erfindungen, in der Ersparniß von Kräften und Material bei der Erlernung, in der vollständigeren Ausnutzung der Arbeitskräfte, des Materials, der Hülfsmittel und der natürlichen Productionsverhältnisse. Der Erfolg zeigt sich in größerer Massenhaftigkeit, Manichfaltigkeit, Wohlfeilheit und Gleichmäßigkeit der Producte.

Die Gefahren, welche von der Arbeitstheilung drohen, liegen in der Einseitigkeit, welche sie dem Einzelnen mittheilt, in der hieran sich knüpfenden Erschwerung des Uebergangs von einem Berufe zum andern, in der Abhängigkeit, in welche sie den Einzelnen versetzt, und der dadurch gesteigerten Möglichkeit von Erwerbsstörungen; ferner in der Zerstörung des Familienlebens und der Gefährdung der persönlichen Entwickelung des heranwachsenden Geschlechts durch übermäßige Anstrengung der Weiber und Kinder; endlich in der Beeinträchtigung der nationalen Selbständigkeit. Die Abwendung dieser Gefahren darf aber im Allgemeinen nicht durch eine polizeiliche Beschränkung der Arbeitstheilung erstrebt, sondern muß von der fortschreitenden Entwickelung des gesammten wirthschaftlichen und Culturzustandes erwartet werden, welche die Arbeiter durch Gewährung längerer Mußezeit und besserer allgemeinerer Bildungsmittel in den Stand setzt, den schädlichen Einflüssen der Berufseinseitigkeit wirksamer zu begegnen, durch vermehrte Einsicht in die Bedingungen des Absatzes und vermehrte Capitalverwendung eine vollkommenere Stetigkeit der Production ermöglicht, eine größere Berücksichtigung der Bedürfnisse der persönlichen Entwickelung allgemeiner gestattet und durch die vielseitigere Ausbildung des internationalen Verkehrs die Selbstgenügsamkeit des einzelnen Volkes, ihre Bedeutung größtentheils verlieren läßt.

§. 29.

Die Arbeitsvereinigung.

Das Correlat der Arbeitstheilung bildet die Arbeitsvereinigung. Dieselbe findet theils so statt, daß Mehrere zu gleicher Zeit das Gleiche thun, durch die Vereinigung aber eine größere Wirkung hervorbringen, als sie vereinzelt vermöchten, theils so, daß sie für die nämliche Arbeit sich zeitlich aneinander anschließen, theils so, daß sie gemeinschaftlich einem Gesammtzwecke, aber mit Theilung der verschiedenen erforderlichen Operationen dienen. Das Letztere kann sowohl in der Form gemeinschaftlicher Production, als in der Form mehrfacher selbständiger, nur durch den Verkehr verbundener Wirthschaften geschehen, und das Leben zeigt zwischen beiden Formen eine außerordentlich große Manichfaltigkeit vermittelnder Uebergänge. Die letzt bezeichnete Form gewährt die geringere Sicherheit des anstandslosen Ineinandergreifens und sich Ergänzens der verschiedenen Thätigkeiten, hat aber den Vortheil größerer Selbständigkeit und Selbstverantwortlichkeit der Einzelnen für sich.

II. Die Benutzung von Capital.

§. 30.

Ad. Smith (Asher) I. S. 264 ff. — Say (Stirner) I. S. 161 ff. — Rau, §. 121 ff. — Hermann, S. 43 ff. u. 266 ff. — Roscher, §. 42 ff. — Mill (Soetbeer) I. S. 67 ff.

Die Bedeutung des Vermögensbesitzes, Capitals, für die Production beruht darauf, daß von demselben hauptsächlich die Möglichkeit abhängt, die wirthschaftliche Erkenntniß zu erweitern und die Arbeitskräfte auszubilden, die Naturkräfte in ausgedehnterem Umfange zu benutzen, die Arbeits-Theilung und Vereinigung und den unternehmungsweisen Betrieb zur Anwendung zu bringen, die Consumtion zweckmäßiger einzurichten — kurz, die Freiheit der wirthschaftlichen Bewegung immer mehr zu einer Wahrheit zu machen.

Ueber die Eintheilung der Capitale s. §. 4. Für die Production fällt besonders die in stehendes und umlaufendes oder Anlage- und Betriebscapital in's Gewicht. Beide Arten von Capitalen sind für die Entwickelung der Production unentbehrlich. Welches Verhältniß zwischen beiden zu diesem Zwecke das Vortheilhafteste sei, läßt sich nur nach den Umständen des gegebenen Falles beurtheilen. Das Ideal wäre, daß es an keiner Art fixirten Capitals gebräche, vermittelst derer eine Erleichterung oder Erweiterung der Production möglich wäre, daß es aber auch in keinem Falle an den umlaufenden Capitalien mangelte, welche erforderlich sind, um die stehenden auszubeuten. Im Allgemeinen ist es weniger bedenklich, daß das stehende Capital hinter dem umlaufenden zurück bleibe, als daß es ihm vorauseile. Die unverhältnißmäßige Vermehrung des stehenden Capitals ist besonders darum gefährlich, weil in dieser festen Form das Capital nur langsam und schwer einer andern Verwendung zuzuführen ist, in Folge davon mit den Veränderungen des Verkehrs häufig vorübergehend oder dauernd, theilweise oder ganz die Möglichkeit nutzbarer Verwendung verliert und dem entsprechend an Werth einbüßt. Hiermit hängt dann auch die große Empfindlichkeit der Völker mit starkem stehenden Capital gegen Verkehrsstörungen und die bei ihnen vor solchen sich kund gebende ängstliche Scheu zusammen.

§. 31.

Die Capitale durch Sparsamkeit gebildet. Bedingungen hiefür.

Die Hauptquelle der Capitalbildung ist die Ersparung. Der Umfang, in welchem Ersparnisse gemacht werden, hängt ab einestheils von dem voraussichtlichen Erfolge derselben für die Erweiterung des Einkommens der Sparenden, die wiederum durch den vermittelst der Ersparniß der Production zu gebenden Aufschwung bedingt ist; anderntheils von der Bedeutung, die man einer dauernden Erhöhung des Wohlstandes im Vergleich mit einer vorübergehenden Entsagung beilegt. Für den ersten Punct ist es von Wichtigkeit, daß alle Ersparnisse, welches auch die specifische Form sei, in der sie ursprünglich zu Stande kommen, sich vermittelst einer Accommodirung der Production in eine beliebige andere Form überführen lassen. Es besteht daher, da die Sparenden regelmäßig von denselben die möglichst große Nutzung zu ziehen wünschen, und die Erfüllung dieses Wunsches, wie gesagt, vornehmlich durch den Aufschwung bedingt ist, welchen ihre Verwendung der Production verleiht, die Tendenz, sie diejenigen Formen annehmen und denjenigen Productionszweigen zuströmen zu lassen, unter und in welchen die größte Einwirkung auf ein Steigen der Production sich von ihnen erwarten läßt. Nun hat aber jede Gelegenheit, Capital zu verwenden, eine Grenze, jenseits deren der davon zu erwartende Vortheil, sei es, weil sich die Menge der Erzeugnisse nicht in gleicher Weise fortsteigern läßt, sei es, weil deren größere Massenhaftigkeit ihren Werth drückt, sich vermindert und endlich verschwindet. Nach Erschöpfung der vortheilhaftesten Anlagen ist man somit genöthigt, zu minder vortheilhaften überzugehen, und so fort. Die Steigerung, welche die Production durch das Capital erfährt, und folglich auch die Nutzung, welche das letztere seinem Eigenthümer abwirft, hat daher die Neigung, je mehr sich der Capitalbetrag vergrößert, immer schwächer zu werden. Theoretisch läßt sich sogar eine Grenzlinie denken, von welcher ab die weitere Ansammlung von Capital gänzlich aufhören würde, zur weitern Steigerung der Production beizutragen; practisch würde aber diese Linie schon um deßwillen niemals erreicht werden, weil theils Verbesserungen der wirthschaftlichen Technik, theils die Expansivkraft der menschlichen Bedürfnisse und der Trieb der Menschen ihre Zahl zu vermehren, sie fortwährend weiter hinausschieben.

Es handelt sich also in der Wirklichkeit immer nur um eine Annäherung an dieselbe, die sich in einem Herabgehen der von neu angesammelten Capitalien zu erwartenden Nutzungen ausdrückt. Wie lange ein Volk trotz dieses Herabgehens die Capitalansammlung fortsetzt, dafür sind — und das führt auf den zweiten der oben bezeichneten Puncte — hauptsächlich maßgebend: der Nationalcharacter, die größere oder geringere Sicherheit der Zukunft, die Stärke des Familiensinns, die Höhe der intellectuellen Ausbildung, die Vertheilung des Volksvermögens. Allgemein verbreiteter Wohlstand bei ungleichen Vermögensverhältnissen in manichfaltigen Abstufungen bildet in letzterer Hinsicht das günstigste Verhältniß.

Wird die Nutzung, welche man von neuen Capitalien erwarten darf, so gering, daß sie in der Schätzung der Bevölkerung das in der Ersparung liegende Opfer auf den augenblicklichen Genuß nicht mehr aufwiegt, so hört die Capitalbildung auf, und die Volkswirthschaft muß auf so lange als die Verhältnisse sich nicht ändern, einen im Wesentlichen stationären Character annehmen.

§. 32.

Fälle der Beeinträchtigung und Aufhebung des Nutzens der Capitalverwendung.

Der Nutzen, welchen man sich von der Ansammlung von Capital für die Volkswirthschaft verspricht, kann unter Umständen theilweise oder gänzlich verloren gehen. Nur seinen weitern Folgen nach freilich gehört hieher:

a. der Fall, wenn die Art des Sparens eine so unvernünftige ist, daß darüber menschlich mehr zu Grunde geht, als sachlich gewonnen wird. Der Nachtheil trifft zwar unmittelbar nur die Cultur, nicht die Wirthschaft, allein das Zurückgehen der erstern wirkt im weitern Verlauf regelmäßig auch auf die letztere ungünstig ein. Je mehr die Sparsamkeit den Character einer Reaction gegen eine vorausgegangene übermäßige Genußsucht hat, desto näher liegt die Gefahr, daß sie auf diesen Abweg sich verirrt. Auch Colonialländer sind dieser Verirrung leicht ausgesetzt, indem gerade die besonders günstigen Productionsverhältnisse, unter denen sie stehen, den Hang begünstigen, den Zweck des Lebens immer ausschließlicher im Geldmachen zu suchen.

b. Der Vortheil, welcher aus der productiven Verwendung der Ersparnisse für den Einen hervorgeht, kann volkswirthschaftlich durch Nachtheile, welche Andere daran haben, theilweise oder ganz ausgeglichen werden. Dies kann geschehen in Folge sowohl der Art, wie die Ersparnisse gemacht, als derjenigen, in welcher sie zur Production verwendet werden. In ersterer Hinsicht kann namentlich, wenn die Ersparnisse durch eine plötzliche weitgehende Beschränkung einer bestimmten Richtung der Consumtion bewerkstelligt werden, eine Entwerthung der dieser Consumtion dienenden fixirten Capitalien eintreten. In letzterer Beziehung kommt insbesondere der Fall in Betracht, wenn die neu angesammelten Capitalien nicht sowohl zur Begründung neuer und zur Erweiterung bestehender Industrien, als zur Verdrängung unvollkommener Productionen und Productionsmethoden durch vollkommenere bestimmt werden. Die Revolution, welche dadurch in den Verkehrsbeziehungen hervorgebracht wird, trifft nächst dem stehenden Capital einmal besonders auch die Arbeitskräfte, die sich der veränderten, wenn auch schließlich in der Regel vermehrten Nachfrage nur mit Widerstreben und oft erst nach bedeutenden Opfern anpassen.

c. Man kann sich über die productive Wirkung der Verwendung der neuersparten Capitalien täuschen. Besondere Beachtung verdient unter diesem Gesichtspuncte eine unwirthschaftliche Vermehrung des stehenden Capitals im Verhältniß zum umlaufenden. Im normalen Verlaufe der wirthschaftlichen Entwickelung wenig zu fürchten tritt sie doch leicht in Perioden ein, in denen nach längerem Schlummer der Speculationsgeist neu erwacht, nnd führt dann zu Störungen und Verlusten.

III. Der unternehmungsweise Betrieb.

§. 33.

Begriff und Arten der Unternehmungen. Ursachen der productiven Wirksamkeit derselben.

Meine Lehre vom Unternehmergewinn, Leipzig 1855, S. 34 ff.

Unternehmungen sind Verkehrsgeschäfte, bei welchen die Unsicherheit des Erfolgs der Production von den Producenten getragen wird. Sie sind unvollkommener Art, wenn sie blos Productionsmittel bereit halten, um sie auf eingetretenes Verlangen, auf Bestellung zur Verwendung zu bringen; vollkommner Art, wenn sie fertige Producte an den Markt liefern.

Die Entwickelung der Unternehmungen fördert die Production dadurch, daß sie das Interesse der Producenten unmittelbarer und stärker anregen, daß sie Mittelpuncte für den Austausch der Capitale und Arbeitsleistungen liefern und, indem sie so zu deren Ansammlung und Ausbildung reizen, zugleich eine billigere Benutzung derselben und ein ausgiebigeres Resultat ihrer Verwendung ermöglichen; sowie nicht minder dadurch, daß sie sowol dem Bedürfnisse die verschiedenen Güter rechtzeitiger, in zuverlässigerer Qualität und zu wohlfeileren und stetigeren Preisen entgegenbringen, als auch die Production mancher Güter in Folge der erwähnten Vortheile überhaupt erst ermöglichen.

§. 34.

Bedingungen und Verlauf der Entwickelung der Unternehmungen.

Wie die Unternehmungen von entscheidender Bedeutung für die Productivität sind, so stehen sie auch ihrerseits in Abhängigkeit von dem Gesammtzustande des wirthschaftlichen Lebens. Je größer die geistige Regsamkeit ist, welche ein Volk belebt, je freier die Capital- und Arbeitskräfte sich bewegen, je weiter die Beziehungen des Verkehrs sich ausgedehnt haben, desto mächtiger können die Unternehmungen sich entwickeln, desto mehr ist namentlich der Uebergang aus ihrer unvollkommenen Form in ihre vollkommene erleichtert.

Der Verlauf der Entwickelung des unternehmungsweisen Betriebes ist aber im Allgemeinen folgender. Im Anfang findet fast ausschließlich nur Eigenproduction statt. Allmälig findet man es vortheilhafter zur Herstellung gewisser Producte, Andere zu veranlassen, welche dieselbe übernehmen. Die regelmäßige Uebernahme solcher Productionen wird nach und nach ein Gegenstand besonderer Vorbereitung und abgesonderten Berufs; es entstehen unvollkommene Unternehmungen. Endlich gestalten sich aus diesen vollkommene Unternehmungen. Insbesondere dieser Uebergang characterisirt eine entwickelte Volkswirthschaft. Er ist wesentlich bedingt von der Freiheit der Verwendung der Capital- und Arbeitskräfte und einem Ueberfluß an Capital. Auf den höchsten Entwickelungsstufen zeigt sich wohl auch ein Auseinanderfallen von Unternehmung und Production, was häufig als ein Zeichen herannahenden Verfalls gelten kann. Indessen tritt dieser Verlauf nicht in allen Productionsgebieten gleichmäßig hervor. Die eigenthümliche Art mancher Productionen läßt sie mehrfach hievon abweichen. Vielfach rufen vollkommene Unternehmungen unvollkommene hervor oder entwickeln sie. Eine vorgeschrittene Culturentwickelung zeigt daher bei einem Ueberwiegen vollkommener Unternehmungen die größte Manichfaltigkeit der verschiedenen Geschäftsarten.

§. 35.

Formen der Unternehmungen.

Mill (Soetbeer), I. 162. Schäffle, Nationalökonomie, Leipzig 1861, S. 205 ff.

Die einfachste und allgemeinste, durch Ungebundenheit des Betriebes sowie durch das vollständige Zusammenfallen des Interesses des Inhabers mit dem Erfolge des Geschäfts sich auszeichnende Form der Unternehmung ist die private durch einen einzelnen Unternehmer. Da dieselbe jedoch in Folge der individuellen Beschränktheit in Bezug auf Arbeitskraft, Capital und Credit sich über ein mehr oder minder eng begrenztes Maß nicht ausdehnen läßt, so nimmt man für Unternehmungen, denen eine größere Ausdehnung gegeben werden soll, das Princip der Association zu Hilfe. Auf diese Weise entstehen Unternehmungsgesellschaften, deren wichtigste Formen folgende sind:

1. die offene Handelsgesellschaft (Collectivunternehmung, Associeschaft, Compagnie) wenn zwei oder mehrere Personen ein Handelsgewerbe unter gemeinschaftlicher Firma betreiben und bei keinem der Gesellschafter die Betheiligung auf Vermögenseinlagen beschränkt ist (Deutsches Handelsgesetzbuch, Art. 85). Sie führt der Unternehmung verstärkte Arbeits- und Capitalkräfte zu und bewahrt die solidarische Verbindung des Interesses der Betheiligten mit dem Erfolge des Geschäfts, aber sie beschränkt die Schnelligkeit und Energie der Disposition und bedarf zu ihrem Gedeihen die vollständigste und ununterbrochene Harmonie der Gesellschafter.

2. Die Commandit-Gesellschaft (stille Gesellschaft) wenn bei einem unter einer gemeinschaftlichen Firma betriebenen Handelsgewerbe ein oder mehrere Gesellschafter sich nur mit Vermögenseinlagen betheiligen (Commanditisten), während bei einem oder mehreren anderen Gesellschaftern die Betheiligung nicht in dieser Weise beschränkt ist (persönlich haftende Gesellschafter). (Deutsches Handelsgesetzbuch, Art. 150.) Wenn das Capital der Commanditisten in Actien zerlegt wird (nach dem Deutschen Handelsgesetzbuch, Art. 173 müssen dieselben auf den Namen lauten und auf einen Betrag von mindestens 200 Thlr. gestellt sein), so wird die Gesellschaft zur Commandit-Actiengesellschaft. Der Vortheil dieser Gesellschaftsform besteht in der Möglichkeit, zu Unternehmern besonders qualificirte Personen mit einem großen Capital zu fast gänzlich ungebundener Disposition auszustatten; ihre Gefahr in dem möglichen Mißbrauch der den Geranten übertragenen großen Gewalt, gegen welchen sich die Commanditisten nur sehr unvollkommen zu schützen vermögen.

3. Die Actiengesellschaft, wenn sich die sämmtlichen Gesellschafter nur mit Einlagen betheiligen, ohne persönlich für die Verbindlichkeiten der Gesellschaft zu haften (Deutsches Handelsgesetzbuch, Art. 207). Diese Form hat den Vorzug,

am leichtesten ein sehr großes Capital zusammenzubringen und etwaige Verluste dadurch, daß sie sich auf eine größere Anzahl vertheilen, weniger fühlbar zu machen. Aus dem letzteren Grunde eignet sie sich namentlich zu volkswirthschaftlichen Versuchen. Ihre Schwäche liegt theils in der Schwierigkeit der Handhabung großer Capitalmassen, theils in der Nothwendigkeit, die Verwaltung durch Beamte besorgen zu lassen, die einerseits doch nicht vollständig in ihrem Interesse mit dem der Gesellschaft verwachsen, andrerseits in ihren Verfügungen durch die Actionäre vielfach gebunden sind. Actiengesellschaften eignen sich daher im Allgemeinen nur für Unternehmungen, die ein sehr großes Capital erfordern, dabei aber doch in ihrem Betriebe verhältnißmäßig einfach geartet sind. Unter allen Umständen aber kann diese Form nur dann eine umfassendere Bedeutung erhalten, wenn es nicht an einer größeren Anzahl von Männern gebricht, die sich nach ihrer moralischen Tüchtigkeit und nach ihrer geschäftlichen Bildung zu Directorenposten eignen. Durch reichlichen Gehalt und Betheiligung am Geschäftsgewinn muß das Interesse der leitenden Beamten mit dem der Gesellschaft verknüpft werden. Endlich müssen die Actionäre über die Directoren, ohne sie in lästiger Weise zu beengen, eine wirksame Controle auszuüben suchen. Hierauf ist jedoch nur dann einigermaßen genügender Verlaß, wenn die Zahl der Gesellschafter nicht zu groß ist, und die Actien in festen Händen sind.

§. 36.

Die Maschinen.

Say (Stirner), I. 230. — Rau, §. 400. — Roscher, Ansichten der Volkswirthschaft aus dem geschichtlichen Standpuncte. Leipzig und Heidelberg 1861, Abhandlung 5.

Die Concentration der Production durch den unternehmungsweisen Betrieb macht in Verbindung mit der fortgeschrittenen Kenntniß der Natur insbesondere auch die Anwendung von Maschinen, d. h. von Werkzeugen, in welchen die mechanisch wirkenden Naturkräfte nutzbar gemacht werden, möglich. Die Anwendbarkeit der Maschinen ist technisch durch die Fähigkeit, theils sich der Naturkräfte zu bemächtigen, theils die durch sie erzeugte Bewegung nutzbar anzuwenden, was wieder hauptsächlich auf der Möglichkeit beruht, die Aufgabe in eine Anzahl einfacher, gleichmäßiger Operationen zu zerlegen, ökonomisch durch die Verfügung über hinreichendes Capital und durch die Möglichkeit der Verwerthung größerer Productenmengen bedingt.

Die Maschinen steigern durch Zuführung neuer Kräfte die Production; sie liefern wohlfeilere, gleichmäßigere und theilweise feinere Arbeit, wie die Menschenhand; sie beschränken die Vergeudung von Rohstoffen, und sie nehmen dem Menschen einen großen Theil der Last der reinmechanischen Arbeit ab. Was die Unternehmungen anlangt, so befördern sie namentlich deren Uebergang aus der unvollkommenen in die vollkommene Form. Durch die Fixirung von Capital begünstigen sie die Stetigkeit der Nachfrage nach Arbeit. Endlich wirken sie auf eine Vervielfältigung und Ausbreitung der Verkehrsbeziehungen hin. Dagegen ist ihre Anwendung auch von Nachtheilen begleitet, welche zu überwinden es wenigstens Zeit bedarf. So lange die Technik der Maschinen noch unvollkommen ist, halten sie nicht nur das künstlerische Element der Production nieder, sondern sie nöthigen auch dazu, einen Theil der Arbeiter zu reinmechanischer und darum niederdrückender Arbeit zu verwenden. Andere Bedenken knüpfen sich an die durch sie dem

Großbetriebe angedeihende Förderung. Die Ausdehnung des Absatzgebietes, so lange dasselbe noch nicht genau gekannt und fest erobert ist, führt leicht zu falschen Speculationen und in Folge dessen zu Arbeitsstockungen. Die Arbeiter sehen sich einer geringen Zahl social ihnen entfernter stehender Unternehmer gegenüber, und dieses veränderte Verhältniß führt leicht zu Unzuträglichkeiten manichfacher Art, bis bei beiden Theilen das richtige Verständniß ihres eigenen Interesses und der wohlwollenden Gesinnung gegen den andern Theil sich soweit durcharbeitet, um ihnen die Mittel geläufig zu machen, durch welche die Selbständigkeit des Einzelnen mit dessen Unterordnung unter die gemeinsame Aufgabe in Einklang gebracht wird. Endlich führt die Einführung der Maschinen zu einer Veränderung in der Art der nachgefragten Arbeit und damit zu einer Störung des Arbeitsmarktes, und sie kann wenigstens von einer Verwandlung umlaufenden Capitals in stehendes begleitet sein, welche geradezu den Betrag der begehrten Arbeit vermindert. Indessen ist der erstere der beiden letzt aufgeführten Nachtheile jedenfalls ein vorübergehender, und die oben erwähnten complicirten Voraussetzungen für die Anwendung von Maschinen bewirken meistens, daß sich dieselbe nur allmälig verbreitet und jene Folge in der Regel daher nicht zu größerer Bedeutung gelangt. Was aber den letztern Nachtheil betrifft, so hat gerade die durch die Maschinen gewonnene größere Productivität die Tendenz, ihn durch raschere Ansammlung von Capital bald wieder auszugleichen.

§. 37.

Die erhaltende (latente) Production.

Knies, der Telegraph als Verkehrsmittel. Tübingen 1857. S. 232 ff. — Mein Artikel Gut, Güterproduction im deutschen Staatswörterbuch. Bd. IV. S. 576.

Eine ansehnliche Menge von Arbeiten ist darauf gerichtet, nicht neue Güter und Werthe hervorzubringen, sondern die bestehenden vor Schädigung und Untergang, welche ihnen theils durch die in der Natur waltenden Kräfte, theils durch die Fahrlässigkeit und den bösen Willen der Menschen drohen, zu bewahren. Diese erhaltenden Arbeiten müssen, vorausgesetzt daß der Erfolg ein lohnender ist, ebenso für productiv angesehen werden, wie die positiv schaffenden. Bei Gleichartigkeit beider Arten von Arbeiten in vielfacher Hinsicht bestehen doch auch wesentliche Unterscheidungspunkte. Das Maß des Erfolgs ist bei den erhaltenden Arbeiten meistens weit schwieriger zu bestimmen. Es genügt bei ihnen meistens nicht, wie bei der schaffenden Production, die Bedürfnisse zu erwarten, vielmehr müssen sie denselben voraus eilen. Während es bei der schaffenden Production vornehmlich auf geistige Concentration ankommt, ist hier allseitige Umsicht die Hauptsache. Wegen des individuellen Gepräges der Mehrzahl der zu bekämpfenden Gefahren bleibt die erhaltende Thätigkeit größtentheils Sache der einzelnen Wirthschaft; insoweit aber allgemeine Einrichtungen hier am Platze sind, tragen diese in der Regel nicht den Charakter selbständiger Unternehmungen, sondern erheischen eine wirkliche partielle Wirthschaftsgemeinschaft. In Folge davon erfordern sie die Feststellung einer dauernden äußern Ordnung und das Eintreten einer Autorität zu deren Schutze, daher hier die öffentliche Gewalt in weit stärkerem Maße ordnend und controlirend einzugreifen berechtigt ist, als bei der schaffenden Production.

Anhang.

Die ethische Bedeutung der Arbeit.

§. 38.

Die ethische Bedeutung der Arbeit.

Mein Artikel Arbeit im deutschen Staatswörterbuch. I. S. 270 ff.

Die Arbeit hat eine tiefgreifende ethische Bedeutung als Erziehungsmittel der Menschheit. Die Nöthigung zu ihr lehrt den Menschen den ihm innewohnenden Hang zur Trägheit, Flatterhaftigkeit und zum passiven Genießen überwinden, und damit die Aufgabe seiner Selbstentwickelung erfassen und verfolgen. In demselben Maße, als der Mensch durch freien Entschluß sich dieser Aufgabe hingiebt, muß daher die Arbeit vom ethischen Standpuncte aus entbehrlicher werden. Hiermit steht es im Einklang, daß mit fortschreitender Civilisation in der That der Druck der Arbeit sich immer mehr vermindert, zunächst dadurch, daß die Bedürfnisse des Menschen in ein harmonischeres Verhältniß zur Natur treten; ferner dadurch, daß theils neben der Arbeit, theils in Verbindung mit ihr die freie Selbstbethätigung sich immer mehr geltend macht; endlich durch die fortschreitende Benutzung der Naturkräfte zur Erreichung der Zwecke des Menschen.

Drittes Buch.

Umlauf der Güter.

Erstes Capitel.

Allgemeine Betrachtung des Güterumlaufs.

§. 39.

Der Güterumlauf als Folge der Entwickelung der Production. Begriffsbestimmungen. Die Vermittelung des Güterumlaufs.

Say, Thl. III. Abth. 1, Cap. 1. (Stirner II. S. 1.) — Rau, §. 252 ff. — Roscher, §. 95 ff.

Die Entwickelung der Production, wie sie im vorigen Buche dargestellt worden ist, hat zur Folge, daß in den einzelnen Wirthschaften theils die vorhandenen Productivmittel für die Productionsaufgabe, welche man sich stellt, theils die Ergebnisse der Production zur allseitigen Befriedigung des Gebrauchs- und Consumtionsbedürfnisses unmittelbar immer weniger ausreichen. Sie macht es mit einem Worte zur Regel, daß die Güter nicht innerhalb der Wirthschaft entstehen, in welcher sie ge- und verbraucht werden sollen, und erheischt daher zu ihrer Ergänzung einen regelmäßigen Uebergang der Güter von deren ursprünglichen Besitzern, die sie nicht bedürfen, in den Besitz Derjenigen, welche sie zu verwenden begehren. Dieser Uebergang ist es, welchen man als Umlauf der Güter bezeichnet. Letztere selbst, insofern man ihnen die Bestimmung beilegt, umgetauscht zu werden, nennt man Waaren. Die Verwandlung der Form eines Werthbetrags durch technische Operationen oder durch Tausch in eine andere wird dessen Umsatz genannt.

Der Uebergang der Güter vom ursprünglichen Besitzer zum Verwender ist nicht immer ein unmittelbarer, sondern erfolgt häufig durch die Vermittelung einer länger oder kürzer sich gliedernden Reihe dritter Personen. Das Auftreten solcher Mittelspersonen ist an sich nicht nützlich, das wirthschaftliche Streben wird vielmehr darauf gerichtet sein, sie wo möglich entbehrlich zu machen, und es ist im Allgemeinen verkehrt, dem durch Zwangsmaßregeln entgegentreten zu wollen. Wohl aber sind Mittelspersonen insoweit von Nutzen, als sie im Vergleich mit dem directen Austausche den Umsatz zu erleichtern, namentlich eine Kostenersparniß zu bewerkstelligen vermögen, und es kann bei wirklich freiem Verkehre das freiwillige Auftreten derselben und die freiwillige Annahme ihrer Dienste durch die Betheiligten als ein sicheres Zeichen angesehen werden, daß dieser Erfolg thatsächlich erreicht wird. Ein gewaltsames Unterdrücken der Vermittelung ist daher in diesem Falle ebenso wenig angebracht, wie im entgegengesetzten eine gewaltsame Aufnöthigung derselben.

§. 40.

Der Tausch als regelmäßige Form des Güterumlaufs. Beschränkungen der Tauschfähigkeit der Güter. Einfluß derselben auf den Eintritt der Güter in den Verkehr.

Da in jeder einzelnen Wirthschaft das Selbstinteresse das entschieden vorwaltende Motiv zu sein pflegt, so ist für den Umlauf der Güter der Tausch, bei welchem beide Theile gewinnen wollen und, wenn er fortgesetzt werden soll, auch gewinnen müssen (vgl. §. 2 und 6) die regelmäßige Form. Je weniger in Folge der Entwickelung der Production, wie der Bedürfnisse die einzelnen Wirthschaften sich selber genügen, desto mehr erweitert sich daher der Kreis der für den Verkehr bestimmten Güter, und desto mehr fällt für die einzelne Wirthschaft die Tauschfähigkeit ihrer Producte in's Gewicht.

Beschränkungen der Tauschfähigkeit können liegen entweder in der Natur der Güter selbst oder in äußern Verhältnissen. In ersterer Beziehung kommen namentlich in Betracht: die Einseitigkeit oder Manichfaltigkeit, die Leichtigkeit oder Schwierigkeit der möglichen Verwendung; die größere oder geringere Verbreitung, Dringlichkeit und Stetigkeit der Bedürfnisse, welchen die Güter dienen; die größere oder geringere Veränderlichkeit ihres für den Verkehr bestimmten Vorraths; die Leichtigkeit und Bequemlichkeit ihrer Aufbewahrung, so wie ihres Transports — diese hauptsächlich von ihrem Umfange und ihrem Gewicht im Vergleich zu ihrem Tauschwerthe bestimmt —; die leichtere oder schwerere Erkennbarkeit ihrer Qualität, die größere oder geringere Leichtigkeit, sie zu theilen und wieder zu vereinigen. In der zweiten obenbezeichneten Hinsicht wirken theils die ungenügende Tauschbefähigung Derjenigen, welche die Güter allerdings wohl brauchen könnten, theils Schwierigkeiten, welche sich dem Zusammenfinden der entgegengesetzten und darum auf einander angewiesenen Tauschbegehren entgegenstellen, theils rechtliche und sociale Beschränkungen der Freiheit des Tausches oder, wie man sich gewöhnlich ausdrückt, der freien Concurrenz ein.

Je nachdem die einzelnen Güterarten von diesen Hindernissen schwächer oder stärker betroffen werden, werden sie früher oder später zu Gegenständen des Verkehrs. In dem Maße als ein Volk diese Hindernisse beseitigen oder sich mit ihnen abfinden lernt, nimmt sein Verkehr an Umfang zu. Mit diesem Umfange pflegt aber auch die Schnelligkeit und Regelmäßigkeit des Umlaufs zu wachsen. Ausdehnung, Schnelligkeit und Regelmäßigkeit des Güterumlaufs sind mithin ein Kennzeichen einer hochentwickelten Volkswirthschaft.

§. 41.

Der Güterumlauf als Voraussetzung der Entwickelung der Production.

Wie die Entwickelung der Production auf die Beseitigung der Hindernisse des Umlaufs der Güter hindrängt, so wirkt auch die Steigerung der Umlaufsfähigkeit der letzteren wiederum auf jene zurück. Je mehr sich die Aussicht auf einen regelmäßigen und ausgedehnten Absatz einer Güterart eröffnet, desto mehr vervollkommnet sich auch in der Regel die Production derselben. Der Unternehmungsgeist sieht sich ein Feld eröffnet, dessen er sich mit Eifer bemächtigt: er führt demselben Capital zu und verwirklicht mit dessen Hilfe nach Möglichkeit sowol eine ausgedehnte Benutzung der Naturkräfte, als eine zweckmäßige Gliederung der Arbeit. — Eine Entwickelung, welche die Production solcher Güter, die zu Gegenständen einer ausgedehnten Industrie zu werden geeignet sind, gerade unter diesem Einflusse häufig zu nehmen pflegt, und die daher hier eine besondere Erwähnung verdient, ist die von der Hausindustrie zum Kaufsysteme (Faktoreibetriebe) und von diesem zum Fabrikbetriebe.

Zweites Capitel.

Die Beseitigung der Hindernisse des Güterumlaufs.

§. 42.

Einwirkung der wirthschaftlichen und Culturentwickelung im Allgemeinen.

Von den oben §. 40 erwähnten Hindernissen des Güterumlaufs werden einige durch den Fortschritt der Wirthschaft und der Cultur selbst abgeschwächt, bezüglich beseitigt. Dahin gehören außer den in der Armuth der Begehrer, in der mangelhaften Entwickelung der Bedürfnisse und in der unvollkommenen Erkenntniß der Verwendbarkeit der Güter liegenden Schwierigkeiten insbesondere die rechtlichen und socialen Beschränkungen der Tauschfreiheit, indem deren Beseitigung in der fortschreitenden Anerkennung und Entwickelung des Rechts der freien Persönlichkeit und des Eigenthums mit enthalten ist.

Die Ueberwindung anderer jener Hindernisse dagegen hängt von besonderen Voraussetzungen ab, die einer näheren Betrachtung bedürfen.

Die besonderen Voraussetzungen eines erleichterten Güterumlaufs.

I. Die Ausbildung der Kunst der Waarenconservirung und des Transportwesens.

§. 43.

Die Kunst der Waarenconservirung.

Der Vortheil der Conservirbarkeit der Waaren besteht in der durch die zeitliche Erweiterung des Absatzgebietes ermöglichten gleichmäßigeren Begegnung von Aus- und Eintauschbegehr, in der hierdurch hervorgerufenen größeren Stetigkeit der Preise und der hieran sich knüpfenden Möglichkeit der Anwendung verbesserter Productionsmethoden. Dieser Vortheil wird um so vollständiger erreicht, je sicherer und je länger einerseits die Waaren dem Verderben entzogen werden, und je weniger andrerseits die Conservirung selbst Kosten verursacht. Diese erfolgt theils durch Bearbeitung der Waaren selbst (Reinigung, Condensirung, Verwandlung des Aggregat-Zustandes der Waaren, Vermischung derselben mit Zusätzen u. s. w.), theils durch verbesserte Aufbewahrung.

§. 44.

Die Verbesserungen des Transportwesens.

Say, Thl. I. Cap. 16. — Rau, Volkswirthschaftspolitik 4. Aufl. §. 255 ff. — Dunoyer, L. VIII. ch. 3. — Glaser allgemeine Wirthschaftslehre, Berlin 1818, Bd. I. S. 155 ff. — Knies, die Eisenbahnen und ihre Wirkungen. Braunschweig 1853. Derselbe, der Telegraph als Verkehrsmittel. Tübingen 1857.

Wie durch Erzielung eines bessern Schutzes der Waaren zeitlich, so wird der Markt durch die Verbesserung des Transportwesens räumlich erweitert. In Folge dieses gleichartigen Charakters beider Arten von Fortschritten sind die volkswirthschaftlichen Wirkungen eines verbesserten Transportwesens im Wesentlichen der nämlichen Art, wie die einer wirksameren Conservirung der Waaren. Das Ziel der Transportverbesserungen besteht in größtmöglicher Mühe- und Kosten-Verminderung, Zeitersparniß und Sicherung vor Verlusten und Beschädigungen, insoweit der Transport sich auf Personen bezieht, auch möglichster Bequemlichkeit bei der Ueberführung von einem Orte zum andern. Es wird theils durch entsprechende Bearbeitung der Transportgegenstände, die vielfach mit der zum Zweck besserer Conservirung derselben vorgenommenen zusammenfällt, theils durch Verbesserung der Transporteinrichtungen zu erreichen gesucht. Die letztere verwirklicht sich durch Maßregeln zur Sicherung der Transportgegenstände wie der Transportmittel gegen Gewaltthätigkeiten, Fahrlässigkeiten und Unglücksfälle aller Art, durch die zweckmäßige Gestaltung der Straßen und Straßenzüge, durch eine rationelle Ausbildung der Vehikel, durch die Anwendung ausgiebigerer Triebkräfte und durch die regelmäßige Einrichtung, Vervielfältigung und erweiterte Ausdehnung der Transportgelegenheiten. Da sowol die Anforderungen, welche zu befriedigen, als die Schwierigkeiten, welche zu überwinden sind, je nach den zu transportirenden Gegenständen sich wesentlich verschieden gestalten, so stellt sich der Fortschritt des Transportwesens, vornehmlich auch in einer immer weitergehenden Specificirung der betreffenden Einrichtungen und Anstalten dar. Insbesondere scheiden sich dieselben immer mehr nach den drei großen Hauptgattungen der Transportgegenstände, Waaren, Personen, Nachrichten.

II. Die Vervollkommnung des Zusammentreffens der sich gegenseitig ergänzenden Tauschbedürfnisse.

§. 45.

1. Die Concentrirung der Tauschbedürfnisse.

Say, Thl. I. Cap. 16. — Rau, Volkswirthschaftspolitik, §. 284.

Der Tauschbegehr bleibt ohne Erfolg, wenn er sich nicht mit einem andern Tauschbedürfnisse von entgegengesetzter Richtung begegnet. Das erste Hinderniß, welches dem im Wege steht, ist das vereinzelte Vorkommen der Tauschbedürfnisse einer bestimmten Art, und der erste Fortschritt zeigt sich daher in deren Concentration. Derselbe knüpft zunächst an die Gelegenheiten an, wo Menschen aus andern Ursachen in größerer Anzahl zusammenkommen. Kirchliche, politische, militärische und andere Zusammenkünfte bieten die Gelegenheiten dar, die Befriedigung der Tauschbedürfnisse zu erstreben. Je erfolgreicher dieses Streben sich erweist, desto mehr wird der wirthschaftliche Zweck zum eigentlichen Mittelpunct der Zusammenkünfte, die um seinetwillen fortgesetzt, bezüglich vermehrt und erweitert werden, — Märkte, Messen. — Mit der wachsenden Ausdehnung der Production und der Consumtionsansprüche genügen periodische Vereinigungen immer weniger, der Verkehr concentrirt sich immer stetiger an bestimmten Orten — Handelsplätzen —, und diese Entwickelung, durch die zunehmende Sicherheit und Freiheit von Person und Eigenthum mächtig befördert, macht allmälig den Fortbestand jener periodischen Vereinigungen, wenigstens vom wirthschaftlichen Gesichtspuncte aus, mehr und mehr entbehrlich.

§. 46.

2. Das Bekanntgeben der Tauschbedürfnisse.

Knies, Telegraph, S. 44 ff. Glaser, §. 108.

Das zweite Hinderniß, welches es zu überwinden gilt, liegt in der Verborgenheit des Tauschbedürfnisses; dieses muß, um zu seiner Befriedigung zu gelangen, zu Tage treten, mit andern Worten, sich zu Angebot und Nachfrage gestalten. Je nachdem die Waare, welche man auszutauschen, gegenüber derjenigen, welche man einzutauschen begehrt, minder oder mehr umlaufsfähig erscheint, fällt naturgemäß ein größeres Gewicht auf den Austausch oder auf den Eintausch, (vgl. unten unter IV.). Deßhalb erscheinen, obgleich in jedem Tauschbegehren an sich sowol Nachfrage als Angebot enthalten ist, die Inhaber der weniger umlaufsfähigen Waaren vorzugsweise als Anbietende, die der mehr umlaufsfähigen als Nachfragende. Den Tauschbegehr möglichst rasch und zuverlässig zur Kenntniß Derjenigen, welche ihn zu befriedigen geeignet und geneigt sein könnten, beziehungsweise überhaupt an die Oeffentlichkeit zu bringen, ist die Aufgabe, welche demzufolge zu lösen ist. Man sucht ihr, was das Angebot betrifft, zu genügen theils durch Vorlegung der Waaren selbst, theils durch Vorlegung von Mustern und Proben, theils durch einfache Benachrichtigung. In jedem dieser Fälle können entweder die vermutheten Abnehmer unmittelbar aufgesucht, oder es kann das Angebot an einem öffentlichen, von Jenen nicht leicht zu übersehenden Orte gestellt werden. — Hausirhandel, Ladenhandel; Musterreisende, Probenniederlagen, Industrieausstellungen; Geschäftscirculäre, Placate, zwischen beiden in der Mitte stehend, Zeitungsanzeigen. — Was die Nachfrage anbelangt, so ist diese, da bei ihr der hinzugebende Gegenwerth vorläufig noch unbestimmt bleibt, auf die Form der Benachrichtigung beschränkt, die sich sowohl an bestimmte Einzelne, als allgemein an die Oeffentlichkeit richten kann. — Von Seiten Desjenigen, der einen Tausch, sei es als Anbietender, sei es als Nachfragender, einleitet, kann die Absicht, denselben zu Stande zu bringen, sowohl eventuell, als unbedingt ausgesprochen werden, das Letztere jedoch nur, wenn für die Gegenvorschläge eine Concurrenz erwartet wird. Jene Einleitung stellt sich daher in diesem Falle immer als eine an eine Mehrheit gerichtete, in der Regel als eine überhaupt öffentliche Aufforderung dar, ein Umstand, aus dem sich als eigenthümliche Geschäftsformen die Versteigerung an den Meistbietenden und die Vergebung der Leistungen oder Lieferungen an den Mindestfordernden entwickelt haben.

Es läßt sich nicht behaupten, daß von diesen verschiedenen Formen eine vor der andern durchgehends den Vorzug verdiene, daß mithin das Ueberhandnehmen der einen und das Zurücktreten der andern an und für sich als ein wirthschaftlicher Fortschritt oder Rückschritt anzusehen sei, oder auch nur, daß die einen höheren, die andern niedrigeren Entwickelungsstufen ausschließlich entsprechen; vielmehr hängt der Vorzug, den jede Form verdient, von Umständen ab, welche mit der Höhe der wirthschaftlichen Entwickelung Nichts zu schaffen haben und auf jeder Stufe derselben verschieden gestaltet sein können, wie vom Zahlenverhältnisse zwischen Denen, welche eine Waare aus-, und Denen, welche sie einzutauschen begehren, von der größeren oder geringeren Dringlichkeit des Tauschbedürfnisses, dem größeren oder geringeren Vermögensbesitze Dieser oder Jener u. s. w., und nur soviel läßt sich sagen, daß je reicher sich die Verkehrswirthschaft entwickelt, in desto größerer Manichfaltigkeit auch jene verschiedenen Formen neben einander auftreten.

§. 47.

3. Die Vermittelung der Tauschbedürfnisse.

Rau, Volkswirthschaftspolitik S. 282 ff.

Eine dritte Schwierigkeit der gegenseitigen Ausgleichung zwischen Angebot und Nachfrage liegt darin, daß nicht immer die Nachfrage Derer, welche eine Waare begehren, in der Art und Weise, wie sie sich kund giebt, genau dem Bedürfnisse Derer, welche sie zu liefern vermögen, noch das Angebot Dieser dem Bedürfnisse Jener entspricht, oder daß wenigstens der unmittelbaren Verhandlung zwischen beiden Parteien von der einen oder der andern Seite her Bedenken entgegenstehen. Hier zeigt sich der Fortschritt in dem Eintreten geeigneter Mittelspersonen, die entweder auf eigne Rechnung den Tausch mit der einen Partei vornehmen, um die eingetauschte Waare später, unmittelbar oder mittelbar, an die andere Partei wieder auszutauschen. — Ausbildung eines eigenen Händlerstandes, Auseinandertreten von Groß- und Kleinhandel — oder die nur auf Rechnung der Parteien Einleitung, Verhandlung, Abschluß und Ausführung des Tauschgeschäftes in die Hand nehmen — Mäkler, Commissionäre, Spediteure u. s. w.

Es liegt in der Natur der Dinge, daß die Fortschritte, durch welche die unter 2 und 3 betrachteten Hindernisse überwunden werden, sich zunächst und vornehmlich an denjenigen Puncten verwirklichen, die bereits in Folge des Bestrebens dem unter 1 behandelten Hindernisse zu begegnen, zu Verkehrsmittelpuncten geworden sind. Hier vor Allem bilden sich daher auf diesen Zweck gerichtete Anstalten und Einrichtungen heraus, als Verkaufshallen, Waarenniederlagen, Börsen, Anzeigetafeln und -Blätter, Maß-, Wäge-, Probir- und Beglaubigungsanstalten, Einrichtungen für einen geordneten Mäkler-, Boten-, Packer-, Trägerdienst u. s. w.

III. Ordnung von Maß und Gewicht.

§. 48.

Maß und Gewicht im Allgemeinen.

Die Leichtigkeit des Güterumlaufs ist wesentlich von der Genauigkeit und Vollständigkeit der Einsicht in die Beschaffenheit der umzutauschenden Güter abhängig. Alles, was dazu beiträgt, diese Einsicht zu erleichtern und zu vervollkommnen, erscheint daher als ein Beförderungsmittel des Güterumlaufs.

Die allgemeine Form der Constatirung der Beschaffenheit der Güter ist die Zählung. Dieselbe giebt aber von dem einzelnen Gute nicht mehr zu erfahren, als daß es überhaupt diejenigen Eigenschaften besitzt, die dessen Subsummirung unter den Gattungsbegriff rechtfertigen. Der Fortschritt liegt in der Feststellung des Grades, in welchem die einzelnen Eigenschaften vorhanden sind. Diese Operation ist das Messen im weiteren Sinne. Sie erfolgt durch die Vergleichung mit einem andern Gegenstande, von dem man sich überzeugt hat, daß er die betreffende Eigenschaft in wenigstens relativ unveränderlichem Umfange besitzt — einem Maßstabe, Maße.

Diejenige Eigenschaft, deren Berücksichtigung sich bei den Sachgütern am allgemeinsten und unabweislichsten aufdrängt, ist die räumliche Ausdehnung, und deren Feststellung wird daher auch als Messen im engern Sinne bezeichnet. Nächst ihr ist es die Schwere der Körper, welche die größte und allgemeinste Bedeutung hat. Das Messen derselben heißt Wägen. Die Maßstäbe für die eine und die andere nennt man dem entsprechend Maße (i. e. S.) und Gewichte. Die Ausbildung von Maß und Gewicht zu größtmöglicher Vollkommenheit erweist sich daher als einen der Haupthebel zur Beförderung des Güterumlaufs. Für den Umtausch der einzelnen Güter stellt sich der Fortschritt vielfach im Uebergang von der Berechnung nach der Stückzahl zu der nach dem Maße und von dieser zu der nach dem Gewichte dar, indem auf diesem Wege ein zunehmend größerer Anhalt für die Beurtheilung der Gesammtbeschaffenheit gewonnen wird, auf die es für den Tausch ankommt.

Je nachdem Zahl, Maß und Gewicht für die Bestimmung der Beschaffenheit der Güter nicht ausreichen, sondern auch die Bemessung noch weiterer specieller Eigenschaften erforderlich wird, kommen übrigens auch weitere diesen Bedürfnissen entsprechende Maßstäbe und Meßapparate zur Anwendung, die aber wegen ihrer beschränkten Bedeutung hier unberücksichtigt bleiben.

§. 49.

Anforderungen an die Einrichtung der Maße und Gewichte. Die Bemessung immaterieller Güter.

Rau, Volkswirthschaftspolitik §. 230.

Die Hauptanforderungen, welche an eine gute Maß- und Gewichtseinrichtung zu stellen sind, sind folgende:

1. Sicherheit der Maßstäbe. Dieselbe wird bedingt einestheils durch deren Genauigkeit, anderntheils durch deren Unveränderlichkeit.

2. Leichtigkeit der Handhabung derselben. In dieser Hinsicht sind namentlich von Wichtigkeit eine bequeme Größe des Grundmaßes und ein rationelles System der Eintheilung und Multiplicirung desselben. Für die Bestimmung dieses Systems wird insbesondere das angenommene Zahlensystem entscheidend.

3. Einheit des Systems, und zwar:

a) in intensiver Beziehung, d. h. in Beziehung auf die angewendeten Maßstäbe, also

α) Beseitigung verschiedener Maßstäbe und Maßstabseintheilungen für dieselbe Art des Messens.

β) Feststellung der Maßeinheiten für die verschiedenen Arten des Messens auf einer einheitlichen Grundlage. Das Maß im engern Sinne erstreckt sich theils auf Linien, theils auf Flächen, theils auf Körper. Daraus ergiebt sich das Bedürfniß von Längen=, Flächen= und Körper=Maßen, bezüglich Maßgefäßen. Durch Zurückführung der Flächen auf Quadrate, der Körper auf Würfel läßt sich aber ihr Maßstab mit der Einheit des Längenmaßes verknüpfen. Für das Gewicht endlich wird diese Verbindung dadurch hergestellt, daß man einen auf Grund der Einheit des Längenmaßes construirten Würfel eines bestimmten Körpers von unveränderlicher Schwere zur Maßeinheit nimmt.

b) in extensiver Beziehung, d. h. in Beziehung auf das Gebiet, für welches die Maßbestimmungen gelten. Mit der Ausdehnung der Verkehrsbeziehungen wird die Uebereinstimmung der Maße und Gewichte in immer weitern Kreisen Bedürfniß. Sie verwirklicht sich in der Regel zunächst im Innern der politischen Körper, dann aber auch von Volk zu Volk, wo sie dann wohl auch durch völkerrechtliche Vereinbarungen förmlich befestigt wird.

Immaterielle Güter lassen sich nicht unmittelbar, sondern nur nach ihrer zeitlichen Ausdehnung oder nach der Größe ihrer mittelbaren oder unmittelbaren materiellen Wirkungen messen. Was insbesondere die Dienste betrifft, so ist die einfachste aber auch unvollkommenste, etwa der Stückzählung für die materiellen Güter entsprechende Bemessung die nach ihrer Dauer; eingehender, aber schwieriger und überhaupt nur dann anwendbar, wenn sie materielle Folgen haben, die nach diesen materiellen Wirkungen (Arbeitsstücken). Die größere oder geringere Anwendbarkeit dieser Methode hängt theils von der Sicherheit, mit der sich die Wirkungen constatiren lassen, theils von der Leichtigkeit der Maßanlegung, theils von der Bedeutsamkeit der der Bemessung unterworfenen, bezüglich nicht unterworfenen Merkmale ab.

IV. Das Geld.

§. 50.

Entstehung des Geldes. Begriffsbestimmung desselben. Das Geld als Werthmaß und legales Zahlungsmittel. Münzwesen.

Smith, Buch I. Cap. 4. Say, Thl. III. Cap. 6 ff. Rau, §. 257 ff. Roscher, §. 116. Mill (Soetbeer), I. 512. Hoffmann, Lehre vom Gelde. Berlin 1838. M. Chevalier, la monnaie 1850.

Eine wesentliche Schwierigkeit für das Zustandekommen eines Tauschgeschäftes muß sich vielfach daraus ergeben, daß die Güter, welche Jemand als Gegengewährung gegen einzutauschende Güter anzubieten hat, dem Bedürfnisse des Eintausches auf

Seiten des Besitzers dieser letzteren nicht entsprechen. Hier muß, wenn der Handel sich nicht zerschlagen soll, der eine Theil entweder sich mit einem Versprechen begnügen oder sich zur Annahme von Gütern verstehen, die er selbst nicht gebrauchen kann, hinsichtlich deren er daher lediglich auf die Möglichkeit weitern Umtausches angewiesen ist. Fällt in solchen Fällen die Entscheidung in letzterem Sinne aus — und das ist, so lange nicht eine weitergehende Wirthschaftsentwickelung den Forderungen selbst die größte Sicherheit und Umsatzleichtigkeit verschafft hat, weitaus die Regel —, so wird daher der größere oder geringere Grad der allgemeinen Tauschfähigkeit, welche die einzutauschenden Güter an sich besitzen (vgl. §. 40), entscheidend. Indem nun bestimmte Güterarten dieser Anforderung besser entsprechen als andere, werden sie vorzugsweise als Tausch- oder Umlaufsmittel gebraucht. Als solche um ihrer allgemeinen Tauschkraft willen begehrte Güter bezeichnet man sie als Geld, während man die Bezeichnung Waaren nun in einem engeren Sinne auf diejenigen Verkehrsgüter anwendet, die man entweder zur unmittelbaren Benutzung eintauscht, oder mit denen man, wenn man Tauschzwecke dabei im Auge hat, auf eine Verschiedenheit ihres Tauschwerthes zu verschiedenen Zeiten oder an verschiedenen Orten speculirt.

Vor allen andern Gütern haben die edlen Metalle die für den Gelddienst erforderlichen Eigenschaften im höchsten Grade. Sie sind daher bei allen civilisirten Völkern und im Verkehr dieser unter einander allmälig zur so gut wie ausschließlichen Verwendung als Geld gelangt.

Durch das Dazwischentreten eines Geldes zerlegen sich die Tauschgeschäfte in Kauf und Verkauf. In Folge davon wird das Geld zum allgemeinen Tauschwerthmaß und insbesondere zum Tauschwerthmaß der Capitalien und ihrer Nutzungen. Denn als allgemeines Umlaufsmittel bietet es die bequemste und darum auch verbreitetste Form für die Ansammlung, Aufbewahrung und Uebertragung der Capitalien dar. Indem die Mehrzahl der Rechtsgeschäfte auf Leistung von Geldzahlungen gestellt wird, macht sich eine obrigkeitliche Regelung des Geldwesens erforderlich. Nur in bestimmten Formen — Münzen — wird das Geld als legales Zahlungsmittel anerkannt, und die Regierungen behalten sich regelmäßig, um diese Formen mit größerer Sicherheit aufrecht erhalten zu können, deren Anfertigung ausschließlich vor — Münzregal. —

§. 51.

Einwirkung des Geldes auf die Volkswirthschaft. Volkswirthschaftliche Voraussetzungen der Geldwirthschaft.

Roscher, §. 117. Hoffmann, S. 174 ff. Chevalier, section III. u. IV.

Das Auftreten des Geldes macht durch die Erleichterung des Absatzes, welche es hervorruft, eine auf den Verkehr gerichtete regelmäßige Production und hiermit deren Steigerung durch unternehmungsweisen Betrieb, Capitalverwendung, Arbeitsgliederung erst vollständig möglich. Zugleich befördert es mittelbar die Ansammlung von Capitalien, da nun erst deren Uebertragung und die Ausbedingung eines festen Zinsfußes mit Leichtigkeit ausführbar werden. Und nicht minder günstig wirkt es auf die Befreiung der Arbeit durch die Erleichterung, welche es Jedem in Betreff der beliebigen Verwendung seines Vermögens und Erwerbes gewährt. Endlich erweist es sich auch insofern der Wirthschaft förderlich, als die Zurückführung des Tauschwerths der verschiedenen Güter auf einen gemeinschaftlichen Maßstab, welche es ermöglicht, die unentbehrliche Voraussetzung der Ausbildung eines geordneten Rechnungswesens ist.

Wie aber das Geld die wirthschaftlichen Kräfte belebt und in ihrer Entwickelung fördert, so ist die Ausbildung eines Zustandes, in welchem es in solcher Weise wirkt, einer Geldwirthschaft selbst wieder davon abhängig, daß jene bereits einen gewissen Fortschritt gemacht haben. Die Bedürfnisse müssen sich zuvor schon einigermaßen vermanichfaltigt, und die einzelnen Wirthschaften ihre verschiedenartige Eigenthümlichkeit bis zu einem gewissen Grade ausgebildet haben. Zugleich muß entweder eine Ansammlung größerer Vorräthe gewisser Güter in einzelnen Händen stattgefunden haben, oder eine umfangreiche Nachfrage nach solchen in concentrirter Weise sich geltend machen. Veranlassung zu dem ersteren Vorgang hat häufig das Verhältniß der Grundherrlichkeit mit den Naturalabgaben und der Dienstpflicht der Grundholden gegeben. Auf die zweite Weise ist die Geldwirthschaft, und mit noch durchgreifenderem Erfolge, nicht selten dadurch herbeigeführt worden, daß von einem höher entwickelten Auslande her zur Deckung seines gestiegenen Bedarfs an Rohstoffen und Verzehrungsgegenständen eine Nachfrage nach den betreffenden Artikeln entstand.

§. 52.

Anforderungen in Betreff der Ordnung des Geldwesens.

Smith, Buch II. Cap. 2. Rau, §. 277 ff. Volkswirthschaftspolitik §. 232 ff. Hoffmann, S. 13 ff. Mill, B. III. Cap. 9.

Die Vollkommenheit, in welcher das Geld die im Vorhergehenden angegebenen Dienste leistet, hängt hauptsächlich von folgenden Puncten ab:

1. Von der Ausschließlichkeit, in welcher sich die Verwendung als Geld auf eine einzige Güterart beschränkt. Die gleichzeitige Verwendung verschiedener Güterarten als Geld läßt die Vortheile eines einheitlichen Werthmaßstabes sich nicht verwirklichen; sie muß das Umlaufsgebiet einer jeden der betreffenden Güterarten verengen und in Folge davon auch deren Werthstetigkeit beeinträchtigen. Die natürliche Tendenz geht daher dahin, als Geld immer mehr nur eine Güterart zu gebrauchen. Der Versuch, dieser Tendenz durch Aufstellung eines festen Werthverhältnisses zwischen den verschiedenen als Zahlungsmittel verwandten Güterarten, einer mehrfachen Währung, entgegenzutreten, erweist sich als undurchführbar. Denn da der Tauschwerth auch der als Geld dienenden Güter kein vollkommen unveränderlicher ist, und für jede Güterart durch ihre eigenthümlichen Beziehungen der Nachfrage und des Angebots bestimmt wird — vgl. das folgende Capitel — so hört das legale Werthverhältniß über kurz oder lang auf, dem thatsächlichen Werthverhältnisse zu entsprechen. Die Folge muß sein, daß das im Vergleich zu seinem Marktwerthe zu niedrig angesetzte Währungsgut der Verwendung als Geld immer mehr entzogen wird und daß sich auf diese Weise die einfache Währung thatsächlich dennoch herstellt. In der Uebergangszeit aber findet nicht nur ein kostbares, aber eines wirklichen Nutzeffects entbehrendes Aus- und Einführen, Aus- und Entmünzen der Währungsgüter statt, sondern es entsteht auch eine vielfach nachtheilige allgemeine Unsicherheit in Bezug auf den Werth aller Geldleistungen.

2. Von einer zweckmäßigen Einrichtung des Münzwesens. In dieser Hinsicht kommt namentlich in Betracht

a) die möglichst vollkommene Zuverlässigkeit des Gewichts und des Feingehalts (Schrot und Korn) der verschiedenen Münzstücke.

b) eine bequeme Abstufung derselben — Stückelung.

c) eine zweckmäßige Form, Bezeichnung, und falls es keine einfachen Körper sind, Zusammensetzung (Legirung) derselben.

Je mehr der Verkehr sich nicht blos innerhalb der einzelnen Völker entwickelt, sondern diese auch untereinander verbindet, desto mehr macht sich das Bedürfniß einer Uebereinstimmung, sowohl was die Einrichtung des Münzwesens, als was die Wahl der Währung betrifft, geltend. Bei noch innigerer Verbindung führt dasselbe bis zu vertragsmäßiger Garantirung der Uebereinstimmung — Münzconventionen. —

3. Von der möglichsten Schnelligkeit des Geldumlaufs. Das Geld erscheint volkswirthschaftlich als stehendes Capital, indem es in der nämlichen Weise wie z. B. Transportwerkzeuge und Straßen, unter Fortbestand seiner Substanz die Ueberführung der Güter zu ihrer schließlichen Verwendung vermittelt. Das wirthschaftliche Streben muß sich, wie überhaupt, so auch bei diesem Capitalaufwande auf möglichste Ersparung richten. Diese kann jedoch hier nicht in einer Reducirung des Tauschwerthes der Geldobjecte gesucht werden, da Tauschwerth und Leistungsfähigkeit bei ihnen durchaus zusammenfallen, so daß die Verminderung des einen die vollkommen gleichmäßige Verminderung der andern in sich schließt, sondern nur in der ausgedehnteren Benutzung, d. h. im rascheren Umlauf des Geldes. Da dieser seine vornehmste Schwierigkeit, das Todtliegen des Geldes seine größte Beförderung in der Vereinzelung des letzteren findet, so nimmt jenes Streben vorzugsweise die Richtung auf eine rasche Concentrirung der kleinen zerstreuten Geldmengen an und bewährt sich vornehmlich in der Entwickelung des Depositenwesens — Sparkassen, Depositenbanken u. s. w. S. unten §. 57.

V. Credit.

§. 53.

Begriff des Credits. Bedingungen desselben.

Say, Thl. III. Abth. 3. Rau, §. 278 ff. Roscher, §. 85 ff. Mill, Buch III. Cap. 11.

Der Umlauf der Güter kann endlich dadurch erleichtert werden, daß die eine der bei jedem Umsatzgeschäft betheiligten Parteien der andern die Erfüllung ihrer Verbindlichkeit auf eine spätere Zeit hinauszuschieben gestattet. An die Stelle der Leistung oder Zahlung tritt also hier ein Leistungs- oder Zahlungsversprechen. Die auf diese Weise sich eröffnende Möglichkeit, über Werthe, welche Andern zustehen, mit deren auf das Vertrauen späterer Vergeltung, bezüglich Rückerstattung sich stützender Zustimmung zu verfügen, ist der Credit (vgl. §. 6). Als Creditwirthschaft bezeichnet man einen Zustand der Volkswirthschaft, wo der Verkehr in überwiegendem Umfange sich auf die Benutzung dieser Möglichkeit gründet, im Gegensatz zur Naturalwirthschaft, wo die Erzeugung der Mittel für den Wirthschaftsbedarf im eigenen Haushalte, und zur Geldwirthschaft, wo Ein- und Verkauf gegen unmittelbare Zahlung die Regel bildet.

Die Gewährung von Credit wird bedingt theils durch die Fähigkeit, die abzutretenden Güter, bezüglich deren Werth bis zur Zeit der Rückerstattung oder Vergeltung zu missen, was wiederum hauptsächlich die Ansammlung von Capital voraussetzt, theils durch die Zuversicht, seiner Zeit zu seinem Rechte zu gelangen, eine Zuversicht, die sich einestheils nach der Leistungsfähigkeit des Schuldners, anderntheils nach dem bei ihm vorausgesetzten guten Willen, eventuell nach der Wirksamkeit der gegen ihn zu Gebote stehenden Zwangsmittel richtet.

Auf der andern Seite hat der Creditbegehr bei geordneten Wirthschaftsverhältnissen die Aussicht auf fruchtbringende Verwendung der zu creditirenden Güter zur regelmäßigen Voraussetzung. Die Benutzung zu Zwecken der Production ist daher dasjenige Moment, das den Credit durchgreifende volkswirthschaftliche Bedeutung gewinnen läßt. Eine solche Benutzung aber kann sich nur auf bereits hoch entwickelte volkswirthschaftliche Zustände, insbesondere eine ausgebildete Verkehrs- und Geldwirthschaft stützen, und erst nachdem diese sich entwickelt hat, kann daher die Creditwirthschaft Boden gewinnen und sich ausbreiten.

§. 54.

Eintheilungen des Credits.

Die wichtigsten auf den Credit bezüglichen Eintheilungen sind folgende:

1. Nach der Persönlichkeit der Creditnehmer unterscheidet man öffentlichen und Privatcredit. Für den ersteren pflegt das Vertrauen zu der Zahlungswilligkeit, für den letzteren das zu der Zahlungsfähigkeit des Schuldners vorzugsweise entscheidend zu sein.

2. Kann man zufällige und wesentliche Creditgeschäfte unterscheiden. Bei den ersteren ist die Creditgewährung nur die Folge eines an sich von ihr unabhängigen Geschäfts, mit dem sie sich nur in Folge hinzutretender Umstände verbindet; der wichtigste hierher gehörige Fall ist die Gestundung der Zahlung beim Kauf, die namentlich im Verkehr reicherer Völker mit ärmeren eine große Bedeutung gewinnt. Bei den letzteren sind das Schuldverhältniß selbst und die an dasselbe sich unmittelbar anknüpfenden Rechtsansprüche Zweck der Creditgewährung. Das Gelddarlehen, insbesondere das unkündbare, ist die dieser Art des Credits vorzugsweise entsprechende Form. Bei den Fällen der ersteren Art erscheint der Credit nur als ein Auskunftsmittel und unvermeidliches Uebel; bei denen der letzteren Art dagegen als ein wirkliches Hilfsmittel und belebendes Princip der Wirthschaft. Die fortschreitende Volkswirthschaft hat daher im Allgemeinen die Tendenz, jene Anwendung des Credits zu beschränken, diese zu erweitern.

3. Nach der Art der vom Creditnehmer gegebenen Garantien unterscheidet man Personal- und Realcredit, und bei dem letztern wiederum, je nachdem das Pfand in die Hand des Gläubigers übergeht oder nicht, Faustpfand- und Hypothekarcredit. Welche dieser Formen den Vorzug verdient, hängt lediglich von den Verhältnissen ab. Für die sogenannten Urproductionen hat im Ganzen der Realcredit überwiegende Bedeutung, und zwar um so mehr, je intensiver sie betrieben werden. Auch für die Gewerbe ist er im Durchschnitt wohl noch wichtiger, obgleich für sie auch der Personalcredit schon große Wichtigkeit gewinnt. Entschieden vorherrschend ist die Bedeutung des letzteren für den Handel und noch mehr für die persönlichen Dienste. Was die Entscheidung zwischen Faustpfand und Hypothek anlangt, so ist das Verdrängen des ersteren durch die letztere in der Regel

als ein Fortschritt anzusehen. Genaue Feststellung des Pfandgegenstandes, Sicherheit und leichte Erkennbarkeit der auf denselben bezüglichen Rechtsverhältnisse, leichte und sichere Feststellung der Rechte des Gläubigers in Formen, welche deren Uebertragung erleichtern, und ein schnelles und zweckmäßiges Executionsverfahren sind die Hauptpuncte, von denen die Anwendbarkeit der Hypothekenbestellung abhängt. Da indessen die Natur der Dinge diese im Wesentlichen auf Immobilien beschränkt, so behält der Faustpfandcredit daneben immer noch seine Bedeutung, namentlich für Handel und Industrie. Ihm dienen Einrichtungen, welche theils die Aufbewahrung des Pfandes, theils die Verfügung über die Forderung und beim Verfall über das Pfand selbst zu erleichtern bestimmt sind — Leihhäuser, Lombard-Einrichtungen der Banken, Waarenniederlagen und von ihnen ausgegebene Pfandscheine (docks und docks-warrants). —

4. Die für die Rückerstattung der creditirten Werthe getroffenen Bestimmungen geben den Grund für folgende Unterscheidungen ab:

a) Je nachdem die Rückerstattung in der abstracten Form des Geldes oder in Gütern von concreter Gestaltung erfolgen soll. Dort sind die Verpflichteten allgemeiner, aber weit lockerer, hier nur nach einer bestimmten Seite, aber viel schärfer beschränkt; namentlich ist ihnen, wenn die betreffenden Güter nicht vertretbarer Art sind, deren Veräußerung und Verzehrung untersagt, nur die Nutzung gestattet, während sie zugleich zur Sorge für die Erhaltung derselben verpflichtet sind. Bestimmungen, durch welche die Gläubiger sich gegen Rechtsüberschreitungen und Pflichtverletzungen der Schuldner sicher zu stellen suchen, sind unter solchen Verhältnissen häufig.

b) Je nachdem der dem Creditgeber zukommende Werthbetrag im Voraus definitiv festgesetzt oder von der Gestaltung gewisser anderer Verhältnisse abhängig gemacht ist. Das Letztere namentlich häufig bei der Creditirung des Verkaufspreises von Capitalnutzungen mit Rücksicht auf die durch deren Verwendung erzielten wirthschaftlichen Erfolge. Indessen wohnt der volkswirthschaftlichen Entwickelung die Tendenz inne, auch für den Kaufpreis der Nutzungen die definitive Festsetzung immer mehr zur Geltung zu bringen. Umgekehrt gewinnt auf höheren Wirthschaftsstufen für den Kaufpreis der Arbeit, welchen der Arbeiter dem Unternehmer creditirt, jene eventuelle Festsetzung an Bedeutung.

c) Je nachdem die Auflösung des Creditverhältnisses, sei es auf eine bestimmte Frist, sei es auf den Eintritt bestimmter Bedingungen, vorgesehen ist oder nicht. Das Letztere gilt zumeist für die mit der Entwickelung der Volkswirthschaft an Bedeutung immer mehr zunehmenden Darleihen zu productiven Zwecken. Da in dieser Hinsicht beide Parteien gerade entgegengesetzte Interessen haben, nämlich für sich das der möglichsten Freiheit, für die Gegenpartei das der möglichsten Gebundenheit in Bezug auf Fortsetzung oder Auflösung der Verbindung, so gestalten sich, je nachdem die Verhältnisse der einen oder der andern das Uebergewicht verleihen, die Vereinbarungen sehr verschieden. Beim Handels- und Gewerbscredit sind leichte Bedingungen der Rückzahlung und Rückforderung vorherrschend, beim landwirthschaftlichen und beim öffentlichen Credit Bedingungen, welche die Auflösung der Creditverbindung schwerer machen, ja gänzlich abschneiden.

§. 55

Die Einrichtungen zur Versöhnung der widerstreitenden Interessen bei den Creditverbindungen.

Say, Th. III. Abth. 3. Rau, §. 286 ff Mill, Buch III. Cap. 11.

Der Widerstreit der Interessen in Betreff der Lösbarkeit oder Unlösbarkeit der Creditverbindungen führt zu Einrichtungen, welche bestimmt sind, diejenigen Interessen, die in diesem Kampfe unterlegen sind, dennoch möglichst vor Schaden zu bewahren. Bei leichter Löslichkeit der Verbindung gilt es insbesondere den Schuldnern einen Schutz dadurch zu verschaffen, daß theils den Gläubigern die Veranlassung zur Ausübung ihres Kündigungsrechts möglichst benommen, theils für den Fall, daß die Kündigung dennoch eintritt, das Anknüpfen einer neuen Creditverbindung möglichst erleichtert wird. Auf beide Zwecke sind die Veranstaltungen berechnet, welche das Vertrauen zu den Schuldnern durch Klarstellung ihrer Vermögensverhältnisse, Erleichterung der Rechtshilfe, Einführung von Bürgen, Bildung von Genossenschaften mit solidarischer Haftverbindlichkeit u. s. w. erhöhen sollen, auf den letztern Zweck insbesondere die verschiedenen Anstalten zur Beleihung von Pfändern aller Art.

Andererseits stellt sich, wenn das Creditverhältniß nur schwer und langsam oder selbst gar nicht löslich gemacht wird, oder wenn die Lösung an einen bestimmten Termin geknüpft ist, die Aufgabe dahin, die hierin für die Gläubiger liegende Beschränkung dadurch auf das niedrigste Maß zurückzuführen, daß man ihren Forderungen selbst die größtmögliche Umlaufsfähigkeit verleiht, den Credit, wie man sich ausdrückt, mobilisirt. Diesem Zweck dienen:

a) Die Ausbildung von Schuldscheinformen, in welchen die Forderungen nebst den aus ihnen folgenden Ansprüchen in einfacher Weise klar und gegen Anfechtungen und Einwendungen sicher gestellt, und die Exequirung wie die Uebertragung derselben von Schwierigkeiten und Weitläufigkeiten befreit werden. Von besonderer Bedeutung in dieser Beziehung ist der Wechsel, „das formelle Zahlungsversprechen ohne Angabe des Schuldgrundes.“ Derselbe wird vorzugsweise zur Ausgleichung größerer Geldforderungen, namentlich zwischen verschiedenen Orten, angewandt. Das Ankaufen noch nicht fälliger Wechsel wird discontiren genannt.

b) Die Errichtung von Centralpuncten für den Umsatz der Creditpapiere — Börsen —, deren Ausstattung mit den erforderlichen Hilfsmitteln und Hilfspersonen und die Festsetzung der für diesen Verkehr nöthig scheinenden Ordnungsbestimmungen — Börsenordnungen — Auch gehören hierher die Rentenbanken, welche die regelmäßige Abtragung von Schulden in kleinen Beträgen den Gläubigern dadurch annehmlich machen, daß sie durch Zusammenfassung vieler solcher kleiner Beträge deren Verwandlung in größere zu zinstragender Anlegung sich besser eignende Posten vermitteln.

§. 56.

Creditvermittelung.

Ad. Smith, B. II. Cap. 2. Say, a. a. O. Rau, a. a. O. Mill, a. a. O.

Die Schwierigkeiten, welche der Vereinigung der Creditsucher und Derjenigen, welche Credit anzubieten haben, nicht selten im Wege stehen, rufen die Bildung von Einrichtungen und das Eintreten von Personen zum Zwecke der Vermittelung hervor. Zunächst in der Richtung, den Parteien ihr Zusammenfinden und die Würdigung ihrer gegenseitigen Verhältnisse zu erleichtern. Dahin gehören außer den schon erwähnten Börseneinrichtungen namentlich auch noch die Geldcommissionsgeschäfte und die Handelsagenturen — mercantile agencies —. Dann aber auch in der Weise, daß die Vermittelung als vollkommene Unternehmung auftritt, die auf eigene Rechnung Credit nimmt und giebt. Solche Unternehmungen haben sich vornehmlich aus dem Geldwechselgeschäft und dem Effectenhandel einschließlich der Wechseldiscontirung, aus dem Geldcommissions- und Werthverwahrungsgeschäft, an das sich das Girogeschäft anschließt, entwickelt, und halten die Verbindung mit diesen Geschäften auch noch mehr oder minder aufrecht. Der allgemeine Name für diese auf die Beförderung des Geld- und Creditverkehrs gerichteten Unternehmungen ist Banken. Im engeren Sinne gebrauchen wir diese Bezeichnung für die ersterwähnten creditvermittelnden vollkommenen Unternehmungen.

Der Fortschritt, welcher hier in dem Auftreten vollkommener Unternehmungen liegt, beruht darauf, daß sie vermöge der übrigen Geldgeschäfte, welche sie treiben, einestheils den Capitalisten besser bekannt und darum als Schuldner genehmer sind, anderntheils die Verhältnisse der Capitalbegehrer besser zu würdigen verstehen, als der gewöhnliche Privatmann, sowie darauf, daß sie durch eigene Capitalfonds, theilweise auch durch Veröffentlichung ihres Geschäftsbetriebes den Gläubigern eine vermehrte Sicherheit gewähren. Indem die Banken selbst mit einander in Verbindung treten, um sich gegenseitig ihre Forderungen zu überweisen, scontriren, und dieselben abzugleichen, compensiren, wofür sich in großen Handelsplätzen eigene Einrichtungen ausbilden — clearing-houses —, wird der Aufwand und die Mühe des Capitalumsatzes auf das geringst mögliche Maß zurückgeführt.

§. 57.

Die Banken als Credit vermittelnde Institute.

Smith, Say, Rau, Mill a. d. a. O. O. Hübner, die Banken, Leipzig 1854. A. Wagner, Beiträge zur Lehre von den Banken. Leipzig 1857. Derselbe, das neue Lotterieanlehen und die Reform der Nationalbank. Wien 1860.

Die Aufgabe, welche die Banken i. e. S. verfolgen, besteht zum einen Theile darin, Credit zu gewähren. Dieß geschieht entweder auf Grund laufender Rechnungen — Contocorrent — oder gegen Pfandbestellung — Lombardgeschäft, Hypothekengeschäft —. Für letzteres bestehen jedoch meistens eigene Anstalten oder doch besondere Abtheilungen. Auch der Ankauf von Creditpapieren, insbesondere das Discontiren von Wechseln, muß insofern mit hierher gerechnet werden, als darin ein den Einlösungspflichtigen zugestandener Credit enthalten ist. Hauptregel für die Creditgewährung, da sie zum großen Theile mit selbst erst creditirten Mitteln erfolgt, ist, sie nach der Art der übernommenen Verbindlichkeiten zu reguliren, dergestalt, daß die vollständige Erfüllung der letzteren auch unter den ungünstigsten Umständen, welche erfahrungsmäßig zu befürchten sind, außer Zweifel gestellt bleibt, und zwar ist dabei die Möglichkeit sowol einer plötzlichen in bedeutendem Umfange auftretenden Vertrauensstörung (Panik, run up the bank —) als einer unerwarteten, ansehnliche Baarzahlungen in's Ausland nothwendig machenden Störung der Handelsbilanz — drain up the bank — wohl in Betracht zu ziehen.

Um aber Credit in größtmöglichem Umfange geben zu können, müssen die Banken sich in den Stand zu setzen suchen, das Maß der Mittel, über welche sie verfügen, nach Bedürfniß auszudehnen. Deßhalb besteht ihre Aufgabe zum andern Theile darin, sich selbst Credit zu verschaffen. Dies suchen sie hauptsächlich in doppelter Weise zu erreichen. Nämlich:

a) durch die Annahme von Depositen, deren Zufluß sie theils durch Leichtigkeit der Rückforderungsbedingungen, theils durch Gewährung von Zinsen zu steigern bemüht sind. Für die Entwickelung dieses Betriebes dient insbesondere das Geldcommissionsgeschäft als Handhabe. In seiner vollständigsten Ausbildung führt derselbe zur Ausgleichung des größten Theils der Verkehrsverbindlichkeiten durch Anweisungen — checks —.

b) Durch die Ausgabe trockener Sichtwechsel mit Blancoindossement in runden Appoints. — Banknoten, Zettel. In dieser Form erreicht die Circulationsfähigkeit der Forderungen ihre höchste Vollkommenheit, und es wird durch sie vielfach möglich, das Geben und Nehmen des Credits unmittelbar zu einer Operation zu vereinigen, deren Wesen in dem Umtausch minder circulationsfähiger Forderungen gegen mehr circulationsfähige besteht.

§. 58.

Creditpapiere als Geldsurrogate.

Die angeführten Schriftsteller a. d. a. O.

So oft die Erfüllung einer Geldverbindlichkeit durch die Weitercedirung von Schuldscheinen erfolgt, vertreten diese die Stelle von Geld. Je umlaufsfähiger die Schuldscheine ihrer Form nach sind, desto häufiger wird das geschehen, und desto häufiger werden sie daher zu Geldsurrogaten. Sie unterscheiden sich aber von wirklichem Gelde dadurch, daß sie ihren Werth nicht in sich selbst tragen, sondern als Versprechungen ihn nur im Hinblick auf das Versprochene, d. h. das Geld erhalten. Es liegt bei ihnen immer die Idee einer schließlichen Baarzahlung im Hintergrunde, wenn diese auch häufig dadurch, daß sie selbst als Zahlungsmittel an den Aussteller zurückfließen, umgangen wird.

Das Maß der Umlaufsfähigkeit der Schuldscheine hängt hauptsächlich von zwei Momenten ab, nämlich

a) von der Leichtigkeit ihrer Uebertragung,

b) von ihrer leichten und sicheren Einlösbarkeit. Darauf daß die Banknoten diese beiden Bedingungen am vollständigsten erfülleu, beruht es, daß sie als Geldsurrogate die erste Stelle einnehmen (s. §. 57).

Eine weitere Erhöhung ihrer Umlaufsfähigkeit können sodann die Geldsurrogate noch durch ihre Anerkennung als legales Zahlungsmittel erfahren. Dieselbe verändert jedoch ihren Character als bloße Zahlungsversprechen nicht, so lange sie auf die Voraussetzung unmittelbarer Einlösbarkeit der Scheine beschränkt ist.

Insoweit Schuldscheine als Geldsurrogate dienen, gewähren sie den Vortheil, Geld entbehrlich zu machen. Sie thun das jedoch nicht zu ihrem vollen Betrage. Denn da ihre Umlaufsfähigkeit wesentlich durch die stete Möglichkeit ihrer rechtzeitigen Einlösung bedingt ist, so muß diese gesichert werden. Hierzu bedarf es aber jedenfalls der Bereithaltung von Baarvorräthen. Der Umfang, den diese haben müssen, läßt sich nicht nach einem bestimmten einfachen Verhältnisse feststellen, sondern hängt theils von der Länge des Fälligkeitstermins der Papiere, theils von dem Credite, auf den der Ausgeber derselben rechnen kann, theils von der Leichtigkeit und Sicherheit ab, mit der er die ihm seinerseits zustehenden Forderungen einzuziehen oder sonst zu realisiren erwarten darf.

§. 59.

Papiergeld.

Ad. Smith, a. a. O. Say, Th. III. Abth. 2. Cap. 16. Rau, §. 293 ff. Mill, Bd. III. Cap. 14. Wagner's Beiträge S. 34.

Von den geldsurrogirenden Creditpapieren wohl zu unterscheiden ist das eigentliche Papiergeld. Darunter sind Papiere zu verstehen, die der Staat ohne Garantie unbedingter Convertirbarkeit in Geld nichtsdestoweniger als legales Zahlungsmittel ausgiebt oder Dritten auszugeben gestattet. Auch solches Papiergeld kann im Verkehr den nämlichen Werth behaupten, als der Geldbetrag, auf den es lautet; es ist dies aber nicht, wie bei den Papieren der ersteren Art eben wegen ihrer Convertirbarkeit, eine Nothwendigkeit, sondern wird nur insofern stattfinden, als entweder der Staat die Gleichstellung mit Geld unmittelbar zu erzwingen vermag, oder als das Papier wegen der Aussicht, es zum vollen Werth wieder anbringen zu können, Credit findet. In letzterer Beziehung fällt namentlich der Umstand in's Gewicht, in welchem Umfange der Staat Zahlungen zu empfangen hat und dabei das Papiergeld auch gegen sich selbst als Zahlungsmittel gelten läßt. Offenbar aber hängt die Erhaltung des Pariwerthes des Papiergeldes unter allen Umständen von einer gewissen Begrenzung seines Betrags ab, und die Erfahrung zeigt, daß für die Einhaltung dieser Grenze genügende Sicherheit nicht geleistet werden kann. Es erklärt sich das theilweis daraus, daß die Entwerthung in dem Augenblicke, wo sie eintritt, nicht erkannt oder doch nicht auf ihre wahre Ursache zurückgeführt zu werden pflegt, theils daraus, daß die Versuchung, sich durch fortgesetzte Papiergeldemissionen so gut wie kostenlos neue Geldmittel zu verschaffen, unter drängenden Umständen unwiderstehlich wird; denn es fehlt hier der Umstand, welcher der Ausgabe geldsurrogirender Creditpapiere eine Grenze setzt, daß nämlich die Beanspruchung des Credits sich mit einer Creditgewährung verbindet, und folglich jene sich nicht ohne diese ausdehnen läßt.

Den geldsurrogirenden Creditpapieren nahe verwandt sind die Scheidemünzen, d. h. kleinere Münzen, deren reeller Werth ihrem Nominalwerthe nicht vollständig entspricht. Die Unvollkommenheiten der Münztechnik und die Unthunlichkeit der Verwendung der edlen Metalle überhaupt oder ohne starke Legirung zum Umsatz kleinerer Werthbeträge, machen die Scheidemünzen unentbehrlich. Einestheils durch die Beschränkung ihrer Anerkennung als legale Zahlungsmittel auf geringere Summen, anderntheils durch Offenhaltung der Möglichkeit, größere Beträge derselben zum Nominalwerth an den Münzstätten und Staatskassen gegen grobe Münze umzuwechseln, werden ihrer Verwendung die nöthigen Grenzen gesteckt. — Als eine papierne Scheidemünze, die sich in ihrem Character dem Papiergelde nähert, nur daß sie nur gegen Baarzahlung ausgegeben zu werden pflegt, werden in neuerer Zeit die Postmarken benutzt.

§. 60.

Die volkswirthschaftliche Bedeutung des Credits.

Rau, §. 278 ff. Roscher, §. 90. Mill, a. a. O.

Aus den vorhergehenden Erörterungen ergiebt sich die volkswirthschaftliche Bedeutung des Credits. Dieselbe läßt sich auf folgende Hauptpuncte zurückführen:

1. befördert der Credit den Umsatz der Güter, indem er die Tauschgeschäfte von den Schranken des jeweilig gegebenen Momentes emancipirt, erleichtert dadurch einen gleichmäßigen Fortgang des Wirthschaftsbetriebes und regt in Folge davon zu fortschreitenden Verbesserungen der Production an.

2. gewährt er die Möglichkeit, an baaren Umlaufsmitteln zu sparen, und das auf diese Weise entbehrlich gewordene Capital anderweit nutzbringend zu verwerthen. Hiermit verbindet sich der Vortheil, mit seiner Hilfe den größten Theil der beim Gebrauch von Baarmitteln unvermeidlichen Verluste durch Abreibung, Unglücksfälle, Raub und Diebstahl vermeiden, sowie der Kosten für Aufbewahrung und Transport ersparen zu können. Ueber die günstige Einwirkung, welche der Credit vermöge seiner Fähigkeit, das Geld zu ersetzen, auf die Aufrechterhaltung der Gleichmäßigkeit der Waarenpreise auszuüben geeignet ist, siehe das folgende Capitel.

3. befördert der Credit die Production dadurch, daß er ihre Befruchtung mit Capital vermittelt. Er ist das Mittel, durch welches die Capitalien aus den Händen Derjenigen, welche sie aufgespart haben, in die Hände Derjenigen übergeführt werden, welche am geeignetsten sind, sie fruchtbar zu verwenden, und er macht durch diese Ueberführung insbesondere die Concentration der Capitalien möglich, durch welche die rationellste Gestaltung der Production vielfach erst erreichbar wird.

4. gewährt er den möglichsten Antrieb zur Capitalbildung, indem er Denjenigen, die Capitalien zu bilden in der Lage sind, auch dann, wenn sie dieselben nicht selbst zu verwenden wissen, die höchstmögliche Nutzung derselben in Aussicht stellt.

§. 61.

Die Gefahren des Credits.

Mit der Entwickelung des Credits eröffnet sich auch die Möglichkeit seines Mißbrauchs. Die hiervon der Volkswirthschaft drohenden Gefahren liegen in den nämlichen Richtungen, in denen sich bei einsichtigem Gebrauch der Nutzen des Credits erweist.

Für's Erste kann die leichte Uebertragbarkeit der Güter, welche der Credit ermöglicht, auch zu einer unwirthschaftlichen Ausdehnung der Consumtion ausgebeutet werden. Diese Gefahr ist besonders groß in der Periode, wo ein Volk, aus dem Zustande naiver Beschränktheit heraustretend, Geschmack an erweiterten Lebensgenüssen zu finden beginnt. Der Uebergang von der Naturalwirthschaft zur Geldwirthschaft bezeichnet meistens eine solche Periode, und die Ausbreitung des Credits unter diesen Umständen erscheint hier als eine Ueberstürzung der Entwickelung, die sich, wie jede Ueberstürzung, zu rächen pflegt. Die Beseitigung der Gefahr läßt sich nur von der Erstarkung der wirthschaftlichen Einsicht und Gewissenhaftigkeit erwarten, die freilich häufig erst die Frucht mancher bitteren Erfahrung ist.

Weiter liegt die Versuchung nahe, die Ersparung an Baarmitteln, welche der Credit ermöglicht, zu übertreiben. Geschieht das, so wird die Grundlage, auf welcher der Werth der Creditscheine beruht, nämlich die rechtzeitige Convertibilität derselben in Geld, gefährdet und in Folge davon, sobald sich der wahre Zustand der Dinge herausstellt, der ganze Verkehr in Verwirrung gebracht. Nur eine fortgesetzte, sorgfältige Beobachtung der einschlagenden Verhältnisse vermag, indem sie die Voraussetzungen, unter denen, und die Grenze, bis zu welcher eine Ersetzung der Baarmittel durch Creditpapiere mit Sicherheit eintreten kann, allmälig mit Bestimmtheit erkennen läßt, über diese Gefahr hinwegzuhelfen.

Ferner kann die durch den Credit gegebene Leichtigkeit der Capitalübertragung und Capitalconcentrirung zu Verirrungen der wirthschaftlichen Speculation führen. Die Gefahr ist hier um so größer, je mehr die Ausbreitung und Vervielfältigung der Verkehrsverbindungen einestheils die Uebersicht des Marktes, sowol was die Nachfrage, als was das Angebot betrifft, erschwert, anderntheils die Rückwirkung verfehlter Speculationen bis in die weitesten Kreise fühlbar machen muß. Die Abhilfe ist hier abhängig von der allmäligen Steigerung der Einsicht in die verschiedenen, den wirthschaftlichen Erfolg bedingenden Factoren und das Maß und die Weise ihrer Wirksamkeit, von der Gewinnung einer besseren Uebersicht über die Verkettung der wirthschaftlichen Thatsachen und Handlungen und von der Ausbildung der wirthschaftlichen und ethischen Kräfte, welche bei eingetretenen Verirrungen gegen die Ausbreitung und die Entwickelung der schädlichen Folgen derselben zu reagiren geeignet sind.

Endlich mögen die Regierungen, auf den Anreiz sich stützend, welchen die Entwickelung des Credits der Capitalbildung verleiht, zu einer schädlichen Ausdehnung des Staatsschuldenwesens sich verleiten lassen. In der Ausbildung der Finanzwirthschaft zu größtmöglicher Einfachheit, Uebersichtlichkeit und Oeffentlichkeit, in der Verbreitung und Vertiefung finanzieller Einsicht innerhalb der Bevölkerung und einer geeigneten Heranziehung der vorhandenen Intelligenz zur Mitwirkung bei der Ordnung des Staatshaushalts sind die Garantieen gegen diese Gefahr zu suchen.

Drittes Capitel.

Das Tauschverhältniß der Güter.

Abtheilung I.

Das Tauschverhältniß der Güter im Allgemeinen.

§. 62.

Voraussetzungen der Untersuchung.

An die im vorigen Capitel erörterte Frage, in welcher Weise der Umlauf der Güter sich vollzieht, und durch welche Hilfsmittel ihm die größte Leichtigkeit verschafft wird, schließt sich, da der Umsatz regelmäßig in der Form des Tausches erfolgt (§. 40), unmittelbar die weitere Frage nach den Momenten an, durch welche das Verhältniß, in dem die Güter gegeneinander vertauscht werden, d. h. ihr Tauschwerth bestimmt wird.

Nach den allgemeinen Grundsätzen der Methodik der Deduction sind bei der Erörterung dieser Frage die einfachsten Voraussetzungen zu Grunde zu legen. Die gewonnenen Ergebnisse haben dann aber auch selbstverständlich nur unter diesen Voraussetzungen unbedingte Geltung, und es greifen daher namentlich hier die in §. 11 angedeuteten Vorbehalte Platz.

Diese einfachsten Voraussetzungen fassen sich aber in folgende drei Puncte zusammen.

1. Freiheit der wirthschaftlichen Bewegung.

2. Ausschließliche Verfolgung des eigenen Interesses von Seiten der beim Tausche Betheiligten.

3. Für die Betrachtung des Tauschwerthes einer einzelnen Güterart und seiner Veränderungen Unveränderlichkeit des Werthes und folglich auch der Werthverhältnisse der Tauschobjecte dergestalt, daß als Veränderungen des Tauschwerthes der betreffenden Güterart nur diejenigen behandelt werden, die aus Umständen hervorgehen, welche sich unmittelbar auf die letztere beziehen. Diese Voraussetzung macht es möglich, die Werthveränderungen der Güterart, um die es sich handelt, nur an irgend einem der Tauschobjecte zu bemessen, mit andern Worten, da das Tauschverhältniß zu einem bestimmten einzelnen Artikel der Preis ist, die Tauschwerthsveränderungen als Preisveränderungen aufzufassen.

§. 63.

Nachfrage und Angebot.

Ad. Smith, Bd. I. Cap. 5—7. Say, Th. III. Cap. 4 u. 5. D. Ricardo Principles of political economy and taxation. Zuerst 1819, dann öfter, Deutsche Uebersetzung von Baumstark: Grundgesetze der Volkswirthschaft und Besteurung. Leipzig 1838. Cap. 1 u. 4. Hermann, Abhandlung IV. Rau, §. 146 ff. Roscher, §. 99 ff. Mill, Buch III. Cap. 1 u. 2.

In einem gegebenen Zustande der Volkswirthschaft entspricht jedem denkbaren Preise einer bestimmten Art von Gütern eine gewisse Ausdehnung sowol der

Nachfrage als des Angebots, jene im Allgemeinen mit der Höhe des Preises ab-, diese zunehmend. Der Punct, bei welchem die nachgefragten und die angebotenen Mengen einander gleich sein würden, ist derjenige, auf den sich der wirkliche Preis festzustellen strebt — der natürliche Preis oder der Schwerpunct des Preises, indem, wenn der wirkliche Preis unter diesem Schwerpuncte steht, der unbefriedigt gebliebene Theil der Nachfragenden ihn zu demselben emporzutreiben, wenn er ihn übersteigt, der unbefriedigt gebliebene Theil der Anbietenden ihn auf denselben herabzudrücken suchen wird. Dieses ist das allgemeinste Gesetz der Preisbestimmung.

Fig. 1.

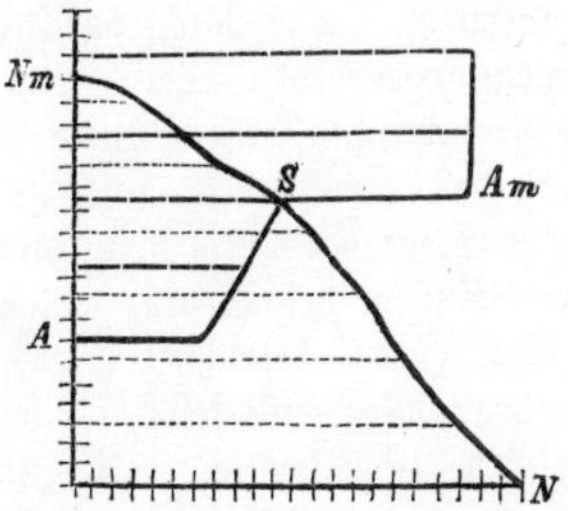

Man kann die hier einschlagenden Verhältnisse graphisch darzustellen unternehmen, indem man auf den verschiedenen Puncten einer Scala, welche die Preise anzeigt, senkrechte Linien aufträgt, deren Länge man im Verhältnisse der jeder Preisstufe entsprechenden Ausdehnung des Angebots, bezüglich der Nachfrage abstuft. Durch die Verbindung der Endpuncte dieser Linien erhält man neue Linien, die man als Linien der Nachfrage und des Angebots bezeichnen kann. Dieselben neigen sich gegeneinander, da die erstere nach der Höhe der Scala zu dieser sich nähert, die letztere von ihr entfernt. Der Punct, wo die Linien der Nachfrage und des Angebots sich endlich schneiden, stellt den Schwerpunct des Preises dar.

Als unmittelbare Folgerungen schließen sich bei den obigen Voraussetzungen hieran folgende zwei Sätze:

1. Güter gleicher Art können auf dem nämlichen Markte zur nämlichen Zeit nur einen Preis haben — Preisgleichheit gleichartiger Güter. — Denn ein billigeres Angebot eines Theils derselben müßte die Nachfrage von dem höher gehaltenen Reste ab auf sie lenken und diese Störung des Gleichgewichts zwischen Nachfrage und Angebot eine Ausgleichung der Preise beider Theile zur Folge haben, sowie umgekehrt die Bereitwilligkeit eines Theiles der Nachfragenden, höhere Preise zu gewähren, ihnen unter Abwendung von den übrigen Nachfragenden so lange ein vermehrtes Angebot zuführen würde, bis, sei es durch die Erhöhung des Preisgebotes von Seiten der Zurückgebliebenen, sei es durch die Verminderung desselben von Seiten der Vorangeeilten das Gleichgewicht wieder hergestellt sein würde.

2. Die Preise von Gütern verschiedener Art auf demselben Markte zu derselben Zeit streben nach Gleichmäßigkeit im Verhältnisse ihrer Productionskosten — Preisgleichmäßigkeit verschiedenartiger Güter — indem, wenn eine Waare im Verhältnisse zu den Opfern, welche ihre Herstellung erheischt, höhere Preise erzielt, als andere, das wirthschaftliche Interesse hierin eine Anregung findet, sich der Production dieser Waare zu- und von der anderer Waaren abzuwenden, und umgekehrt bei umgekehrten Verhältnissen.

§. 64.

Die Nachfrage.

Fig. 2.

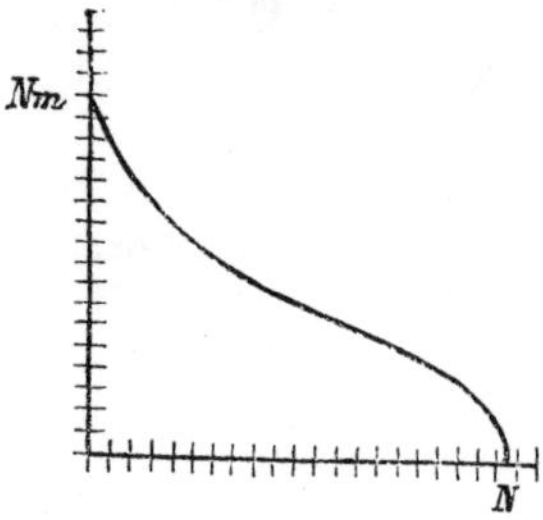

Die Nachfrage nach einer bestimmten Güterart hat regelmäßig ihre größte Ausdehnung, wenn die betreffenden Güter unentgeltlich zu haben sind, indem ihr dann nur durch den Umfang der Bedürfnisse, denen diese dienen, eine Grenze gesetzt wird. Sie verschwindet, sobald das für die Güter als Entgelt zu bringende Opfer den von ihnen erwarteteten Nutzen vollständig aufwiegt. Die Nachfragelinie, graphisch in der oben angegebenen Weise dargestellt, bewegt sich daher zwischen dem Puncte der Grundlinie, welcher das Maß des absoluten, d. h. ohne Rücksicht auf ein dafür zu bringendes Opfer betrachteten Bedürfnisses angiebt (N), und dem Puncte der Scala, welcher den am Preisgute gemessenen Nutzwerth des betreffenden Gutes bezeichnet (Nm). Die beiden Endpuncte der Nachfragelinie stehen nicht unabänderlich fest, sondern verschieben sich vielmehr unter dem Einflusse wechselnder Verhältnisse. Die Zunahme der Bevölkerung, die Entwickelung der Bedürfnisse und die Vermehrung der Einsicht in die nutzbaren Eigenschaften der Dinge muß zunächst die lediglich durch das absolute Bedürfniß regulirte Nachfrage vermehren, also den Punct N, den wir als die Mengengrenze der Nachfrage bezeichnen können, immer weiter hinausschieben. Was andererseits die obere oder Preisgrenze der Nachfrage, also den Punct Nm betrifft, so ist dessen Lage bedingt einestheils durch die Bedeutung, welche man dem von den betreffenden Gütern erwarteten Nutzen beilegt, also von dem Nutzwerthe derselben, anderntheils durch die Bedeutung, den Werth des Opfers des hinzugebenden Preisgutes. Je höher der erstere und je geringer der letztere Werth erscheint, desto höher wird jene Grenze, jener Punct Nm liegen. Da nun aber das Preisgut nur als Vertreter aller übrigen Güter, die als Tauschobjecte in Betracht kommen, erscheint, und sein Tauschverhältniß zu diesen als unverändert angenommen werden muß, so kommt die Verminderung der Bedeutung des zu bringenden Opfers auf eine Erhöhung der allgemeinen Kaufbefähigung der Begehrer hinaus, und man kann daher auch sagen: die Preisgrenze für die Nachfrage stellt sich um so höher, je größer einestheils der Nutzwerth einer Güterart, anderntheils die Kaufbefähigung der Begehrer ist. Es leuchtet ein, daß der Fortschritt der Cultur und der Wirthschaft die Tendenz hat, die eine wie die andere Größe zu steigern und folglich auch die Preisgrenze zu erhöhen.

Von der Mengen- zur Preisgrenze läuft die Nachfragelinie, deren einzelne Puncte in ihrem Abstande von der Preisscala die den verschiedenen Preisen entsprechenden Ausdehnungen der Nachfrage angeben. In der Regel wird jede Steigerung des Preises von einer Verminderung der Nachfrage begleitet sein, und es erklärt sich das daraus, daß mit jedem Preiszuschlage für einen weitern Theil der betreffenden Güter der Punct erreicht wird, wo der Nutzwerth durch den Preis aufgewogen wird, da im Allgemeinen von einem gegebenen Güterwerth der Nutzwerth jedes Bestandtheiles, je weiter man zählt, immer geringer wird; und man kann daher auch sagen, daß für jeden Punct der Nachfragelinie der Abstand von der Mengenlinie den Nutzwerth des letzten Theils der nachgefragten Gütermenge bezeichne. Je allgemeiner verbreitet und je dringender das Bedürfniß ist, welchem eine Güterart dient, und je weniger dasselbe auf andere Weise befriedigt zu werden vermag, desto langsamer wird die Nachfrage bei den niedern, desto schneller bei den höhern Preissätzen abnehmen, und desto geschwellter die Nachfragelinie sich darstellen. Umgekehrt, je enger der Kreis der Begehrer einer Güterart ist, je leichter dieselbe zu entbehren oder zu ersetzen ist, desto rascher vermindert sich die Nachfrage bei steigendem Preise schon auf den untern Stufen und desto entschiedener beugt sich die Nachfragelinie der Preisscala zu. Und in ähnlicher Weise äußern sich die Wirkungen der Vertheilung des Wohlstandes. Einem gleichmäßig vertheilten Wohlstande entspricht eine nur allmälig mehr und mehr hervortretende, einer Concentrirung des Reichthums in wenigen Händen eine sehr rasch sich geltend machende, dann aber nur langsam weitergreifende Verminderung der Nachfrage, jener also eine ausgebogene, dieser eine eingebogene Nachfragelinie. Vergl. Fig. 3.

Fig. 3.

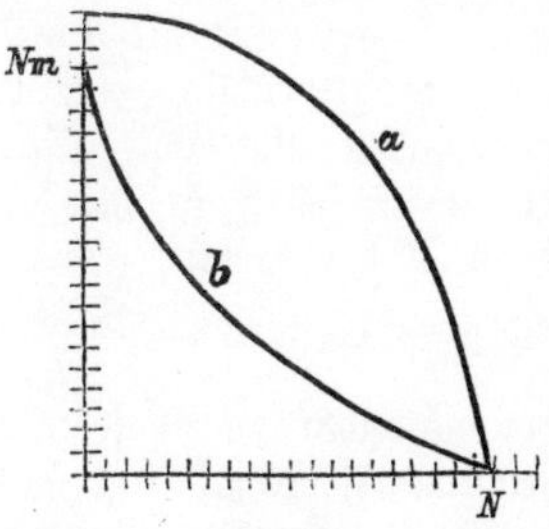

Fig. 4.

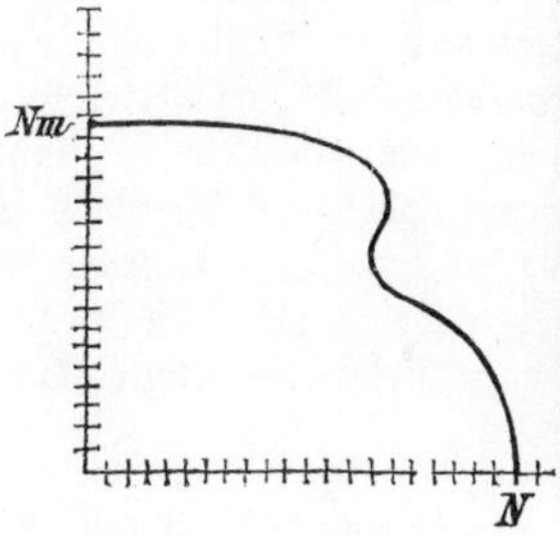

Die Regel der Abnahme der Nachfrage mit der Steigerung des Preises erleidet übrigens mitunter eine Ausnahme, insofern unter Umständen in Folge der Anregung, sei es der Eitelkeit, sei es der Angst die Nachfrage mit steigenden Preisen nicht ab-, sondern zunimmt. Vergl. Fig. 4.

§. 65.

Das Angebot.

Das Angebot eines Gutes wird regelmäßig nur unter der Voraussetzung möglich, daß der zu erlangende Preis das Opfer, welches zum Behufe der Herstellung gebracht werden muß, die Productionskosten, aufwiegt, und die Angebotslinie nimmt daher von dem entsprechenden Puncte der Preisscala ihren Ausgang.

Das wirkliche Leben zeigt freilich von dieser Regel manche Ausnahmen, in Folge davon, daß bald Motive nicht wirthschaftlicher Natur auf das Angebot einwirken, bald in der Verwickelung des Wirthschaftsbetriebes die wirkliche Lage der Verhältnisse nicht richtig erkannt wird, bald die Hoffnung sich über die zu erwartenden Preise täuscht; dieselben vermögen aber die Richtigkeit des allgemeinen Grundsatzes selbstverständlich nicht zu beeinträchtigen.

Fig. 5.

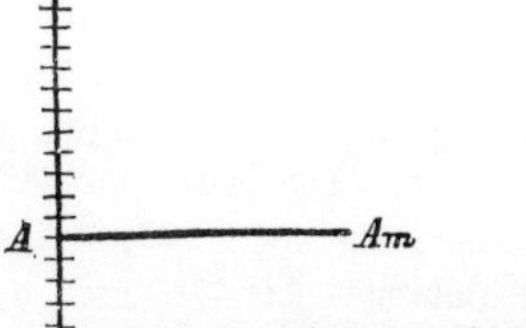

Das Angebot vermag sich zu diesem Preise bis zu derjenigen Menge auszudehnen, bei welcher die Productionskosten eine Veränderung erfahren; die Angebotslinie verläuft mithin bis zu dem Pr̈ncte, welcher dieser Ausdehnung entspricht, wagerecht. Vgl. Fig. 5.

Andrerseits findet das Angebot seine Grenze bei derjenigen Ausdehnung, bei welcher die natürlichen Vorbedingungen der Production überhaupt oder doch für den dermaligen Standpunct des menschlichen Erkennens und Vermögens erschöpft sind Von da ab vermag keine Preissteigerung das Angebot zu vergrößern, und in der graphischen Darstellung verläuft daher von dem entsprechenden Puncte aus die Angebotslinie als eine Senkrechte in's Unendliche. Eine solche Grenze des Angebots haben alle Güter, sie kann jedoch so weit entfernt liegen, daß sie für die practische Betrachtung nicht in Frage kommt. Vergl. Fig. 6.

Fig. 6.

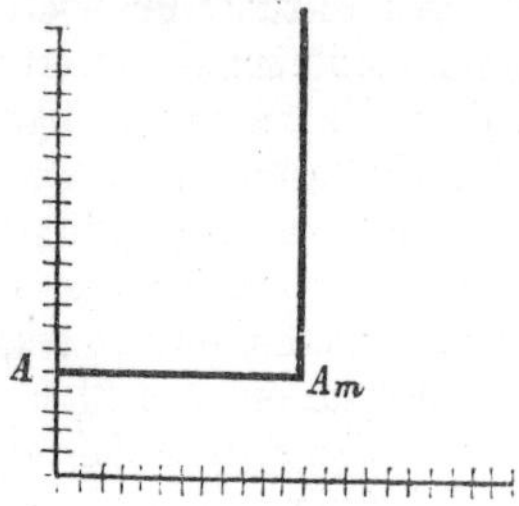

Es kann geschehen, daß diese Grenze sich nicht unmittelbar an demjenigen Puncte ergibt, bis zu welchem das Angebot zu den ursprünglichen Productionskosten ausgedehnt werden konnte, daß vielmehr zwischen beiden ein kürzerer oder längerer Zwischenraum liegt, innerhalb dessen eine Ausdehnung des Angebots mit veränderten Productionskosten möglich ist, und zwar sowol in der Weise, daß bei der Erweiterung des Angebots die Productionskosten herabgehen, z. B. in Folge der Ersparungen des Großbetriebes, als daß sie sich steigern. Dann sinkt oder steigt die Angebotslinie entsprechend. Vergl. Fig. 7.

Fig. 7.

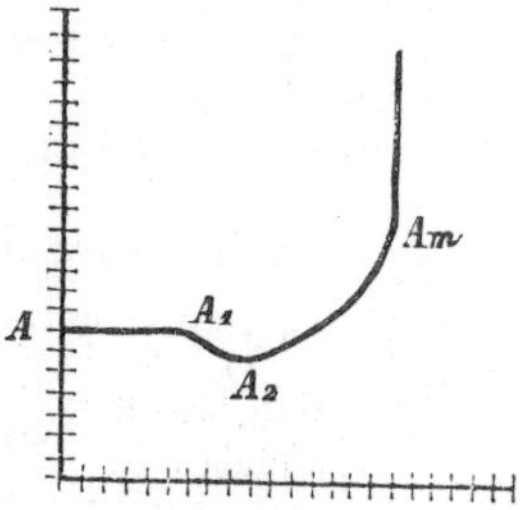

Es ist jedoch in beiden Fällen ein Unterschied, der sich darauf gründet, daß in dem einen Falle die wohlfeile Production ohne die theure nicht, in dem andern dagegen wohl möglich ist. Die Abnahme der Productionskosten nämlich vertheilt sich gleichmäßig auf das ganze Angebot, so daß der Preis, zu welchem das vermehrte Angebot erfolgen kann, nur um den allgemeinen Durchschnitt der Kostenverminderung sinkt. Die Zunahme der Productionskosten dagegen bleibt ausschließlich auf der Erweiterung des Angebots haften, so daß diese nur zu demjenigen Preise erfolgen kann, der den höheren Kostensatz vollständig deckt. Eine Erhöhung der Productionskosten treibt daher im Allgemeinen die Angebotslinie stärker in die Höhe, als eine entsprechende Verminderung sie herabzieht.

Der wirthschaftliche und Culturfortschritt hat die Tendenz, das Angebot der Güter durch Verbesserung der Productionsmethoden zu verwohlfeilern und durch vermehrte Erkenntniß und Beherrschung der Natur zu erweitern, die Angebotslinie also herabzudrücken und den Punct, bei dem sie sich in eine Senkrechte verliert, weiter hinauszuschieben. Diese Tendenz steht im Gegensatz zu der, wie oben gezeigt, jenem Fortschritte ebenfalls innewohnenden, die Nachfragelinie auszudehnen und zu erhöhen. Während die letztere den Schwerpunct des Preises in die Höhe zu treiben

Fig. 8.

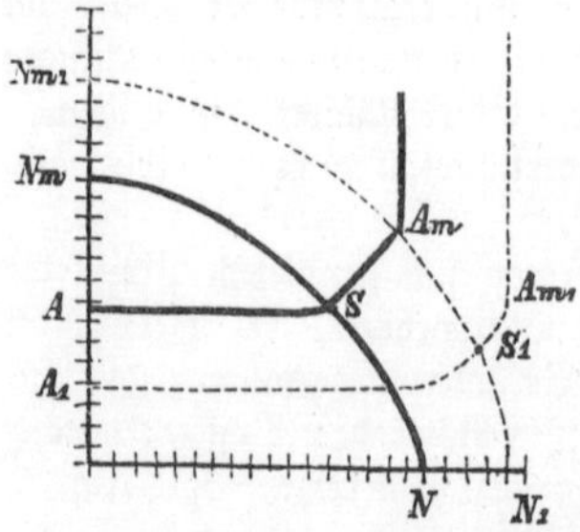

geeignet ist, wirkt die erstere in entgegengesetzter Richtung, und es hängt daher für die einzelne Güterart von dem Ueberwiegen der einen oder der andern dieser Tendenzen ab, ob sich ihr Preisschwerpunct nach oben oder nach unten zu verrückt. Vergl. Fig. 8.

§. 66.

Folgesätze.

Aus den vorstehenden Erörterungen ergeben sich die nachfolgenden Sätze:

I. Nur solche Güter haben einen regelmäßigen Preis, deren Nachfrage und Angebot sich unter irgend welcher Preisvoraussetzung gleichzustellen vermag, d. h. mit andern Worten deren Nachfrage und Angebotlinie sich zu schneiden vermögen. Diese Möglichkeit ist ausgeschlossen

1) wenn schon die unentgeltlich zu habende Menge das Bedürfniß übersteigt — **freie Güter**, vergl. Fig. 9,

2) wenn umgekehrt die Nachfrage bereits bei einer Preisvoraussetzung verschwindet, bei welcher die Productionskosten noch nicht gedeckt sind. In solchem Falle kann eine regelmäßige Production nicht statthaben, und die betreffenden Güter erscheinen nur zufällig auf dem Markte. Versuchsproducte, Meisterstücke, Funde 2c. Vergl. Fig. 10.

Fig. 9.

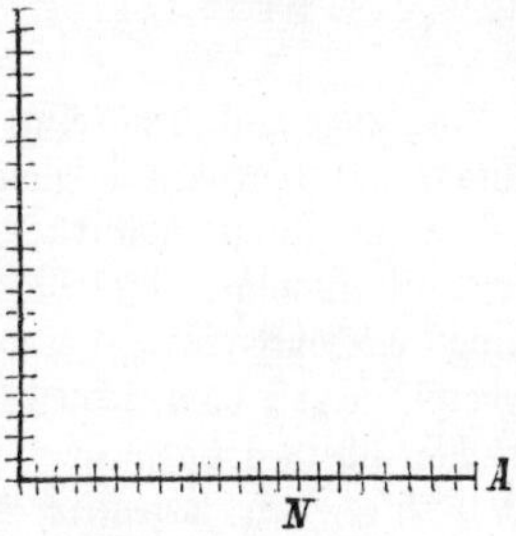

Fig. 10.

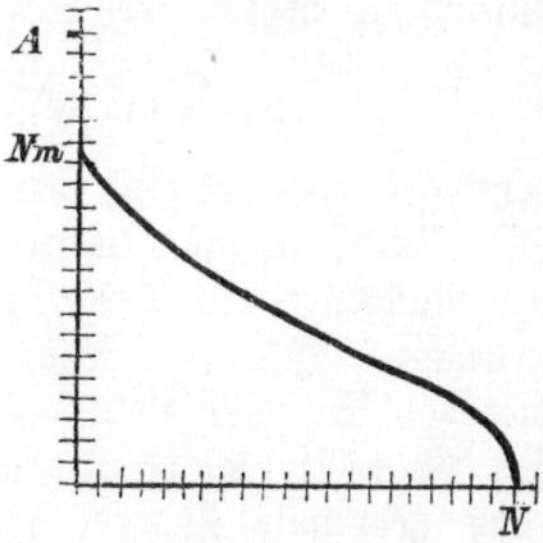

Veränderungen der wirthschaftlichen und Culturverhältnisse können aber solchen preislosen Gütern Preisfähigkeit verleihen. In dieser Richtung wirken im ersteren Falle die allmälige Verminderung der natürlichen Vorräthe und die Vermehrung der Bedürfnisse, im letzteren Falle die auf Kostenersparniß gerichteten Fortschritte der Kunst, die betreffenden Güter zu produciren, die vollkommnere Würdigung des Nutzwerths derselben und die Steigerung der allgemeinen Productivität, welche die Aufbringung der Gegenwerthe erleichtert.

Umgekehrt können unter Einflüssen entgegengesetzter Art bisher preisfähige Güter diese Preisfähigkeit einbüßen.

II. Was die übrigen Güter anbetrifft, für welche ein Preisschwerpunct gegeben ist, so sind die verschiedenen in Betreff der Ausdehnbarkeit des Angebots möglichen Fälle zu unterscheiden.

1) So lange die Nachfrage sich in den Grenzen erhält, innerhalb deren die Productionsbedingungen sich nicht verändern — so lange die Nachfragelinie die Angebotslinie innerhalb der wagerechten Ausdehnung dieser schneidet —, so lange führen Veränderungen der Nachfrage nur zu einer Veränderung der umzusetzenden Gütermenge, aber nicht zu einer Veränderung des Preises. Vergl. Fig. 11.

Fig. 11.

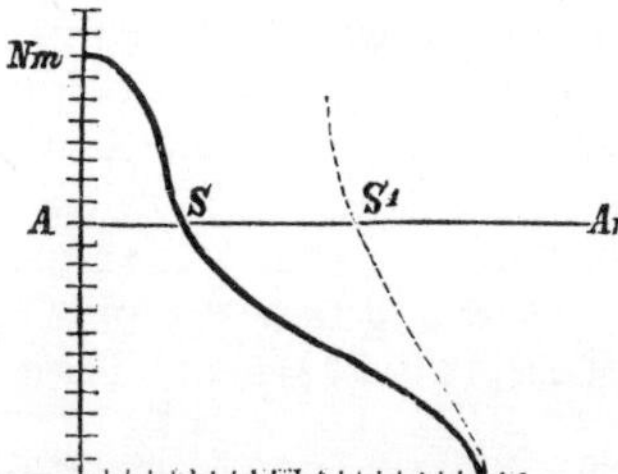

Der Preisschwerpunct hängt hier sonach nur von dem Puncte ab, bei welchem das Angebot zu erfolgen vermag. Da dieser aber von den Productionskosten bedingt ist, und für Güter verschiedener Art nach dem Obigen auf demselben Markt zur selben Zeit sich im gleichmäßigen Verhältniß zu ihren Productionskosten zu stellen sucht, so ergibt sich hieraus der Satz: *Güter, deren Angebot beliebig, d. h. ohne Veränderung der Productionsbedingungen sich verändern läßt, vertauschen sich gegeneinander im Verhältniß ihrer Productionskosten*, oder wie man sich, indem man die Möglichkeit der Beschränkung des Angebots ohne Kostenerhöhung stillschweigend voraussetzt, gewöhnlich ausdrückt: *Für Güter, deren Angebot einer beliebigen Ausdehnung fähig ist, wird der Preis durch die Productionskosten bestimmt.*

2) Wenn im Gegensatz zum vorigen Falle die Nachfrage mit dem Angebote sich erst bei einem Puncte auszugleichen vermag, bei welchem für das letztere in Folge natürlicher Verhältnisse oder positiver Bestimmungen die Möglichkeit weiterer Ausdehnung erschöpft ist — wenn die Nachfragelinie die Angebotslinie erst dann schneidet, wenn diese in eine Senkrechte übergegangen ist, so liegt die Bestimmung des Preises hier wesentlich in der Hand der Anbietenden, und man spricht daher in einem solchen Falle von einem Seltenheits- oder Monopolpreise. Vergl. Fig. 12.

Fig. 12.

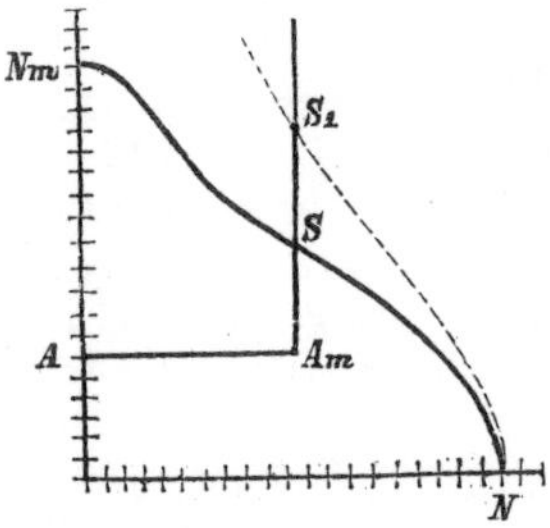

Da die Anbietenden nach den gemachten Voraussetzungen aber lediglich ihren Vortheil verfolgen, so wird der Preis sich auf demjenigen Puncte festzustellen streben, bei welchem unter den gegebenen Verhältnissen der Nachfrage den Anbietenden der höchste Gewinn erwächst. Wäre das Angebot, sowie es nicht vermehrbar ist, auch nicht verminderbar, so würde dieser Punct einfach da liegen, wo die Nachfrage noch das gesammte Angebot erschöpft. Wenn indessen, wie es gewöhnlich der Fall ist, eine Verminderung des Angebots sich ohne Weiteres bewerkstelligen läßt, so strebt der Preis so lange in die Höhe zu gehen, bis für das von den Anbietenden zu erzielende Gesammtergebniß diese Steigerung durch die Beschränkung des Absatzes aufgewogen wird — bis das Product aus Preis- und Absatzmenge sein Maximum erreicht. Vergl. Fig. 13.

Fig. 13.

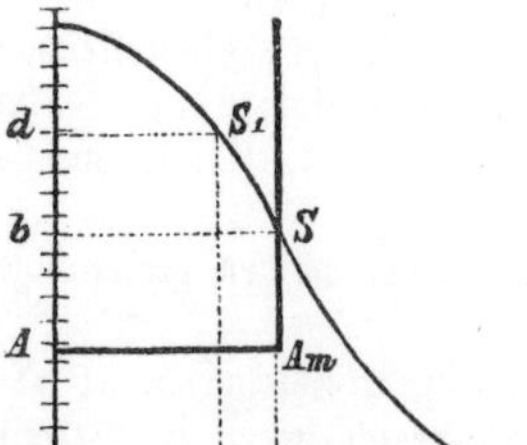

Es ist also hier lediglich die Gestaltung der Nachfrage, und da diese ihrerseits durch den Nutzwerth des in Frage stehenden Gutes und durch die Kaufbefähigung der Begehrer bestimmt wird, so sind es diese beiden, welche in diesem Falle die Höhe des Preises reguliren. Mit andern Worten: *für Güter mit absolut beschränktem Angebot wird der Preis durch die Größe ihres Gebrauchswerthes und durch die Kauffähigkeit der Nachfragenden bestimmt.*

In der Wirklichkeit erreichen übrigens die Monopolgüter keineswegs immer diesen ihren natürlichen Maximalpreis, theils weil die Inhaber unter dem Drucke eines äußeren Zwanges oder der Furcht vor einem solchen stehen, theils weil sie sich nicht lediglich von wirthschaftlichen Motiven beherrschen lassen, theils endlich weil zur Erreichung jenes Ziels unter sämmtlichen Inhabern der Monopolgüter ein Einverständniß des Handelns Platz greifen müßte, und dieses nicht herzustellen ist. — Sehr seltene Monopolgüter haben häufig nur einen rein fictiven Werth.

Wie die Ausdehnung, so kann übrigens auch die Einschränkung des Angebots unmöglich sein — die Angebotslinie kann auch nach unten in eine Senkrechte übergehen, wenn der Vorrath einer bestimmten Güterart so dauernder Natur ist, daß er keine oder eine im Verhältniß seines Umfangs wenigstens nur ganz unbedeutende Erneuerung erfordert, um sich in seinem Bestande zu erhalten.

Fig. 14.

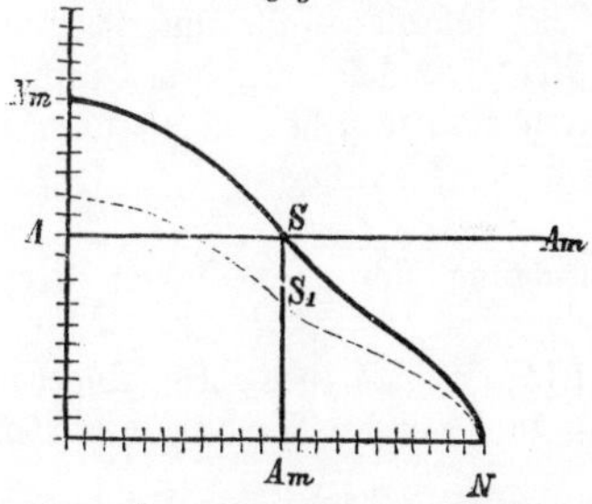

Der Preis wird hier, wie im entgegengesetzten Falle, durch die Momente bestimmt, welche die Nachfrage regeln. Vergl. Fig. 14.

3. Zwischen den beiden besprochenen Fällen in der Mitte steht der Fall, wenn die Nachfrage ihr Gleichgewicht mit dem Angebot bei einem Puncte findet, wo eine Veränderung der Ausdehnung der Production zwar möglich wäre, aber nur unter veränderten Kosten — wo die Angebotslinie sich in irgend welcher stetiger oder wechselnder Richtung abschrägt. Vergl. Fig. 15.

Fig. 15.

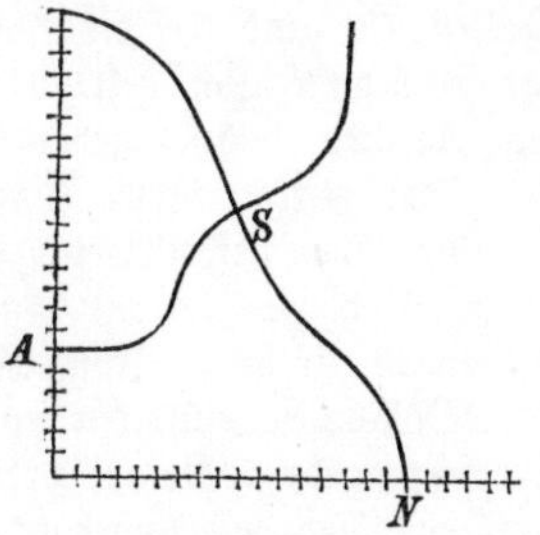

Gesetzt in diesem Falle, die Productionskosten seien wachsende, so kann die Nachfrage nicht voll befriedigt werden, bis nicht der Preis so hoch gestiegen ist, daß er auch die Kosten des letzten Bestandtheils des zu diesem Zweck erforderlichen Bedarfs deckt. Die Kosten dieses letzten Theils, die sogenannten höchsten nothwendigen Productionskosten, bilden also hier die Minimalgrenze des Preises. Auf der andern Seite kann der Preis nicht höher steigen, als bis zu dem Puncte, wo eine Erweiterung des Angebots über den Bedarf möglich wird, und dieser stellt also die Maximalgrenze dar. Insoweit beide Punkte nicht vollständig zusammentreffen, regulirt sich für diesen Zwischenraum der Preis nach Art des Falles 2. Es ist klar, daß in diesem Falle alle die Producenten, welche niedrigere Productionskosten haben, als für die Herstellung des letzten Bedarftheils erforderlich sind, einen Extragewinn machen.

Sind die Productionskosten dagegen mit der Ausdehnung der Production abnehmend, so kommt es darauf an, ob der gesammte Bedarf zu den verminderten Kosten hergestellt werden kann oder nicht. Ist das Erstere der Fall, so sind die Folgen eben keine andern als die einer sonstigen Verminderung der Productionskosten. Vermag dagegen zu den geringeren Kosten nur ein Theil des Bedarfs hergestellt zu werden, so geht der Fall einfach in den vorerwähnten einer Production mit wachsenden Kosten über, indem die Nachfrage sich natürlich zuerst an die mit geringeren Kosten Producirenden wendet, und erst nachdem sie sich dort nicht völlig befriedigt findet, zu den theuerer Producirenden und folglich höhere Preise zu verlangen Genöthigten übergeht.

§. 67.

Die Gesetze der zusammenhängenden Preise.

Mill B. III. Cap. 16. Rau §. 163.

Vielfach kommt es vor, daß ein preisbestimmendes Moment oder Preisfactor einer Güterart von dem gleichartigen Preisfactor einer andern Güterart abhängig ist, und daß daher eine Veränderung des letzteren eine Veränderung des ersteren nach sich zieht. In dieser Hinsicht lassen sich folgende Fälle unterscheiden:

1) Es ist die Nachfrage, nach dem einen Artikel, welche unter dem Einflusse der Veränderung der Nachfrage nach einem anderen Artikel steht. Dieß kann so geschehen, daß die Nachfrage nach dem beeinflußten Artikel entweder

a) in gleicher, oder

b) so, daß sie in entgegengesetzter Richtung sich zu verändern strebt wie diejenige nach dem beeinflussenden Artikel.

2) Es ist das Angebot des einen Artikels, welches von dem Angebote des anderen beherrscht wird, und zwar wiederum so, daß die Tendenz der Veränderung bei dem beeinflußten Artikel entweder

a) in der gleichen oder

b) in entgegengesetzter Richtung hervortritt, wie bei dem beeinflussenden.

Sind also bei der bestimmenden Güterart Umstände eingetreten, welche preiserhöhend zu wirken geeignet sind, d. h. eine Vermehrung der Nachfrage oder eine Beschränkung des Angebots, so soll in den Fällen 1a und 2a die Folge sein, daß bei der zweiten Güterart eine gleichartige Bewegung sich geltend zu machen, d. h. bei 1a die Nachfrage sich zu erweitern, bei 2a das Angebot sich zu beschränken sucht. Sind die Umstände, welche bei dem bestimmenden Artikel eingetreten sind, entgegengesetzter Art, so soll in den bezeichneten Fällen bei der andern Güterart die gleiche Tendenz sich geltend machen, d. h. bei 1a die Nachfrage zurückzugehen, bei 2a das Angebot sich auszudehnen streben. Umgekehrt sollen in den Fällen 1b und 2b die entgegengesetzten Wirkungen eintreten, also bei Umständen, welche die Tendenz haben, auf die bestimmende Güterart preissteigernd zu wirken, dort die Nachfrage sich zu vermindern, hier das Angebot zuzunehmen, bei Umständen von preisdrückender Tendenz dort die Nachfrage zu steigen, hier das Angebot zu sinken streben.

Der Fall 1a tritt ein bei Artikeln, welche mit dem beeinflussenden Artikel einem und demselben Bedürfnisse gemeinschaftlich dienen, mögen sie zu diesem Artikel in dem Verhältnisse von Erzeugungsmitteln zum Erzeugniß stehen oder sich ergänzende Nutzgegenstände bilden (Ackerland und Getreide, Zucker und Caffee); der Fall 1b dagegen bei solchen Artikeln, welche einem und demselben Bedürfnisse alternativ dienen, sich gegenseitig ersetzen oder, wie man sich gewöhnlich ausdrückt, gegen einander im Verhältnisse von Surrogaten stehen (Flachs und Baumwolle, Holz und Eisen). Der Fall 2a verwirklicht sich bei Artikeln, welche einem und demselben Productionsprocesse gleichzeitig oder successiv ihre Entstehung verdanken (Coaks und Gas, die verschiedenen zu einer Fruchtfolge gehörigen Früchte u. s. w.), oder auch bei solchen, die zu dem beeinflussenden Artikel im Verhältnisse von Erzeugnissen zum Erzeugungsmittel stehen, wenigstens insoweit dieses letztere eine andere Ausnutzung als die in Frage kommende nicht wohl zuläßt (Metalle, Erze); der Fall 2b dagegen endlich bei Artikeln, welche gleiche Erzeugungsmittel erheischen, bei deren Benutzung aber sich gegenseitig ausschließen (Holz und Ackerfrüchte, Brod und Getreidebranntwein), oder im Verhältnisse von Erzeugnissen zu solchen ihrer Erzeugungsmittel, die einer anderen Bestimmung zugeführt werden, (Holzwaaren und Brennholz, Wein und Tafeltrauben).

Es entsteht nun die Frage, welche Einwirkung eine solche Abhängigkeit etwa auf den Preis des abhängigen Artikels auszuüben geeignet ist?

Nach den früheren Auseinandersetzungen kommt die Einwirkung einer veränderten Nachfrage im Preise nur bei solchen Artikeln zur Erscheinung, deren Angebot sich nicht ohne Veränderung der relativen Productionskosten oder überhaupt nicht verändern läßt. Nur bei Artikeln dieser Art zeigt sich daher in den unter 1 bezeichneten beiden Fällen eine Einwirkung auf den Preis. Hiermit verhält es sich aber folgendermaßen:

Wenn, wie dieß im Falle 1a die Voraussetzung ist, bei einem gegebenen Zustande der Volkswirthschaft der Consum zweier Artikel in einem bestimmten directen Verhältnisse zu einander steht, und beide Artikel ihre bestimmten natürlichen Preise haben, so heißt dieß nichts Anderes, als daß für Beide sich ein Preispunct festgestellt hat, bei welchem Nachfrage und Angebot sich ausgleichen, und bei dem zugleich jene Proportionalität gewahrt ist. Angenommen nun, der bisherige Zustand ändere sich in Nichts, ausgenommen darin, daß bei dem einen Artikel, den wir mit A bezeichnen wollen, in einem Preisfactor eine Veränderung einträte, sagen wir z. B. eine Vermehrung des zu jedem Preise möglichen Angebots in Folge neu eröffneter Productionsgelegenheiten, so würde sich sein Preisschwerpunct verlegen, das Gleichgewicht zwischen Nachfrage und Angebot würde erst bei einer größeren als der bisher consumirten Menge hergestellt werden. In Folge davon würde aber bei der vorausgesetzten Verhältnißmäßigkeit im Verbrauche beider Artikel auch die Nachfrage nach dem andern Artikel, den wir B nennen wollen, zu steigen streben. Inzwischen haben sich, gleichfalls nach der Annahme, die für den letzteren disponibeln Kaufmittel nicht verändert; die Verhältnißmäßigkeit im Verbrauche beider Artikel kann mithin nur dadurch hergestellt werden, daß der Verbrauch von A so weit eingeschränkt wird, bis die auf diese Weise ersparten Mittel die Möglichkeit gewähren, die Nachfrage nach B auf die entsprechende Höhe zu bringen. Mit anderen Worten: die bei A erzielte Productionsverbesserung steigert nicht allein die Nachfrage nach diesem Artikel, sondern auch je nach der Verbrauchsbeziehung, die zwischen beiden Güterarten besteht, die Nachfrage nach B. Wäre dieses nun ein Artikel, auf dessen relative Productionskosten die herzustellende Menge ohne Einfluß wäre, so könnte der Erfolg nur der sein, daß sich dem entsprechend sein Verbrauch vergrößerte; sein Preis aber bliebe der bisherige. Ist dagegen B, wie angenommen worden ist, ein Artikel, dessen Angebot sich nicht zu den gleichen relativen Kosten beliebig vermehren läßt, sagen wir: ein solcher, bei dem eine derartige Vermehrung wachsende Kosten nöthig macht, so müßte dieser Umstand wieder auf den Artikel A zurückwirken. Dieselbe Beschränkung in der Consumtion von A, die unter der ersten Voraussetzung hingereicht hätte, die Proportionalität zwischen beiden Artikeln herzustellen, reicht jetzt dazu nicht mehr aus, da mit den gewonnenen Mitteln von B bei dessen gestiegenen Productionskosten nicht mehr eine entsprechende, sondern nur eine im geringeren Verhältnisse vermehrte Menge beschafft werden kann. Die Reducirung der Nachfrage nach A muß daher noch so lange weiter gehen, bis die dadurch vermehrten Mittel eine so wirksame Nachfrage nach B ermöglichen, daß, trotz dessen steigendem Preise das zu Grunde gelegte Verhältniß im Verbrauche beider Artikel sich herstellt. Und in analoger Weise würden sich die Folgen gestalten, wenn statt einer Vermehrung der Nachfrage nach A eine Verminderung derselben eingetreten wäre, oder wenn B, anstatt ein Artikel von mit dem Angebote wachsenden Productionskosten ein solcher von absolut beschränktem Angebote oder ein solcher wäre, dessen relative Productionskosten bei vermehrtem Angebote abnähmen. Das allgemeine Gesetz aber ist dieses: die Nachfrage nach dem beeinflußten Artikel (B) regulirt sich in der Weise, daß für eine beliebige Menge desselben der Preis geboten wird, bei welchem nach Abzug des für die entsprechende Menge des andern Artikels nach den für diesen gegebenen Angebotsverhältnissen zu bezahlenden Preises die für beide Artikel zusammen disponiblen Mittel erschöpft werden. Der Punct, auf welchem die so bestimmte Nachfrage sich mit dem Angebote nach den für dieses gegebenen Verhältnissen ins Gleichgewicht setzt, ist der neue Preisschwerpunct für B.

Nehmen wir zur Erläuterung wieder eine graphische Darstellung (Fig. 16) zu Hülfe. Gegeben sind in diesem Falle das Nachfrageverhältniß von A zu B, welches wir mit n bezeichnen, eine bestimmte Summe der für A und B gemeinschaftlich disponiblen Fonds = F und die Angebots-Bedingungen für A, die durch die Linie f . . . . . f_5 und die für B, welche durch die Linie h . . . . hm dargestellt werden. Gesucht wird die Nachfragelinie für B. Man findet sie, indem man

Fig. 16.

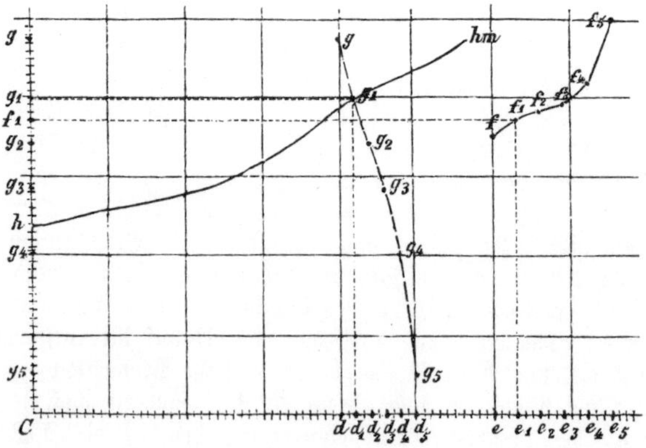

für jede mögliche Ausdehnung des Begehrs (Linie c bis zur Variablen d, d_1 ....) den zu zahlen möglichen Preis dadurch bestimmt, daß man die Ausgabe für den entsprechenden Bedarf von A (also n . cd oder c . . . . e, e_1 . . . ., multiplicirt mit dem nothwendigen Preise, e . . . f, e_1 . . . . f_1 . . . . u. s. w.) von dem Gesammtbetrag des disponiblen Fonds (F) abzieht, und den Rest durch die begehrte Menge dividirt. Das Resultat bezeichnet den für die angenommene Menge des Begehrs von B verfügbaren Preis (c . . . g, g_1 . . . .), für welchen folglich die allgemeine Formel also lautet:

$$ce = n \cdot cd$$

$$cg = \frac{F - ce \cdot ef}{cd}$$

Die Puncte, die man erhält, indem man die so gewonnenen Abstände auf den senkrechten über d, d_1 ... einträgt, bezeichnen in ihrer Verbindung die gesuchte Nachfragelinie, und der Punct, in welchem diese von der Angebotslinie durchschnitten wird, ist der Preisschwerpunct für B.

Die eben angegebene Formel läßt übrigens noch eine Vereinfachung zu. Wenn man nämlich F durch cd dividirt, so erhält man offenbar den Preis, der für B bezahlt werden könnte, wenn A in der entsprechenden Menge umsonst zu haben wäre, und kann denselben auf der Preisscala als c .... G G_1 .... eintragen. Dann erhält man:

$$cg = cG - \frac{ce \cdot ef}{cd}$$

Da nun aber $\frac{ce}{cd}$ nichts Anderes ist wie n, so kann man dafür auch setzen:

$$cg = cG - n \cdot ef.$$

In der nebenstehenden Zeichnung, Fig. 16, ist angenommen, das Verhältniß des Begehrs von A zu dem von B sei 3 : 2, die Gesammtheit der disponiblen Mittel gleich 4000. Alsdann ist nach der obigen Rechnung für einen Begehr

von cd = 40,	wo cG = 100,	ce = 60,	ef = 35	ist, cg = 47 ½
42	95 5/21	63	37	39 31/42
44	90 10/11	66	38	33 10/11
46	86 22/23	69	39	28 21/46
48	83 ⅓	72	42	20 ⅓
50	80	75	50	5

Und nach der gegebenen Angebotslinie für B h ..... hm würde sich das Gleichgewicht zwischen Nachfrage und Angebot bei einem durch den Punkt g_1 bezeichneten Preise herstellen, so daß das Ergebniß eine Consumtion wäre

von 42 B zum Preise von 39 31/42 und
" 63 A " " " 37.

Verminderten sich die Productionskosten von A um 10 %, d. h. würden für jede begehrte Menge die höchsten nothwendigen Productionskosten 10 % geringer, so würde man für cg erhalten:

52 ¾, 45 121/420, 39 67/110, 34 141/460, 26 19/30, 12 ½

und der neue Preisschwerpunct für B etwas über g_1, etwa auf 40 ½ fallen. Eine weitere Verminderung der Productionskosten von A um nochmals 10% ergiebt für

cg 58, 50 88/105, 45 17/55, 40 18/115, 32 14/15, 20,

und für den Preisschwerpunct ungefähr 41.

In dem Falle gegenseitig sich vertretender Güterarten 1b bezeichnet das Verhältniß ihrer Preise dasjenige der ihnen zuerkannten Nutzwerthe. Aendert sich nun für einen der Artikel die Nachfrage, und soll bestimmt werden, welchen Einfluß dieß auf den Preis des andern hat, so ist hier nicht, wie im vorher behandelten Falle, das Verhältniß der zu verbrauchenden Mengen beider Güterarten als feststehend, das ihrer Preise als veränderlich, sondern umgekehrt, jenes als veränderlich, dieses als feststehend anzusehen. Das allgemeine Gesetz für diesen Fall ist dahin zu bestimmen, daß sich die Nachfrage nach dem zweiten Artikel B so regulirt, daß für jede Menge der Preis geboten wird, welcher nach der gegebenen Preisproportionalität zwischen beiden Artikeln dem Preise entspricht, welcher für die zur Befriedigung des gegebenen Bedürfnisses noch erforderliche Menge des andern Gutes nach den für dieses gegebenen Angebotsverhältnissen zu bezahlen ist. Der Punct, bei welchem sich die also bestimmte Nachfrage nach dem zweiten Artikel mit dem Angebote ausgleicht, ist alsdann derjenige, bei dem der Letztere seinen Preisschwerpunct findet.

Stellen wir das Problem graphisch dar, Fig. 17, so sind gegeben: das Preisverhältniß von A : B = n, ein bestimmtes Maaß des Bedürfnisses, welches alternativ durch A oder B, oder theilweise durch das Eine, theilweise durch das Andere befriedigt werden kann, und dessen Ausdehnung, wenn wir es durch B befriedigt denken, wir auf der Mengenscala mit cM bezeichnen; endlich die Angebotsverhältnisse von A und B, die durch die Linien f, f_1 ... und h...hm dargestellt werden. Gesucht wird die Nachfragelinie für B. Man findet sie, indem man für jede mögliche Menge des Begehrs (cd, d_1 .....) den anzubietenden möglichen Preis bestimmt. Dieser ergiebt sich aus folgender Erwägung. Ist der Begehr nach B = cd, so ist der nach A oder ce nach dem Obigen $= \frac{cM - cd}{n}$. Für diese Menge ist der nothwendige Preis in der durch die Linie f, f_1 ... begrenzten Ordinate gegeben, der mögliche Preis für B ist dann der n^{te} Theil dieses Preises. Also

Fig. 17.

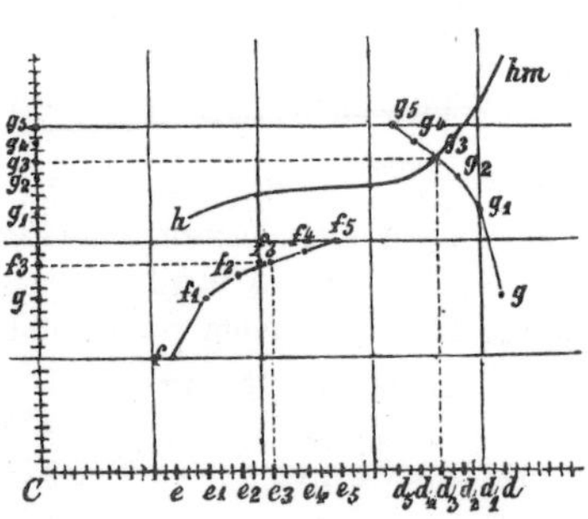

$$ce = \frac{cM - cd}{n}$$

$$cg = \frac{ef}{n}.$$

In der beistehenden Zeichnung, Fig. 17, ist cM = 50, n = $^2/_3$ angenommen. Hiernach ist wenn

cd	= 42	ce	= 12
„	= 40	„	= 15
„	= 38	„	= 18
„	= 36	„	= 21
„	= 34	„	= 24
„	= 32	„	= 27

u. s. w.

Und da nach den Angebotsverhältnissen von A das entsprechende

ef = 10, so wird cg = 15
= 15 = 22 $^1/_2$

ef = 17,	so wird	cg =	$25\frac{1}{2}$
= 18		=	27
= 19		=	$28\frac{1}{2}$
= 20		=	30

u. s. w.

Das Gleichgewicht von Nachfrage und Angebot würde für B nach dessen gegebenen Angebotsverhältnissen (h...hm) bei g_3 erreicht, und das Resultat wäre also eine Consumtion

von 36 B zum Preise von 27 und
„ 21 A „ „ „ 18.

Angenommen die Productionskosten von A sänken für jeden Preis um 10 und abermals 10%, so würde

ef auf 9	bezügl.	8	und in Folge davon cg auf	13,5	bezügl.	12
13,5	„	12	„ „ „ „ „ „	20,25	„	18
15,3	„	13,6	„ „ „ „ „ „	22,95	„	20,4
16,2	„	14,4	„ „ „ „ „ „	24,3	„	21,6
17,1	„	15,2	„ „ „ „ „ „	25,65	„	22,8
18	„	16	„ „ „ „ „ „	27	„	24

herabgehen.

Die Linie h....hm würde alsdann etwa auf der Höhe von $25\frac{1}{2}$ bezüglich 24 durchschnitten werden, und der Abstand des Durchschneidungspunktes von der Preisscala wäre etwa 34 und 32, das Resultat mithin eine Consumtion von

34 B zum Preise von $25\frac{1}{2}$
24 A „ „ „ 17

bezüglich von

32 B „ „ „ 24
27 A „ „ „ 16.

Analog sind denn auch die Gesetze für die beiden andern Fälle, nur daß für die Betrachtung die Stellung von Nachfrage und Angebot sich verkehrt.

Im Falle 2a ist ein Productionsverhältniß für zwei Artikel fest gegeben, die Production ist eine gemeinschaftliche, und es handelt sich darum, in welchem Verhältnisse diese Kosten auf beide Artikel vertheilt werden sollen. Angenommen nun, es haben sich unter dem Einflusse der gegebenen Nachfrageverhältnisse nach beiden Artikeln die Preise derselben in einer bestimmten Weise fixirt, was immer voraussetzt, daß durch beide zusammen die gemeinschaftlichen, bezüglich höchsten nothwendigen Productionskosten gedeckt werden, jetzt aber verändere sich die Nachfrage nach dem einen Artikel, so muß das auf den Preis des andern, dessen Nachfrageverhältnisse die gleichen geblieben sind, verändernd einwirken, da die Veränderung des Angebots des ersten Artikels, welche der veränderten Nachfrage entsprechen würde, zugleich eine Veränderung des Angebots des zweiten Artikels in sich schließen würde. Hierdurch entstände ein Mißverhältniß zwischen diesem Angebote des letzteren und der Nachfrage nach demselben, das nur dadurch ausgeglichen werden kann, daß die gemeinschaftlichen Productionskosten auf beide Artikel in anderer Weise als bisher vertheilt werden. Das allgemeine Gesetz für diese Vertheilung läßt sich aber nun dahin formuliren: Das Angebot eines Artikels (B), welcher mit einem andern (A) durch Gemeinschaftlichkeit des Productionsprocesses verbunden ist, regulirt sich in der Weise, daß für jeden Preis die angebotene Menge so groß ist, daß sie gemeinschaftlich mit der durch denselben

Proceß producirten Menge des andern Artikels nach den für diesen gegebenen Nachfrageverhältnissen die gemeinsamen Productionskosten bezüglich höchsten nothwendigen Productionskosten deckt. Der Preisschwerpunct setzt sich da fest, wo dieses Angebot sich der vorhandenen Nachfrage gleichstellt.

Für die graphische Darstellung, Fig. 18, sind als gegeben vorauszusetzen: die Nachfrageverhältnisse für A und B (Linie e ... e_5 h ... hm), das Verhältniß der durch den gleichen Productionsproceß herzustellenden Mengen von A und B : (n) und das Maß der Productionskosten, bezüglich höchsten nothwendigen Productionskosten für die Herstellung von B und der mit diesem zugleich erzeugt werdenden Menge von A. Gesucht ist das für die verschiedenen denkbaren Preise (c....g, g_1.....) mögliche Angebot von B (c....d, d_1....). Werden nun die Kosten von B + n A bezeichnet durch Linie c K, so muß, wenn der Preis von B = c g ist, der Preis von A sein $= \frac{cK - cg}{n}$, wofür wir c f setzen. Die hierzu abzusetzen mögliche Menge ist durch die zu dem betreffenden Puncte gehörige, durch die Linie e....e_5 begrenzte Ordinate bezeichnet (wobei nur zu bemerken, daß in diesem und dem folgenden Falle die Preisscala, nicht wie in den beiden vorhergehenden Fällen die Mengenscala die Abscissenlinie bildet). Der n te Theil dieser Ordinate stellt dann die zu dem angenommenen Preise anzubieten mögliche Menge von B dar in der Formel

Fig. 18.

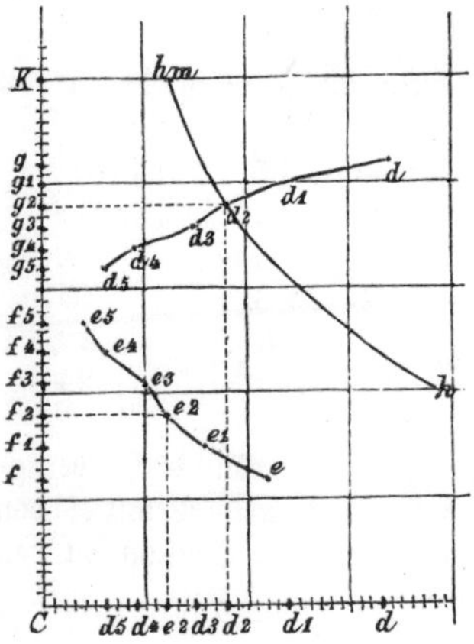

$$cf = \frac{cK - cg}{n}$$

$$cd = \frac{fe}{n}.$$

In der beifolgenden Zeichnung ist c K = 50, $n = \frac{2}{3}$ angenommen. Wir erhalten daher

für c g = 42	c f = 12	und da f e = 22,	so ist g d = 33
= 40	= 15	= 16	= 24
= 38	= 18	= 12	= 18
= 36	= 21	= 10	= 15
= 34	= 24	= 6	= 9
= 32	= 27	= 4	= 6

u. s. w.

Und wenn die Linie d — d_5 bei d_2 von der Linie h — h m geschnitten wird, so ist das Ergebniß eine Production von

18 B zum Preise von 38 und von
12 A „ „ „ 18.

Verdoppelte sich, um noch eine Erläuterung hinzuzufügen, nun für jede denkbare Preishöhe die Nachfrage nach A, so würde dadurch auch ein doppeltes Angebot von B provocirt. Wir würden für die Punkte d — d_5 als Abstände von der Preisscala: 66, 48, 36, 30, 18, 12 erhalten. Die so bestimmte Linie würde nach der Zeichnung von der Nachfragelinie bei einem Punkte durchschnitten, dessen Ordinate etwa 20½ und dessen Abscisse etwa 34½ wäre. Das Ergebniß würde also sein ein Angebot von

20½ B zum Preise von 34½ und
13⅔ A „ „ „ etwa 23¼.

Endlich der letzte Fall, 2b. Hier ist ein gewisses Maß von Productionsmitteln gegeben, das nach Belieben zur Production entweder des einen oder des andern Artikels verwandt werden kann, und es fragt sich, zu welchen Theilen es dann dem einen oder dem andern Zwecke gewidmet werden wird. So lange die eine Art der Verwendung noch vortheilhafter ist, als die andere, wird man jene ausdehnen, diese beschränken, bis durch die Vermehrung des Angebots dort, die Verminderung desselben hier, die Preise beider Artikel sich soweit geändert haben, daß die Vortheilhaftigkeit beider Verwendungsarten die gleiche geworden ist. Diese Gleichheit muß also vorhanden sein, wenn sich ein gewisses Verhältniß zwischen beiden Arten der Verwendung festgesetzt hat, und wenn dieselbe durch irgend welche Veränderung der Umstände aufgehoben wird, so wird auch dieses Verhältniß sich verändern und zwar in der Weise, daß jene dadurch wieder hergestellt wird. Das Gesetz für das Angebot eines auf solche Art von einem andern abhängigen Artikels läßt sich allgemein dahin bestimmen: dieses Angebot regulirt sich so, daß für jeden möglichen Preis die angebotene Menge so groß ist, als sie mit den Productionsmitteln hergestellt werden kann, die noch übrig bleiben, nach Abzug derjenigen, welche verwandt werden müssen, um den andern Artikel in der Menge herzustellen, in welcher er nach den für ihn gegebenen Nachfrageverhältnissen zu dem den angenommenen Preis des ersten Artikels aufwiegenden Preise begehrt wird. Der Preisschwerpunct aber liegt da, wo dieses mögliche Angebot mit der Nachfrage zusammenfällt.

Fig. 19.

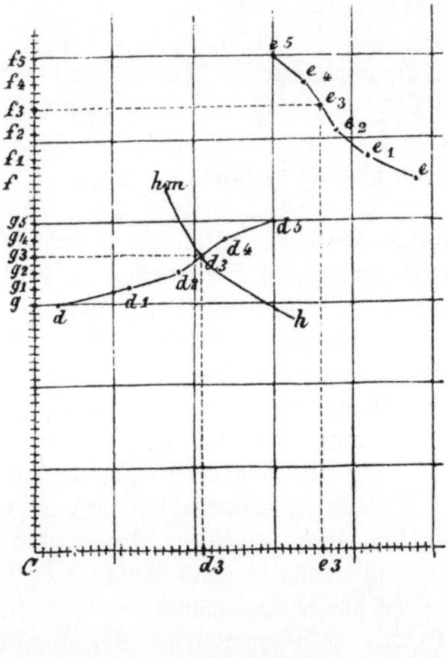

Um das soeben Auseinandergesetzte graphisch darzustellen, Fig. 19, muß man als gegeben annehmen: die Nachfrageverhältnisse für A und B (Linien e..e_5 und h...hm), das Verhältniß, in welchem zur Herstellung gleicher Mengen von A und von B die Productionsmittel in Anspruch genommen werden = n, womit nach dem Obigen das Verhältniß der Preise beider Artikel, insoweit ihre Productionskosten, wie das der Einfachheit wegen angenommen wird, lediglich aus den hier in Frage kommenden bestehen, identisch ist, und das Maß der mit der Gesammtheit der verfügbaren Productionsmittel herstellbaren Gütermenge A und bezüglich B. In B bemessen bezeichnen wir dasselbe mit c . . . . P. Gesucht wird das für die verschiedenen denkbaren Preise (c . . . g, g_1 . . . . .) mögliche Angebot von B (c . . . d, d_1 . . . .). Ist nun der Preis von B = cg, so ist derjenige von A = n . cg, wofür wir cf setzen. Die hierzu gehörige durch die Nachfragelinie e . . . e_5 begrenzte Ordinate bezeichnet die zu diesem Preise abzusetzen mögliche Menge. Letztere erschöpft n mal die Productionsmittel, welche zur Herstellung der gleichen Menge von B nothwendig sein würden; und der übrigbleibende Rest ist zur Production von B disponibel. Um das mögliche Angebot von diesem zu finden, muß man daher n mal die Ordinate von cf das ist fe von cP abziehen. Oder als Formel ausgedrückt:

$$cf = n \,.\, cg$$
$$cd = cP - n \,.\, fe.$$

In der beigefügten Zeichnung ist cP zu 75, n zu $\frac{3}{2}$ angenommen. Ist nun

cg = 30,	so ist cf = 45,	und ist fe = 48,	so ist cd = 3
„ = 32,	„ „ = 48,	„ „ = 42,	„ „ = 12
„ = 34,	„ „ = 51,	„ „ = 38,	„ „ = 18
„ = 36,	„ „ = 54,	„ „ = 36,	„ „ = 21
„ = 38,	„ „ = 57,	„ „ = 34,	„ „ = 24
„ = 40,	„ „ = 60,	„ „ = 30,	„ „ = 30.

Wird nun die so bezeichnete Angebotslinie von der Nachfragelinie h . . . hm bei d_3 durchschnitten, so ergiebt sich als Resultat eine Production von

21 B zum Preise von 36 und
36 A „ „ „ 54.

Nähme nun beispielsweise die Nachfrage nach A für jeden Preis um $1/6$ ab, so würde

$f_1 e_1 = 35$ und $c d_1 = 22\,1/2$
$f_2 e_2 = 31\,2/3$ „ $c d_2 = 27\,1/2$.

Die Nachfragelinie h — hm würde die Angebotslinie bei einem Preise von etwa $32\,1/2$ schneiden, zu welchem ungefähr $24\,1/2$ angeboten werden könnten. Das Ergebniß wäre dann eine Production von

$24\,1/2$ B zum Preise von $32\,1/2$ und
$33\,2/3$ A „ „ „ $48\,3/4$.

Dies die Lösungen der verschiedenen Aufgaben unter den einfachsten Voraussetzungen, d. h. wenn von den preisbestimmenden Elementen, welche hier in Frage kommen, nur ein einziges sich ändert. In der Wirklichkeit wird es häufig geschehen, daß die Verhältnisse nicht so einfach liegen, daß z. B. bei gemeinschaftlich producirten oder consumirten Gütern mit einer Veränderung der Ausdehnung der Production oder Consumtion des Einen auch das Verhältniß, in welchem das Andere angeboten, bezüglich demselben nachgefragt wird, sich ändert; daß mit den Veränderungen der Preisschwerpuncte das Maß der disponibeln Productions- oder Kaufmittel ein anderes wird u. s. w. Alsdann combiniren sich mehrere der behandelten Fälle, und man muß das für den einen gewonnene Resultat durch eine dem andern Falle entsprechende Rechnung, in welche es als Ansatz eintritt, ergänzen und corrigiren. Immerhin geben die obigen Auseinandersetzungen die Mittel zur Lösung der Aufgabe an die Hand. Gleichwohl wird eine unmittelbare practische Anwendung von denselben zur Zeit kaum zu machen sein, weil es für die erforderlichen Voraussetzungen, namentlich für die zu den verschiedenen Preisen zu erwartende Ausdehnung der Nachfrage, bezüglich des Angebots an ausreichenden Ermittelungen fehlt. Hier liegt noch eine wichtige Aufgabe der Statistik vor, auf die Mittel und Wege zu deren Lösung einzugehen dieß indessen nicht der Ort ist.

§. 68.

Möglichkeit mehrfacher Preisschwerpuncte.

Obwol die Nachfrage und das Angebot in der Regel in entgegengesetzter Richtung gehen, jene mit wachsender Höhe des zu erlangenden Preises ab=, dieses zunehmend, so kommen doch, wie gezeigt, für Beides Ausnahmen vor, und es ist daher nicht undenkbar, daß die Ausgleichung von Nachfrage und Angebot sich für einen bestimmten Artikel nicht bloß auf einer, sondern bei mehreren verschiedenen Preishöhen feststellen kann. So könnte es z. B. geschehen, daß bei einem Artikel, dessen relative Productionskosten bei einer gewissen Ausdehnung seiner Erzeugung abnehmen, Nachfrage und Angebot für eine ganze Reihe von möglichen Preisen sich deckten, die Linien beider, wenn wir wieder zu unserer graphischen Darstellung greifen, auf eine ganze Strecke hin zusammenfielen; oder daß eine Ausgleichung von Nachfrage und Angebot bei einem Artikel, für den sie schon bei einer geringern Preishöhe eingetreten, bei einer größeren Preishöhe sich noch einmal einstellte, wenn irgend eine luxuriöse Neigung gerade in einem erhöhten Preise eine Veranlassung zu verstärkter Nachfrage fände. Man denke z. B. an medicinische und kosmetische Geheimmittel. Welcher dieser verschiedenen möglichen Preisschwerpuncte wird nun derjenige sein, um welchen in Wirklichkeit der Preis gravitirt?

Es scheint nicht, daß sich für die Beantwortung dieser Frage ein einfaches allgemein giltiges Princip aufstellen läßt. Nur soviel läßt sich behaupten, daß, da im Allgemeinen die Freiheit des Entschlusses auf Seiten der Producenten eine größere zu sein pflegt, als auf Seiten der Consumenten, das Ergebniß in der Regel vorzugsweise durch Jene herbeigeführt werden wird. Nach welcher Richtung hin Dieselben sich aber entscheiden werden, das scheint namentlich theils von der bisherigen Preisentwickelung des betreffenden Artikels, theils von der größeren oder geringeren Concurrenz, welche unter den Producenten besteht, theils von der vorwiegenden ökonomischen Richtung der Zeit und des Volkes überhaupt abzuhängen, je nachdem diese mehr auf den Gewinn aus hohen Preisen oder mehr auf den aus massenhaftem Absatze speculirt.

§. 69.

Die Verwirklichung des natürlichen Preises.

Mill B. III. Cap. 3. §. 2.

Die Verwirklichung des natürlichen Preises, d. h. die Ausgleichung der Nachfrage nach einer Waare mit dem thatsächlichen Angebot derselben scheint auf den ersten Anblick sich nur experimentell herstellen zu können. Angenommen der Preis eines Artikels sei bisher der natürliche gewesen, für einen beliebig vermehrbaren Artikel also gleich den Productionskosten, nun aber steigere eine Erhöhung des allgemeinen Wohlstandes die Nachfrage nach demselben, so würde man sich jenen Vorgang in der Weise vorzustellen haben, daß diese vermehrte Nachfrage dem ungenügenden Angebote gegenüber den Preis in die Höhe treiben, daß dieß eine Erweiterung der Production veranlassen und erst in Folge davon der Preis auf seinen natürlichen Schwerpunct wieder herabgehen würde. Oder wenn eine Verbesserung der Productionsmethode eine Kostenersparniß herbeiführte, so würde der Hergang in der Weise erfolgen, daß der ungewöhnliche Gewinn, welchen die Producenten bei dem bisherigen Preise machten, eine Ausdehnung der Production zur Folge hätte, und erst diese Vermehrung des thatsächlichen Angebots ein Herabgehen des Preises bis zur natürlichen Höhe nach sich zöge. Und ähnlich bei umgekehrten Verhältnissen, wie Verminderung der Nachfrage oder eingetretener Erschwerung der Productionsmöglichkeit: immer müßte erst ein Mißverhältniß zwischen der Nachfrage und dem thatsächlichen Angebote eintreten, und nur der daraus sich ergebende Verlust oder Extragewinn würde dann zu einer Regulirung des Angebots führen, welche ihn wieder beseitigte. Ja man kann sich denken, daß indem diese Regulirung über ihr Ziel hinausschösse, wieder ein Mißverhältniß nach der andern Seite entstände, und daß sich das mehrmals wiederholte, so daß der natürliche Preis sich erst nach mehrmaligen, wenn auch immer schwächer werdenden Schwankungen wiederherstellte.

In der Wirklichkeit jedoch wird diesem Gange der Dinge in der Regel durch das Eingreifen der wirthschaftlichen Voraussicht ganz oder theilweise vorgebeugt. Das Angebot einer Waare wird nicht erst in Folge einer Vermehrung oder Verminderung der Nachfrage, sondern schon in Erwartung derselben vermehrt oder vermindert; die Verkäufer warten bei verminderten Productionskosten nicht erst den Druck einer vermehrten Concurrenz ab, sondern kommen demselben durch Heruntergehen mit ihren Preisforderungen zuvor; einer gestiegenen Kaufbefähigung der Begehrer andererseits treten sie bereits in demselben Augenblicke, in dem sie sich äußert, mit einem vermehrten Angebote entgegen u. s. w.

Die Gesammtwirkung ist eine Verminderung bezüglich Vermeidung von Preisschwankungen, bei unvermeidlich gewordenen Preisveränderungen ein stetiges das Ziel nicht überschießendes Sichvollziehen derselben, und diese Wirkung wird um so vollständiger erreicht, je reger die wirthschaftliche Voraussicht der Bevölkerung und je besser sie ausgebildet ist. Da aber von der Sicherheit und Gleichmäßigkeit der Preise die Möglichkeit einer geordneten und planmäßigen Wirthschaftsführung wesentlich abhängt, so stellt sich jener Erfolg als ein gewichtiger Vorzug höherer Entwicklungsstufen dar, und zugleich ergiebt sich hieraus die Aufforderung, Alles zu vermeiden oder zu beseitigen, was die Energie und Schärfe der wirthschaftlichen Voraussicht zu beeinträchtigen geeignet ist.

§. 70.

Abweichungen vom natürlichen Preise.

Rau §. 160 ff. Roscher §. 112 ff. Mill B. III. Cap. 1. §. 5.

Abweichungen vom natürlichen Preise vermögen jedoch keineswegs immer verhütet, noch, wenn sie eingetreten sind, alsbald oder überhaupt wieder beseitigt zu werden.

Schon in §. 65 sind die in den einzelnen Menschen liegenden

Ursachen angedeutet worden, welche oft bewirken, daß das Angebot einer Waare hinter dem Betrage zurückbleibt oder auch über denselben hinausgeht, welcher der ökonomisch richtigste wäre: Mangel an Einsicht, unbegründete Zaghaftigkeit oder Glückszuversicht, Hineinspielen nicht wirthschaftlicher Motive. Ebenso treten auf Seiten der Nachfragenden nicht selten Beweggründe ein, welche sie abhalten, ihrem Vortheile gemäß zu handeln: Macht der Gewohnheit, Mitleid, Furcht für knickerig oder unbemittelt zu gelten, fehlerhafte Beurtheilung der Waaren, Eile, Leidenschaft, Noth. Namentlich im Detailverkehr spielen alle diese Umstände eine große Rolle; viel mehr treten sie im eigentlichen Handel zurück, welcher den Gütersatz geschäftsmäßig betreibt, am meisten im Großhandel. Die Großhandelspreise spiegeln deßhalb die Gesetze der Preisbildung und Bewegung auch am deutlichsten ab. Je mehr das wirthschaftliche Leben eines Volkes entwickelt ist, desto mehr erweitert sich übrigens das Gebiet der nach ökonomischen Grundsätzen gebildeten Preise, insbesondere verschwinden mit zunehmender Einsicht und wachsendem Vermögen Irrthums- und Nothpreise mehr und mehr.

Weiter können es auch *sociale Anschauungen und Verhältnisse und gesetzliche Einrichtungen* sein, welche sowol das Angebot, als die Nachfrage von ihrer natürlichen Entfaltung zurückhalten. Außer den Standes- und ähnlichen Vorurtheilen gehören hierher insbesondere alle diejenigen Bestimmungen, durch welche einerseits den Producenten durch Beschränkung der Concurrenz ein lohnender Absatz, andrerseits den Consumenten durch Regelung der Production eine solide Waare zu mäßigem Preise gesichert werden soll — Bann- und Realgerechtsame, Innungen, Concessionen, Schutz- und Differentialzölle, Patente, Lehr- und Prüfungszwang, Gewerbereglements, Waarenstempelung, Taxen u. s. w. Mit dem Fortschreiten der Volkswirthschaft verschwinden diese Beschränkungen immer mehr, vgl. §. 23. Auch insoweit sitten- und sicherheits-polizeiliche oder allgemein politische Motive ihnen zu Hülfe kommen, pflegt im Laufe der Zeit eine freiere, minder ängstliche Anschauungsweise Platz zu greifen. Zu den am spätesten auftretenden und am längsten sich erhaltenden gehört das Patentwesen, doch scheint auch dieses, wenigstens insoweit es das technische Gebiet betrifft, um so mehr an Boden zu verlieren, je mehr der technische Fortschritt aus dem bloßen Experimentiren heraus und in innigere Verbindung mit der Wissenschaft tritt.

Eine dritte Ursache, um derentwillen der wirkliche Preis von dem natürlichen sich getrennt halten mag, und zugleich diejenige, in welcher die vorerwähnten Beschränkungen meistens ihre Rechtfertigung suchen und theilweise auch finden, liegt in der *thatsächlichen Schwierigkeit, wo nicht Unmöglichkeit einer wirksamen Concurrenz*. Man muß jedoch in der Annahme des Bestehens und Fortbestehens eines solchen Verhältnisses mit Vorsicht zu Werke gehen. Die Erfahrung hat mehrfach gezeigt, daß die Concurrenz mit Erfolg sich auch da einzuführen vermochte, wo man sie von vornherein für unmöglich hielt, z. B. beim Eisenbahnverkehr, insbesondere dem Eisenbahnfrachtgeschäft.

Hierher gehört aber auch die *zeitliche* Unmöglichkeit, welche sich einer Vermehrung oder Verminderung des Angebots in Folge der Frist entgegenstellt, welche die Production und Herbeischaffung oder die Consumtion eines Artikels in Anspruch nimmt. In je kürzerer Zeit und mit je geringerer Fixirung von Capital ein Product sich herstellen läßt, je ausschließlicher seine Vervielfältigung vom Belieben des Menschen abhängt, je größer und sicherer sein Markt und die Leichtigkeit des Verkehrs auf diesem ist, desto weniger und desto kürzere Zeit kann der wirkliche Preis den natürlichen übersteigen. Und ebenso, je größer und je leichter erreichbar die Menge der Nachfragenden ist, je leichter die Consumtion sich ausdehnen läßt, je fester sie in dauernden Bedürfnissen begründet ist, je schneller sie sich vollzieht, desto weniger und desto kürzere Zeit kann der wirkliche Preis hinter dem natürlichen zurückbleiben. Da aber mit fortschreitender Entwickelung die Verkehrsbeziehungen sich immer weiter ausdehnen und immer regelmäßiger werden, während das volkswirthschaftliche Leben nach seiner productiven, wie nach seiner consumtiven Seite hin mit zunehmender Schnelligkeit pulsirt, so erklärt es sich hieraus, daß der wirthschaftliche Fortschritt dahin neigt, jene Abweichungen immer enger einzugrenzen.

Endlich kann eine Abweichung vom natürlichen Preise auf wirthschaftlicher Speculation beruhen. Aus diesem Grunde kann zunächst der wirkliche Preis den natürlichen übersteigen, wenn es dem Inhaber oder Producenten einer Waare gelingt, auf künstlichem Wege, namentlich auch durch Verabredung dauernd oder wenigstens für einige Zeit das Angebot zu monopolisiren und auf diese Weise den Consumenten die höchst mögliche, vielleicht bei abnehmender Menge der gelieferten Waare noch immer steigende Entschädigung abzupressen. Das Gelingen eines solchen Versuches setzt Zweierlei voraus, nämlich einerseits die wirkliche Beherrschung des Angebots, andererseits die Unmöglichkeit für die Begehrer, ihre Nachfrage wenigstens über eine gewisse Menge und Zeit hinaus einzuschränken und zu vertagen. Versuche in dieser Richtung sind zu allen Zeiten und bei den verschiedensten Tauschgütern vorgekommen. In unsern Tagen verdienen insbesondere die auf dem Arbeitsmarkte hervorgetretenen Beachtung (Arbeiterverbindungen, Arbeitseinstellungen). Obgleich mit fortschreitender Volkswirthschaft die Macht solcher Versuche durch die größere Fülle des zu Gebote stehenden Capitals und die wachsende Leichtigkeit der Vereinigung von Menschen und Capital sich zu steigern scheint, so wächst doch auf der andern Seite die Kraft des Widerstandes mit dem zunehmenden Wohlstande und der zeitlichen und räumlichen Erweiterung der Absatzgebiete in noch größerem Maße, und immer mehr greift daher die Einsicht Platz, daß die Abwehr nicht in polizeilichen Beschränkungen und Verpönungen, sondern nur in dem Schutze der Freiheit der Entgegenstrebenden zu suchen ist.

Von dem vorhergehenden Falle wohl zu unterscheiden ist derjenige, wo eine Beschränkung des Angebots nicht künstlich erzeugt, sondern nur eine schon vorhandene und erst im Laufe der Zeit zu hebende wirthschaftlich ausgebeutet worden soll. Hier wirkt das Hochhalten der Forderungen der Verkäufer nur wohlthätig, indem es auf der einen Seite zur Sparsamkeit nöthigt, auf der andern die Thätigkeit zur Vermehrung und Beschleunigung der Production und Zufuhr anregt, gerade dadurch aber wirklicher Noth, noch weiterem Steigen und grellem Wechsel der Preise vorbeugt. Zugleich wird es durch die von den Verkäufern zu nehmende Rücksicht, die aufgestapelten Waaren bis zum Eintritt eines concurrirenden Angebotes zu räumen, in Schranken gehalten. Unter den Artikeln, auf welche diese Betrachtungen Anwendung leiden, nimmt Brotgetreide die erste Stelle ein.

Sodann kann aber auch durch wirthschaftliche Manipulationen der wirkliche Preis unter den natürlichen herabgedrückt werden. Es lassen sich dabei zunächst zwei Fälle unterscheiden, welche die Gegenstücke zu den beiden vorerwähnten bilden. Nämlich einmal im Gegensatz zum Hochhalten einer Waare, so lange die

Vorräthe derselben beschränkt sind, das Heruntergehen des Preises, wie es durch das Streben hervorgerufen wird, wenn und sobald sich eine Speculation als verfehlt, der Markt als überführt herausstellt, auf dem Wege des Verkaufs die Verluste rasch zu realisiren und damit das Geschäft abzuwickeln, ein Vorgang, der sich namentlich auf neu eröffneten, in ihren Absatzbedingungen noch nicht gehörig erkannten Märkten häufig zeigt. Der Fortschritt der Volkswirthschaft begünstigt durch die zusammengesetztere Gliederung des Verkehrs allerdings solche Mißgriffe, er wirkt denselben aber auf der andern Seite auch durch die Entwickelung des Sinnes und der Anstalten für die Beobachtung der Verkehrsverhältnisse mächtig entgegen. Und sodann im Gegensatze zu der künstlichen monopolistischen Beschränkung des Angebots das Bestreben, den Nachfragern nach einer Waare eine monopolistische Stellung dadurch zu verschaffen, daß man Diejenigen, welche sie anzubieten haben, durch Versetzung in einen Zustand der Bedrängniß zum Losschlagen um jeden Preis nöthigt. Dieß ist die andere Seite des Wuchers, auf welche er sich niedrige Einkaufs- wie auf jener ersteren hohe Verkaufsbedingungen zu verschaffen sucht. Ebenso wie dort aber kann die Abhülfe nicht durch eine polizeiliche Verhinderung des Angriffs gewährt werden, sondern sie ist in einer Stärkung der Widerstandsfähigkeit der Bedrohten zu suchen, zu welchen der größere Capitalreichthum, das vervollkommnete Creditwesen und die erleichterten Verbindungen einer vorgeschrittenen Volkswirthschaft die Mittel an die Hand geben. Wird dem Wucher auf diese Weise durch die wirthschaftliche Entwickelung der Boden mehr und mehr entzogen, so giebt es doch eine Voraussetzung, unter der er gerade bei einer hochentwickelten Volkswirthschaft sich zu entfalten und seine Künste nach beiden erwähnten Richtungen hin in virtuoser Ausbildung spielen zu lassen vermag. Dieß geschieht, wenn die Sucht, mühelos und auf Anderer Kosten reich zu werden, sich einer Bevölkerung bemächtigt und die Einzelnen zu Vermögensanlagen und zum Eingehen von Verbindlichkeiten verleitet, welche festzuhalten und zu erfüllen ihre wirthschaftlichen Kräfte nicht ausreichen. Auf solche Zustände gründet sich jene Ausbildung der Wucherkunst, welche man heutzutage mit dem Namen Agiotage zu bezeichnen pflegt. Die Ursache des Uebels, die zu bekämpfen ist, liegt aber nicht in der formellen Leichtigkeit der speculativen Operationen, sondern in dem frivolen und gewissenlosen Sinne Derjenigen, die sich denselben hingeben. Einen ethischen und nicht einen wirthschaftlichen Mangel gilt es hier zu heben.

Die Preise können schließlich von den Anbietenden selbst zeitweilig unter ihren natürlichen Stand herabgedrückt werden, in der Absicht sich dadurch einen späteren lohnenden Absatz zu verschaffen. Eine derartige Handlungsweise mag darauf berechnet sein, eine Nachfrage nach den betreffenden Waaren erst hervorzulocken und groß zu ziehen, oder auch darauf, einen lästigen Concurrenten sich vom Halse zu schaffen. In beiden Fällen ist sie gewagt, und selbst wenn der Zweck erreicht wird, ist es unsicher, ob der Erfolg Denjenigen zu gute kommt, die ihn herbeigeführt haben. Diese Unsicherheit wächst, je mehr der Verkehr sich vervielfältigt und seine Dimensionen sich ausdehnen. Im Allgemeinen verlieren daher die hierher gehörigen Vorgänge und die daran sich knüpfenden Preisschwankungen, obgleich im Einzelnen leicht von größerer Augenfälligkeit, mit dem Fortschritte der wirthschaftlichen Entwickelung und der zunehmenden Freiheit und Vielseitigkeit des Verkehrs immer mehr an Bedeutung.

§. 71.

Insbesondere Ueberproduction.

Say Thl. III., Abthl. 1, Cap. 2. — Ricardo Cap. XXI. — Hermann S. 250 ff. — Rau §. 327 ff. Roscher §. 215 ff. Mill B. III. Cap. 14.

Die im vorhergehenden Paragraphen berührte Möglichkeit, daß der Tauschwerth eines Artikels durch Uebermaß des Angebots zeitweilig unter seinen natürlichen Schwerpunkt herabgedrückt werde, führt auf die Frage, ob ein solches Herabdrücken gleichzeitig für alle Artikel, ob mit andern Worten eine allgemeine Ueberproduction möglich sei.

Diese Frage ist zu verneinen, denn zunächst kann das Mißverhältniß der Nachfrage zum Angebot nicht aus einem Mangel an Kaufbefähigung entspringen, da nach der Annahme ja das Angebot aller Güter sich erweitert hat, und diese gegeneinander Gegenwerthe bilden. Eine solche allgemeine Ueberproduction könnte daher nur auf einem Mangel an Kaufwilligkeit, d. h. auf einer schon vorhandenen Deckung aller Bedürfnisse wenigstens bei Denen, welche überhaupt Etwas zum Tausche anzubieten haben, beruhen. Allein dem widerspricht die Thatsache selbst des Angebots, da dieses immer zugleich eine Nachfrage d. h. das Vorhandensein eines Bedürfnisses in sich schließt. Wenn von zwei Gütern, die sich regelmäßig im gleichen Verhältnisse gegeneinander vertauschen, von dem einen A tausend Stück producirt werden, so liegt darin eine Nachfrage nach tausend Stück des andern B. Es kann daher das Angebot von B bis zum gleichen Betrage nicht zu groß sein. Umgekehrt wird es aber auch diesen Betrag nicht übersteigen, wenn nicht auf Seiten der Producenten von B ein entsprechend höherer Bedarf von A sich geltend macht, dann aber ist wiederum das Angebot von A kein übermäßiges. Niemals kann mithin das Angebot beider Güter oder allgemein gesprochen aller Güter, die sich gegeneinander austauschen, zugleich die Nachfrage übersteigen.

Dahingegen ist es wohl denkbar, daß zeitweilig gegenüber einem einzigen bestimmten Gute ein Ueberangebot aller übrigen Güter stattfindet, und insbesondere kann das gegenüber jenem Gute geschehen, welches als allgemeines Umtauschmittel dient, d. h. im Verhältnisse der Waaren i. e. S. (s. §. 50) zum Gelde. Davon in Abtheilung III.

§. 72.

Veränderungen der Preise.

Rau B. III. Abschn. 2 Abthl. 2. — Roscher B. II. Cap. 4.

Der Fortschritt der Wirthschaft und Cultur hat die Tendenz, die Herstellung aller Güter mit immer geringeren Kosten zu ermöglichen (vgl. §. 64). Für solche Güter aber, nach welchen der zunehmende Wohlstand zu einer wachsenden Nachfrage führt, tritt der Verwirklichung dieser Tendenz häufig ein Hinderniß in der zunehmenden Ungunst der natürlichen Productionsbedingungen entgegen, und je größere Bedeutung für die Herstellung eines Gutes eben diese natürlichen Verhältnisse haben, desto mehr wird durch diese Gegenwirkung sein Preis in der Höhe erhalten und selbst hinaufgetrieben (vgl. §. 65). Indem nun beide Arten von Einflüssen auf die verschiedenen Arten von Artikeln in sehr verschiedenem Maße einwirken, entsteht im Laufe der Zeit nothwendig eine manichfache Verschiebung ihres Tauschverhältnisses. Diese Veränderung ist im Allgemeinen denjenigen Artikeln günstig, in Bezug auf welche die Kunst der Production nur langsame Fortschritte macht, während die Nachfrage sich rasch erweitert; sie ist dagegen denjenigen Artikeln ungünstig, bei denen die entgegengesetzten Verhältnisse stattfinden. Erfahrungsmäßig gehören in dem Fortschreiten der Völker von der Barbarei zur Civilisation in der Regel die Gewinne einer mehr oder minder rein occupatorischen Thätigkeit, die Erzeugnisse der Bodencultur und Viehzucht der ersten Klasse an; ihnen zunächst stehen die Producte des Bergbaus. Die Erzeugnisse der Industrie und diejenigen Artikel, welche der Handel von auswärts einführt, hingegen fallen im Ganzen unter die andere Klasse. Der allgemeine Grund hiefür liegt einestheils in der größeren Unentbehrlichkeit jener ersteren, anderntheils darin, daß bei ihrer Production die natürlichen Vorbedingungen eine größere Rolle spielen und die Unterwerfung der Naturkräfte unter den Willen des Menschen und eine rationelle Benutzung derselben hier weit schwieriger und langsamer sich durchsetzt. Es ergiebt sich hieraus die Berechtigung, aus dem Tauschverhältnisse dieser verschiedenen Güterarten einen muthmaßenden Schluß auf den Stand der ökonomischen Entwickelung eines Landes zu ziehen. Zugleich liegt darin die Erklärung der häufig wiederkehrenden Thatsache des so wohlthätig wirkenden Verkehrs, in welchen hochentwickelte Völker mit wenig entwickelten treten, um von diesen Rohstoffe und Consumtibilien gegen Industrieproducte einzutauschen. Uebrigens ist jene Regel nicht ohne zahlreiche Ausnahmen. Denn nicht allein, daß eigenthümliche Verhältnisse einzelner Länder und Völker manichfache Abweichungen bedingen, es treten auch fast bei jedem Volke Perioden ein, in welchen die Fortschritte der Landwirthschaft zeitweilig die der Gewerbe und des Handels überholen.

Unter den im Tauschwerthe steigenden Producten macht sich diese Wirkung am energischsten und frühesten bei denjenigen geltend, welche den am weitesten verbreiteten Bedürfnissen dienen und roh oder verarbeitet der Aufbewahrung und dem Transport die geringsten Schwierigkeiten entgegensetzen. Die mit Wohlstand und Cultur eintretende Veränderung der Bedürfnisse und der Fortschritt der Conservirungs- und Transportmethoden hebt aber oft in späteren Perioden diesen Vorzug ganz oder theilweise wieder auf. Diese Verhältnisse aber wirken vielfach bestimmend auf die Art der Wirthschaftsführung ein.

Das Tauschverhältniß der im Tauschwerth sinkenden Producte gestaltet sich je nach der Art des productiven Fortschritts, und dieser wiederum, je nachdem das Capital oder die Bevölkerung rascher zunimmt, wesentlich verschieden. Wo Erzeugnisse der persönlichen Geschicklichkeit und Ausdauer, Erzeugnisse von specifisch individuellem Gepräge vorzugsweise geringen Tauschwerth haben, da wird man annehmen können, daß der Bevölkerungszuwachs den des Capitals überholt habe, und daß bei der Production das letztere nur eine untergeordnete Rolle spiele. Wo ein solcher niedriger Tauschwerth dagegen Producten zufällt, welche vornehmlich eine colossale Kraftanwendung zu ihrer Herstellung erfordern oder die sich durch Gleichmäßigkeit und Gleichartigkeit hervorthun, da kann man auf ein reichliches Vorhandensein von Vermögen und auf eine umfangreiche Anwendung desselben in der Production schließen. Aehnlich wie zwischen hoch und niedrig entwickelten Völkern ein Umtausch von Industrieerzeugnissen' und Rohproducten, so ist hier ein Verkehr angezeigt, welcher Erzeugnisse der Großindustrie gegen solche eines kleinen Betriebes umtauscht.

§. 73.

Verschiedenheiten der Preise auf verschiedenen Märkten.

Mill B. III. Cap. 17 und 18.

Das Gesetz der Preisgleichheit gleichartiger und der Preisgleichmäßigkeit verschiedenartiger Güter (S. 63) gilt nur für ein und denselben Markt, d. h. für ein gleichartiges Verkehrsgebiet, innerhalb dessen sachliche und persönliche Erschwerungen und Hindernisse des Umsatzes nicht ins Gewicht fallen; dasselbe ist dagegen nicht anwendbar auf verschiedene Marktgebiete, und je weiter diese räumlich von einander getrennt sind, je mehr sie in ihren natürlichen, socialen, politischen Verhältnissen von einander abweichen, je größer die Schwierigkeiten einer Verbindung unter ihnen sind, desto weiter kann sich der Preis und bezüglich der Tauschwerth der einzelnen Artikel auf den verschiedenen Märkten von Gleichheit und Gleichmäßigkeit entfernen.

Indessen findet diese Verschiedenheit ihre Begrenzung, sobald ein Tauschverkehr möglich wird. In dieser Beziehung muß man unterscheiden:

1) wenn die Voraussetzungen, Mittel und Kräfte der Production eines Artikels, welche ein Markt vor dem andern voraus hat, auf den letzteren übertragbar sind, die Production also selbst verpflanzt werden kann, so sind es die Productionskosten des alten Marktes unter Zuschlag der auf jede einzelne Waare aus den Kosten der Verpflanzung der Productionselemente entfallenden Vermehrung, welche auf dem neuen Markte den Preis des Artikels reguliren. Dieser Fall tritt namentlich bei nahe benachbarten, vielfältig verbundenen, in ihren ganzen Verhältnissen wenig von einander abweichenden Märkten ein.

2) Es kann aber auch eine Verpflanzung der Production selbst unmöglich sein, sowol rein thatsächlich wegen der absoluten Unübertragbarkeit mancher Productionselemente (Klima, politische Freiheit u. s. w.) als ökonomisch, theils weil die Uebertragung so schwierig und kostspielig sein würde, daß kein Gewinn dabei herauskäme, theils und vornehmlich, weil es leichter und vortheilhafter ist, das Product selbst einzutauschen, als die Productionselemente zu übertragen. Dieß gilt um so mehr, je mehr die Verhältnisse der Märkte überhaupt von einander abweichen und je schwieriger und mangelhafter die Verbindung unter ihnen ist. Es bildet daher namentlich für den internationalen Verkehr die Regel, indem hier schon die Uebertragung von Capital, noch mehr die von Arbeitskräften von erheblichen Schwierigkeiten begleitet ist. (Vgl. unten Buch IV.)

Wenn nun die Uebertragung der Productionselemente aus einem dieser Gründe außer Frage ist, so kann es sich nur um einen Austausch der Producte selbst handeln. Alsdann aber können in einem Lande, welches einen Artikel von auswärts bezieht, bei der Regulirung des Preises desselben, nicht mehr die Kosten am Erzeugungsorte als Minimal-, sondern nur noch die Kosten einer eventuellen inländischen Production mit inländischen Kräften und Mitteln als Maximalgrenze maßgebend sein. Ein Austausch kann nur stattfinden, wenn jedes Land dem andern in Bezahlung Güter anzubieten vermag, die diesem herzustellen mehr gekostet haben würden, als die für dieselben tauschweise hingegebenen. Hierfür nun kann das absolute Maß der Kosten der zu vertauschenden Waaren nicht entscheidend sein. Denn gesetzt, ein Volk vermöchte alle Artikel gleichmäßig wohlfeiler herzustellen, als ein anderes, so wäre doch ein Austausch nicht möglich, da es in dem andern

Lande keine Gegenwerthe fände, die es billiger erhalten könnte, als daheim. Nur erst dann, wenn auf dem fremden Markte einzelne Artikel im Verhältniß zu andern billiger sind, wie auf dem einheimischen, wird ein Austausch thunlich, indem jedes der beiden Völker an das andere die ihm verhältnißmäßig wohlfeiler zu stehen kommenden Güter gegen diejenigen hingiebt, die ihm verhältnißmäßig theurer kommen würden. Es ist also, wie man das formulirt hat, der Unterschied nicht der absoluten, sondern der relativen Productionskosten, welcher in einem solchen Falle den Verkehr möglich macht. Und dabei kann es sehr wohl geschehen, nicht nur, daß das hingegebene Product mit einem ganz andern Maße von Opfern erzeugt worden ist, als das dafür empfangene, sondern auch, daß die Kosten, welche man für die eigene Herstellung des letzteren hätte aufwenden müssen, weit hinter denen zurückbleiben, welche der ausländische Producent aufzuwenden wirklich genöthigt gewesen ist; denn auch dieser kann bei dem Handel immer noch seinen Vortheil finden, wenn nur die Güter, welche er eintauscht, obwol sie dem andern Theile weniger gekostet haben, als ihm diejenigen, welche er hingiebt, ihm selbst bei eigener Erzeugung im eigenen Lande mehr kosten würden, als die letzteren.

Der wirthschaftliche Vortheil eines solchen Handels besteht, wie sich hiernach ergiebt, darin, daß beide Theile die Güter, welche sie eintauschen, sich mit geringern Opfern verschaffen, als wenn jeder derselben, sein Bedürfniß durch Eigenproduction zu befriedigen unternähme. Das Ergebniß ist eine Ersparniß an Productionsaufwand, zwar nicht nothwendig im Vergleiche zu dem Aufwande, mit welchem sich vielleicht die Güter herstellen ließen, wenn eine Partei diese Herstellung ohne Weiteres auch für die andere übernehmen könnte oder ihre Productionselemente durch äußere Hindernisse oder durch Bedenklichkeiten nicht beschränkt an den Wohnsitz der andern übertragen möchte, wohl aber unter der gegebenen Voraussetzung einer beschränkten Verpflanzbarkeit der Productionselemente und der ökonomischen Selbständigkeit eines jeden der Contrahenten, d. h. seiner Verpflichtung, aus eigenen Kräften seinen Bedarf zu decken.

Die weitere Entwickelung der hieraus sich ergebenden Folgen für die Gestaltung des internationalen Verkehrs und der aus denselben für die Betheiligten hervorgehenden Vortheile s. in der Anmerkung im Anhange.

§. 74.

Rückwirkung der localen Preisunterschiede auf die Production.

Rau §. 370 a — Roscher II. §. 33, 34. — v. Thünen, der isolirte Staat in Beziehung auf Landwirthschaft und Nationalökonomie I. 2. Aufl. 1842, II. 1. Abthl. 1850. Rostock.

In Folge der in §. 45 angegebenen Umstände pflegt sich der regelmäßige Umsatz der Waaren an gewissen Localitäten — Marktplätzen, Märkten — zu concentriren. Wird ein solcher Markt aus weiteren Entfernungen befahren, so bildet der Marktpreis der verkauften Güter für den Verkäufer den Gegenwerth nicht blos für die hingegebene Waare an sich, sondern für diese und die Kosten des Zumarktebringens zusammengenommen. Oder anders gewendet, von dem Erlöse auf dem Markte müssen die letztgenannten Kosten abgezogen werden, um den Erlös des Producenten am Productionsorte zu finden. Dieser Erlös oder der Locopreis der verkäuflichen Waare steht also hinter dem Marktpreise um so mehr zurück, je größer die Entfernung des Erzeugungsplatzes von dem Marktplatze und je schwieriger der Transport von dem einen zum andern ist *). Zugleich leuchtet ein, daß diese Abnahme des Werthes mit der Entfernung vom Absatzmarkte um so rascher erfolgt, je größere Schwierigkeiten ein Artikel sei es wegen seiner Massenhaftigkeit, sei es wegen seiner leicht verderblichen oder zarten Natur dem Transporte entgegensetzt.

So lange es sich nun hierbei nur um die Production einer einzelnen Güterart handelt, welche nur in einer und derselben Weise erfolgen kann, reducirt sich der Fall auf den §. 66 unter II. 3 behandelten. Stellt sich auf dem Markte das Gleichgewicht von Nachfrage und Angebot erst bei einem Preise her, welcher eine Zufuhr auch aus größerer Entfernung mit sich bringt, so machen Diejenigen, welche die Artikel am Marktorte selbst oder in dessen näherer Umgebung erzeugen können, einen Extragewinn, indem sie die Transportkosten nicht zu tragen haben, welche in dem Preise auch den entferntesten Producenten, welche den Markt noch versorgen, vergütet werden.

Dagegen gestaltet sich der Fall weit verwickelter, wenn es sich

a) um eine Production handelt, wo mit den nämlichen Productionsmitteln alternativ verschiedene Arten von Gütern hergestellt werden können, oder

b) wenn ein veränderter Betrieb der betreffenden Production eine Steigerung des Rohertrags derselben möglich macht.

Beide Hypothesen werden namentlich in der Landwirthschaft practisch. Mit Bezug auf letztere sind die Folgesätze derselben zuerst von v. Thünen entwickelt worden. — Thünen'sche Gesetze.

Zu a. Dieser Fall ist in seiner Grundlage mit dem §. 67 unter 2 b behandelten identisch. Es muß sich eine bestimmte Preisrelation zwischen den verschiedenen Producten, welche auf dem landwirthschaftlich benutzten Boden z. B. durch Gartenwirthschaft, Forstwirthschaft, Körnerwirthschaft, Viehwirthschaft ꝛc. erzielt werden können, herstellen. Allein wegen der verschiedenen Transportkosten der verschiedenen möglichen Producte müßte sich diese Preisrelation in den verschiedenen Entfernungen vom Markte verschieden gestalten. Die Folge davon ist, daß je nach der Entfernung die Erzeugung verschiedener Producte überwiegend vortheilhaft wird und daß deßwegen die Wirthschaften nach ihrer Richtung auf die Erzeugung des einen oder des andern dieser verschiedenen Producte sich räumlich von einander trennen. Es bilden sich um den Marktplatz herum aufeinander folgende Zonen, in deren jeder eine bestimmte Production die absolut vortheilhafteste ist und deßhalb die Tendenz hervortritt, diese möglichst ausschließlich zu betreiben. Nach dem von Thünen gelieferten Beweise folgen sich diese Zonen vom Marktplatze ab in der Ordnung: freie Wirthschaft, Forstwirthschaft, Fruchtwechselwirthschaft, Koppelwirthschaft, Dreifelderwirthschaft, Viehzucht **). Diese Zonen würden sich vollkommen concentrisch um den Marktplatz herumlegen, wenn die Fruchtbarkeit und die Transportleichtigkeit überall die gleiche wäre. Verschiedenheiten in dieser Hin-

*) Umgekehrt steigt natürlich der Preis der Waaren in der Richtung vom Markte zum Consumtionsorte. Insofern die entfernt wohnenden Verkäufer auch zu gleicher Zeit Ankäufer auf dem Markte sind, wird der Transport der hinzuliefernden und der zurückzubringenden Waaren ein Geschäft, dessen Kosten auf beide Arten der beförderten Güter ausgeschlagen werden müssen. In welchem Verhältnisse auf die eine und auf die andere Art, dafür gelten mutatis mutandis die nämlichen Regeln, die hinsichtlich der Vertheilung der Transportkosten im internationalen Verkehr in der Anmerkung zum vorhergehenden Paragraphen (s. den Anhang) entwickelt worden sind.

**) Indessen ist zu bemerken, daß diese Reihenfolge sich zum Theil, so namentlich was die Folge von Fruchtwechselwirthschaft, Koppelwirthschaft und Dreifelderwirthschaft betrifft, auch auf das unter b zu betrachtende zweite Moment stützt.

sicht geben ihnen eine unregelmäßige Gestalt, indem sich die inneren Zonen auch auf entferntere Plätze, die in einer dieser Beziehungen begünstigt sind, ausdehnen, die äußeren dagegen an den relativ ungünstigeren Stellen näher an den Mittelpunct heranrücken. Eine Störung erleidet ferner diese Gestaltung noch dann, wenn die Versorgungsgebiete verschiedener Marktplätze theilweise ineinanderfallen. Uebrigens hat jedes Marktgebiet seine natürliche Grenze da, wo der Vortheil auf dem allgemeinen Markte zu verkaufen für die Producenten den Aufwand der Versendung nicht mehr deckt, dergestalt, daß es wirthschaftlicher erscheint, sich auf eine isolirte Eigenwirthschaft oder höchstens auf einen zwischen wenigen benachbarten Wirthschaften stattfindenden Verkehr zu beschränken.

Zu b. Die Landwirthschaft hat im Allgemeinen eine sich sehr weit erstreckende Fähigkeit, durch eine Vermehrung des Productionsaufwandes ihren Rohertrag zu steigern. Einen Betrieb, bei welchem man diese Fähigkeit ausbeutet, bezeichnet man bekanntlich als einen intensiven, im Gegensatz zu einem extensiven, bei welchem man sich mit einem geringern naturalen Ertrage begnügt, dafür aber auch an Kosten spart *). Der Naturalertrag einer intensiven Wirthschaft pflegt übrigens in der Regel der Vermehrung der Kosten nicht proportional, sondern in einem immer weiter abnehmenden Verhältnisse zu steigen. Hieraus ergiebt sich, daß unter dieser Voraussetzung jede weitere auf derselben Fläche erzeugte Gütermenge einen größeren Productionskostensatz hat, und daß deßhalb der Uebergang zu einem intensivern Wirthschaftsbetriebe wesentlich davon abhängt, daß die Preise eine größere Höhe erlangt haben. Nun ist nach dem Obigen der Locopreis der Producte um so höher, je näher und bequemer die Grundstücke, auf denen sie erzeugt werden, zum Markte liegen, und es wird folglich in den inneren Zonen des Marktgebietes im Allgemeinen ein intensiver, in den äußeren ein extensiver Wirthschaftsbetrieb vorherrschen. Diese Abnahme der Intensivität des Betriebes in der Richtung von dem Centrum nach der Peripherie erleidet nur insofern eine Ausnahme, als gewisse Productionen, die nur einen verhältnißmäßig extensiven Betrieb fordern, wegen der Schwierigkeit oder Kostspieligkeit des Transports ihrer Erzeugnisse nur auf einem günstiger zum Mittelpuncte gelegenen Terrain betrieben werden können. So namentlich die Holzcultur.

Die Vermehrung des Angebots der landwirthschaftlichen Producte auf dem Markte durch Steigerung der Production auf den günstiger gelegenen Grundstücken vermittelst intensiveren Betriebes und diejenige durch Zuhülfenahme der Zufuhr von entfernteren Ländereien treten miteinander in Concurrenz. Welche von beiden den Vorrang behaupten wird, das hängt lediglich davon ab, auf welchem Wege das vermehrte Angebot mit geringeren Kosten herbeizuschaffen ist, was sich nur nach den concreten Verhältnissen, insbesondere dem Stande des Capitalzinses in Vergleich zu dem des Arbeitslohnes beurtheilen läßt. Größere oder geringere Fruchtbarkeit der Grundstücke wirken in Betreff ihrer Benutzung in der nämlichen Weise, wie eine größere oder geringere Gunst der Lage.

---

*) Häufig denkt man bei den Ausdrücken extensive und intensive Wirthschaft nicht an die sämmtlichen Productionskosten, sondern nur an die Betriebs- mit Ausschluß der Anlagekosten.

Abtheilung II.

Vom Maßstabe des Tauschwerthes.

§. 75.

Erfordernisse eines Werthmaßstabes.

Smith B. I. Cap. 5. — Say Theil III. Abthl. 2. Cap. 13. — Ricardo Cap. I. Section 6. — Hermann Unters. IV. Abhandl. 2. — Rau §. 168 ff. — Roscher §. 127 ff. — Mill B. III. Cap. 15.

Zu Zwecken der Wissenschaft wie der Praxis macht sich vielfach das Bedürfniß fühlbar, eine Vergleichung des Tauschwerthes, sei es verschiedener Güter, sei es der nämlichen Güter unter verschiedenen Umständen der Zeit oder der Oertlichkeit, eintreten zu lassen und zu diesem Behufe einen Maßstab des Werthes*) zu besitzen.

Die Forderungen, welche man an einen solchen Maßstab zu stellen hat, sind doppelter Art (vgl. §. 48). Derselbe muß nämlich

a) mit dem Gegenstande, auf welchen er angewendet werden soll, diejenige Seite, Eigenschaft oder Beziehung gemein haben, um deren Bemessung es sich handelt. Er muß also selbst Tauschwerth besitzen, und zwar mindestens in derselben Weite (§. 6) als die Güter, deren Tauschwerth gemessen werden soll.

b) Das als Maßstab gebrauchte Gut muß die Seite, Eigenschaft oder Beziehung, die es messen soll, so oft es als Maßstab zur Anwendung kommt, möglichst unverändert besitzen. Der Werthmaßstab darf sowol Veränderungen seines natürlichen Werthes, (§. 72) als Abweichungen von demselben (§. 70) möglichst wenig ausgesetzt sein.

Einen vollkommenen, d. h. auf alle vertauschbaren Güter und unter allen räumlichen und zeitlichen Veränderungen anwendbaren Maßstab würde mithin nur ein Gut bilden, das zu allen Tauschgütern nicht nur eine bestimmte Tauschrelation besäße, sondern dieselbe auch unter jedem Wechsel der Zeit und des Ortes beibehielte. Ein solches Gut giebt es aber nicht, und jeder Werthmaßstab kann daher immer nur eine relative Vollkommenheit in Anspruch nehmen. Um zu entscheiden, welche Güter verhältnißmäßig sich am besten zu Werthmaßstäben eignen, muß man aber die verschiedenen Fälle, für welche die Anwendung eines solchen Maßstabes in Frage kommen kann von einander trennen.

§. 76.

Die Bemessung des Werths gleichzeitig und auf demselben Markte vorhandener Güter.

Die angef. Schriftsteller a. d. angef. Orten.

1) Der einfachste Fall ist derjenige, wo ein Werthmaßstab nur an verschiedene Güter, die sich gleichzeitig auf dem nämlichen Markte oder doch in dessen Bereich befinden, angelegt werden soll, wie das z. B. in der Regel der Fall ist, wenn es sich um die Summirung der verschiedenen Bestandtheile eines Vermögens oder um die Vergleichung der Objecte eines einfachen Tauschgeschäftes handelt.

---

*) Wo wir in dieser Abtheilung von Werth sprechen, ist immer der Tauschwerth gemeint.

Hier braucht die zweite der oben an einen Werthmaßstab gestellten Forderungen gar nicht berücksichtigt zu werden. Nur auf die erste, die möglichste Weite des Tauschwerthes kommt es an. Diese besitzen aber regelmäßig die als Geld dienenden Güter, denn eben die allgemeine Tauschfähigkeit derselben ist ja der Grund, auf den hin sie zu Gelde geworden sind. (Vergl. §. 50.) Das Geld ist daher in diesem Falle der beste Werthmesser. Ob es die Aufgabe eines solchen, auch wenn sie in dieser Weise zeitlich und räumlich beschränkt wird, mehr oder minder vollkommen erfüllt, das hängt theils von der Natur der als Geld gebrauchten Güter (s. §. 40) theils von der Ausdehnung und Vielseitigkeit ab, welche der Verkehr bereits gewonnen hat.

§. 77.

Die Bemessung des Werths von Gütern verschiedener Märkte od:r Zeiten.

Die angef. Schriftsteller a. d. angef. Orten. — Ricardo überhaupt das ganze Cap. I.

2) Der Werth der nämlichen Art von Gütern kann unter verschiedenen Verhältnissen der Zeit und des Ortes sowol seiner Weite als seiner Höhe nach ein vielfach verschiedener sein. Die Kenntniß einer solchen Verschiedenheit ist, was die Weite des Werthes betrifft, zwar practisch von großer Bedeutung, zu einer genaueren Formulirung oder Bemessung derselben liegt jedoch weder ein allgemeines Bedürfniß, noch auch wol nur eine Möglichkeit vor. Dagegen machen wissenschaftliche und practische Zwecke die Vergleichung und zum Behufe der exacten Feststellung derselben die Bemessung der verschiedenen Höhe des Tauschwerthes einer bestimmten Gütermenge, z. B. einer Einnahme, eines Vorraths 2c. 2c. an verschiedenen Orten oder zu verschiedenen Zeiten sehr vielfach wünschenswerth, und zwar ist die Aufgabe, welche sich in dieser Beziehung ergibt, zweifacher Art. Entweder nämlich ist die Reihe der manichfachen Werthgleichungen, deren Inbegriff eben der Tauschwerth ist, wenigstens ihren wichtigsten Gliedern nach bekannt — man weiß also z. B. daß A in dem einen Lande oder der einen Zeit gegen p B, q C, r D, s E 2c., in dem andern Lande oder der andern Zeit gegen t B, u C, v D, w E 2c. sich vertauscht —, und es kommt nur darauf an, für die schwer übersehbare Reihe solcher Gleichungen einen kürzern, leichter faßlichen Ausdruck zu finden. Oder aber man kennt von den sämmtlichen möglichen Werthgleichungen in dem einen oder dem andern der zu vergleichenden Fälle noch keine oder nur wenige, und es handelt sich darum, eine oder einige dieser Gleichungen aufzufinden, die einen Rückschluß auf die Gestaltung der übrigen noch unbekannten zulassen. In beiden Fällen kommt die Aufgabe aber darauf hinaus, die Güter, deren Werthhöhe unter verschiedenen Verhältnissen man bestimmen will, mit solchen zu vergleichen, von denen man annimmt, daß sie unter diesen verschiedenen Verhältnissen sich unverändert den gleichen Werth bewahrt haben. Es ist mithin die zweite der oben aufgestellten Forderungen an einen Maßstab, nämlich die Unveränderlichkeit, welche hier vornehmlich zur Geltung gebracht zu werden verlangt.

Ist jedoch das Tauschverhältniß einer Reihe von Gütern untereinander unter verschiedenen Umständen der Oertlichkeit oder der Zeit ein verschiedenes, so leuchtet ein, daß es kein Gut geben kann, welches unter jenen verschiedenen Umständen zu allen andern die gleiche Werthrelation zu bewahren vermag. Ist A einmal = B, und ein andermal = 2 B, so kann C, wenn es beidemal = A ist, nicht auch beidemal = B sein. Da nun die Auffindung eines Gutes, welches einer untereinander in ihrer Werthrelation wechselnden Menge von Gütern gegenüber zu jedem derselben das gleiche Tauschverhältniß behielte, eine Unmöglichlichkeit ist, so bietet sich für die Aufstellung eines Werthmaßstabes zunächst die Idee einer Compensation dar. Nicht ein Gut, für welches die ganze Reihe der Tauschverhältnisse sich gleich bleibt, aber ein solches, wo die Veränderungen in der einen Richtung durch Veränderungen in der entgegengesetzten Richtung aufgewogen werden, zu finden, stellt man sich die Aufgabe. Hiermit verläßt man aber den Boden der objectiven Thatsachen und mischt eine Beziehung auf die Subjecte, für welche die Güter existiren, in die Betrachtung. Vergl. darüber den folgenden Paragraphen.

Will man den objectiven Standpunct behaupten, so bietet sich ein anderer Ausweg dar. Geht man nämlich auf die Ursachen eines bestehenden Tauschverhältnisses zwischen zwei Gütern zurück, so lassen sich dieselben eintheilen in solche, die sich auf das eine, und solche, die sich auf das andere Gut beziehen. Hätte man nun ein Gut, hinsichtlich dessen diejenigen die Werthrelation beeinflußenden Momente, welche es selbst betreffen, unter den verschiedenen Verhältnissen, welche man in Betracht ziehen will, sich immer gleich bleiben, so hätte man damit freilich keinen Maßstab, der zu allen den verschiedenen Gütern, gegen welche es sich vertauschen läßt, unter den verschiedenen Umständen das gleiche Tauschverhältniß unverändert beibehalten müßte, aber doch einen solchen, der dieses gleiche Tauschverhältniß insoweit bewahren würde, als nicht auf Seiten der den Werth der Gegengüter bestimmenden Momente eine Verschiedenheit stattfände oder eine Veränderung vor sich gegangen wäre. Man hätte damit also wenigstens ein Mittel, um sich zu vergewissern, ob die eigenen Bestimmungsgründe des Werthes eines Guts unter den verschiedenen Verhältnissen, unter denen man dasselbe betrachtet, auf ein verschiedenes Resultat hinzielen oder nicht. Die Wichtigkeit eines Werthmaßstabes auch in dieser beschränkten Bedeutung liegt auf der Hand. Denn wenn die eigenen werthbestimmenden Momente eines Guts unter verschiedenen Verhältnissen sich verschieden stellen, so wird sich daraus eine verschiedene Werthrelation zu allen andern Gütern mit alleiniger Ausnahme derjenigen, deren werthbestimmende Momente zufällig in der nämlichen Richtung und in demselben Grade bei jener Verschiedenheit der Verhältnisse von einander abweichen, ergeben; wenn Jenes aber nicht der Fall ist, so wird das Tauschverhältniß nur zu denjenigen Gütern ein verschiedenes sein, deren werthbestimmende Momente ihrerseits sich verschieden stellen. Man kann also wol, wenn auch mit Vorbehalt, im letztern Falle eine Gleichheit, im ersteren eine Verschiedenheit des Werthes annehmen.

Die Frage nach einem Werthmaßstabe für verschiedene Orte oder Zeiten führt daher auf diejenige nach einem Gute hinaus, dessen eigene werthbestimmende Momente bei jenen Verschiedenheiten relativ sich gleich bleiben.

Die Momente, welche den Werth der Güter bestimmen, sind nach §. 66 die Productionskosten, der Gebrauchswerth und die Kauffähigkeit der Begehrer. Hier, wo es sich nur um die eigenen, d. h. die das fragliche Tauschgut selbst betreffenden Werthmomente handelt, muß zunächst die Kauffähigkeit der Begehrer außer Betracht bleiben, denn diese, identisch mit dem Werthe der angebotenen Gegengüter, betrifft eben den andern nicht in Frage gestellten Factor der Tauschverhältnisse. Was ferner den Gebrauchswerth anbelangt, so ist derselbe für den Tauschwerth nur bei Gütern mit absolut beschränktem Angebote maßgebend (§. 66). Güter, deren Angebot absolut beschränkt ist, eignen sich aber schon um deßwegen und wegen der daran sich knüpfenden Beschränkung ihrer Marktfähigkeit schlecht zu Werthmaßstäben. Auch der Gebrauchswerth könnte daher hier unberücksichtigt bleiben, wenn er nicht für die Weite des Tauschwerthes, deren möglichste Ausdehnung als das erste Erforderniß hingestellt wurde, von entscheidender Bedeutung wäre. Nur Güter, die unter den verschiedenen Verhältnissen, welche man in Betracht ziehen will, einem allgemein verbreiteten Bedürfnisse entsprechen, sind überhaupt als Werthmaßstäbe brauchbar. Mit der Stetigkeit eines solchen Maßstabes hat dieser Umstand übrigens nichts weiter zu thun. — So bleibt denn die Unveränderlichkeit der Productionskosten als die entscheidende Qualification eines Gutes zum Werthmaßstabe für verschiedene Zeiten oder Märkte übrig.

Da aber eine verhältnißmäßig große Gleichheit der Productionskosten von Ort zu Ort und eine große Stetigkeit derselben im Laufe der Zeit sehr wohl abgesondert von einander bestehen können, ein Gut die eine besitzen und die andere entbehren kann, so muß die Frage nach dem besten Werthmaßstabe für verschiedene Plätze und für verschiedene Zeiten getrennt behandelt werden.

a) Zum Werthmaßstabe für verschiedene Plätze eignet sich ein Gut um so besser, je weniger es bei allgemein verbreitetem Ge- oder Verbrauch dem Transporte Schwierigkeiten entgegenstellt. Die Verbreitetheit seines Gebrauchs bezieht sich theils auf die Zahl der Märkte, an welchen dasselbe zum Umsatze kommt, theils auf den Umfang der Nachfrage auf jedem einzelnen Markte. Von jener hängt die Ausdehnung des Gebietes, auf welchem der Maßstab angelegt werden kann, von diesem nicht nur die Weite des Tauschwerthes des letzteren an jedem Orte, sondern auch die mehr oder minder vollkommene Verhütung von Abweichungen vom natürlichen Werthe ab. Die Bedeutung geringer Transportschwierigkeiten aber beruht darauf, daß, soweit ein Transport möglich ist, der Werth auf die Dauer an den verschiedenen Plätzen nur um den Betrag der Transportkosten differiren kann, über diesen Betrag hinausgehende Unterschiede der eigentlichen Productionskosten daher ohne Einfluß sind. Von allen Gütern entsprechen die edlen Metalle diesen Anforderungen am meisten, da ihr Gebrauch ein extensiv und intensiv außerordentlich verbreiteter ist und ihr concentrirter Werth in Verbindung mit ihrer großen Widerstandsfähigkeit gegen Zerstörung dieselben verhältnißmäßig sehr leicht versendbar macht. Uebrigens geben auch sie nur einen relativ brauchbaren, keinen vollkommenen Maßstab ab, weil die Beischaffungskosten derselben von Markt zu Markt doch immer noch merklich von einander abweichen. S. unten §. 83.

b) Weit schwieriger ist die Aufstellung eines wenn auch nur relativ brauchbaren Werthmaßstabes für verschiedene Zeiten. Hier lag es nahe, den Hauptbestandtheil aller Productionskosten selbst, nämlich die Arbeit als ein unter allen Umständen an sich gleiches Maß anzunehmen. Die Anwendung desselben aber ließ sich in einer doppelten Weise machen. Man konnte nämlich den Werth eines Gutes als sich gleich geblieben oder verändert betrachten, je nachdem dasselbe in dem einen Zeitpuncte ebensoviel oder mehr oder weniger Arbeit entweder eintauscht — Ad. Smith — oder kostet — Ricardo — als in dem andern. Die letztere Annahme beruht auf der Voraussetzung, daß die Güter sich immer im Verhältnisse der auf sie verwandten Arbeit umtauschen. Das ist jedoch in solcher Allgemeinheit behauptet nicht richtig, theils weil die Productionskosten nicht für alle Güter den Werth bestimmen, theils weil die Arbeit nicht das einzige Element der Productionskosten oder auch nur eine bestimmte sich immer gleich bleibende Quote derselben darstellt. — Die erstere Annahme aber kann sich nur auf eine von zwei

Erwägungen stützen, die sich ebenfalls nicht unbedingt vertheidigen lassen. Entweder nämlich sieht man die Productionskosten der Arbeit in dem Lohne, d. h. in dem Gesammtbetrage von Gütern, welche dem Arbeiter als Entgelt für seine Leistung zu Theil werden (dem Sachlohne) und welche oder deren Aequivalent daher Derjenige, welcher sich die Disposition über eine fremde Arbeitskraft aneignen will, zu diesem Behufe aufopfern muß. Alsdann muß man diesen Werthbetrag als sich immer gleich bleibend voraussetzen, was namentlich für weit von einander entfernte Zeiträume oder wenn es sich zugleich um verschiedene Völker handelt, nicht zutrifft. Oder aber man faßt als Productionskosten der Arbeit das Opfer, welches in dieser für den Arbeiter selbst liegt, die unmittelbare und mittelbare Beschwerde der Arbeit auf und stellt diese als eine unveränderliche Größe hin. Indessen erhebt sich auch hiergegen das Bedenken, daß die gleiche objective Kraftäußerung keineswegs nothwendig unter allen Umständen das gleiche subjective Opfer, das gleiche Maß des Mißbehagens und der Anstrengung in sich schließt, und daß es an jedem Mittel fehlt, um etwaige Unterschiede in dieser Beziehung festzustellen und zu bemessen. Nichtsdestoweniger muß man den Werth der Arbeit als einen relativ unveränderlichen anerkennen, denn der Lohn, welcher der Ausdruck desselben ist, kann auf die Dauer weder unter den nothwendigen Lebensbedarf des Arbeiters sinken, noch auch über denselben hinausgehen. — Vergl. im nächsten Buche den Abschnitt über den Lohn. Dieser nothwendige Lebensbedarf aber ist freilich auch nicht absolut unveränderlich, sondern steht zum Theil unter dem Einflusse wechselnder Sitten und Lebensansprüche, indessen hat er an dem absolut für das Leben des arbeitenden Menschen Unentbehrlichen jedenfalls einen festen, den Rest wenigstens bei der einfachen Kraftarbeit, an welche man sich in diesem Falle immer wird halten müssen, an Bedeutung weit überwiegenden Kern, so daß der Lohn (Sachlohn) vergleichsweise wol als eine constante Größe gelten darf.

Die Arbeit mag daher allerdings als der relativ beste Werthmaßstab für verschiedene Zeiten angesehen werden. Nur bietet die Anwendung desselben in vielen Fällen sehr große Schwierigkeiten dar. Diese betreffen zunächst die Art der als Maßstab anzuwendenden Arbeit, denn das Maß der Anstrengungen und Beschwerden ist bei den verschiedenen Arbeiten ein manichfach verschiedenes, und nicht jede Arbeit läßt sich mit jeder andern ohne Weiteres bloß nach der Zeitdauer vergleichen. Man wählt, um dieser Schwierigkeit auszuweichen, die einfache, ungelernte Kraftarbeit, die sogenannte Taglöhnerarbeit zum Maßstabe; allein auch diese ist noch weit davon entfernt, unter allen Umständen das gleiche Maß von Anstrengungen und Leistungen zu bedeuten. Eine zweite Schwierigkeit entsteht vielfach in Bezug auf die Constatirung des Lohnes, namentlich wenn derselbe ganz oder zum Theile in allerhand Naturalien besteht, und so lange die Anerkennung der persönlichen Freiheit noch nicht zum vollen Durchbruche gekommen ist. Ein dritter Uebelstand ist endlich, daß gerade der Lohn sehr starken zeitweiligen Abweichungen von seiner natürlichen Höhe unterworfen ist, so daß nur die Durchschnittssätze längerer Perioden Stetigkeit genug besitzen, um dem hier in Frage stehenden Zwecke zu genügen.

Um dieser Schwierigkeiten willen ist die Auffindung eines andern, leichter zu handhabenden Maßstabes wünschenswerth. Das Hauptbedürfniß, zu dessen Befriedigung der überwiegende Theil des Einkommens des Arbeiters verwendet werden muß, ist das der Nahrung, das Hauptnahrungsmittel aber das Getreide. Daher stehen Getreidepreise und Lohnhöhe in einer innigen Verbindung mit ein=

ander, und zur Bemessung der Werthe erscheint deßhalb das Getreide als passendstes Surrogat der Arbeit. Indessen vermag dasselbe dieser Aufgabe doch nur in sehr unvollkommener Weise zu genügen. Denn abgesehen davon, daß es dem auch schon unvollkommenen Maßstabe der Arbeit sich eben nur annähernd anpaßt, tritt bei ihm ebenfalls der Uebelstand starker Abweichungen von der Normalhöhe ein, der als Maß nur langjährige Durchschnittspreise anzuwenden gestattet. Und ferner wird die Benutzbarkeit selbst dieser sehr beeinträchtigt, sobald sie auf Zustände angewendet werden sollen, in denen entweder die Hauptmasse des Getreides nicht auf den Markt kommt, sondern unmittelbar von den erzeugenden Wirthschaften selbst oder von Abgabeberechtigten verzehrt wird, oder in denen die Bedeutung des Getreides als Nahrungsmittel mehr oder minder zurücktritt.

Das Ergebniß ist, daß eine Vergleichung des Tauschwerthes der Güter zu verschiedenen Zeiten sich nur sehr mangelhaft in einem einzelnen Tauschartikel zum Ausdruck bringen läßt. Wo es einigermaßen auf größere Genauigkeit ankommt oder wo die zu vergleichenden Zustände sehr weit von einander abweichen, wird es daher unerläßlich sein, die Vergleichung auf das Tauschverhältniß zu einer größern Anzahl von Artikeln auszudehnen. Sonst verliert man an Richtigkeit des Bildes reichlich, was man an Faßlichkeit desselben gewinnt.

§. 78.

Die Bemessung des Werths einer Bedarfssumme.

3) Nicht selten geht bei Aufsuchung eines Werthmaßstabes die Absicht auf die Auffindung nicht eines Gutes, das unter verschiedenen Umständen eine immer gleiche Menge gewisser anderer Güter überhaupt oder doch unter der Voraussetzung, daß sich deren eigene Werthmomente nicht geändert haben, einzutauschen vermag, sondern eines Gutes, dessen Tauschkraft im Wechsel der Verhältnisse eine unveränderliche Beziehung zu dem Bedarfe einer bestimmten Persönlichkeit behaupten soll. So namentlich, wenn es sich um die Constituirung einer langjährigen oder ewigen Rente handelt. Insofern dieser Bedarf selbst ein voraussichtlich im Laufe der Zeit wechselnder ist, hat man also ein Gut nicht von sich gleich bleibendem, sondern vielmehr von veränderlichem, dem Wechsel der Lebensansprüche der berechtigten Persönlichkeit folgendem Tauschwerthe im Auge. Nicht dieser, sondern sein Verhältniß zu den Bedürfnissen jener Persönlichkeit soll unverändert der nämliche bleiben. Nur unter Beziehung auf einen solchen persönlichen Bedarf läßt sich die im vorigen Paragraphen berührte Compensation der verschiedenen Werthgleichungen, die eben unter dem Begriffe des Tauschwerthes zusammengefaßt werden, rechtfertigen. Wenn A einmal sich gegen B oder gegen 2 C, ein andermal gegen 2 B oder C eintauscht, so ist rein objectiv genommen, der Tauschwerth beider Fälle ein verschiedener; nur für einen Besitzer, für welchen im letzteren Falle die Verwohlfeilerung von B und die Vertheuerung von C gleichgewichtig sind, würde der Tauschwerth von A der gleiche geblieben sein.

Die Ermittelung eines Werthmaßstabes in diesem Sinne setzt jedoch Untersuchungen voraus, die weit über das Gebiet der Volkswirthschaftslehre hinausgehen, wie sie z. B. namentlich auf die Frage führt, welche Ansprüche die verschiedenen Stände unter verschiedenen Verhältnissen in Bezug auf ihre gegenseitige Stellung machen werden und mit Recht machen dürfen. Die Volkswirthschaftslehre muß daher diese Aufgabe von sich ablehnen. Ihre Hilfsmittel reichen nicht weiter, als bis zur Beantwortung der im vorigen Paragraphen behandelten Frage.

Abtheilung III.

Vom Werthe des Geldes insbesondere.

§. 79.

Der natürliche Werth des Geldes.

Smith B. I. Cap. 11. Abth. 3. B. IV. Cap. 1. — Say Th. III. Abth. 2. Cap. 8 u. 9. — Ricardo Cap. I. S. 6. VII. XIII. — Rau §. 266 ff. — Roscher §. 121 ff. — Mill B. III. Cap. 8 u. 9. — Nebenius öffentl. Credit Cap. 3. Hufeland Grundlag. II. §. 139 ff.

Die Bedeutung des Geldes als des allgemeinen Umsatzmittels und Werthmaßstabes im täglichen Leben (vergl. §. 50 ff. §. 76) drängt unmittelbar zu der Frage, nach welchen Bestimmungsgründen sich sein eigener Werth, d. h. sein Tauschverhältniß zu den Waaren oder, was dasselbe ist, nach welchem sich der Geldpreis dieser letztern regelt.

Hier ist nun zunächst eine Vorbemerkung erforderlich. Als Werthmaßstab muß das Geld immer einen selbständigen Tauschwerth besitzen, d. h. der als Geld gebrauchte Gegenstand muß auch abgesehen von dieser Verwendung Nutzwerth haben und nicht in beliebiger Menge umsonst zu haben sein. Das betreffende Gut läßt mithin nothwendig eine doppelte Benutzung einestheils als Geld, anderntheils als Mittel zur Befriedigung irgend welcher andern Bedürfnisse zu. Sein Tauschwerth in dem einen oder in dem andern Falle kann aber offenbar auf die Dauer, wenn dasselbe unmittelbar als Geld gebraucht werden kann, gar nicht, und wenn es zu diesem Zwecke erst noch einer Verarbeitung (Ausmünzung) unterworfen wird, nur um den Betrag der Verarbeitungs- bezüglich Rückverarbeitungskosten verschieden sein. Aus den früher erörterten Gründen (§. 50 in Verbindung mit §. 40) sind aber bei allen civilisirten Völkern die edlen Metalle zum Rohstoffe des Geldes geworden. Ihr Werth und der Werth des Geldes steht daher in innigster gegenseitiger Abhängigkeit von einander, und derselbe ist um so größer, als die Aus- wie die Entmünzung mit verhältnißmäßig geringen, überdies noch mehrfach von den Regierungen übernommenen Kosten und großer Schnelligkeit geschehen kann. Es wird daher zulässig sein, an die Stelle der Frage nach den Bestimmungsgründen des Werthes des Geldes diejenige nach den Bestimmungsgründen des Werthes der edlen Metalle zu setzen.

Die edlen Metalle gehören weder zu den zu einem bestimmten Kostensatze beliebig vermehrbaren, noch zu den in ihrer Menge absolut beschränkten, sondern vielmehr zu denjenigen Gütern, deren Angebot mit wachsenden, und zwar im Allgemeinen stetig wachsenden Kosten vermehrbar ist. — Hieraus ergiebt sich nach dem Obigen (§. 66, 3) unmittelbar, daß der Schwerpunct ihres Werthes durch die höchsten nothwendigen Productionskosten bestimmt wird. Da wegen ihres allgemeinen Begehrs und ihrer großen Frachtbarkeit die ganze civilisirte Welt für sie ein einziges großes Marktgebiet bildet, so kommen in dieser Beziehung die Productionskosten nicht blos an einem einzelnen Fundorte, sondern an allen Erzeugungsplätzen in Betracht. Für die zahlreichen Verkehrsmittelpuncte, die in diesem großen Marktgebiete vorkommen, muß sich aber der Werthschwerpunct verschieden stellen im Verhältniß zu der Verschiedenheit der Kosten, welche ihnen die unmittelbare oder mittelbare Beziehung der edeln Metalle von den Gewinnungsorten verursacht (s. unten §. 83).

Was die Stärke der Nachfrage betrifft, so setzt sich diese zusammen aus der Nachfrage zur Verwendung als Geld, d. h. für Umsatzzwecke, und derjenigen zur Verwendung für Nutzzwecke. Die erstere wird bestimmt durch drei Momente, nämlich erstens durch die Menge der umzusetzenden Güter; zweitens, wenn man die zu besorgenden Umsätze sich nicht in einen Augenblick zusammenfallend, sondern über eine gewisse Zeitfrist vertheilt denkt, durch die Durchschnittszahl der Umsätze, welche während dieser Zeit die einzelnen Geldstücke zu bewerkstelligen vermögen, die sogenannte Schnelligkeit des Geldumlaufs; drittens durch den Werth selbst des Geldes. Denn offenbar steht der Bedarf für den Umsatz im umgekehrten Verhältnisse zu dem Werthe des Geldes. Je höher dieser, desto geringer die Geldsumme, mit welcher eine gegebene Gütermenge umgesetzt werden kann. Dieser Werth wird ja aber eben erst gesucht. Allerdings gibt es gewisse, wenn schon sehr weit auseinanderliegende Grenzen, die derselbe nicht wol nach oben oder nach unten überschreiten kann, weil sonst das betreffende Gut sich zum Gelddienste nicht mehr eignen würde; allein durch dieselben wird zwar ein Erklärungsgrund geliefert, warum gerade bestimmte Stoffe als Geld gebraucht werden, nicht aber eine irgend ausreichende Begründung, weßhalb sie als Geld gerade einen bestimmten Werth haben müßten. Zur Erklärung des Geldbedarfes ist man daher verwiesen auf den Werth des Geldstoffes als Nutzgut, von welchem sich, wie oben gezeigt wurde, der Werth des Geldes nicht loslösen kann. Man muß ausgehen von der Nachfrage nach edeln Metallen zu Nutzzwecken bei den verschiedenen Werthhöhen. Jeder Werthstufe entspricht dann ein gewisser durch die Menge der umzusetzenden Güter und die Geschwindigkeit des Geldumlaufs bestimmter Geldbedarf. Dieser zusammengenommen mit der auf der betreffenden Werthstufe vorhandenen Nachfrage zu Nutzzwecken ergibt dann die Gesammtnachfrage nach edeln Metallen.

Graphisch läßt sich das nach der in Abtheilung I dieses Buchs wiederholt angewendeten Methode in der Weise darstellen, daß man zuerst die Linie der Nachfrage zu Nutzzwecken zwischen der jetzt natürlich auf irgend ein anderes als Maßstab dienendes Gut bezogenen Werth- und der Mengenscala einträgt und diese Linie selbst als Ordinate, den Rest der Mengenscala als Abscisse für die Bestimmung der Linie der Nachfrage nach Geld benützt. Der Abstand dieser Linie von der Ordinate ist bei einer Preishöhe von Null unendlich, bei einer Preishöhe von Eins gleich der Menge der umzusetzenden Güter dividirt durch die Umlaufsgeschwindigkeit; bei jeder weitern Werthhöhe so groß, daß das Product als Werth und Menge immer das nämliche wie bei einem Werthe von Eins bleibt; sie wird endlich bei derjenigen Werthhöhe, wo die als Ordinate gebrauchte Linie der Nachfrage zu Nutzzwecken ihr oberes Ende durch Einfallen auf der Werthscala erreicht, gleich Null, weil darüber hinaus die Tauschfähigkeit des betreffenden Gutes überhaupt und damit auch seine Fähigkeit als Geld zu dienen aufhört. Oder aber man verfährt umgekehrt, stellt zunächst die eine Hyperbel bildende, durch die Menge der Umsatzgüter und die Geschwindigkeit des Geldumlaufs bestimmte Linie der Nachfrage nach Geld innerhalb der beiden Scalen auf und construirt von dieser aus, indem man sie als Ordinate für die Bestimmung der Nachfrage zu Nutzwecken benutzt, die Linie der Gesammtnachfrage. Der Punct, wo diese letztere die hyperbolische Linie der Geldnachfrage erreicht, bezeichnet zugleich die Grenze, bei welcher eine Verwendung des fraglichen Gutes als Umsatzmittel aufhört, denkbar zu sein. Thatsächlich bleibt das Geldgut von dieser Werthhöhe natürlich immer weit entfernt, weil ein Gut, sobald es als solches nur eine sehr beschränkte Nachfrage hat, schon um deßwillen nicht füglich als Umsatzmittel benutzt werden kann.

§. 80.

Veränderungen des natürlichen Geldwerthes.

Die angeführten Schriftsteller an den angeführten Orten.

Eine Veränderung des natürlichen Geldwerthes findet statt, wenn das Gleichgewicht zwischen Nachfrage und Angebot nicht mehr bei derselben Werthhöhe wie bisher eintritt. Die Ursache hiervon kann sowol auf Seiten des Angebots als auf Seiten der Nachfrage liegen.

1. Auf Seiten des Angebots können folgende Umstände einwirken:

a) Abnehmende Ergiebigkeit oder Versiegen der bisherigen, andererseits Auffindung und Eröffnung neuer Fundstätten.

b) Kostspieliger oder wohlfeiler Werden der Förderung der Erze und der Gewinnung der Metalle aus denselben. Hierauf äußert außer den mit der Nothwendigkeit der Förderung der Erze aus größern Tiefen und überhaupt schwerer zugänglichen Lagerstätten verbundenen bergmännischen Schwierigkeiten auf der einen und der Auffindung besserer Förderungs- und Verhütungsmethoden auf der andern Seite, namentlich auch der Wechsel in der Höhe der Arbeitslöhne und des Capitalzinses seinen Einfluß.

c) Für diejenigen Plätze, welche die edeln Metalle nicht selbst produciren, sondern von auswärts beziehen, Veränderungen der Transportkosten, und zwar nicht blos zwischen diesen Plätzen und den Orten, von denen sie jene beziehen, sondern auch zwischen den letztern und dritten Plätzen, sowie Veränderungen in der Natur oder dem Werthe (am Bestimmungsorte) der Ausfuhrgüter, welche die Bezahlung der edeln Metalle bilden.

2. Auf Seiten der Nachfrage können einwirken:

a) Eine Erweiterung oder Verengerung des Gebietes, auf welchem regelmäßige Verkehrsverbindungen bestehen.

b) Veränderungen in der Nachfrage nach edeln Metallen zu Nutzzwecken, hervorgerufen theils durch einen Wechsel des Wohlstandes, theils durch Beschränkung oder Ausdehnung der Verwendung der edeln Metalle für die verschiedenen einzelnen Zwecke.

c) Veränderungen in der Nachfrage nach Geld. In dieser Beziehung kommt in Betracht

α) die von der Höhe des Wohlstandes und von dem Grade der Ausbildung des Verkehrs abhängende größere oder geringere Menge umzusetzender Güter;

β) die mehr oder minder hohe Entwicklung der Kunst, das Todtliegen des Geldes zu verhindern, bezüglich die Umsätze ohne Vermittlung des Geldes zu bewerkstelligen.

Die Veränderungen, welchen der natürliche Werth der edeln Metalle aus so vielen Ursachen ausgesetzt ist, machen dieselben ungeeignet zum Werthmaßstabe für weit auseinander liegende Zeiträume. Ihre Verwendbarkeit als Geld, welches regelmäßig bestimmt ist, rasch wieder ausgegeben zu werden, würde durch dieselben aber nur dann wesentlich beeinträchtigt werden, wenn sie sehr schnell erfolgten und wenn der wirkliche Werth sich ebenso rasch dem natürlichen gleichstellte. Dies ist nicht der Fall. Ueber den letztern Punct s. den folgenden Paragraphen. Was aber die Langsamkeit der Veränderungen des natürlichen Werthes selbst betrifft, so findet sie ihre Erklärung darin, daß in der Regel Umstände, die wertherhöhend einzuwirken geeignet sind, mit solchen zusammentreffen, deren Einfluß in entgegengesetzter Richtung geht. So bewirken die Auffindung neuer ergiebiger Fundorte und die Verbesserung der Verkehrsmittel meistens auch ein Hereinziehen neuer Gebiete in den Kreis des regelmäßigen Verkehrs und eine Vermehrung der umzusetzenden Gütermengen. Dem Aufhören der Verwendung der edeln Metalle für gewisse Nutzzwecke steht häufig eine neue oder vermehrte Anwendung zu andern Zwecken zur Seite. Mit einer je geringern Metallmenge man bei Vergoldungen und Versilberungen auskommen lernt, desto mehr dehnt sich mit der größern Wohlfeilheit auch der Verbrauch vergoldeter und versilberter Artikel aus. Mit dem Fortschreiten des Wohlstandes und der Entwickelung der Verkehrswirthschaft bilden sich auch die gelderſparenden Anstalten und Einrichtungen weiter aus und so fort. Insbesondere muß aber auch die weitere Ausdehnung des Geldmarktes hier mäßigend einwirken, indem an einzelnen Plätzen wirksame Einflüsse nicht nur dadurch, daß sie sich auf einen weitausgedehnten Raum fortpflanzen, an Tiefe der Wirksamkeit verlieren, sondern häufig auch durch entgegengesetzte Einflüsse auf andern Puncten ausgeglichen werden.

§. 81.

Abweichungen des wirklichen Werths der edeln Metalle von ihrem natürlichen Werthe.

Die angef. Schriftsteller a. d. angef. Orten.

Der wirkliche Werth der edeln Metalle kann von ihrem natürlichen Werthe abweichen. In dieser Beziehung sind verschiedene Fälle zu unterscheiden.

1. Einer Veränderung des natürlichen Werths der edeln Metalle folgt der wirkliche Werth derselben nur mit großer Trägheit. Dies hat folgende Gründe:

a) Der wirkliche Werth eines Gutes folgt dem natürlichen im Allgemeinen um so rascher, je leichter sich der Vorrath bei veränderten Verhältnissen diesem anpassen läßt. In Folge der Dauerbarkeit und des hohen Werthes der edeln Metalle ist aber ihr Vorrath im Verhältniß zu den jährlichen Zugängen und Abgängen von demselben ein außerordentlich bedeutender, und es bedarf daher langer Zeit, bis er sich auf die den veränderten Verhältnissen entsprechende Höhe zu stellen vermag.

b) Der jeweilige Stand des Werthes der edeln Metalle hat auf die Ausdehnung oder Beschränkung ihrer Production nur eine verhältnißmäßig schwache und langsame Wirkung. Denn einestheils ist die Ausdehnung dieser Production häufig mit Schwierigkeiten, namentlich der Nothwendigkeit einer Fixirung ansehnlicher Capitalien, verbunden, zu deren Ueberwindung man sich nur langsam entschließt, anderntheils walten gerade bei den edeln Metallen Umstände ob, welche nicht selten ihre Gewinnung noch bei einem Werthstande fortsetzen lassen, welcher dieselbe wirthschaftlich nicht mehr rechtfertigt. Beim Golde ist es vornehmlich die Hoffnung auf besondere Glücksgewinnste, beim Silber die Schwierigkeit der Auffindung anderweiter lohnender Arbeit für die bei seinem Abbau beschäftigten Arbeiter und der Herausziehung der in den Bergwerken fixirten Capitalien, welche in dieser Richtung wirkt.

2. Erscheint der Vorrath der edeln Metalle hiernach für kürzere Zeitperioden als ein verhältnißmäßig unveränderlicher, so muß, so lange diese Unverändertheit dauert, auch der natürliche Werth derselbe bleiben, wenn gleichzeitig die Nachfrage sich ebenfalls unverändert erhält. Nun kann die Nachfrage während einer solchen Periode wol im Ganzen und Großen sich gleich bleiben und folglich, wie gesagt, der natürliche Werth als unverändert anzusehen sein. Im Einzelnen indessen, von Tag zu Tag wird die Nachfrage von so manichfachen und veränderlichen Einflüssen bestimmt, daß sie fast unausgesetzt schwankt. Hierdurch scheinen sich fortwährende Abweichungen des wirklichen Werthes der edeln Metalle von ihrem verhältnißmäßig constanten natürlichen Werthe ergeben zu müssen. Diesen wirken jedoch folgende zwei Umstände entgegen:

a) Der wirkliche Werth der Güter wird nicht durch das Verhältniß zwischen Vorrath und Nachfrage, sondern durch dasjenige zwischen Angebot und Nachfrage bestimmt. Mit andern Worten, nicht der gesammte Vorrath ist es, der hier in Betracht kommt, sondern nur derjenige Theil desselben, welcher wirklich am Markte ist. Auch bei unverändertem Gesammtvorrathe wird sich daher einer wechselnden Nachfrage gegenüber der Werth auf fortwährend gleicher Höhe halten können, wenn neben dem zu Markte kommenden Theile jenes oder dem Angebote noch ein anderer Theil existirt, aus welchem der erstere je nach Bedürfniß mit Leichtigkeit sich ergänzen läßt oder in den er theilweise überzugehen vermag. Gerade von den edeln Metallen aber pflegt ein verhältnißmäßig bedeutender Theil vom Markte entfernt gehalten zu werden, und dieser Theil sich ohne Schwierigkeit ebensowol verringern als vermehren zu lassen. Die Bedürfnisse, welchen die zu Nutzzwecken verwandten edeln Metalle dienen, sind im Allgemeinen von geringer Dringlichkeit; ihre Befriedigung kann aufgeschoben werden oder, wenn auch minder vollkommen, durch andere Güter stattfinden. Aus diesem Theile des Vorraths kann daher leicht das Angebot vergrößert werden. Jene Bedürfnisse sind aber auch allgemein verbreitete, deßhalb ist die Möglichkeit der gedachten Hülfe ausgedehnt, und deßhalb kann andererseits ein momentaner Ueberfluß des Angebots von ihnen leicht aufgesogen werden. Weiter aber bilden die edeln Metalle wegen der Leichtigkeit sie aufzubewahren und des geringen Grades, in dem sie der Zerstörung ausgesetzt sind, auch eine vorzüglich geeignete Form der Werthaufbewahrung. Die zeitweilig unbeschäftigten Capitalien, deren es in jeder höher entwickelten Volkswirthschaft immer eine ansehnliche Menge gibt, pflegen daher vorzugsweise in ihnen aufbewahrt zu werden, und diese Vorräthe — hoards — bieten eine weitere Möglichkeit, im Bedürfnißfalle das Angebot zu erweitern.

b) Bei weitem wichtiger noch ist die Möglichkeit durch erweiterte oder beschränktere Benutzung der den Umlauf des Geldes befördernden Einrichtungen und Anstalten und des Credits auf die Nachfrage nach Geld selbst einzuwirken und sie trotz der Aufgabe, wechselnde Gütermengen umzusetzen, auf möglichst sich gleich bleibender Höhe zu halten. In Zeiten rasch zunehmenden Wohlstandes und sich erweiternden Verkehrs, denen keine entsprechende Vermehrung der Edelmetallproduction zur Seite geht, führt eben diese Tendenz den bestehenden Geldwerth festzuhalten, hauptsächlich zur Entwicklung desjenigen volkswirthschaftlichen Zustandes, welcher oben (§. 53) als Creditwirthschaft bezeichnet wurde.

3. Wenn aber die Ausdehnung oder Einschränkung des Credits, so lange sie der Ausdehnung oder Einschränkung der Production und des Verkehrs parallel geht, die Stetigkeit des wirklichen Geldwerthes fördert, so muß sie andererseits die Ursache von Schwankungen dieses Werthes werden, sobald sie sich von jenem Parallelismus entfernt. Der Credit kann möglicher Weise in einem Umfange in Anspruch genommen werden, welcher weit über die vermehrten Verkehrsbedürfnisse hinausgeht und bei welchem Zahlungsversprechen und die sie documentirenden Papiere nicht sowol mangelnde Baarmittel ersetzen, als mit den vorhandenen in Concurrenz treten und dadurch deren Werth drücken (vergl. oben §. 61). Ueber kurz oder lang tritt der Rückschlag, die Krisis ein. Wenn die Schuldpapiere zur Einlösung fällig werden, finden sich Einzelne zur Beschaffung der erforderlichen Baarmittel außer Stande. Ihre Zahlungsunfähigkeit verbreitet Schrecken und Mißtrauen in weiten Kreisen, der Credit zieht sich krampfhaft zusammen und es entsteht eine plötzliche allgemeine Nachfrage nach Baargeld, zu deren Befriedigung die aus dem Dienste für Nutzzwecke herbeizuziehenden und die in hoards aufgesammelten edeln Metalle in der Regel nicht ausreichen. Die Folge ist dann ein rasches Hinaufgehen des wirklichen Werthes der edeln Metalle über den natürlichen, bis allmälig durch neue Zuflüsse und durch Wiederherstellung des Credits eine rückläufige Bewegung eintritt.

Erstreckt sich der Mißbrauch des Credits nur auf einen verhältnißmäßig kleinen Theil des Marktgebietes der edeln Metalle, so kann übrigens eine derartige Krisis eintreten auch ohne daß ein merkliches Sinken des Werthes der letztern vorhergegangen ist, indem die Creditanspannung sich hauptsächlich nur in einem Hinwegdrängen der Baarschaft nach dem Auslande äußert, das auswärtige Marktgebiet der edeln Metalle aber ein zu ausgedehntes ist, als daß hier ein solcher Zufluß eine fühlbare Einwirkung auf den Werthstand derselben zu äußern vermöchte.

4. So lange die Gewohnheit des Ansammelns von todten Schätzen noch vorherrschend ist, kann aus der plötzlichen Eröffnung solcher Schätze wenigstens in einem beschränkten Kreise eine ansehnliche Vermehrung des Angebots der edeln Metalle entstehen und dadurch ein Sinken ihres Werthes hervorgerufen werden, das sich dann allmälig, sei es durch eine Steigerung des Bedarfs, sei es durch ein Abfließen des Ueberflusses in's Ausland, sei es durch ein Wiederherausziehen entsprechender Summen aus dem Verkehr wieder ausgleicht.

§. 82.

Die wirthschaftliche Bedeutung der Abweichungen des wirklichen Geldwerthes der edeln Metalle vom natürlichen und der Veränderungen des letztern.

Rau §. 272 ff. Roscher §. 140 ff. 215 ff. Mill B. III. Cap. 12 und 13.

1. Die zuletzt besprochenen Werthschwankungen der edeln Metalle, insbesondere ihres als Geld dienenden Theiles, verändern den Schwerpunct des Werthes derselben nicht und gleichen sich insofern in längern Fristen gegenseitig aus. Daß diese Schwankungen gleichwohl nicht ohne tiefgreifende Bedeutung auf die ganze volkswirthschaftliche Entwickelung bleiben, hängt vornehmlich mit der Raschheit ihres Eintretens zusammen. Schon das Sinken des Geldwerthes in Folge der Creditüberspannung entwickelt sich in der Regel ziemlich rasch, noch schneller geht mit der Contraction des Credits das Steigen vor sich, und dieser rasche Wechsel

muß den regelmäßigen Betrieb der Volkswirthschaft wesentlich beeinträchtigen. Namentlich wird durch ihn der Waarenumsatz und mit ihm die Production bald übermäßig angeregt, bald zurückgehalten und in's Stocken gebracht. Anstatt einer gleichmäßigen Befriedigung der Bedürfnisse tritt in Folge davon ein Wechsel von Schwelgen und Darben ein, der die consumtiven Neigungen, und an dem fortwährenden Wechsel der Vermögensverhältnisse zieht sich eine Vorliebe für die speculative Ausbeutung dieses Wechsels groß, welcher die wirthschaftlichen Fähigkeiten der Bevölkerung in ungesunde Bahnen leitet. Wie aber der Wechsel des Geldwerthes hier selbst nur eine Folge der Schwankungen des Credits ist, so ist auch die Ursache solcher Zustände und die Abhülfe derselben nicht im Gelde und auf dasselbe bezüglichen Maßregeln, sondern nur im Credit und den zur Verhütung von dessen Mißbrauche gegebenen Mitteln zu suchen. Das Geld schwankt nicht im Werthe, weil es aus edeln Metallen besteht; die Eigenthümlichkeiten dieser wirken vielmehr diesen Schwankungen kräftig entgegen, sondern das Schwanken des Werthes der edeln Metalle ist eine Folge ihrer Function als Geld, die jeden andern Geldstoff ebenso und in noch höherem Grade treffen würde.

Wenn bei einem Schwinden des Credits gewisse Creditpapiere als legale Zahlungsmittel aufrecht erhalten werden, mit andern Worten, wenn man ein Papiergeld mit Zwangscurs hat, so sinkt dessen Werth bei sich gleich bleibender Umlaufsgeschwindigkeit in demselben und bei vergrößerter Umlaufsgeschwindigkeit in entsprechend größerem Maße, als das Verhältniß der ausgegebenen Menge zu der umzusetzenden Gütermenge sich vergrößert. Diese Veränderung setzt sich aber den einzelnen Waarengattungen gegenüber je nach der größern oder geringern Beweglichkeit ihres Angebots mit verschiedener Geschwindigkeit durch. Die edeln Metalle, welche nun selbst zu Waaren werden, gehören ihrerseits wegen ihrer leichten Versendbarkeit und ihres ausgedehnten auswärtigen Marktgebietes zu denjenigen Gütern, deren Angebot sich am leichtesten reduciren läßt. Die Entwerthung des Papiergeldes pflegt sich daher ihnen gegenüber eher und entschiedener herauszustellen, als gegenüber der Hauptmasse der übrigen Waaren, namentlich der Fabricate.

2. Ganz anderer Art als die Einwirkung der im Vorhergehenden besprochenen Werthschwankungen zeigt sich diejenige einer Veränderung des natürlichen Werthes der edeln Metalle auf die Volkswirthschaft. Durch eine solche Veränderung wird der wirkliche Werth derselben und speciell des Geldes zwar aus den bereits erörterten Gründen nur allmälig, aber dauernd verändert, und diesem Ergebnisse und den daran sich knüpfenden Folgen durch isolirte oder vereinte Gegenbestrebungen oder durch staatliche Maßregeln sich zu entziehen, ist im Allgemeinen unmöglich, da die Ursachen meistens außerhalb des Bereichs der freien Entschlußthätigkeit liegen. Diese Folgen sind selbstverständlich verschiedene, je nachdem der Schwerpunct des Werthes der edeln Metalle gefallen oder gestiegen ist.

a) Bei einer Verwohlfeilirung der Geldstoffe sind, weil das Sinken des Geldwerthes nur nach und nach mit der allmäligen Anfüllung aller Umlaufscanäle sich verwirklicht, Diejenigen, durch deren Hände der Strom der edeln Metalle zuerst geht, gegenüber von Denjenigen, welchen er sich erst später zuwendet, begünstigt. Daher im Allgemeinen die Edelmetalle producirenden Völker, soweit sie an den günstigen Productionsverhältnissen Theil nehmen, und die durch den Verkehr zunächst mit ihnen verbundenen, präsumtiv also die Völker mit hochausgebildetem Handel und Gewerbswesen, vor den übrigen Völkern, die Unternehmer vor den Arbeitern, die Producenten der vorzugsweise von den Gewinnern des Edelmetalls begehrten Waaren vor Denen, deren Producte auf Absatz an Jene nicht rechnen können. In letzterer Beziehung ergiebt sich aus dem Umstande, daß der Goldbergbau vorzugsweise durch kleine Unternehmungen selbständiger Arbeiter, der Silberbergbau vornehmlich durch den Staat und andere Großunternehmer betrieben wird, daß der in erster Hand gemachte Gewinn einer reichen Ausbeute bei jenem sich in der Regel unter eine größere Anzahl ökonomisch und social niedriger gestellter Producenten, als bei diesem vertheilt. Und ebenso geht das Gold auch von seinen ursprünglichen Erwerbern, weil die Bedürfnisse derselben im Allgemeinen bei weitem weniger concentrirt sind, in der Regel auf eine größere Menge zweiter Hände über und so fort, als das Silber. Die ausgleichende Vertheilung des Goldes durch alle Kreise des Verkehrslebens scheint mithin rascher zu erfolgen, als die des Silbers. Die mittleren und unteren Schichten der Gesellschaft, denen beim Golde der Gewinn der Veränderung vorzugsweise zu Theil wird, sind aber durchschnittlich zur unproductiven Consumtion weniger geneigt und zur Capitalbildung besser geschickt als diejenigen Classen, welchen bei der vermehrten Silbergewinnung der Hauptantheil zufällt. Aus diesem Grunde scheint im erstern Falle mit der Edelmetallentwerthung gleichzeitig eine derselben entgegenwirkende Ausdehnung der Production, des Verkehrs und folglich des Geldbedarfs in viel höherem Grade Hand in Hand zu gehen, als im letztern.

Weiter sind bei einer solchen Entwerthung des Geldstoffs Diejenigen, welche in Betreff der Mittel, aus welchen sie ihr Einkommen beziehen, eine größere Beweglichkeit der Verwendung besitzen, Denen gegenüber, welche in dieser Beziehung hinter ihnen zurückstehen, begünstigt; so im Allgemeinen die Capitalisten gegenüber den Arbeitern, die Inhaber mobiler Capitale gegenüber denen fixirter Capitale, höhere Arbeiter gegenüber niederen, auf kurze Zeit verpflichtete gegenüber dauernd gebundenen rc. Bei ewigen oder auf lange Zeit fixirten Geldrenten, bei Gelddarleihen, die erst nach einem längern Termine rückzahlbar werden, verlieren die Gläubiger, gewinnen die Schuldner. Der Staat gewinnt an seinen in Geld fixirten Zahlungsverbindlichkeiten, namentlich gegenüber seinen Gläubigern und seinen Beamten, insofern er nicht, was die Letztern betrifft, aus besondern Gründen eine entsprechende Erhöhung der Besoldungen eintreten läßt. Er verliert an seinen in Geld festgesetzten Einnahmen, namentlich einem großen Theile der Steuern, und an den Ausgaben für Güter und Dienstleistungen, die zuerst im Preise steigen. Als Edelmetallproducent hat er, so lange die Entwerthung fortgeht, den Werth der Veräußerung aus erster Hand, also präsumtiv zu einem höheren als dem definitiven Werthstande. Nach Consolidirung der Entwerthung hängt sein Gewinn oder Verlust davon ab, ob bei seinen Bergbauunternehmungen der Abschlag des Werthes ihrer Producte durch deren reichere oder wohlfeilere Gewinnung aufgewogen wird oder nicht. Hinsichtlich der übrigen von ihm getriebenen Productivgeschäfte ist ein günstiges oder ungünstiges Ergebniß davon abhängig, ob er rechtzeitig und in genügendem Maße den Preis seiner Producte zu steigern vermag oder nicht. Alles zusammen genommen dürfte er in der Regel durch die ganze Entwicklung mehr verlieren als gewinnen, und diese daher einer Machtsteigerung derjenigen Elemente, an welche er wegen einer Vermehrung seiner Einnahmen gewiesen ist, günstig sein.

Was endlich das Ergebniß der Veränderung für die ganze Volkswirthschaft anbetrifft, so stellen sich, nachdem sich die Entwerthung der edeln Metalle festgesetzt hat, die an die Aufbewahrung, den Transport und den Umlauf des Geldes sich knüpfenden Kosten und Unbequemlichkeiten höher wie vordem. Andererseits findet sich die Verwendung der edeln Metalle zu Nutzzwecken erleichtert. Doch sind das Dinge von geringer Bedeutung. Ungleich wichtiger ist die durch die im Verlaufe der Entwerthung sich ergebenden Gewinne auf der einen, Verluste auf der andern Seite hervorgerufene veränderte Vertheilung des Volksvermögens. Da sich aber im Allgemeinen annehmen läßt, daß die gewinnenden Theile der Bevölkerung die betriebsamern, productivern und sparsamern sind, so muß das Sinken des natürlichen Werthes der edeln Metalle für den volkswirthschaftlichen Fortschritt als in der Regel günstig angesehen werden. Nicht zu übersehen indessen sind die mancherlei Entbehrungen und Kämpfe, welche der Uebergang für einen großen Theil der Bevölkerung mit sich bringt.

b) Eine Erhöhung des natürlichen Werthes der Geldstoffe hat im Allgemeinen die entgegengesetzten Wirkungen wie eine Verminderung desselben. Wie die letztere in politischer Beziehung den popularen Elementen, so ist jene durchschnittlich den herrschenden Gewalten günstig. Die wirthschaftlichen Vortheile und Nachtheile der vollendeten Veränderung sind im Ganzen ebensowenig von durchgreifender Bedeutung, als die einer Veränderung in entgegengesetzter Richtung. Von erheblichem Gewichte dagegen sind die Folgen der sich vollziehenden Veränderung. Die im entgegengesetzten Falle gewinnenden Classen sind hier die verlierenden und umgekehrt, und da jene soeben als die durchschnittlich productiveren bezeichnet wurden, so scheint der Erfolg für den Zustand der Volkswirthschaft im Ganzen ein ungünstiger sein zu müssen. Indessen ist zu erwägen, daß die Menschen an bestimmte ökonomische Stellungen keineswegs absolut gebunden sind, sondern eine mehr oder minder weit gehende Freiheit in der Wahl ihrer Stellung haben. Von dieser Freiheit werden die voraussichtigern, entschlossenern, thätigern, überhaupt geschäftstüchtigern Elemente der Bevölkerung überwiegend Gebrauch machen, und so werden sie es sein, die, auch wenn sie von Haus aus die Gunst der Lage weniger für sich hatten, die letztere doch zu ihrem Vortheile gegenüber den minder umsichtigen, minder entschlossenen, minder thätigen, ökonomisch minder befähigten Elementen ausbeuten. Doch droht allerdings der Entwickelung der Volkswirthschaft hier von zwei Umständen eine nicht unerhebliche Gefahr. Erstens nämlich nimmt unter solchen Verhältnissen leicht die Neigung zu unproductiver Verzehrung von Capital überhand, theils in der Form der Unterlassung des für die Erhaltung des letztern nothwendigen Aufwandes, theils in der Form einer durch die nominelle Verwohlfeilerung mancher Genußgüter veranlaßten übermäßigen Consumtion. Und sodann führt das Widerstreben der Producenten, die Erhöhung des Geldwerthes practisch anzuerkennen, d. h. sich in den gesunkenen Geldpreis ihrer Waaren zu fügen, leicht zu einem Zurückhalten der Verkaufsvorräthe in der ungerechtfertigten Hoffnung auf ein Wiedersteigen der Preise und in Folge davon zu einer mißbräuchlichen Ausdehnung des Credits, die sich schließlich in mehr oder minder großen Verlusten rächen.

§. 83.

Die Verschiedenheit des Werthes und die Bewegung der edeln Metalle von Land zu Land.

Smith B. I. Cap. 11. Abth. 3. Roscher §. 125. Senior three lectures on the cost of obtaining money 1830. Nebenius a. a. O. Mill B. III. Cap. 19 ff.

1. Von Land zu Land variirt der Werth der edeln Metalle theils dauernd theils vorübergehend; jenes in Folge einer Verschiedenheit des Schwerpunctes ihres Werthes, dieses in Folge von Abweichungen von diesem Schwerpuncte.

a) Der Schwerpunct des Werthes der edeln Metalle richtet sich nach der Schwierigkeit der Anschaffung derselben im Vergleich zu der Schwierigkeit der Herstellung der als Gegengüter dienenden Waaren. Die Schwierigkeit der Anschaffung stellt sich für verschiedene Märkte oder Länder verschieden je nach der leichtern oder schwerern Erreichbarkeit der Bezugsplätze, der größern oder geringern Frachtbarkeit der als Gegengüter hinzugebenden Waaren und der Werthhöhe, welche die Gleichung der internationalen Nachfrage diesen Gegengütern an den Bezugsplätzen der edeln Metalle verleiht (vgl. §. 73). Dagegen ist die Art des Bezugs dieser, ob als Waare oder als Geld, mit welchem außenstehende Forderungen berichtigt werden, in dieser Beziehung gleichgültig. In denjenigen Ländern, welche in Betreff der ebengenannten Puncte begünstigt sind, und es werden dies nächst den Productionsländern der edeln Metalle vornehmlich die mit hochentwickeltem Handel und Gewerbswesen sein, haben daher die edeln Metalle und folglich das Geld einen vergleichsweise niedrigen Werth, d. h. die Geldpreise der Waaren sind vergleichsweise hohe; das Leben ist, wie man sich ausdrückt, theuer. Indessen kann diese Differenz zwischen Ländern, die in regelmäßigem Verkehr miteinander stehen, keine sehr bedeutende sein, indem sie unter dieser Voraussetzung den Betrag nicht übersteigen kann, welcher den Kosten der dann eintretenden Ueberführung der edeln Metalle und der für diese tauschweise hinzugebenden Waaren entspricht. Versuche, diese Ausgleichung durch künstliche Regelung des Ab- und Zuströmens der edeln Metalle zu verhindern, erweisen sich wegen der übergroßen Schwierigkeiten, welche gerade diese ihrer Natur nach einer Controle und Einzwingung ihrer Bewegung entgegensetzen, im Allgemeinen als erfolglos. Nur im Verkehr mit solchen Ländern, in welchen die eingeführten Metalle aus irgend welchem Grunde fortwährend thesaurisirt werden, kann von einer solchen Werthausgleichung eine Ausnahme stattfinden. Von diesem Falle abgesehen müssen Erleichterungen des Verkehrs und Verbesserungen der Transportmittel auf den internationalen Unterschied des natürlichen Werthes der edeln Metalle vermindernd einwirken.

Von dem natürlichen Werthe ist der absolute Kostensatz der edeln Metalle zu unterscheiden, d. h. das Maß der Anstrengungen und Entbehrungen, welche ein Volk zu ihrer Erlangung auf sich zu nehmen hat. Dieser hängt von der Productivität der nationalen Arbeit ab. Für die internationale Verkehrsstellung der Völker ist er insofern von entscheidender Wichtigkeit, als Völker, die einen niedrigen Kostensatz der edeln Metalle haben, auf ausländischen Märkten als die besten Kunden aufzutreten im Stande sind, und nicht minder, wo ihr politischer Wille durch Aufwendung von Geldmitteln zur Geltung gebracht werden soll, diese mit geringeren Anstrengungen und Entbehrungen aufzubringen vermögen, als andere Völker mit einem höhern Kostensatze der edeln Metalle.

b) Die Ursachen der in §. 81 besprochenen Abweichungen des wirklichen Werthes der edeln Metalle von ihrem natürlichen Werthe sind der Art, daß sie nicht nothwendig auf dem ganzen Marktgebiete zu gleicher Zeit und in gleicher Stärke wirksam werden müssen. Vielmehr treten an den verschiedenen Verkehrsmittelpuncten abwechselnd Einwirkungen bald der einen, bald der andern Art mit manichfach abgestufter Kraft hervor und bewirken locale Abweichungen des Werthes von verschiedener Richtung und Stärke. Auch in diesem Falle aber wird durch die entstandene Werthdifferenz ein Ab- oder Zuströmen der edeln Metalle angeregt, welches ihr Grenzen setzt, und zwar um so engere und frühere, je vielseitiger der Verkehr mit andern Plätzen sich entwickelt hat, und je freier und regsamer er sich bewegt.

2. Auf Grund dieser Betrachtungen lassen sich die im Weltverkehr vorkommenden Edelmetallsendungen erklären. Sie zerfallen in folgende Hauptclassen. Einmal findet eine große Strömung von den Edelmetallproductionsländern über die großen Handelsstaaten nach allen Theilen der Verkehrswelt zum Zwecke der verhältnißmäßigen Vertheilung der neugewonnenen Erträge statt. Im Ganzen ist dieselbe eine regelmäßige, ihre einzelnen Verzweigungen aber wechseln fortwährend nach Richtung und Stärke mit der Veränderung des relativen Bedarfs der einzelnen Länder und Plätze. Sodann gibt es eine gleich Ebbe und Fluth fortwährend hin und her gehende Bewegung, die in den abwechselnden Abweichungen der einzelnen Länder vom Gleichgewicht ihrer Waarenaus- und Einfuhr ihren Grund hat, übrigens durch gegenseitige Creditgewährung vielfach beschränkt wird. — Drittens endlich kommen nicht selten unregelmäßige plötzliche Strömungen mit langsam nachfolgenden Gegenströmungen vor, die dadurch hervorgerufen werden, daß in einzelnen Ländern die Nothwendigkeit der Uebermittelung großer Werthbeträge nach dem Auslande eintritt, namentlich in Folge von Mißwachs oder der Betheiligung an auswärtigen Kriegen oder Anleihen — Werthbeträge, welche durch eine Steigerung der Waarenausfuhr augenblicklich nicht gedeckt werden können.

Den Maßstab für den Umfang aller dieser Bewegungen bilden vornehmlich die Wechselcurse.

Daß übrigens ein Ab- oder Zuströmen der edeln Metalle in den Ländern, von oder nach denen es stattfindet, nicht ohne Weiteres ein Fallen oder Steigen der Geldpreise zur Folge haben muß, ergiebt sich aus der früheren Betrachtung der Tendenzen, welche wirksam sind, um auch bei einem wechselnden Vorrathe von Edelmetallen den Werth des Geldes unverändert zu erhalten.

§. 84.

Das gegenseitige Werthverhältniß von Gold und Silber.

Smith a. a. O. — Say Theil III. Abthl. 2. Cap. 10. — Ricardo Cap. XXVII. — Rau §. 277 b ff. Roscher §. 142.

Gold und Silber stehen sowol für den Dienst als Umsatzmittel als für einen großen Theil der Nutzungsdienste, zu welchen sie verwendbar sind, im Verhältnisse gegenseitiger Surrogate (s. §. 67, 1 b), und der Werthstand des Einen wird daher durch denjenigen des Andern wesentlich mit bedingt und wirkt seinerseits auf diesen zurück. Indessen geht diese gegenseitige Bedingtheit nicht so weit, um das Werthverhältniß beider gegeneinander zu einem vollständig unveränderlichen zu machen. Selbst wenn ihr wirklicher Werth von ihrem natürlichen niemals abwiche, würde eine solche Unveränderlichkeit um deßwillen nicht möglich sein, weil der in dem Werthverhältnisse sich ausdrückende Vorzug, den man einem Gute vor seinem Stellvertreter einräumt, wesentlich von der absoluten Werthhöhe beider abhängt. Aus diesem Grunde ist das Steigen des Werthes von Gold und Silber verbunden mit einer Tendenz zur Verringerung des Werthverhältnisses von Gold zum Silber und umgekehrt. Die Abweichungen, welchen, wie gezeigt worden ist, die edeln Metalle von ihrem natürlichen Werthe unterworfen sind, bringen aber noch weitere Störungen des Werthverhältnisses der letzteren zu einander mit sich, indem die Ursachen dieser Störungen und ebenso der gegen diese reagirenden Tendenzen häufig nicht beide Metalle, sondern nur eines derselben oder wenigstens nicht beide in verhältnißmäßig gleicher Stärke unmittelbar berühren. In dieser Beziehung gewinnt namentlich der Umstand Bedeutung, daß die gegenseitige Vertretbarkeit der beiden Metalle wegen der Verschiedenheit einerseits ihrer natürlichen Eigenschaften, andererseits des Umfangs und der Kosten ihrer Gewinnung keineswegs unbegrenzt ist, vielmehr jedes derselben ein Feld besitzt, auf welchem es nicht füglich durch das andere ersetzt werden kann.

Diese Veränderlichkeit der Werthrelation beider Metalle zu einander würde nur ein untergeordnetes Interesse haben, wenn es sich um Güter handelte, in Bezug auf deren Behandlung, Annahme oder Verweigerung dem Einzelnen vollkommen freie Hand bliebe. Sie nimmt aber eine besondere Beachtung in Anspruch, weil die edeln Metalle vorzugsweise die Bestimmung haben, als Geld zu dienen, und aus diesem Grunde die Gebahrung mit denselben manichfachen anordnenden und verbietenden Bestimmungen der Staatsgewalt unterworfen ist. S. §. 50.

Die Hauptfrage, welche sich hier darbietet, ist die, ob diese Veränderlichkeit den Staat an der gleichmäßigen Anerkennung beider edeln Metalle als legaler Zahlungsmittel nach einem bestimmten angenommenen Werthverhältnisse verhindern muß oder nicht — Frage der einfachen oder doppelten Währung. Die nämlichen Ursachen, welche, wie im vorigen Paragraphen hervorgehoben wurde, die Versuche, den Werth der edeln Metalle künstlich zu steigern oder zu drücken, regelmäßig scheitern lassen, verhindern einen solchen Erfolg auch in Betreff der Regulirung des Werthverhältnisses des einen Edelmetalls zu dem andern. Es kann sich daher bei der doppelten Währung nicht etwa um die Erzwingung der factischen Nebeneinanderbenützung des Goldes und Silbers im Gelddienste handeln, und jene Frage reducirt sich folglich im Wesentlichen darauf, ob die Vortheile der Verwendbarkeit beider Metalle als legaler Zahlungsmittel oder die Nachtheile des Wechsels mit beiden in diesem Gebrauche höher anzuschlagen sind. Die größere oder geringere Ausdehnung und Abrundung des Landes, die niedere oder höhere Entwicklung des inländischen und des internationalen Verkehrs &c. werden auf die Entscheidung von Einfluß sein; in der Regel aber sind jene Vortheile als durch diese Nachtheile entschieden überwogen anzusehen, und es erscheint daher richtiger, nur dem Gelde aus einem Metalle die Eigenschaft eines legalen Zahlungsmittels beizulegen, wobei die Verwendung des andern in beschränkter Menge als Scheide- und Cassenmünze zu festem Curse immerhin nicht ausgeschlossen wird. Welchem

Metalle in jener Beziehung der Vorzug gebührt, das hängt wesentlich von der Höhe der wirthschaftlichen Entwicklung eines Landes, von dem Umfange und der Richtung seiner Verkehrsbeziehungen zum Auslande so wie davon ab, welches Metall nach Lage der Dinge die größere Wahrscheinlichkeit der Unveränderheit seines Werthes für sich hat. — An sich genommen erscheint Gold als das concentrirtere, wohlfeiler auszumünzende und weniger sich abnützende Gut als das vollkommenere und als solches einer höheren Wirthschaftsstufe entsprechende Umlaufsmittel.

Viertes Buch.

Die Vertheilung der Güter.

Erstes Capitel.

Von den Kosten und dem Ertrage der Production.

§. 85.

Begriff und Analyse der Productionskosten.

Say, Th. I. Abth. 2. Cap. 9. Roscher, §. 106. Mill, Bd. III. Cap. 3 u. 4.

Mit der Entwickelung der Volkswirthschaft überwiegt bei der Production immer mehr die Richtung auf den Verkehr. Vergl. §. 6. — Die wirthschaftliche Absicht geht bei einer solchen Production nicht auf diejenigen Güter, welche man selbst herstellt, sondern auf diejenigen, welche man mit jenen einzutauschen im Sinne hat. Erst wenn dieser Eintausch erfolgt ist, wenn die Güter abgesetzt und bezahlt sind, ist die Production im wirthschaftlichen Sinne als vollendet anzusehen. Die umgetauschten Güter stellen dann den Ertrag, Rohertrag der Production dar.

Dieser Ertrag erwies sich in den meisten Fällen als ein Aequivalent der Productionskosten (höchsten nothwendigen Productionskosten), und es fragt sich daher, was man unter Productionskosten zu verstehen hat, und worin dieselben bestehen.

Die Productionskosten bilden den Inbegriff aller Opfer, welche zum Zwecke der Production gebracht worden sind. Es lassen sich aber in denselben deutlich zwei Hauptbestandtheile unterscheiden. Entweder nämlich bestanden die Opfer in Darbringung von Vermögensbestandtheilen, die durch die Production verbraucht wurden, oder es war ihr Gegenstand ein solcher, der nicht zum Vermögen gerechnet werden konnte, es handelte sich bei denselben vielmehr um ein unmittelbares Verzichten auf Befriedigung irgend welcher Art. Jene müssen, wenn die Production eine erfolgreiche sein soll, durch den Ertrag ersetzt, für diese muß aus demselben eine Entschädigung geleistet werden.

§. 86.

Der Ertrag der Production.

Der Ertrag zerlegt sich demgemäß in folgende zwei Bestandtheile:
1) in den Ersatz der bei der Production verzehrten Güter, oder, da Güter

die bei der Production ihrer Substanz nach verzehrt werden, deren Werth aber bewahrt werden soll, als umlaufendes Capital bezeichnet wurden, §. 4, in den Ersatz umlaufenden Capitals, und

2) in die Entschädigung für persönliche Opfer.

§. 87.

Der Ersatz des umlaufenden Capitals.

Dieser Ersatz muß umfassen

1) die durch die Verzehrung der bei der Production verwandten Haupt- und Hülfsstoffe vernichteten Werthe;

2) die in der Abnützung des stehenden Capitals, das ja eben, insoweit es sich abnützt, aufhört stehendes zu sein, liegende Werthzerstörung. Und zwar müssen sowohl die laufenden Unterhaltungs- und Reparaturkosten, als diejenigen Summen aufgebracht werden, welche zur Bildung eines Ersatzcapitals bis zur allmäligen vollständigen Vernutzung des ursprünglichen — zur Amortisirung — erforderlich sind;

3) bei Productionen, welche eine bestimmte oder unbestimmte Reihe von Malen wiederholt werden sollen, die ihrem Eintritte nach zwar unregelmäßigen, aber auf die Dauer in einem gewissen erfahrungsmäßig festzustellenden Betrage voraussichtlich nicht ausbleibenden Verluste. Der anzunehmende Betrag muß auf die einzelnen Productionen repartirt und ein entsprechender Theil des Ertrags einer jeden der letztern als Capitalersatz, der bis zum eintretenden Falle aufzusparen ist, angesehen werden — Versicherungsquote.

Die Eigenthümlichkeit dieses Theils des Ertrages besteht darin, daß dieselbe, ohne den Zustand der Wirthschaft zu verschlechtern und namentlich eine etwaige ungeschwächte Fortsetzung der Production zu beeinträchtigen, nicht unproductiv verzehrt werden darf; daß er also für die Verbrauchsbedürfnisse der Wirthschaftenden, so lange diese ihren Wohlstand behaupten wollen, nicht disponibel ist.

§. 88.

Die Entschädigung für persönliche Opfer.

Das Gegentheil findet bei dem andern Theile des Ertrags statt. Was hier aufgeopfert wurde, war nicht irgend ein Gegenstand des Vermögens, sondern ein Zustand des activen oder passiven Genießens. Die Hingabe war nicht eine sachliche, sondern eine persönliche. Die Güter, welche die Entschädigung für dieselbe bilden, bringen also nicht das Vermögen auf seine alte Höhe zurück, sondern sie sind neu zu diesem hinzutretende Bestandtheile, über welche die Berechtigten frei verfügen können, ohne ihrem Wohlstande zu nahe zu treten. Bewahren diese dieselben, um nur ihre Nutzungen zu genießen, so erhalten sie nicht nur, sondern sie vergrößern ihr Vermögen. Verzehren sie dieselben, so bleibt der Bestand des letzteren dennoch unverändert. Wegen dieser freien Verfügbarkeit betrachtet man diesen Theil des Ertrags als den eigentlichen Hauptheil und bezeichnet ihn demgemäß als Ertrag i. e. S. oder als Reinertrag.

Zum Behufe der weiteren Erörterungen, welche sich an diesen Begriff knüpfen, ist es aber nothwendig, sich auf einen andern Standpunkt als den bisher eingenommenen, zu versetzen. Bildete bisher das Streben der Menschen und Völker, die Außenwelt ihren Bedürfnissen entsprechend zu beherrschen, zu ordnen und umzugestalten, d. h. der allgemeine Gedanke der Production, die Grundlage unserer Entwickelungen, so wird es nun erforderlich, die Ursache dieses Strebens, d. h. die consumtive Seite der Persönlichkeit, mit in das Bereich unserer Betrachtungen zu ziehen.

Zweites Capitel.

Vom Einkommen im Allgemeinen.

§. 89.

Begriff des Einkommens. Nothwendigkeit desselben.

Smith, Bd. II. Cap. 2. — Say, Thl. V. Cap. 1 ff. — Hermann, Abthl. VII. — Ricardo, Cap. XXVI. u. XXXII. — Rau, §. 70. — Roscher, §. 144 ff.

Die Gesammtheit der einem wirthschaftenden Subjecte in einer bestimmten Periode zufließenden Güter, welche nicht Ersatz von Capital sind und über welche jenes daher frei verfügen kann, nennt man sein Einkommen.

Das Einkommen ist zu unterscheiden

1) von der Einnahme, die überhaupt alle während eines bestimmten Zeitraums in einer Wirthschaft eingehenden, also auch die capitalersetzenden Güter, begreift;

2) vom Reinertrage, indem dieser einestheils immer als die Folge einer bestimmten Production erscheint, während das Einkommen nicht nothwendig aus einer solchen hervorgeht, und indem anderntheils dem Begriffe des Reinertrags die Beziehung auf einen bestimmten Empfänger fehlt, welche in demjenigen des Einkommens enthalten ist.

Die wirthschaftliche Bedeutung des Einkommens beruht auf der Vergänglichkeit der wirthschaftlichen Güter, insbesondere der schnellern oder langsamern Zerstörung, welcher sie durch die Benutzung selbst ausgesetzt sind, da hieraus für alle wirthschaftenden Persönlichkeiten nicht nur zur Verbesserung, sondern einfach zur Erhaltung ihrer wirthschaftlichen Lage die Nothwendigkeit hervorgeht, sich ein Einkommen zu verschaffen.

§. 90.

Eintheilungen des Einkommens.

Die angeführten Schriftsteller a. d. a. O.

Die wichtigsten Eintheilungen des Einkommens sind folgende:

1. Ordentliches und außerordentliches Einkommen, je nachdem eine regelmäßige Wiederholung der betreffenden Einnahmen in den auf einanderfolgenden Wirthschaftsperioden stattgefunden hat, bezüglich erwartet wird oder nicht. Das außerordentliche Einkommen pflegt, schon weil für die regelmäßigen Bedürfnisse der Consumtion nicht auf dasselbe gerechnet ist, häufiger capitalisirt zu wer-

den. Andererseits stammt es häufig aus dem Stammvermögen Dritter her, und ist deßhalb vom Standpunkte der Volkswirthschaft in vielen Fällen nicht als Einkommen aufzufassen.

2. Ursprüngliches und abgeleitetes Einkommen, eine auf wirthschaftliche Güter sich beschränkende Unterscheidung, je nachdem der Empfänger das Einkommen seiner eigenen Wirthschaft verdankt oder unvergolten aus der Wirthschaft Anderer bezieht. Dieser Gegensatz ist insbesondere bei der Berechnung des Gesammteinkommens eines Verbandes von Wirthschaften, also z. B. einer Nation, von Bedeutung, indem bei derselben nur das ursprüngliche Einkommen der Einzelnen in Ansatz gebracht werden darf.

Das ursprüngliche Einkommen besteht entweder unmittelbar in den eigenen Leistungen und Vermögensnutzungen Desjenigen, welcher es bezieht, oder in dem Entgelte für an Andere geleistete Dienste oder abgetretene Nutzungen. Mit der Entwickelung des Verkehrs tritt das unmittelbar bezogene Einkommen hinter dem tauschweise bezogenen sehr an Bedeutung zurück, ohne sich jedoch auch auf den höchsten Culturstufen vollständig zu verlieren.

Bei der Eintauschung des Einkommens kann übrigens die Hingabe der Dienste oder Nutzungen entweder unmittelbar oder vermittelt in der Form von Sachgütern, in denen sich dieselben fixiren, erfolgen. Wie es in dem letztern Falle für den Charakter des Einkommens als eines ursprünglichen gleichgültig ist, was die Empfänger der hingegebenen Sachgüter mit diesen anfangen, so auch in dem erstern Falle, ob die geleisteten Dienste oder abgetretenen Nutzungen productiv verwendet werden oder nicht; und auch Derjenige bezieht folglich ein ursprüngliches Einkommen, von welchem Dienste oder Nutzungen nur zur augenblicklichen unproductiven Verzehrung eingetauscht werden.

Findet ein Tausch unter Zwangseinwirkungen statt, so kann der erzwingende Theil seinem Einkommen nur insoweit den Charakter eines ursprünglichen beilegen, als der Werth dessen, was er hingibt, wirklich dem Werthe dessen, was er empfängt, entspricht. Der wichtigste Fall dieser Art ist der Tausch der Dienstleistungen der Regierungen gegen die Abgaben der Unterthanen. Insofern der Werth jener den dieser erreicht oder übersteigt, findet eine Erhöhung des ursprünglichen Einkommens der Nation statt; insofern der erstere Werth hinter dem letzteren zurückbleibt, ist das Einkommen, welches die Regierung oder deren Organe beziehen, nur als ein abgeleitetes aufzufassen.

3. Nothwendiges und freies Einkommen, je nachdem dasselbe zur persönlichen Erhaltung des Empfängers erforderlich und eben dadurch die Art seiner Verwendung von vorn herein bestimmt ist, oder aber der Empfänger, hinsichtlich der Befriedigung seiner nothwendigen Lebensbedürfnisse bereits sicher gestellt, in der Verfügung über dasselbe vollkommen freie Hand hat. Diese Unterscheidung ist wegen der Unbestimmtheit und Veränderlichkeit des Begriffs der Lebensnothwendigkeiten zwar keine vollkommen sicher zu handhabende; sie hat aber dennoch wegen der verschiedenen Bedeutung, welche die eine oder die andere Art des Einkommens für den Wirthschaftenden besitzt, ihre vollständige Berechtigung. Das nothwendige Einkommen dient lediglich zur Erhaltung eines gegebenen wirthschaftlichen Zustandes; das freie Einkommen bildet die Voraussetzung für jede Verbesserung eines solchen Zustandes und, insofern der Fortschritt der Wirthschaft eine Vorbedingung der Entwickelung der Cultur und der Machtentfaltung nach Außen ist, eine Voraussetzung auch für diese.

Bei der Anwendung dieser Unterscheidung auf das Einkommen der Völker hat man sich hauptsächlich vor einem doppelten Mißgriffe zu hüten. Nämlich einmal vor einer Unterschätzung der Bedeutung des nothwendigen Einkommens gegenüber dem freien Einkommen. Auch die bloße Möglichkeit der Erhaltung einer Bevölkerung hat ihre politische und sociale Wichtigkeit und reicht insbesondere hin, um bis zu einem gewissen Grade Culturfortschritte zu ermöglichen. Und anderntheils kann die Vermehrung des freien Einkommens eines Theils der Bevölkerung, so groß ihre Bedeutung ist, vom Standpunkte des allgemein politischen und Culturinteresses aus nicht als vortheilhaft gelten, wenn sie von einem Zusammenschwinden derjenigen Einnahmen begleitet ist, welche ein für einen andern Theil nothwendiges Einkommen bildeten. — Zweitens aber darf man den Begriff des nothwendigen Einkommens nicht zu weit fassen, indem auch dasjenige Einkommen, welches auf den ersten Anblick nur zur Erhaltung des bestehenden wirthschaftlichen Zustandes zu dienen scheint, bei einer nähern Prüfung sich dennoch als theilweise auch der wirthschaftlichen Entwickelung förderlich ausweist, sowol weil es oft wirklich mehr gewährt als das zur Erhaltung des gegebenen Zustandes Unentbehrliche, als weil mit den bisher benutzten Arbeitskräften auch anderweite mit diesen in den Arbeitern natürlich verbundene Anlagen und Fähigkeiten genährt werden, die unerwartet zum Vortheile der wirthschaftlichen Entwickelung ausschlagen mögen. Nicht allein an dem Verhältnisse des freien Einkommens zum nothwendigen soll man daher die wirthschaftliche Macht und Entwicklungsfähigkeit eines Volkes messen, mindestens ebenso wichtig hierfür ist der Unterschied zwischen dem von der arbeitenden Bevölkerung als nothwendig erachteten Maße des Einkommens und dem absolut unentbehrlichen Lebensbedarfe derselben.

§. 91.

Das Volkseinkommen, insbesondere das wirthschaftliche Volkseinkommen und dessen Bemessung.

Say a. a. O. Cap. 3. — Storch considérations sur la nature du revenu national 1824, deutsche Ausgabe Halle 1825. — Hermann a. a. O. — Bernhardi Versuch einer Kritik der Gründe, die für großes und kleines Grundeigenthum angeführt werden. §. 14—16. Leipzig 1848. Senior three lectures on the rate of wages 1831.

Die Summe der Einkommen aller einem Volke angehörigen Wirthschaftssubjecte bildet das Volkseinkommen. Dasselbe umfaßt also die Einkommen sowol der Einzelnen, als der Gemeinwesen, sowol die aus dem Verkehr, als die unmittelbar aus der eigenen Wirthschaft bezogenen Reineinnahmen, sowol die in Sachgütern fixirten, als die als Dienste und Nutzungen unmittelbar zur Verzehrung kommenden Werthe. Auch die abgeleiteten Einkommen bilden einen Bestandtheil des Volkseinkommens; insofern sie aber ein Theil der Bevölkerung von einem andern Theile bezieht, können sie selbstverständlich nur einmal, entweder bei den Empfängern oder bei den Gewährern in Rechnung gebracht werden.

Das Volkseinkommen, insoweit es aus wirthschaftlichen Gütern besteht, oder das wirthschaftliche Volkseinkommen kann im Großen und Ganzen nur ein ursprüngliches, d. h. aus der Production neu hervorgegangenes sein. Da nun andererseits die Production mit seltenen Ausnahmen regelmäßig eine Aneignung ihrer Erträge durch irgend welche Persönlichkeit in sich schließt, so läßt sich das wirthschaftliche Volkseinkommen im Wesentlichen als zusammenfallend mit dem Reinertrage der nationalen Production ansehen.

Jedoch bleiben bei dieser Identificirung zwei Puncte zu berücksichtigen. — Erstens nämlich mag das Volkseinkommen durch Bezüge aus dem Auslande oder durch Abgaben an dieses über den Reinertrag der nationalen Production hinausgehen oder unter denselben herabsinken, und es ist deßhalb bei der Identificirung dieses Ertrags mit dem Volkseinkommen eine hierauf bezügliche Correctur vorzubehalten. Von geringerer Bedeutung ist in dieser Hinsicht der Bezug oder die Gewährung abgeleiteten Einkommens, obgleich auch solches in Gestalt von Tributen, Unterstützungen ꝛc. von Volk zu Volk vorkommt. Ungleich wichtiger ist die Betheiligung eines Volkes an der Production eines andern, insbesondere durch die Beihülfe mit Capital und der daraus erwachsende Anspruch auf einen Theil des Ertrages. — Sodann zweitens setzt jene Identificirung einen stationären Zustand der Volkswirthschaft voraus. Streng genommen nämlich stellt, abgesehen von dem Einkommen der Unternehmer als solcher, nicht der Ertrag der laufenden, sondern der der abgelaufenen Productionsperiode das Einkommen dar, und es ist deßhalb das letztere bei fortschreitender Volkswirthschaft geringer, bei rückschreitender größer, als der Reinertrag der laufenden nationalen Production. Auch mit Rücksicht hierauf muß man daher unter Umständen eine Berichtigung der Gleichsetzung vom Reinertrag der nationalen Production und Volkseinkommen eintreten lassen. Indessen wird die Bedeutung dieses Vorbehalts einigermaßen abgeschwächt theils durch die verhältnißmäßige Geringfügigkeit der Ertragsdifferenz aufeinander folgender Wirthschaftsperioden, welche sich meistens ergiebt, sobald die gesammte Production ausgedehnter, manichfach gegliederter und höher entwickelter Gemeinwesen in's Auge gefaßt wird, theils durch die große Kürze der Betriebsperioden mancher Productionszweige und das Ineinanderlaufen der Abschlußzeiten verschiedener Productionen.

In Folge der besagten Gleichstellung ergiebt sich aber für die Feststellung des Inhalts und Betrags des wirthschaftlichen Volkseinkommens eine doppelte Möglichkeit, nämlich

1) durch Ermittelung des Reinertrags der nationalen Production — unter Berücksichtigung der oben gemachten Vorbehalte.

2) Durch Ermittelung der Einkommen sämmtlicher Einzelnwirthschaften, aus denen der Complex der Volkswirthschaft besteht.

Zu 1. Den Reinertrag der Volkswirthschaft findet man aus dem Rohertrage der einzelnen Productionen unter Abzug desjenigen Theiles, welcher nur Capitalersatz bildet. Hier ist einestheils die Beachtung der §. 87 hervorgehobenen, den Umfang des zu deckenden Capitals betreffenden Puncte, anderntheils die Nichtübergehung derjenigen Erträge, welche sich nicht an Sachgütern fixiren oder die doch nicht in den Verkehr kommen (s. §. 88, 2), von Wichtigkeit.

Das wirthschaftliche Volkseinkommen ist nicht mit dem Rohertrage der nationalen Production identisch. Freilich löst sich, was im Rohertrage der Einzelnwirthschaften Capitalauslage ist, in letzter Instanz in Reinerträge unmittelbarer oder mittelbarer Vorproduction auf; allein offenbar darf man, wenn man bei der Identificirung des Rohertrags mit dem Volkseinkommen nicht die nämlichen Werthe mehrfach in Rechnung bringen will, nur diejenigen Productionen in Betracht ziehen, welche für den Gebrauch vollkommen fertige Güter, nicht diejenigen, welche Rohmaterialien und Halbfabricate liefern.

Zu 2. Hier sind vornehmlich zwei Puncte zu beachten, nämlich

a) die Berücksichtigung aller in den Bereich der Nation fallenden Wirthschaftssubjecte, also des Einkommens nicht nur der einzelnen, sondern auch der Gesammtpersönlichkeiten, wie der Gemeinden, Corporationen, des Staates 2c.

b) Bei jedem einzelnen Wirthschaftssubjecte die Weglassung aller Einnahmen, welche für dasselbe nicht Einkommen sind, dagegen die Aufrechnung aller derjenigen, welche diesen Character tragen. Daher einerseits Abzug aller blos durchgehenden, schließlich Dritten zufließenden Einnahmen (wichtig namentlich in Bezug auf Erwerbsgesellschaften), sowie der aus den Einnahmen zu deckenden Schuldverbindlichkeiten, andererseits Berücksichtigung auch der unmittelbar, nicht aus dem Verkehr bezogenen Sachgüter, Dienste und Nutzungen. Abgeleitetes Einkommen muß den Empfängern aufgerechnet und die betreffende Ausgabe beim Einkommen der Gewährer in Abzug gebracht werden. Unterläßt man aus practischen Gründen das Eine, so muß natürlich auch das Andere unterbleiben. Zahlungen der Mitglieder eines Wirthschaftsverbandes an dessen Leitung sind von deren Einkommen so lange nicht abzusetzen, als sich annehmen läßt, daß sie durch gleichwerthige Gegenleistungen vergolten werden. Andererseits müssen sie im Einkommen der Wirthschaftsverbände außer Ansatz bleiben, indem sie für diese nur Ersatz der Kosten des den Wirthschafsgenossen Gewährten bilden. Nur das Einkommen der Verbände aus eigenem Vermögen, welches unmittelbar oder in Dienstleistungen verwandelt den Genossen dient, ohne in deren Einkommen mit verrechnet zu werden, ist als solches besonders anzusetzen.

Die durch die Versicherungsquote nicht gedeckten Verluste einzelner Wirthschaften sind von dem Volkseinkommen als Ganzem abzuziehen.

Der Aufenthalt Fremder in einem Lande berührt die Größe des Nationaleinkommens des letztern nicht unmittelbar. Dagegen kann derselbe mittelbar auf dasselbe allerdings einen Einfluß äußern, insofern er theilweise die Richtung der nationalen Production und damit eventuell die Vertheilung der Güter verändert, die Naturalisirung ausländischer Personen und Capitalien befördert, der inländischen Bevölkerung mancherlei Dienste und Nutzungen unentgeltlich zu Gute kommen läßt und durch Uebertragung eines Theils der ohnehin nothwendigen Kosten der öffentlichen Einrichtungen auf die Fremden die betreffende Belastung der inländischen Bevölkerung zu vermindern gestattet. Der Aufenthalt der Inländer im Auslande hat die umgekehrten Wirkungen.

Beide Berechnungsarten des Volkseinkommens ergänzen sich gegenseitig in ihren Mängeln. Die erstere läßt die verschiedenen Naturalbestandtheile des nationalen Einkommens erkennen und eignet sich daher für die Vergleichung von Zuständen, wo die Verschiedenheit der Verhältnisse die Anwendung eines einzelnen Werthmaßstabes ausschließt. Ihre Mangelhaftigkeit liegt theils in der Unsicherheit und Ungenauigkeit des Anschlags der nicht in den Verkehr gelangenden Güter, theils in ihrer Unbrauchbarkeit für die Beurtheilung der Vertheilung des Volkseinkommens. Diesen Anforderungen vermag die zweite Berechnungsart besser zu genügen; allein da es bei derselben unumgänglich ist, das Einkommen der verschiedenen Wirthschaften unter den gemeinschaftlichen Geldnenner zu bringen, so giebt sie nur über das Verhältniß der einzelnen Einkommen zu einander, nicht über deren reale Bedeutung Aufschluß, zu dessen Erlangung man eben auf die erste Methode zurückgreifen muß.

§. 92.

Die Vertheilung des Volkseinkommens.

Knies Polit. Oeconomie S. 206 ff.

Die Größe des Einkommens der Völker bestimmt deren äußere Befähigung zum consumtiven Genuß und zur langsamern oder raschern Entwickelung ihrer Wirthschaft und Cultur. Die Art und Weise aber, wie sie von dieser Befähigung Gebrauch machen, hängt, insoweit überhaupt äußere Verhältnisse dafür maßgebend sind, wesentlich von der Vertheilung des Einkommens an die verschiedenen Elemente der Bevölkerung ab. Hierauf beruht die Wichtigkeit einer Ermittelung dieser Vertheilung für die Beurtheilung des allgemeinen Zustandes und der Aussichten eines Volkes. Die Gleichheit oder die Verschiedenheit der Einzeleinkommen und ihre allmäligere oder schroffere Gradation, die Sicherheit oder Unsicherheit der Bezüge, das Verhältniß des freien und des nothwenigen Einkommens und der Vermischung von Einkommen aus verschiedenen Bezugsgründen in den einzelnen Händen, der größere oder geringere an die unproductiven Classen als abgeleitetes Einkommen abzugebende Theil des Reinertrags der Volkswirthschaft, das Verhältniß, in welchem der verbleibende geringere oder größere Rest den in verschiedener Weise an der Production Betheiligten zufällt, bilden die Hauptpuncte, auf welche sich das Augenmerk zu richten hat.

Die Zurückführung der betreffenden Thatsachen auf allgemeine, gesetzmäßig wirkende Ursachen führt größtentheils auf Gebiete, welche jenseits der Grenzen der Volkswirthschaftslehre liegen. Nur das Einkommen, welches auf Grund einer Betheiligung an der Production bezogen wird, fällt unmittelbar unter die volkswirthschaftliche Betrachtung. Denn wie sein Umfang als mit dem Reinertrage der Production im Wesentlichen zusammenfallend (vgl. §. 91) als das Ergebniß der Volkswirthschaft erscheint, so ist auch seine Vertheilung an die verschiedenen Interessenten durch wirthschaftliche Thatsachen und Erwägungen bestimmt.

Die Erörterungen über den Umfang des aus der Betheiligung an der Production abzuleitenden Einkommens sind durch die im zweiten Buche gegebene Entwickelung der Momente, von denen die Ergiebigkeit der Production abhängt, mit erledigt. Es bleibt noch die Beantwortung der Frage übrig, nach welchen Gesetzen die Vertheilung des Reinertrags der nationalen Production als Einkommen unter die bei dieser Betheiligten erfolgt.

Drittes Capitel.

Von der Vertheilung des Reinertrags der nationalen Production als Einkommen unter die Theilnehmer an derselben.

Abtheilung I.

Vom Einkommen als einer Entschädigung für zum Zwecke der Production gebrachte persönliche Opfer überhaupt.

§. 93.

Die Betheiligung an der Production und die Entschädigung für dieselbe.

An einer Production sich betheiligen heißt zum Zwecke derselben ein persönliches Opfer bringen; für diese Betheiligung ein Einkommen beanspruchen heißt eine Entschädigung für dieses Opfer verlangen. Das Empfangen einer solchen Entschädigung ist nichts Anderes, als ein Tausch des Geopferten gegen die Entschädigung, diese letztere der Preis des Opfers. Diesen Tausch vollzieht der Producent entweder mit sich selbst, wenn der Ertrag der Production ihm zufällt, wenn er auf eigene Rechnung producirt, oder mit einem Andern, wenn diesem der Ertrag gehören soll. Die Rücksicht auf die möglichste Steigerung der Production bringt es in den meisten Fällen mit sich, daß eine Mehrzahl selbständig wirthschaftender Personen zu derselben mitwirkt (s. §. 28 ff.), und daß nur Einer oder Einzelne derselben den Ertrag für sich in Anspruch nehmen, während die Andern ihre im Voraus bestimmte Entschädigung von Jenen empfangen (s. §. 33 ff.).

§. 94.

Die verschiedenen Möglichkeiten der Betheiligung an der Production.

Der Entschluß, für irgend welche Entschädigung ein persönliches Opfer zu bringen, ist ein wirthschaftlicher Act, welcher auf einer vergleichenden Abschätzung des Opfers und der Entschädigung beruht. Die Entschädigung muß regelmäßig das Opfer überwiegen. Die Schätzung des Opfers aber wird wesentlich durch dessen Character bedingt. Dies führt zu einer Unterscheidung der verschiedenen Arten der zum Zwecke der Production möglichen Opfer.

1. Der wirthschaftliche Erfolg der Production ist in den meisten Fällen ein mehr oder minder unsicherer. Diejenigen, welchen der Ertrag der Production zufallen soll, setzen sich daher, insoweit Jenes der Fall ist, einer Gefahr aus und können und werden unter Umständen das als ein Opfer empfinden, für welches sie eine Entschädigung in Anspruch nehmen.

2. In der Hingabe eines Capitals zum Behufe der Production liegt eine Verzichtleistung auf den unmittelbaren Bezug der Nutzungen desselben, welche den Anspruch auf eine Vergeltung begründet.

3. Die persönliche Anstrengung zum Zwecke der Production ist eine Last, welche in der Regel Niemand auf sich nimmt, wenn er nicht eine Entschädigung dafür zu erwarten hat.

§. 95.

Die Entschädigungen für die verschiedenen Arten der Betheiligung an der Production.

Dem verschiedenen Character der von den Producenten gebrachten Opfer entsprechen verschiedene Arten des Einkommens. Nicht als ob das Einkommen, welches die einzelnen Theilnehmer beziehen, regelmäßig die Entschädigung nur für eine bestimmte Art von Opfern bildete; vielmehr pflegt in den bei Weitem meisten Fällen jeder einzelne Theilnehmer an der Production mehrere der verschiedenen Arten von Opfern zu combiniren und demgemäß auch ein combinirtes Einkommen zu beziehen. Aber sobald die Ursachen des Betrags dieses Einkommens ermittelt werden sollen, wird es nothwendig, die verschiedenen Entschädigungen, welche in dem Einkommen vereinigt sind, von einander zu unterscheiden, weil für eine jede derselben die ihre Höhe bestimmenden Momente verschiedene sind. Demgemäß löst sich das auf Grund der Betheiligung an der Production bezogene Einkommen in folgende Bestandtheile auf.

1. Entschädigung für das Aufsichnehmen der Gefahr des Mißlingens der Production — Gewinn. Für die Bemessung der Höhe des Gewinns fehlt es so lange an einem allgemeinen Maßstabe, als keine Möglichkeit des Austausches der Producte besteht, sondern diese lediglich unmittelbar in der eigenen Wirthschaft der Producenten ihre Verwendung zu finden vermögen. Zum Zwecke jener Bemessung sind daher die gelieferten Producte als für den Verkehr bestimmt aufzufassen. In diesem Falle erscheint nach der in §. 33 gegebenen Definition die Production als eine Unternehmung, und der Gewinn pflegt deßhalb näher als Unternehmergewinn bezeichnet zu werden. Wenn der Unternehmer einen größern oder geringern Theil seiner Producte in der eigenen Wirthschaft verwerthet, so ist das, wie ein Verkauf derselben an sich selbst anzusehen.

2. Entschädigung für die Verzichtleistung auf die Nutzungen der bei der Production verwandten Güter — Zins, Capitalzins.

3. Entschädigung für die der Production gewidmete persönliche Anstrengung — Lohn, Arbeitslohn.

Auf Grund der §. 93 angedeuteten Auffassung lassen sich die verschiedenen Arten der der Production gebrachten Opfer als eine Waare ansehen, von welcher das einem jeden derselben entsprechende Einkommen den Preis darstellt. Hiernach verwandelt sich die Frage nach den Bestimmungsgründen des Einkommens in die nach den Ursachen, welche den Preis der für die Production erforderlichen Opfer bestimmen. Die Beantwortung wird, wie bei der Lehre vom Preise überhaupt, so auch bei diesem Preise insbesondere zunächst den Schwerpunct oder den natürlichen Betrag desselben ins Auge zu fassen, d. h. die Momente zu erörtern haben, von denen der Punct der Ausgleichung des Angebots des betreffenden Opfers und der Nachfrage nach demselben abhängt, um sich dann der Betrachtung der Einflüsse zuzuwenden, welche theils Abweichungen des wirklichen Preises von jenem Puncte, theils Veränderungen des letzteren selbst hervorzurufen geeignet sind.

Abtheilung II.

Von den einzelnen Arten des Einkommens aus der Production.

Erster Abschnitt.

Vom Unternehmergewinn.

§. 96.

Der Inhalt und die Natur des Unternehmergewinns.

Meine Lehre vom Unternehmergewinne S. 34 ff.

Der Unternehmergewinn ist das Einkommen des Unternehmers als solchen aus der Production. Deßhalb gehört nicht zu demselben

1. derjenige Theil des Ertrags, welcher nur Capitalersatz ist, insbesondere auch die Versicherungsquote;

2. die Entschädigungen für auf die Production verwendete Capitalnutzungen und Arbeitsleistungen des Unternehmers. Diese sind als Zins und bezüglich Lohn aufzufassen, welche der Unternehmer an sich selbst als Capitalisten oder Arbeiter auszahlt. Nur in Betreff der Entschädigungen für solche Capitalnutzungen und Arbeitsleistungen, die man nach Lage der Umstände anders als auf eigene Gefahr productiv zu verwenden nicht im Stande ist — ein Fall, welcher übrigens mit der Entwickelung der Volkswirthschaft immer mehr an Bedeutung verliert, — kann es zweifelhaft sein, ob dieselben dem Unternehmergewinn oder dem Zins oder Lohn zuzurechnen sind. Einerseits ist es nur der Unternehmer, welcher sie der Voraussetzung gemäß beziehen kann; andererseits sind es ebenso, wie bei dem sonstigen Zins und Lohn Verzichtleistungen auf Nutzungsgenuß und persönliche Anstrengungen, für welche sie bezogen werden. Der letztere Umstand scheint für die Entscheidung maßgebend sein zu müssen.

Der Unternehmergewinn ist weder eine besondere Art von Lohn noch eine besondere Art von Zins, sondern eine eigenthümliche Art des Einkommens. Denn einestheils ist das Opfer, für welches er die Entschädigung bildet, weder eine persönliche Anstrengung, eine Arbeit, noch die Verzichtleistung auf eine Nutzung; anderntheils steht die Entschädigung für dieses Opfer weder mit den Arbeiten noch mit den Capitalnutzungen, welche auf die Production verwendet werden, in einem directen Verhältnisse. Allerdings pflegt mit dem Umfange der Production, welcher ja auf dem größern oder geringeren Maße der verwandten Arbeitskräfte und Capitalien beruht, auch die Gefahr, d. h. das Opfer des Unternehmers ab- und zuzunehmen. Allein einmal ist dies nicht immer, noch weniger immer im entsprechenden Verhältnisse der Fall, und sodann hängt der Umfang der Gefahr außer von der Ausdehnung der Production noch von vielen andern Umständen ab, die sich unter der Bezeichnung Natur der Production zusammenfassen lassen. — Die Assimilirung mit Lohn oder Zins erklärt sich übrigens hauptsächlich dadurch, daß man den Lohn, welchen die Unternehmer meistens als Dirigenten der Production beziehn, und dessen Höhe sich wesentlich nach dem Umfange des Geschäfts richtet, nicht streng genug von dem Unternehmergewinn sondert.

Endlich unterscheidet sich der Unternehmergewinn noch in zwei wichtigen Puncten von Zins und Lohn. Erstens nämlich sind diese nicht aus dem Ertrage der laufenden Production, sondern aus den aus einer früheren Wirthschaftsperiode herübergenommenen Vorräthen zu decken, der Unternehmergewinn dagegen ist das unmittelbare Ergebniß jener erstern (s. §. 91). Selbst wenn der Lohn oder der Zins erst zu einer Zeit, wo das Ergebniß der Production bereits realisirt ist, und also möglicher Weise thatsächlich aus diesem bezahlt werden, behält diese Unterscheidung ihre Gültigkeit, da Lohn und Zins auf jeden Fall gewährt werden sollen, dies aber beim Mißlingen der Production eben nur aus den schon vorhandenen Vorräthen möglich ist. Insoweit die Arbeiter oder Capitalisten hierbei nicht vollständig sichergestellt sind, nehmen sie selbst die Stellung von Unternehmern ein, und dies kann unter Umständen eine Steigerung ihrer Einnahmen zur Folge haben, welche theils den Character einer Versicherungsquote, theils den eines wirklichen Unternehmergewinns an sich tragen kann (s. die beiden folgenden Abschnitte).

Zweitens aber: Lohn und Zins können sowol nothwendiges als freies Einkommen, der Unternehmergewinn muß regelmäßig das letztere sein. Denn da der Unternehmergewinn erst mit der Vollendung der Production bezogen wird, so müssen die nothwendigen Bedürfnisse des Unternehmers während des Fortgangs der Production bereits anderweit ihre Befriedigung gefunden haben. Lebte der Unternehmer inzwischen vom Capital, so kann er allerdings, um wieder auf den frühern Stand zurückzukommen, den Gewinn nicht frei verzehren, sondern muß ihn zur Capitalbildung verwenden, allein das ändert am Character desselben als freien Einkommens nichts. Der gleiche Fall tritt ja überall ein, wo nach einer Capitalverzehrung freies Einkommen erworben wird.

§. 97.

Die natürliche Höhe des Unternehmergewinns.

Der Unternehmergewinn stellt sich dar in dem Ueberschusse, um welchen die von den Abnehmern der Producte gewährten Preise über den zum Ersatz der bei der Production verzehrten Capitalien und zur Entschädigung für die bei derselben verwandten Arbeiten und Capitalnutzungen erforderlichen Betrag hinausgehen. Dieser Ueberschuß ist der Preis, welchen die Abnehmer für die Dienste zahlen, die ihnen der Unternehmer leistet, und es entsteht zunächst die Frage nach der natürlichen Höhe dieses Preises, d. h. nach dem Puncte, bei welchem die Nachfrage nach jenen Diensten sich mit dem Angebot derselben ins Gleichgewicht setzt, und nach den Einflüssen, unter denen er sich feststellt.

Es ist jedoch zu beachten, daß die Bedeutung des natürlichen Preises in Bezug auf die Dienste der Unternehmer eine andere ist, als in Bezug auf andere Waaren. Bei diesen bezeichnet er den Punct, welchem die Preise in *jedem einzelnen Falle* zustreben, beim Unternehmergewinn dagegen nur den Punct, um welchen der *Durchschnittsgewinn* aller in Frage kommenden Unternehmer oscillirt. Die Höhe der einzelnen wirklich gemachten Gewinne kann sich möglicher Weise sehr bedeutend von dem natürlichen Preise entfernen, wenn nur auf der andern Seite

Verluste von entsprechender Größe liegen; und da, wie sich weiter zeigen wird, (§. 99) im Volkseinkommen die Verluste der Unternehmer nicht ohne Weiteres als negative Gewinnsposten anzusehen sind, so kann der natürliche Betrag des Unternehmergewinns gleich Null und dabei doch der Theil des Ertrags der nationalen Production, welcher als Gewinn ins Einkommen übergeht, ein mehr oder minder beträchtlicher sein, während bei allen übrigen Waaren der wirklich erlangte Preis wenigstens annähernd mit dem natürlichen Preise zusammenfällt.

§. 98.

Die Nachfrage nach den Dienstleistungen der Unternehmer.

Die Nachfrage nach den Dienstleistungen der Unternehmer ist gleichbedeutend mit der Bereitwilligkeit der Begehrer der betreffenden Producte für diese einen Preis zu gewähren, welcher eine Bezahlung jener Dienstleistungen übrig läßt. In dieser Beziehung kommt in Betracht:

1) Der Umfang der Nachfrage nach den betreffenden Producten bei den verschiedenen Preishöhen oder die Nachfragelinie der Producte.

2) Der Grad der productiven Wirkung des unternehmungsweisen Betriebes (vergl. §. 33). Denn da die Abnehmer der Producte auf die Dauer dieselben mit keinem höhern Preise bezahlen werden, als den Opfern entspricht, welche sie bringen müßten, wenn sie die Erzeugung selbst vornehmen oder auf eigene Gefahr durch Andere vornehmen ließen, so kann von einem Unternehmergewinn überhaupt nur insoweit die Rede sein, als die Kosten der Unternehmer einschließlich aller Zins- und Lohnzahlungen hinter den eventuellen Opfern der Abnehmer zurückbleiben. Das Maß dieses Unterschieds aber ist von zwei Umständen abhängig. Erstens nämlich von der Größe der wirthschaftlichen Vortheile, welche die unternehmungsweise Production vor der nicht unternehmungsweisen voraus hat, und sodann von der Schätzung des Vortheils der von den Unternehmern durch das Angebot der fertigen Producte oder die Bereithaltung der Erfordernisse für die Production und eventuell die Garantie für deren erfolgreiche Verwendung gewährten Sicherheit der Verfügung von Seiten der Abnehmer.

Hiernach entspricht die Nachfrage nach den Dienstleistungen der Unternehmer der Nachfrage nach den Producten der betreffenden Unternehmungen in der Weise, daß für jede einzelne Preishöhe die erstere der letztern bei dem um den Betrag der Kosten der Unternehmer erhöhten Preise gleich ist (anders ausgedrückt: daß die Nachfragelinie der Unternehmerdienste der der Producte in einem den Kosten der Unternehmer entsprechenden Höhenabstande folgt).

§. 99.

Das Angebot der Dienstleistungen der Unternehmer.

Ob und in welchem Umfange sich Unternehmer für eine Production finden, das hängt davon ab, ob der Gewinn, den sie im günstigen Falle erwarten zu dürfen glauben, ihnen als eine genügende Entschädigung für das zu bringende Opfer erscheint. Es findet also eine Vergleichung, ein Abwägen zwischen dem möglichen Verluste und dem möglichen Gewinne statt, wobei die Entschädigung offenbar durch zwei Momente bestimmt wird, nämlich einestheils durch die objective

Größe der von den Unternehmern zu tragenden Gefahr, anderntheils durch die subjective Schätzung des zu erwartenden Gewinns und Verlustes.

1. Die Gefahren, welchen die Unternehmer ausgesetzt sind, sind theils technischer theils wirthschaftlicher Art, je nachdem zu befürchten ist, daß aus den Anstrengungen zum Behufe der Production die gewünschten Güter gar nicht oder nur mangelhaft mit den ihnen Werth verleihenden Eigenschaften ausgestattet hervorgehen, oder aber, daß, nachdem die Production zwar technisch gelungen, der Erfolg für die Unternehmer dennoch an dem Fehlschlagen des beabsichtigten Absatzes der Erzeugnisse scheitert. Je weniger leicht eine Production technisch verunglückt und je gesicherter die Verwerthung der Güter ist, welche sie liefert, desto geringer ist die Nöthigung, erst die Aussicht auf einen Preis der betreffenden Producte, welcher einen Gewinn enthält, abzuwarten, ehe man als Unternehmer auftritt. Die Größe der Gefahr setzt sich aus zwei Factoren zusammen, nämlich aus der Größe der auf dem Spiele stehenden Werthbeträge und aus dem Grade der Wahrscheinlichkeit des Verlustes derselben. In letzterer Beziehung besteht namentlich ein bedeutsamer Unterschied zwischen Unternehmungen, die nur auf eine einmalige oder höchstens in beschränkter Zahl zu wiederholende, und solchen, die auf eine dauernd fortgesetzte Production berechnet sind. Bei den letztern verschwindet die Gefahr nahezu, insofern sich für die Verluste ein gewisser Durchschnittsbetrag feststellen läßt, der dann unter den Capitalauslagen in Rechnung gesetzt werden muß. Nur insofern dieser Betrag kein vollkommen sicherer ist, sei es wegen der Unsicherheit der Zeit des Eintritts der zu erwartenden Verluste, sei es wegen der außerordentlichen Art derselben, besteht noch eine wirkliche Gefahr fort. Anders bei den Unternehmungen der erstern Art. Mißlingen dieselben, so ist der erlittene Verlust nicht wieder beizubringen. Umgekehrt haben aber auch im Falle des Gelingens die Unternehmer nicht nöthig, von dem gemachten Gewinne einen größern oder geringern Theil als Versicherungsquote in Abzug zu bringen, sondern das Ganze ist wirkliches Einkommen. Selbst wenn man die Volkswirthschaft als ein organisches Ganze ins Auge faßt, wird hieran nichts geändert. Allerdings tritt alsdann die Nothwendigkeit hervor, die von einem Theile der Unternehmer erlittenen Verluste zu decken, allein man darf die hierzu erforderlichen Werthbeträge nicht als einen Capitalersatz auffassen, um welchen sich der Gewinn vermindert. Denn diese Deckung erfolgt nicht aus dem Erzeugnisse der laufenden Wirthschaftsperiode, sondern aus dem am Anfange dieser noch nicht verzehrten Einkommen einer frühern Periode. Es verhält sich damit genau in derselben Weise, wie mit andern Einkommensbestandtheilen, die man wol von einer Periode in die andere überführt, um mit denselben eine unproductive Consumtion zu bestreiten, welche die Mittel des laufenden Einkommens übersteigen würde. Jedes einigermaßen vorgeschrittene Volk verwendet einen Theil seines Einkommens in dieser Weise zur Bestreitung fehlschlagender wirthschaftlicher Versuche, dieser Theil steht aber keineswegs in einem unmittelbaren Zusammenhang mit demjenigen Theile des Volkseinkommens, welcher Gewinn ist. — Indessen gibt es einen Fall, in welchem auch die zuletzt erwähnten Unternehmungen hinsichtlich der Aufhebung oder doch Beschränkung der Gefahr sich mit den Unternehmungen zu dauernd fortgesetzter Production auf die nämliche Stufe stellen; wenn sie nämlich die von der Zeit nicht zu erwartende Ausgleichung der Verluste durch Verbindung untereinander, sei es unmittelbar, sei es durch Vermittelung einer zu diesem Zwecke besonders gegründeten Unternehmung, herstellen — Versicherungsanstalten. — Alsdann erscheint auch in ihren Einnahmen

eine Versicherungsquote, welche ihnen gestattet, einen geringern Gewinn in Aussicht zu nehmen. Practische Schwierigkeiten haben dieses Auskunftsmittel jedoch nur auf einige wenige bestimmte Arten von Gefahren vorzugsweise technischer Art beschränkt.

2. Käme bei dem Entschlusse, als Unternehmer aufzutreten, nur die objective Größe der Gefahr in Betracht, so würde die Größe des verlangten Gewinnes, aus Höhe und Wahrscheinlichkeit desselben hervorgehend, der Größe des in Aussicht stehenden Verlustes gleich sein müssen, mit andern Worten der Betrag der von einem Theile der Unternehmer zu machenden Gewinne würde sich dem der von dem andern Theile zu erleidenden Verluste gleichzustellen streben. Allein diese Tendenz muß sich wesentlich dadurch modificiren, daß für die Unternehmer nicht bloß die objective Größe von Gewinn und Verlust, sondern der Eindruck, den der eine und der andere auf sie macht, in Frage steht. Im Allgemeinen ist der Mensch empfindlicher für die Entbehrung, als für den Genuß, für die Furcht, als für die Hoffnung; insbesondere pflegt die Schwere der Verluste in stärkerem, die Bedeutung der Gewinne in schwächerem Verhältnisse zuzunehmen als ihre Größe. Aus diesem Grunde wiegt in der Regel ein gewisses objectives Maß von Gewinnaussichten das gleiche Maß von Verlustmöglichkeiten nicht auf, und es tritt das Angebot von Unternehmerdiensten daher gewöhnlich erst unter Umständen ein, die mehr Gewinn als Verlust versprechen. Doch kann auch das gerade Gegentheil stattfinden. Die Puncte, welche für die Schätzung von Gewinn und Verlust maßgebend sind, sind aber im Wesentlichen folgende:

a) Die objective Größe der Gefahr selbst. Aus dem eben angeführten Grunde muß in der Regel die natürliche Höhe des Unternehmergewinns um so größer sein, je gewagter eine Unternehmung ist. Dagegen kann auch die Aussicht auf außerordentlich große Erfolge, zumal bei niedrigem Einsatze zu einer Unterschätzung ihrer Unwahrscheinlichkeit führen.

b) Der Nationalcharacter, je nachdem einem Volke ein größeres oder geringeres Selbstvertrauen auf sein Glück und seine Einsicht, eine größere oder geringere Hartnäckigkeit in der Verfolgung einmal gefaßter Plane, eine lebhaftere oder minder lebhafte Empfänglichkeit für die Reize des Wagnisses, eine größere oder geringere Werthschätzung einer selbständigen Berufsstellung &c. eigen ist. Von großem Einflusse auf die Auffassung in dieser Beziehung ist auch der Verlauf der Vergangenheit, namentlich der zunächstliegenden, der günstige oder ungünstige Erfolg, welchen ein Volk bisher in seinen wirthschaftlichen Operationen gehabt hat.

c) Die Natur der Unternehmungen. In dieser Hinsicht kommt theils der Umstand in Betracht, ob die bisherigen Ergebnisse und die Aussichten einer Production für die Zukunft sich mehr oder minder deutlich übersehen lassen, theils die Vorliebe oder Abneigung gegen gewisse Productionen, theils die Gelegenheit, welche die Stellung als Unternehmer gewährt, sich die ununterbrochene und vollständige Ausnützung der eigenen Capitalien und Arbeitskräfte zu sichern.

d) Der größere oder geringere Wohlstand einer Bevölkerung, von dem es abhängt, ob eintretende Verluste zu einer Einschränkung in der Befriedigung mehr oder minder entbehrlicher Bedürfnisse nöthigen.

Schließlich sei hier ein gewisser Parallelismus hervorgehoben, der allerdings zwischen der natürlichen Höhe des Unternehmergewinnes und des Zinses besteht, ohne daß er jedoch zu der Auffassung des erstern als einer Species des letztern berechtigt. Die niedrige Schätzung der Verluste und die größere Bereitwilligkeit auf die unmittelbare Nutzung der Güter zu verzichten, beruhen im Allgemeinen auf derselben Seelenstimmung. Da nun jene zu einem niedrigen natürlichen Satze des Unternehmergewinns, diese zur Sparsamkeit, Capitalansammlung und in Folge davon zu einem niedrigen Zinse zu führen geeignet ist, so erklärt es sich, daß diese beiden Ergebnisse häufig nebeneinander zu Tage treten.

§. 100.

Die Ausgleichung des natürlichen Gewinnsatzes in verschiedenen Zweigen der Production.

Die Leistung der Unternehmer in den verschiedenen Zweigen der Production ist im Wesentlichen durchaus der nämlichen Art. Aus diesem Grunde wird in den verschiedenen Productionszweigen zwar nicht eine Gleichheit, wol aber eine Verhältnißmäßigkeit des natürlichen Gewinnsatzes, entsprechend den im vorigen Paragraphen erörterten Puncten, aus welchen sich für die verschiedenen Arten der Unternehmungen eine verschiedene Schätzung der Verlustmöglichkeiten ergibt, eintreten müssen. Von Volk zu Volk und von Zeit zu Zeit mag sich natürlich diese Verhältnißmäßigkeit sehr verschieden gestalten, immer aber wird die Tendenz hervortreten, wenn in einzelnen Productionszweigen die Aussichten der Unternehmer über Verhältniß günstig erscheinen, in ihnen die Unternehmungen zu vermehren und auszudehnen und dadurch den Gewinnsatz herabzudrücken, sowie die umgekehrte Tendenz im entgegengesetzten Falle. Der Erfolg dieser Tendenz wird rascher oder langsamer, beschränkter oder allgemeiner sein

a) nach der größern oder geringern Intelligenz und geistigen Lebendigkeit einer Bevölkerung.

b) Nach der größeren oder geringeren Durchsichtigkeit der Geschäftsergebnisse. Eine hochstehende Volkswirthschaft hat zwar viel verwickeltere Productions- und Verkehrsverhältnisse, als eine niedrig stehende, andererseits aber auch eine größere Oeffentlichkeit des wirthschaftlichen Lebens und ausgebildetere Hilfsmittel der Beurtheilung.

c) Nach den natürlichen oder positiven Schwierigkeiten, welche der Gründung neuer oder der Ausdehnung schon bestehender Unternehmungen sowie der Beschränkung und Aufgabe solcher entgegenstehen. Vergleiche hierüber §. 70. Eine besondere Erwähnung verdienen etwa noch folgende zwei Punkte.

Zunächst erscheinen in der erstern Beziehung die auf Großbetrieb begründeten Geschäftszweige vor den auf Kleinbetrieb begründeten begünstigt, weil die erforderlichen Productionselemente zusammen und in Wirksamkeit zu bringen für jene schwieriger ist als für diese. Die Entwickelung des Credits und des Associationsgeistes wirkt indessen auf eine Ausgleichung hin. Andererseits hat auch ein Beschränken und Aufgeben im Falle nicht sattsamer Ergiebigkeit bei den Großunternehmungen schon wegen der überwiegenden Bedeutung des stehenden Capitals in denselben größere Schwierigkeiten als beim kleinen Betriebe.

Ferner aber tritt die Ausgleichung der Gewinnsätze leichter ein, wenn sie durch eine Ausdehnung bestehender, als wenn sie nur durch die Gründung neuer Unternehmungen bewerkstelligt werden kann, indem die Bethätigung des unternehmerischen Willens in dem letztern Falle unter mancherlei erschwerenden Voraussetzungen steht, die im erstern nicht statt haben. Etwas Aehnliches, wenn auch in geringerem Grade gilt andererseits in Beziehung auf die Ausgleichung der

Gewinnsätze durch Beschränkung gegenüber derjenigen durch vollständige Aufgabe der Unternehmungen.

§. 101.

Der Unternehmergewinn im Verlaufe der nationalen Entwickelung.

Meine Lehre vom Unternehmergewinn S. 91 ff. 156 ff.

Der Antheil, der vom Reinertrage der nationalen Production auf den Gewinn fällt, läßt sich, so lange Verkehr und unternehmungsweiser Betrieb noch wenig entwickelt sind, nicht bestimmen. Der Gewinn vermischt sich hier ununterscheidbar mit den Entschädigungen für Arbeitsleistungen und Capitalnutzungen. Mit dem Eintreten der Völker in die Periode fortschreitender Entfaltung ihrer productiven Fähigkeiten werden Lohn und Zins zwar häufiger isolirt erkennbar, der Gewinn aber vermischt sich noch regelmäßig so mit dem einen oder mit dem andern von ihnen, daß er sich nicht füglich ausscheiden läßt. Namentlich tritt er, so lange die Freiheit der Person und das Recht des Eigenthums sich nur unvollständig durchgesetzt haben, in unlöslicher Verbindung mit dem Ertrage der stehenden Capitalien auf. Weiterhin sind es je nach der Natur und der Betriebsweise der verschiedenen Productionen neben den Inhabern der fixen Capitalien vornehmlich solche Personen, die vorzugsweise ihre eigenen mobilen Capitalien und Arbeitskräfte in der Gütererzeugung verwerthen wollen, welchen die Stellung als Unternehmer zufällt. Auch dann aber ist der Gewinn noch schwierig festzustellen, weil es noch mancherlei stehende Capitalien und Arbeitskräfte gibt, die nicht vermiethbar sind, sondern nur auf eigene Rechnung ausgenutzt werden, so daß es an einem Maßstabe fehlt, wie viel von seinem Einkommen der Unternehmer, der solche Capitalien und Arbeiten auf seine Production verwendet, sich als Entschädigung für diese Verwendung, wie viel als Gewinn zu berechnen hat. Je weiter die Verkehrsfähigkeit sich auf alle Arten der Capitalformen und der Arbeitskräfte ausdehnt, desto mehr verschwindet diese Schwierigkeit.

Das Verhältniß des Gewinns zu dem gesammten Reinertrage der nationalen Production hängt zunächst von der größern oder geringern Gefährlichkeit des Gesammtcharacters dieser Production ab. Auf diesen sind die nationalen Eigenthümlichkeiten, namentlich die consumtive Richtung einer Bevölkerung von entscheidendem Einflusse. Die Entwickelung der Volkswirthschaft wirkt im Allgemeinen mindernd auf jene Gefährlichkeit durch vollkommenere Beherrschung der Natur und größere Sicherung der Verkehrsbeziehungen. Ein sehr rascher wirthschaftlicher Aufschwung aber, wie er namentlich dem ersten Aufblühen eigen ist, bewirkt oft das Gegentheil, indem er theils eine Richtung der Consumtion auf Erzeugnisse gewagter Unternehmungen begünstigt, theils zur Ausdehnung der Production auf immer neue, unbekannte und darum unsichere Gebiete hintreibt. Bei verfallender Volkswirthschaft scheint trotz vorherrschender Ideenarmuth der Geist der Genußsucht und des Spieles der Production einen vorzugsweise ausgeprägten Character der Gefährlichkeit zu verleihen.

Sodann bestimmt sich der Antheil, der vom Reinertrage der nationalen Production auf den Gewinn fällt, nach der Lebhaftigkeit des Zudranges zu der Stellung als Unternehmer. Je größer dieser Zudrang, desto weniger finden sich die Abnehmer der Waaren genöthigt, in dem Preise derselben auch die Leistung der Unternehmer zu vergüten. Auch in dieser Beziehung ist der Nationalcharacter wesentlich maßgebend. Die höhere oder niedere Entwicklungsstufe, auf der eine Nation steht, äußert ihren Einfluß hauptsächlich insofern, als das Bedürfniß und die Anerkennung selbständiger Berufsstellung in einem gewissen Verhältnisse zu der erreichten Cultur- und Wirthschaftshöhe steht. Ungleich wichtiger aber, als die Höhe, scheint in diesem Betreff die Art und das Tempo des Verlaufs der nationalen Entwickelung zu sein und die vergleichende Schätzung der Stellung eines Unternehmens gegenüber der eines Capitalisten oder eines Lohnarbeiters wesentlich zu beeinflussen.

Was endlich das Verhältniß des Gewinnbetrages zum Betrage der von den Unternehmern erlittenen Verluste betrifft, so steht es mit dem eben berührten Zudrang zu den Unternehmerstellungen in unmittelbarem Zusammenhange. Diejenigen Puncte, welche hierauf besonders von Einfluß sind, wurden bereits §. 99 unter 2 aufgeführt. Das Ergebniß derselben für die verschiedenen Lebensperioden der Völker ist im Allgemeinen folgendes. Bei Völkern, welche sich in einer sehr rasch fortschreitenden wirthschaftlichen Entwickelung befinden, pflegen neben großen Gewinnen auch große Verluste herzugehen und jenes Verhältniß sehr schwankend zu gestalten, jedoch bei der großen geistigen Regsamkeit und dem Reichthum einer solchen Zeit an noch unausgebeuteten vortheilhaften Productionsgelegenheiten im Ganzen überwiegend zu Gunsten des Gewinns. Wenn allmälig der Reichthum langsamer vorwärts schreitet, die Bedürfnisse sich vermehren, der Erwerb schwieriger wird, tritt eine sorglichere Vergleichung der glücklichen und der unglücklichen Aussichten ein, Gewinne und Verluste nähern sich einander mehr und ihr Verhältniß zu einander wird ein stetigeres. In Zeiten des Verfalles nimmt die Unterschätzung der Verlustmöglichkeiten überhand, und das Verhältniß von Verlust zu Gewinn gestaltet sich unter unausgesetzten starken Schwankungen immer ungünstiger, bis irgend welche Umstände eintreten, welche der Volkswirthschaft einen neuen Aufschwung verleihen.

Zweiter Abschnitt.

Vom Zinse.

§. 102.

Begriff und Inhalt des Zinses.

Smith, Bd. I. Cap. 10. — Say, Thl. V. Cap. 13 ff. — Ricardo Cap. XXI. — Hermann, Abschn. V., insbesondere 2te Abhdl. — Rau, §. 222 ff. — Roscher, §. 179 ff. — Mill Bd. III. Cap. 23.

Der Zins ist die Entschädigung für die Abtretung der Nutzung eines Capitals. Werden Capitalien von den Eigenthümern selbst genutzt, so wird der Zins latent, und die Eigenthümer haben sich den Werth der Nutzung nach Maßgabe des Einkommens zu berechnen, welches sie bei Ausleihung des Capitals an Andere beziehen könnten und das ihnen nun entgeht.

In dem Werthbetrage, welchen die Anleiher der Capitalien an die Darleiher derselben zahlen, sind häufig außer dem eigentlichen Preise der Nutzungen noch verschiedene andere Bestandtheile enthalten, welche theils Capitalersatz, theils Einkommen anderer Art bilden. Der Erstere kommt auch hierbei in einer doppelten Form vor, nämlich einmal als einfacher Ersatz der Abnutzung, von welcher der Gebrauch stehender Capitalien meistens begleitet zu sein pflegt, und sodann als Versicherungsquote zur Deckung der Verluste, welche die Darleiher in Bezug auf das Capital und den Zinseingang treffen mögen. Die Gefahr, welcher die Darleiher in dieser Beziehung ausgesetzt sind, kann sowol in der Person der Schuldner, als in der Natur der Verwendung, zu welcher die dargeliehenen Güter bestimmt sind, als in der Unsicherheit des allgemeinen Rechtszustandes ihren Grund haben. Das anderweite Einkommen, welches in dem von den Darleihern bezogenen Werthbetrage enthalten ist, kann sowol Gewinn sein, wenn dieselben in der Lage sind, sich nicht mit einer Versicherungsquote für die Verluste, welchen sie sich aussetzen, begnügen zu müssen, sondern sich die Tragung eines Risico's auch noch bezahlen zu lassen; als Lohn, insofern die Capitalisten für die Arbeit der Unterbringung und Verwaltung der Capitalien sich eine Entschädigung zu berechnen vermögen. Erst was nach Abzug aller auf Capitalersatz und anderweites Einkommen auszuschlagenden Summen von den Gewährungen der Schuldner an die Gläubiger übrig bleibt, ist der reine Preis der abgetretenen Nutzungen, der **reine Zins**.

§. 103.

Die Ausgleichung des reinen Zinses verschiedener Arten von Capital.

Die angeführten Schriftsteller an den angeführten Orten.

Das Selbstinteresse führt zu einer Ausgleichung der reinen Zinserträge der verschiedenen Arten von Capital, insoweit die Bildung dieser von menschlichem Belieben abhängt. Denn sobald eine solche Capitalart im Verhältniß zu ihren Productionskosten, bezüglich höchsten nothwendigen Productionskosten einen höhern reinen Zins abwirft, als andere, wenden sich die capitalbildenden Bestrebungen ihr zu, bis das vermehrte Angebot den Preis der Nutzungen auf ein dem durchschnittlichen reinen Zinsertrage entsprechendes Maß herabgedrückt hat, und umgekehrt zieht sich die Capitalbildung von solchen Capitalarten zurück, deren Nutzungen unverhältnißmäßig gering bezahlt werden, bis in Folge der Verminderung des Angebots ein besserer dem Durchschnittspreise der Nutzungen der andern Capitalien entsprechender reiner Zins erzielt wird. Die Möglichkeit dieser Operation beruht wesentlich darauf, daß auch die stehenden Capitalien einer wenn auch nur allmäligen Abnutzung unterworfen sind, also einer fortwährenden Erneuerung bedürfen.

Bei solchen Capitalien, auf deren Angebot die wirthschaftliche Thätigkeit ohne Einfluß ist, kann eine Ausgleichung des reinen Zinsertrags mit dem der Capitalien der erstern Art zwar in der angegebenen Weise nicht erfolgen, sie verwirklicht sich aber auf einem andern Wege. War in jenem Falle der Tauschwerth der Nutzungen von dem Tauschwerthe des Capitals abhängig, so wird hier der Tauschwerth des Capitals durch den Tauschwerth der Nutzungen bestimmt. Denn da die Capitalien ihrem Begriffe nach wegen des Einkommens, das sie abwerfen, geschätzt werden, so muß auch, sobald dieses Einkommen einmal feststeht, der Grad jener Schätzung der Höhe dieses Einkommens entsprechen. Der reine Zinsertrag der beliebig vermehrbaren Capitalien bestimmt mithin den Werth der Capitalien von absolut beschränktem Angebot in der Weise, daß die letztern denjenigen Werth annehmen, welcher beliebig vermehrbaren Capitalien zukommt, deren Nutzung mit den ihrigen gleichwerthig sind. Dabei leuchtet ein, daß, wenn zur Herstellung gewisser Capitalien neben beliebig vermehrbaren Productionselementen auch solche von beschränktem Angebote erforderlich sind, die Inhaber der letztern, sobald die Nachfrage nach den Nutzungen solcher Capitalien steigt, allein den Vortheil davon ziehen, wie umgekehrt die nachtheiligen Folgen einer sinkenden Nachfrage ausschließlich auf die Inhaber derjenigen Productionselemente fallen, deren Angebot sich nicht entsprechend vermindern läßt.

Für alle Capitalien also strebt sich das gleiche Verhältniß zwischen ihrem Werthe und dem Werthe des reinen Zinses, den sie abwerfen, herzustellen. Diese Tendenz gestattet es, die verschiedenen Arten des Capitals als eine einheitliche Masse anzusehen und von einem reinen Zinssatze des Capitals im Allgemeinen zu sprechen.

In dieser Verhältnißmäßigkeit zwischen reinem Zinse und Capitalwerth liegt zugleich die Ursache, daß man den Erstern und in Folge davon auch den rohen Zins als eine Quote des Letzteren zu denken und seinen Betrag in einer solchen auszudrücken pflegt. Diese Quote bezeichnet man als Zinsfuß. Das Capital pflegt man dann mit dem allgemeinen Tauschmittel und Werthmaßstabe, dem Gelde zu messen. Zur Einheit dieses Werthmaßstabes wählt man gewöhnlich eine größere abgerundete Summe der gangbarsten Münzsorte, z. B. 100 Thaler und drückt den Zinsfuß als Verhältnißzahl zu dieser Einheit aus, z. B. Fünf vom Hundert (d. h. Thaler). Für den allgemeinen Durchschnittszinsfuß gebraucht man die Bezeichnung mittlerer oder landesüblicher Zinsfuß. Der mittlere reine Zinsfuß ist nichts Anderes, als der in einer Verhältnißzahl zum Capitalwerth ausgedrückte jeweilige oder relative Schwerpunct des reinen Zinses.

Die Verwirklichung der Ausgleichung des reinen Zinses schließt eine Verschiedenheit des rohen Zinses nicht aus. Diese muß vielmehr trotz jener fortbestehen, so lange die Ursachen fortdauern, welche unter verschiedenen Umständen und für verschiedene Capitalarten eine verschiedene Höhe für diejenigen Bestandtheile des rohen Zinses bedingen, welche nicht wirklicher Preis der Nutzungen sind. Hieraus erklärt es sich, daß auf dem nämlichen Markte fortdauernd für gleiche Capitalbeträge manichfach verschiedene Sätze des Rohzinses vorkommen können.

§. 104.

Unvollkommenheiten der Ausgleichung des reinen Zinses verschiedener Art von Capital.

Die angeführten Schriftsteller a. d. a. O.

Die Ausgleichung des Verhältnisses zwischen Capitalwerth und reinem Zinse für die verschiedenen Arten von Capitalien vermag häufig nicht sich vollständig durchzusetzen. Es ist in dieser Beziehung wiederum zwischen Capitalien von veränderlichem und solchen von unveränderlichem Angebote zu unterscheiden.

1. Bei Capitalien von veränderlichem Angebote liegt der Grund einer mangelnden Ausgleichung in Hindernissen, welche sich der Anpassung des Angebots einzelner Arten derselben an die betreffende Nachfrage in den Weg stellen. Diese Hindernisse können beruhen

a) auf der Gesinnung der Betheiligten. So einerseits, wenn es Denjenigen, welche Capitalien neu bilden, an Regsamkeit gebricht, diesen diejenige vielleicht ungewohnte Form zu geben, für deren Nutzungen ein höherer Preis zu erlangen ist; oder wenn die Besitzer einzelner Arten von Capitalien sich durch irgend welche Motive, z. B. Rücksichtsnahme auf die Anleiher (Miether, Pachter) von der Forderung des höchstmöglichen Nutzungspreises abhalten lassen; so andererseits, wenn die Anleiher bei der Feststellung der Zinsbedingungen absichtlich oder unabsichtlich ihr Interesse nicht mit voller Energie verfolgen.

b) Auf der Verschiedenheit der Zwecke der Anleihe. Wenn auf beiden Seiten die Absicht besteht, das Schuldverhältniß ins Unbestimmte hinaus fortdauern zu lassen, wenn es dem Capitalisten vorzugsweise um den Bezug eines regelmäßigen Einkommens, dem Anleiher um die dauernde Benutzung des fremden Capitals zu thun ist, ist man beiderseits bemüht den Zinsverbindlichkeiten einen möglichst stetigen Character zu geben, und die Verfolgung der eigenen Interessen durch beide Parteien führt zu einer Feststellung des Zinses, bei welcher dessen reiner Theil bis auf geringfügige Abweichungen mit dem Durchschnittssatze übereinstimmt. Anders dagegen, wenn, wie das namentlich im Handel vorkommt, der Borger das Capital nur auf kurze Frist begehrt, der Darleiher die Verfügung über dasselbe nur vorübergehend aus der Hand geben will. Hier, wo man den Zins, weil es sich, wie gesagt, meistens um Handelsgeschäfte dreht, auch als Handelszins oder, weil die Schuldpapiere besonders gern die Form von Wechseln annehmen, als Discont bezeichnet, kann einerseits die Aussicht auf vermittelst der Benutzung günstiger Conjuncturen zu machende außerordentliche Gewinne oder die Möglichkeit, sich mit dem fremden Capitale über augenblickliche dringende Verlegenheiten hinwegzuhelfen, zur Bewilligung eines unverhältnißmäßig hohen, anderntheils die Beschränktheit der augenblicklichen Nachfrage auf kurze Zeit zur Annahme eines unverhältnißmäßig geringen Zinses bewegen, und selbst die Wirksamkeit großer Creditanstalten vermag diesen Schwankungen nur sehr theilweise und unvollkommen zu begegnen. Der Durchschnitt des reinen Zinsertrags dieser auf kurze Frist verliehenen Capitalien wird jedoch von dem der mit der Absicht der Dauer angelegten nicht erheblich abweichen, da die Grenze zwischen beiden Arten von Leihgeschäften eine durchaus flüssige ist, und wenn die eine Art sich erheblich höher rentirte als die andere, jener bald ein Theil der bisher dieser zugewandten Capitalien zufließen und dadurch eine Ausgleichung herbeigeführt werden würde. Indessen scheint allerdings eintretenden Falles der Uebergang solcher Capitalien, welche mit der Absicht der Dauer angelegt sind, zur Verleihung auf kurze Frist schon wegen der in der Regel weitergehenden rechtlichen Gebundenheit der Betheiligten sich nicht ganz mit derselben Leichtigkeit zu bewerkstelligen, wie der umgekehrte, und es dürfte daher als Regel der reine mittlere Zinsertrag jener etwas geringer sein als derjenige, der auf kurze Frist verliehenen Capitalien. Doch darf man nicht übersehn, daß für Denjenigen, welcher in der Anlage seiner Capitalien häufig wechselt, in dem Rohzinse, den er bezieht, ein höherer Lohn und häufig auch eine höhere Versicherungsquote mit enthalten sein muß, als für Denjenigen, welcher seine Capitalanlagen gar nicht oder nur selten verändert.

c) Auf der verschiedenen Natur der dargeliehenen Capitalien, insofern das Angebot mancher Arten von Capital sich rascher und leichter, das anderer minder rasch und minder leicht ausdehnen oder beschränken läßt. Mit der Ausbildung der Geldwirthschaft verliert jedoch die Verleihung von Capital von veränderlichem Angebot in einer concreten, naturalen Form sehr an Bedeutung und wird großentheils durch das indifferente Gelddarlehn verdrängt. Die Verwandelung der Geldcapitalien in die bestimmte Form, welche die Production erheischt, ist dann Sache der Unternehmer, und auf sie und ihr Einkommen fällt daher vorzugsweise der Vortheil oder Nachtheil der Schwierigkeiten der Vermehrung oder Verminderung bestimmter Capitalarten. Einen gewissen Einfluß äußert aber bei den Geldcapitalien selbst deren Größe, indem die Unterbringung sehr kleiner Beträge häufig mit mancherlei Schwierigkeiten und Weitläufigkeiten verbunden ist, welche für den reinen Zins derselben einen geringern Betrag übrig lassen.

2. Bei Capitalien von beschränktem Angebot — und es versteht sich von selbst, daß hier nur stehende Capitalien in Frage kommen — stellt sich nach dem Obigen das Durchschnittsverhältniß zwischen reinem Zins und Capitalwerth durch eine Regulirung des Letztern nach dem Betrage des Ersteren her. Ist die Veränderung im Preise der Nutzungen voraussichtlich nur eine zeitlich beschränkte, weil entweder ein Zurückgehen der Nachfrage nach jenen auf den alten Stand oder eine Anpassung des Capitalangebots an die veränderte Nachfrage nach einer gewissen Frist zu erwarten steht, so vermehrt oder vermindert sich der Capitalwerth nur um den Betrag einer nach dem Durchschnittszinsfuße auf Grundlage der Zinseszinsenrechnung capitalisirten zu empfangenden oder zu zahlenden Zeitrente. Eine Bemerkung verdient auch noch der Umstand, daß für Capitalien der hier in Frage stehenden Art, namentlich Immobilien, meistens mehr oder minder langzeitige Verleihungsverträge beliebt werden, dergestalt, daß die Veränderungen in der Nachfrage nach den Nutzungen den Darleihern in der Regel erst nach Ablauf einer längern oder kürzern Frist zum Nutzen oder Schaden gereichen, rasch vorübergehende aber überhaupt in der Regel nur von einem kleinen Theil von ihnen empfunden werden.

Die Regulirung der Höhe des Capitalwerthes nach dem Zinsertrage kann jedoch Verzögerungen und Ausnahmen erfahren. Einmal nämlich pflegen Capitalien, wie sie hier in Frage stehn, so lange sie ihren Eigenthümer nicht wechseln, von diesem fortdauernd nach dem Werthe angeschlagen zu werden, den sie zur Zeit ihrer Erwerbung besaßen. Erst bei der Vererbung oder dem Verkauf stellt sich meistens die neue den veränderten Erwerbsverhältnissen entsprechende Schätzung fest. Sodann aber wird nicht selten bei Veräußerungen die Hoffnung auf weiteres Steigen oder die Befürchtung eines fernern Sinkens der Erträge in dem Preise des Capitals escomptirt. Das ist z. B. ein Grund, welcher bei aufblühender Volkswirthschaft wesentlich dazu mitwirkt, die Preise der Grundstücke auf eine Höhe zu treiben, bei welcher die Verzinsung im Verhältniß zum Capital unverhältnißmäßig niedrig erscheint. Andererseits erklärt sich hieraus das Sinken des Werthes mancher Gewerbsprivilegien, sobald die Beseitigung derselben ernstlich in Frage kommt.

Durch den Fortschritt der volkswirthschaftlichen Entwickelung wird die Ausgleichung des reinen Zinsertrags der verschiedenen Arten von Capitalien im Allgemeinen beschleunigt und vervollständigt. Denn die diese Entwickelung begleitende schärfere Anspannung aller Productionselemente und vorwiegend geschäftsmäßige Behandlung aller Transactionen von wirthschaftlichem Character führen zu einem raschern und energischeren Kampf der Interessen um die Feststellung der Darlehensbedingungen; die Formalitäten und Fristen der Capitalübertragung und Rückübertragung werden meistens erleichtert und abgekürzt — nur in Bezug auf landwirthschaftliche Grundstücke findet hierin eine bemerkenswerthe Ausnahme statt; — die verschiedenen Anlagemöglichkeiten und die Vortheile, welche sie gewähren, werden schärfer in's Auge gefaßt; man findet sich leichter in den Wechsel der Gläubiger oder Schuldner; die fortgeschrittene Technik erweitert und beschleunigt die Möglichkeit, das Angebot der verschiedenen Capitalformen den wechselnden Verhältnissen der Nachfrage anzupassen; ein ausgebildeteres Rechnungswesen führt zu einer häufiger wiederholten und genauern Schätzung der Capitalien rc. Alles dies trägt zur Beförderung der Gleichstellung des reinen Zinsertrages der verschiedenen Arten von Capitalien bei. Nur diejenigen Abweichungen, welche auf einer Escomptirung der Ereignisse der Zukunft beruhen, gewinnen an Bedeutung. Gerade sie sind aber im Grunde nur scheinbare Abweichungen, indem sich ein niedrigerer Zinsertrag mit einem Zuwachs, ein höherer mit einer Abnahme des Capitalwerthes compensirt.

Die wachsende Gleichheit des reinen Zinses äußert natürlich auch auf den Rohzins ihren Einfluß. Da nun mit der Entwickelung der Volkswirthschaft zugleich auch die übrigen Elemente desselben, welche nicht reinen Zins bilden, theils sich vermindern, theils eine größere Regelmäßigkeit gewinnen, insbesondere mit dem wirksameren Rechtsschutze die zu berechnende Versicherungsquote und mit den erleichterten Formen der Capitalübertragung die von den Darleihern aufzuwendende Mühe abnimmt, während zugleich mit der Ausbildung und Ausdehnung des Capitalverkehrs das Verhältniß von Capitalnachfrage und Angebot von Zufälligkeiten minder abhängig wird, so erklärt es sich, daß auch der Rohzins im Ganzen geringere Differenzen zeigt. Selbstverständlich bleiben dabei solche Verschiedenheiten, die in der Abnutzung dargeliehener stehender Capitalien oder in der besondern Gefährlichkeit mancher Darlehen ihren Grund haben, ebenso bestehen, wie die größere Beweglichkeit des Zinses der kurzzeitigen Darlehen.

§. 105.

Die natürliche Höhe des reinen Zinses.

Smith, Ricardo, Hermann a. a. O. — Say a. a. O. Cap. 16. — Rau §. 230 ff — Roscher §. 183. — Mill a. a. O. u. Bd. IV. Cap. 4 u. 5. — Thünen a. a. O. II. S. 162.

Unter der natürlichen Höhe des reinen Zinses ist derjenige Betrag desselben zu verstehen, bei welchem sich die Nachfrage nach Capitalnutzungen mit dem Angebote derselben deckt.

Hier sind vorab einige Puncte hervorzuheben, hinsichtlich deren sich der Zins und der Lohn vom Unternehmergewinn unterscheiden.

Erstens nämlich stehen sich als Parteien bei der Regulirung der Höhe des letzteren das consumirende Publicum und die Unternehmer, bei der Regulirung der Höhe von Zins und Lohn die Anleiher und Lohnherrn einer-, die Capitalisten und Arbeiter andererseits gegenüber. Die Unternehmer, welche in dem letztern Falle zur ersterwähnten Classe gehören, nehmen daher in Bezug auf den Gewinn und auf den Zins und Lohn eine grundsätzlich verschiedene Stellung ein. Dort sind sie die Empfänger, hier die Gewährer; dort werden sie daher auf möglichste Steigerung, hier auf möglichste Minderung ausgehen.

Zweitens. Der Gewinn stellt sich niemals selbständig, sondern immer im Preise der betreffenden Producte versteckt dar, aus welchem er erst durch eine weitere Betrachtung abgesondert werden muß. Zins und Lohn dagegen erscheinen ohne Rücksicht auf das Ergebniß der Verwendung der Nutzungen und Arbeiten abgesondert erkennbar.

Drittens. Der Gewinn vermag sich seinem Begriffe nach erst mit der Vollendung der Production herauszustellen; Zins und Lohn pflegen meistens vorausbestimmt zu werden. Der wirkliche Preis der Capitalnutzungen und Lohnarbeiten nimmt ebensowenig, wie der aller andern Waaren, an der Ungewißheit Theil, welche dem Preise der Dienstleistungen der Unternehmer eigen ist. Der natürliche Preis hat daher für jene auch die nämliche Bedeutung, wie für andere Waaren, nicht die §. 97 erörterte, welche er ausnahmsweise in Bezug auf die Unternehmerdienste annimmt.

Was die Bestimmungsgründe für die natürliche Höhe des reinen Zinses anlangt, so kommen dabei selbstverständlich nur die Capitalien von veränderlichem Angebote in Betracht, da ja nach den vorausgegangenen Auseinandersetzungen (§. 103) der reine Zinssatz, welcher sich für diese festgesetzt hat, auf die Capitalien von beschränktem Angebot durch Regulirung ihres Werthes erst übertragen wird.

Faßt man nun das Capital und seine Nutzungen als Waaren von veränderichem Angebote auf, so ergiebt sich aus §. 66, daß der natürliche Preis derselben durch die Productionskosten, bezüglich höchsten nothwendigen Productionskosten bestimmt wird, d. h. durch die vergleichende Schätzung des von dem zu bildenden Capitale zu erwartenden dauernden Einkommens und der für die Capitalbildung zu bringenden Opfer an Sicherheit, Gütergenuß und persönlichen Anstrengungen. Hinsichtlich der Puncte, welche auf das Ergebniß dieser Schätzung von Einfluß sind, ist auf §. 31 zurück zu verweisen. Die Zinshöhe, bei welcher die Capitalbildner sich gerade nur noch für die Opfer entschädigt erachten, welche sie zum Zwecke der Herstellung des Capitals zu bringen genöthigt sind, kann als die absolute natürliche Höhe oder der absolute Schwerpunct des Zinses bezeichnet werden. Sie stellt den Punct dar, bei welchem eine weitere Capitalvermehrung aufhören und die Volkswirthschaft stationär werden muß. Vergl. §. 31.

Das Anwachsen des Capitals vermag indessen nur allmälig von Statten zu gehen. Man kann deßhalb für einen gegebenen Zeitpunct den Umfang des Capitals ebenfalls als gegeben annehmen und unter dieser Voraussetzung nach der natürlichen Höbe oder dem Schwerpuncte des Zinses fragen. Die natürliche Höhe des Zinses in diesem Sinne — sie soll die relative natürliche Höhe, der relative Schwerpunkt heißen — bezeichnet also diejenige Zinshöhe, bei welcher sich in dem gegebenen Zustande die Nachfrage nach Capitalnutzungen mit dem Angebote derselben gleichstellt.

Der relative Schwerpunct des Zinses wird durch die Concurrenz der nach Capitalnutzungen Nachfragenden bestimmt. Diese Concurrenz aber hängt ab von der Steigerung, welche man durch die Anwendung von Capital der Production zu verleihen vermag, mit andern Worten von der Fruchtbarkeit der Capitalnutzungen. So lange die Unternehmer durch die Verwendung der Capitalien in der Production über den Zins hinaus, welchen sie zu bezahlen haben, noch einen reinen Ueberschuß sich versprechen können, wird auch ihre Nachfrage nach Capitalien fortdauern und dadurch der Zins bis zu einer Höhe getrieben werden, bei welcher jener Ueberschuß verschwindet. Das ist dann der Fall, wenn der Preis der Nutzung mit deren Reinertrage zusammenfällt. Nun wächst häufig schon der technische und regelmäßig der wirthschaftliche Erfolg der Production über einen gewissen Punct hinaus nicht in gleichem Verhältnisse zu der vermehrten Verwendung von Capital, sondern in einem immer mehr abnehmenden. Nach dem Gesetze, daß gleiche Güter auf dem nämlichen Markte zur nämlichen Zeit gleiche Preise haben (§. 63, 1) muß aber der mindest ergiebige Capitaltheil den Preis der Nutzungen auch der übrigen bestimmen. So gelangt man zu dem Satze, daß der Reinertrag des mindest ergiebigen Capitaltheils oder, da man präsumtiv erst nach Erschöpfung der ergiebigeren zu minder ergiebigen Verwendungen übergehen wird, der Reinertrag des zuletzt angewendeten Capitaltheils den relativen Schwerpunct des reinen Zinses bestimmt.

Als Rohzins freilich mögen die Darleiher mehr erhalten, als diesen reinen Zins. Dann müssen die Anleihenden bei der Berechnung des Reinertrags des verwendeten Capitals diese Mehrausgabe mit unter die Kosten der mit Hülfe der letzteren hergestellten Producte in Rechnung bringen. Andererseits ist der Reinertrag der Nutzungen nicht mit der Steigerung des Reinertrags der Production durch die Verwendung dieser Nutzungen zu verwechseln, denn in dieser Steigerung ist auch die Entschädigung für die vermehrte Arbeit und die Gefahr des Unternehmers bei der Verwendung der Nutzungen mit enthalten.

Schließlich ist nicht zu übersehen, daß der aufgestellte Satz keinen Aufschluß über die Ursachen des Umfanges des Capitalangebots enthält.

§. 106.

Veränderungen der natürlichen Höhe des reinen Zinses.

Die angeführten Schriftsteller a. d. a. O.

Die relative natürliche Höhe des reinen Zinses hat die Tendenz mit fortschreitender volkswirthschaftlicher Entwickelung immer mehr herabzugehen, indem die Capitalvermehrung auch nach Erschöpfung der zunächst ergriffenen fruchtbarsten Anlagegelegenheiten noch fortdauert, so lange der durchschnittlich gewährte reine Zins die absolute natürliche Höhe noch übersteigt, hierdurch aber die Capitalien zu immer minder fruchtbaren Anlagen genöthigt werden, und daraus eine fortdauernde Annäherung des reinen Zinses an seinen absoluten Schwerpunct erfolgt.

Diese Verminderung des reinen Zinses kann verbunden sein mit einer Erhöhung der Entschädigung für die Opfer der Capitalbildung, insofern Dank den Fortschritten der Productivität der reale Kostenpreis der Capitalien in stärkerem Verhältnisse als der Zinsfuß sinkt. Während die Ueberlassung der verschiedenen Nutzungen schlechter bezahlt wird, als bisher, wird die Entsagung, welche die Grundlage dieser Nutzungen bildet, höher belohnt. Da die Capitalerzeuger bei ihren Entschließungen immer das zu erwartende Einkommen gegen das zu bringende Opfer abwägen, so versteht es sich von selbst, daß, so lange dieser Fall statt hat, auch die Capitalbildung fortdauert. Allein auch darüber hinaus, wo wirklich die Entschädigung für die Opfer der Capitalbildung eine geringere wird, wird die letztere sich fortsetzen, so lange nur diese Entschädigung das für nothwendig erachtete Maß noch übersteigt.

Als eine allgemeine Folge des Herabgehens des reinen Zinssatzes ist die stärkere Vermehrung der Nutz- im Gegensatze zu den Productivcapitalien hervorzuheben.

Der Tendenz zum Herabgehen des natürlichen reinen Zinssatzes treten aber verschiedentlich Einflüsse entgegen, welche ihre Wirksamkeit auf kürzere oder längere Zeit, theilweise oder gänzlich paralysiren und selbst eine Erhöhung jenes Satzes herbeiführen mögen. Hierher gehören auf der einen Seite große nationale Katastrophen, wie Kriege, Revolutionen, Handelskrisen, welche eine massenhafte Capitalzerstörung mit sich bringen. Das Steigen des Zinses in Folge solcher Ereignisse ist natürlich für die Volkswirthschaft im Ganzen ein höchst unerfreulicher Vorgang, da nicht nur für die Capitalisten selbst der Einkommensverlust, den sie durch die Verminderung ihrer Capitalmasse erleiden, durch die höhere Verzinsung der ihnen übrig gebliebenen Capitalien regelmäßig bei weitem nicht ausgeglichen wird, sondern auch diese höhere Vergütung lediglich auf Kosten des Einkommens anderer Volksclassen erfolgt. — Auf der andern Seite kann die Verminderung des reinen Zinssatzes aber auch dadurch aufgehalten und bezüglich in ihr Gegentheil verkehrt werden, daß sich für die Verwendung der Capitalien neue fruchtbarere Gelegenheiten eröffnen. Die Ursache hiervon liegt in Fortschritten der Wissenschaft und Technik oder in der Eröffnung neuer Productions- und Verkehrsgebiete. Was insbesondere die letztere betrifft, so versetzt die vergleichsweise leichte Uebertragbarkeit der Capitalien von Land zu Land die Capitalisten gegenüber den Unternehmern und Arbeitern in eine entschieden begünstigte Lage. Dieser Fall der Zinserhöhung ist für die Volkswirthschaft im Ganzen vortheilhaft, weil das vermehrte Einkommen der Capitalisten hier aus einer Steigerung der Production, nicht aus einer Minderung des Einkommens der übrigen Classen hervorgeht. Indessen ist er, namentlich wenn die Steigerung plötzlich und in stärkerem Maße eintritt, von mancherlei Störungen in den Verkehrsbeziehungen und daran sich knüpfenden Verlusten und Nothständen begleitet (vgl. §. 32 unter b), die seiner Vortheilhaftigkeit mehr oder minder Abbruch thun. Insbesondere erleiden die Eigenthümer der fixirten, nicht oder nur langsam verminderbaren Capitalien eine Verminderung des Werthes der letztern, welche jedenfalls ihren Credit beeinträchtigen muß, und selbst ihr Einkommen mag leiden, wenn der eingetretene Umschwung der ökonomischen Zustände zugleich zu ihnen ungünstigen Veränderungen der Nachfrage oder des Angebots der Nutzungen führt, welche ihre Capitalien liefern. Störungen der Volkswirthschaft können namentlich auch dann verursacht werden, wenn die neuen fruchtbarern Anlagegelegenheiten für das Capital im Auslande liegen, so daß sie die Veranlassung zu einem Capitalabflusse in größerem Umfange abgeben. Indessen ist zu bedenken theils, daß doch auch die Uebersiedelung von Capitalien ihre Schwierigkeiten hat, welche nur eine allmälige Ausführung derselben gestatten, theils daß ein höherer Zinsertrag zur rascheren Ersetzung der abgeflossenen Capitalien reizt. Oftmals mag auch die Gelegenheit zu fruchtbarern Capitalanlagen im Auslande den inländischen Zinssatz nicht sowol positiv steigern, als nur an einem weitern Herabgehn verhindern. — Aehnlich wie Darleihen in's Ausland wirken im Inlande aufgenommene größere öffentliche Anleihen.

Im Großen und Ganzen überwiegt bei fortschreitender Volkswirthschaft die Tendenz des reinen Zinssatzes zum Sinken. Mit diesem Sinken muß auch der rohe Zins herabgehen, von welchem der reine ja einen Bestandtheil bildet. Die Abminderung pflegt aber bei dem ersteren noch bei weitem entschiedener hervorzutreten, wie bei dem letztern, weil auch seine übrigen Bestandtheile mit der Verbesserung der volkswirthschaftlichen und Culturzustände meistens abnehmen (s. oben §. 104). Umgekehrt ist natürlich zu schließen, daß einer Differenz des Rohzinses, die sich zwischen Völkern oder Perioden von verschiedener Entwickelungshöhe zeigt, in der Regel ein verhältnißmäßig geringerer Unterschied des reinen Zinses entspricht.

Nicht allein der relative, sondern auch der **absolute** Schwerpunct des reinen Zinses pflegt aber mit steigender Entwickelung zu sinken. Das Maß des Einkommens, in welchem man eine genügende Entschädigung für das Opfer der Capitalbildung erblickt, wird geringer. Dies erklärt sich zum Theil aus der schon berührten Verminderung des realen Kostenpreises der Capitalien. Abgesehen davon aber gibt es noch einen doppelten Grund dafür. Der eine liegt in der höheren Würdigung der Zukunft im Vergleich zur Gegenwart, einer Würdigung, welche namentlich in der wachsenden Rechtssicherheit eine große Stütze findet; der andere in dem Umstande, daß bei höher gestiegenem Wohlstande die Verzichtleistungen, welche man sich zum Behufe der Capitalersparung auflegen muß, weniger dringende Bedürfnisse zu treffen nöthig haben. Vergl. §. 31.

§. 107.

Abweichungen des thatsächlichen Durchschnittszinses von dem relativen Schwerpuncte.

Mill B. III. Cap. 23. §. 3.

Der thatsächliche Durchschnittszins weicht mitunter von dem relativen Schwerpuncte ab, d. h. er steht zeitweilig über oder unter den durch die Fruchtbarkeit der letztverwandten Capitaltheilchen bezeichneten Sätzen. Diese Erscheinung erklärt sich aus einem Mangel an Uebereinstimmung der vorherrschenden Meinung über den Erfolg der Capitalverwendung mit dem wirklichen Thatbestande. Uebrigens ist sie, da sich eine solche Anschauung den verschiedenen Gattungen der Capitalien gegenüber mit verschiedener Stärke geltend macht, regelmäßig von Störungen der Gleichheit des reinen Zinses der verschiedenen Capitalgattungen begleitet. Insbesondere pflegt sie bei den kurzzeitig verliehenen Capitalien ungleich häufiger und in bei weitem größerem Umfange aufzutreten, als bei den auf längere Dauer verliehenen.

Die Entstehung einer irrigen Meinung über den wirthschaftlichen Erfolg der Capitalverwendung scheint vorzugsweise durch die Raschheit befördert zu werden, mit welcher sich die Voraussetzungen, unter denen ein Volk wirthschaftet, verändern. Bei fortschreitenden Völkern ist folgender Verlauf ein vorzugsweise häufiger. Es findet eine rasche Capitalansammlung und in Folge davon ein bedeutendes Sinken des Schwerpunctes des reinen Zinses statt. Hierdurch wird das Bestreben angeregt, neue vortheilhaftere Verwendungen für die Capitalien ausfindig zu machen oder den bisherigen eine größere Fruchtbarkeit zu verleihen. Der größere oder geringere Erfolg, mit welchem dasselbe gekrönt wird, treibt zunächst den Gewinn der Unternehmer und in Folge der von diesen ausgehenden verstärkten Capitalnachfrage in zweiter Linie den Zins wieder in die Höhe. Geschähe dies nur in dem der thatsächlichen Fruchtbarkeit der Capitalien entsprechenden Maße, so läge darin nur die Anerkennung der neuen Veränderung des Schwerpunctes des reinen Zinses. Allein die einmal angeregte Speculation läßt es dabei nicht bewenden. Namentlich wenn die Höhe, bis zu welcher der Zins gestiegen ist, noch merklich unter derjenigen liegt, welche man sich in früheren Zeiten als die reguläre anzusehen gewöhnt hat, glaubt sie für jedes Capital, das sich anbietet, eine gewinnbringende Verwendung zu haben, und während bei fortgesetzter Capitalvermehrung eigentlich ein Herabgehen des Zinses eintreten müßte, schafft sie eine Nachfrage, welche dasselbe verhindert. Nach und nach verlangsamert sich die Capitalansammlung,. sie entspricht der fortdauernden Nachfrage nicht mehr vollständig und in Folge davon geht das negative Nichtherabgehen in eine positive Steigerung über. Hiermit pflegt der Wendepunct einzutreten. Diese Steigerung deckt den Irrthum der Berechnungen, auf welche manche Unternehmungen gegründet sind, auf, und es zeigt sich, daß der bewilligte Zins, so niedrig er schien, dennoch zu hoch war. Aber noch kämpft man gegen diese Erkenntniß an; man schreibt den eintretenden Verlegenheiten einen vorübergehenden Character zu und sucht sich durch Aufnahme noch weiteren Capitals darüber hinwegzuhelfen. So wird der Zins erst recht über seine natürliche Höhe hinausgetrieben. Inzwischen ist das Mißtrauen der Gläubiger erwacht und hat sich immer mehr verbreitet. Die Darleihen werden nicht erneuert, bezüglich gekündigt. Schließlich kommt es zu einer großen allgemeinen Liquidation, bei welcher die zu viel bezogenen Zinsen sich in Capitalverluste, sei es der Schuldner, sei es der Gläubiger, auflösen. Jetzt ist die Stimmung in Beziehung auf Darleihen der früheren gerade entgegengesetzt. Die Capitalisten denken für ihre geretteten Capitalien weit mehr an die sichere Anlage, als an die hohe Verzinsung, ja sie lassen wol selbst nicht unbeträchtliche Capitalien aus Furcht, sie auf's Spiel zu setzen, vorläufig todt liegen. Die Unternehmer ihrerseits sind in Betreff der Verwendung von Capital und der zu bewilligenden Verzinsung übermäßig ängstlich geworden. Unter diesen Umständen vermag der wirkliche Zins längere oder kürzere Zeit hindurch seine natürliche Höhe nicht zu erreichen. Erst allmälig, wenn auf der einen Seite die Scheu vor einer speculativen Ausdehnung des Geschäftsbetriebes sich wieder verliert, auf der andern neben der Sicherheit der Capitalanlage auch die Vortheilhaftigkeit der Darlehensbedingungen wieder zunehmend in's Gewicht fällt, nähert sich der wirkliche Zins seinem Schwerpuncte mehr und mehr und erreicht ihn endlich nicht selten nur, um bald von Neuem abermals nach der andern Seite hin von demselben abzuweichen und auf diese Weise die eben geschilderte Bewegung abermals zu beginnen.

§. 108.

Der Zins und der Werth des Geldes.

Nebenius a. a. O. Cap. 4. — Mill a. a. O. §. 4.

Die Höhe des Geldwerthes ist an sich ohne Einfluß auf den Zins. Dagegen kann eine im Werthe des Geldes sich vollziehende Veränderung allerdings auf die Höhe des Zinses einwirken. In dieser Beziehung kommen namentlich folgende Fälle in Betracht:

1. Bei Gelddarleihen äußert die Wahrscheinlichkeit einer Veränderung des Geldwerthes bis zur Zeit der Rückzahlung des Darleihens einen Einfluß auf die Feststellung des Zinses. Die Darleiher, welche erwarten müssen, schließlich in der nämlichen Geldsumme, welche sie hingeben, einen geringern Werth zurückzuerhalten, als sie den Schuldnern anvertrauen, verlangen eine Schadloshaltung in der Form eines höhern Zinses. Umgekehrt geben sie sich mit einem geringern Zinse zufrieden, wenn Aussicht auf ein Steigen des Geldwerthes vorhanden ist. Es leuchtet ein, daß es sich hierbei nur um eine Veränderung des rohen Zinses handelt, während der reine Zins unverändert bleibt. Im erstern Falle enthält der rohe Zins eine Quote Capitalersatz; im letztern wird ein Theil des reinen

Zinses anstatt periodisch bezahlt zu werden, bis zur Auflösung des Darlehensgeschäftes aufgesammelt und dann erst abgetragen.

Indessen sind es nur Veränderungen des Geldwerthes, welche sich in kürzerer Zeit vollziehen, die einen solchen Einfluß zu äußern vermögen, da man, wenn die Darleihensbedingungen auf lange Zeit hinaus fixirt werden sollen, für dieselben lieber eine andere, als die Geldform, wählt; wo dies aber dennoch geschieht, wie z. B. bei unkündbaren Staatsanleihen, die Veränderung des Geldwerthes in einer entfernten Zukunft etwas zu Ungewisses ist, um in Rechnung gebracht werden zu können. Aus diesem Grunde bleiben die allmäligen Veränderungen, welche der Geldwerth auf dem Weltmarkte durch die Veränderungen der Productionsbedingungen der edeln Metalle erfährt, auf den Zins im Allgemeinen ohne Wirkung. Anders verhält es sich mit den in kurzer Frist zu erwartenden Veränderungen im Werthe des Geldes. Dahin gehören namentlich die beiden einander entgegengesetzten Fälle einestheils des Gebrauchs eines in fortdauernder Depreciation begriffenen Papiergeldes, anderntheils der erwarteten continuirlichen Wiederherstellung einer gesunkenen Valuta.

2. Es kann in einem Lande, sei es durch die Ausbeutung reicher neuer Lagerstätten der edeln Metalle, sei es durch den Uebergang zu einer umfangreichen Ersetzung des Geldes durch Creditpapiere ein zeitweiliger Geldüberfluß oder umgekehrt durch Stockung der bisherigen Bezugsquellen der edeln Metalle oder durch bedeutende Einschränkungen der als Umsatzmittel dienenden Creditpapiere ein zeitweiliger Geldmangel eintreten. Auch dadurch wird der Zinssatz berührt werden, die Einwirkung auf denselben ist aber wesentlich anderer Art, als im vorigen Falle. Denn sie tritt hier nicht in dem Verhältnisse hervor, wie sich durch die Veränderung des Geldangebots der Geldwerth verändert, sondern im Gegentheil in dem Verhältnisse, wie sich trotz jener Veränderung der Geldwerth nicht verändert. Würde mit der Vermehrung des Geldangebots der Werth des Geldes augenblicklich im entsprechenden Maße sinken, so bliebe der Capitalmarkt vollständig unberührt, und der Zins könnte keine Veränderung erfahren. Das Sinken des Geldwerthes, d. h. das Steigen der Waarenpreise geht jedoch nur allmälig, wie sich das Geld durch die verschiedenen Circulationskanäle verbreitet, vor sich. Unmittelbar traut man dem überschüssigen Gelde noch die nämliche Kaufkraft, wie bisher, zu und besitzt es dieselbe in der That auch nahezu. Der Geldüberschuß wirkt daher als ein vermehrtes Angebot von Capital, durch welches bei unverändert gebliebener Nachfrage nach letzterem der Zins, und zwar nicht bloß der rohe, sondern auch der reine Zins gedrückt wird. — Ebenso gehen mit eingetretener Beschränkung der Umlaufsmittel die Preise nicht alsbald entsprechend herunter. Während die Capitalnachfrage sich nur langsam vermindert, ist das Angebot mit einem Male reducirt, und dieses Mißverhältniß muß den Zinssatz steigern. Je mehr nach und nach, die Capitalnachfrage als unverändert vorausgesetzt, der Geldwerth der Veränderung des Angebots entsprechend sich verändert, desto mehr wird auch der Zins seinem alten Standpuncte sich wieder nähern. — Kaum der Bemerkung bedarf es endlich, daß die mit den Veränderungen des Geldangebotes zusammenhängenden Schwankungen des Zinses vorzugsweise auf die kurzzeitigen Darleihen, wie sie namentlich im Handel vorkommen, wirken.

Dritter Abschnitt.

Vom Lohne.

§. 109.

Begriff und Inhalt des Lohnes.

Smith, Bd. I. Cap. 8. — Ricardo Cap. V — Say, Thl. V. Cap. 10 ff. — Rau, §. 187 ff. — Roscher, §. 160 ff. — Mill Bd. II. Cap. 11 ff. — C. Rösler, zur Kritik der Lehre vom Arbeitslohne. Erlangen 1861.

Der Lohn ist die Entschädigung für die einem Andern überlassene Ausnutzung der persönlichen Arbeitskraft. Verwerthet Jemand seine Arbeitskraft auf eigene Rechnung, so wird der Lohn latent, und der Producent muß sich in diesem Falle von dem Einkommen, welches er gewinnt, einen solchen Betrag als Lohn anrechnen, als er mit der gleichen Anstrengung im Dienste Dritter hätte erwerben können.

Insofern die Disposition über eine Arbeitskraft in der Regel erworben wird, um diese auch wirklich zu verwenden, läßt sich der Lohn auch kürzer als Vergeltung geleisteter oder zu leistender Arbeit bezeichnen.

In der Bezahlung des Arbeiters finden sich mitunter außer der Entschädigung für die überlassene Arbeitskraft noch andere Elemente enthalten, welche entweder Capitalersatz oder Gewinn oder Zins sind. So z. B. wenn der Lohn erst nachträglich und in längern Perioden ausgezahlt wird, oder wenn der Arbeiter für den technischen Erfolg seiner Leistung eintritt, eine Versicherungsquote, unter Umständen ein Gewinn und eine Verzinsung des umlaufenden Capitals, welches der Arbeiter während der Arbeit für seinen Unterhalt aufzuwenden genöthigt ist; wenn der Arbeiter Roh- und Hilfsstoffe zur Arbeit liefert, der Ersatz und die Verzinsung des für dieselben aufzuwendenden Capitals; wenn er Werkzeuge und Maschinen stellt, die Verzinsung des in solchen angelegten Capitals und der Ersatz für dessen Abnutzung rc. Bringt man alle diese Elemente in Abrechnung, so ist das, was von der Bezahlung übrig bleibt, die reine Vergeltung für die überlassene Ausnutzung der Arbeitskraft oder der reine Lohn.

§. 110.

Formen des Lohnes.

Rau §. 189. — Roscher §. 39.

Während beim Zinse wenigstens auf den höhern Wirthschaftsstufen die andern Formen hinter der procentalen Geldverzinsung an Bedeutung durchaus zurücktreten, erscheint der Lohn in einer großen Manichfaltigkeit verschiedener Formen. Die wichtigsten Gegensätze, die in dieser Beziehung hervortreten, sind folgende:

1. Natural- und Geldlohn. Der Erstere, der wieder in sich sehr verschiedenen Inhalts ist, kommt im Wesentlichen darauf hinaus, daß der Lohn-

herr unmittelbar für die Befriedigung der Bedürfnisse des Arbeiters sorgt, während bei dem Letztern der Arbeiter nur die Mittel erhält, um selbst sich diese Befriedigung zu verschaffen. Hieraus erhellt der innere Zusammenhang des Naturallohns mit der persönlichen Unfreiheit, und es erklärt sich, warum jener auf niedern Culturstufen durchaus vorherrscht und mit fortschreitender nationaler Entwickelung immer mehr hinter dem Geldlohne zurücktritt. Doch verschwindet er auch auf den höchsten Culturstufen nicht vollständig, theils weil es unter Umständen nöthig scheint, im Interesse der Sicherung der Existenz der Arbeiter an demselben festzuhalten; theils weil er den Lohnherrn in ihrer Wirthschaftsführung Erleichterungen und eine größere Sicherheit gegen Veruntreuungen gewährt. — Eine beachtenswerthe Art des naturalen Lohnes ist die immaterielle, welche in dem Genusse der gewissen Berufsstellen eingeräumten Autorität, Hochachtung und äußern Ehren besteht. Auch die Bedeutung dieses immateriellen Lohnes scheint auf höheren Culturstufen zusammenzuschrumpfen, sowol weil das Maß der Anerkennung sich immer weniger an die äußere Stellung heftet, als weil die Empfänglichkeit für leere Ehrenbezeigungen u. dgl. sich vermindert.

2. Fester und precärer Lohn. Dieser Gegensatz kann einen doppelten Sinn haben. Entweder nämlich wird er bezogen auf die kürzere oder längere Zeitdauer, auf welche das Dienstverhältniß geschlossen wird, und auf die größern oder geringern Garantien, welche gegen dessen Auflösung aufgestellt sind, oder man denkt bei dem Gegensatze einestheils an einen fest vorausbestimmten, anderntheils an einen solchen Lohn, dessen Betrag bei Eingehung des Dienstverhältnisses noch unbestimmt ist. Im erstern Sinne nimmt die Festigkeit des Lohnes mit fortschreitender nationaler Entwickelung ab, in dem letztern nimmt sie zu. Uebrigens muß man, was den Gegensatz im zweiten Sinne anbetrifft, unterscheiden. Solche Dienstverhältnisse, wo es lediglich das subjective Belieben Derjenigen, denen die Arbeit geleistet wird, ist, welches ganz oder theilweise über den Betrag des Lohnes entscheiden soll, verlieren allerdings immer mehr an Umfang und Bedeutung. Dagegen mehren sich gerade auf höhern Culturstufen die Fälle, wo der Betrag des Lohnes objectiv von einer nachfolgenden Thatsache, insbesondere dem technischen, mitunter auch dem ökonomischen Erfolge der Arbeit abhängig gemacht wird. Die Ursache davon liegt in der Nothwendigkeit, die sich namentlich bei Arbeiten höherer Art und solchen, welche ein höheres Vertrauen in Anspruch nehmen, geltend macht, das Interesse des Arbeiters an seiner Leistung möglichst anzuregen. Die ausgedehntere Anwendung dieser Art des precären Lohnes hängt aber, insoweit die Herbeiführung der entscheidenden Thatsache nicht ausschließlich in der Hand des Arbeiters selbst liegt, wesentlich entweder von einem das Maß des Unentbehrlichen übersteigenden Betrage des Lohnes oder von einem gewissen Vermögensbesitze der Arbeiter ab.

3. Zeit- und Stücklohn. Unter jenem versteht man diejenige Form, bei welcher der Betrag des Lohnes nach der Zeitdauer, während deren der Lohnherr über die Arbeitskraft des Arbeiters zu verfügen hat, bemessen wird, unter diesem diejenige Form, bei welchem die Quantität der Leistung diesen Betrag bestimmt. Da es dem Arbeitsherrn in der Regel nur um die letztere zu thun ist, so erscheint von seinem Standpuncte aus der Stücklohn als die vollkommenere Form, und es erklärt sich daraus, daß der Stücklohn auf höheren Wirthschaftsstufen immer beliebter wird. Objectiv betrachtet hat er den Vorzug durch Erregung des Interesses des Arbeiters an dem Erfolge seiner Thätigkeit auf eine bessere

Ausnützung seiner Arbeitskraft hinzuwirken. Andererseits widerstreben ihm vielfach die Arbeiter in dem wenigstens unter Umständen gerechtfertigten Gedanken, daß er zu einer Ueberspannung der Arbeitskräfte, zu einem Kampfe derselben gegeneinander und schließlich zu einer Herabdrückung des reellen Lohnes führe. Die Anwendbarkeit des Stücklohnes ist übrigens von zwei Voraussetzungen abhängig, nämlich einmal von der Möglichkeit einer leichten Bemessung der Quantität des Geleisteten, d. h. von einer Zergliederung der Aufgabe in bestimmte einfache Leistungen, und sodann von einer relativen Sicherheit in Bezug auf die Qualität der letztern. Ueberall, wo es darauf ankommt, daß gut gearbeitet werde, und diese Güte sich nur durch eine eingehendere Prüfung feststellen läßt, ist der Stücklohn nicht am Platze, da das Interesse des Arbeiters nur dahin geht, die Quantität der Leistung, sei es auch auf Kosten der Qualität, möglichst zu steigern.

§. 111.

Die Ausgleichung des Lohnes für die verschiedenen Arten von Arbeiten.

Die angeführten Schriftsteller an den angeführten Orten.

So manichfaltig die Kräfte des Menschen und die Möglichkeiten ihrer Verwendung zu wirthschaftlichen Zwecken sind, so lassen sich doch alle verschiedenen Arbeiten nach dem Maße der Störung des persönlichen Wohlbefindens, welche sie den Arbeitenden verursachen, mit einander vergleichen. Aus dieser Vergleichbarkeit geht ein Streben nach der Herstellung einer Gleichmäßigkeit der Löhne in dem Sinne hervor, daß der reine Lohn sich im Verhältniß zu dem Maße jener Störung abzustufen sucht. Wird eine Arbeit über dieses Verhältniß hinaus gelohnt, so strömen ihr Arbeitskräfte zu und drücken durch die Vermehrung des Angebots ihren Preis, und umgekehrt im umgekehrten Falle. Man kann daher die Löhne für die verschiedenen Arbeiten als in einem innern Zusammenhange stehend ansehn und in Folge davon den Lohn im Allgemeinen zum Gegenstande der Betrachtung machen. Dabei wird die gemeine Handarbeit als die einfachste Art der Arbeit diejenige sein, an welche sich die Erörterung der Gesetze des Lohnes, insoweit bei diesen auf eine specielle Gattung der Arbeitsleistungen Bezug genommen werden muß, am zweckmäßigsten anknüpfen läßt.

Das Maß des durch die Arbeit gebrachten persönlichen Opfers richtet sich theils nach der zeitlichen Ausdehnung, theils nach der Intensität oder Härte derselben, dergestalt, daß der reine Lohn für Arbeiten von gleicher Härte im Verhältniß der Verschiedenheit der Dauer, für Arbeiten von gleicher Dauer im Verhältniß der Verschiedenheit ihrer Härte sich verschieden festzustellen strebt.

Die Intensität oder Härte der Arbeit wird durch zwei Umstände bestimmt, nämlich einestheils durch die Schwierigkeiten, welche der Erlangung der erforderlichen Fähigkeiten entgegenstehen, anderntheils durch die Unannehmlichkeiten, welche die Bethätigung dieser Fähigkeiten mit sich bringt. Jene Schwierigkeiten sind doppelter Art. Sie liegen einmal in dem für die Erwerbung der betreffenden Fähigkeiten nöthigen Aufwande, in welcher Beziehung neben der Kostspieligkeit der Erlernungsmittel namentlich die Länge der Lehrzeit in's Gewicht fällt, und sodann in der von dem Lernenden geforderten Mühe und Sorgfalt. In Betreff der Unannehmlichkeiten der Ausübung fallen namentlich folgende Puncte in's Gewicht:

die größere oder geringere Widerwärtigkeit der betreffenden Arbeiten, die Gefährlichkeit derselben für Gesundheit und Leben, die Fesselung der persönlichen Freiheit des Arbeiters sowol, so lange er sich dem fraglichen Berufe widmet, als in Rücksicht eines etwaigen Ueberganges zu einem andern Berufe, und der etwa zu machende, persönlich nicht als Genuß empfundene Standesaufwand.

Es kommt aber noch ein weiteres Moment für die Gleichmäßigkeit der Löhne der verschiedenen Arbeiten in Betracht, d. i. die Gefahr, welcher die sich einer Arbeit, einem Berufe Widmenden sich aussetzen, ihren Zweck ganz oder theilweise, für immer oder zeitweilig zu verfehlen. Auch diese Gefahr bezieht sich theils auf die Aneignung der nöthigen Fähigkeiten, theils auf die Ausübung der erworbenen. In ersterer Hinsicht besteht sie in der Möglichkeit des Mißlingens trotzdem, daß man es weder an Aufwand noch Mühe hat fehlen lassen, durch nachträgliches Hervortreten eines Mangels an natürlichen Anlagen, durch gänzliches oder theilweises Untüchtigwerden in Folge von Krankheit und Unglücksfällen, durch frühzeitigen Tod rc. In letzterer Hinsicht zeigt sie sich in der Verschiedenheit der Lage der verschiedenen Classen von Arbeitern in Bezug auf die Stetigkeit ihrer Beschäftigung, die Schnelligkeit, mit welcher sie erwarten können, ihre Arbeitskräfte zu verwerthen, und die Sicherheit der Fortsetzung dieser Verwerthung.

Die Löhne der verschiedenen Beschäftigungen müssen auch nach der Verschiedenheit aller dieser Gefahrverhältnisse von einander abweichen. Indessen entsprechen die hierauf zurückzuführenden Unterschiede nicht immer genau der thatsächlichen Verschiedenheit des Grades der Unsicherheit, indem sich bald Ueberschätzungen, bald Unterschätzungen desselben für einzelne Arten von Beschäftigungen vielfach geltend machen. Es greifen in diesem Betreff ganz analoge Betrachtungen Platz, wie sie oben (§. 99, 100) mit Bezug auf die Ungleichmäßigkeit des Zudrangs zu den Unternehmungen und die daran sich knüpfenden Wirkungen angestellt wurden.

Das Verhältniß, in welchem die verschiedenen Beschäftigungen von allen diesen Schwierigkeiten, Unannehmlichkeiten, Unsicherheiten betroffen werden, ist nationen- und zeitenweise ein außerordentlich verschiedenes, und ebenso wechselt die Schätzung derselben von Nation zu Nation und von Periode zu Periode. Im Allgemeinen gewinnt die Abstufung der Löhne mit den Fortschritten der Cultur und des Reichthums immer mehr an Ausdehnung, weil die Arbeiten sich immer manichfaltiger gliedern und neue höhere und vollkommenere Leistungen zu den bisher üblichen hinzutreten und Würdigung finden; eine Zunahme, welche durch die Abnahme der Aufgaben für die menschliche Arbeit auf der andern Seite in Folge der sich ausbreitenden Verdrängung der Menschenhand durch die Maschinen bei mechanischen Operationen bei Weitem nicht aufgewogen wird. Während aber die Extreme der Lohnsätze weiter auseinander fallen, macht sich für die einzelnen dazwischen liegenden Arbeiten vielfach eine Annäherung ihrer Lohnsätze an einander bemerklich. Namentlich scheint die Belohnung der höhern, mehr geistigen Arbeiten im Verhältniß zu den niederen überwiegend mechanischen sich zu vermindern. Dieß rührt namentlich einerseits von dem zunehmenden Bedürfnisse freier Thätigkeit, dem wachsenden Selbstvertrauen, der vielseitigeren und gesicherteren Verwendung der höhern Arbeitsfähigkeiten, andrerseits von der zunehmenden Empfindlichkeit für das Lästige physischer Kraftanstrengungen, von der durch die Arbeitstheilung gesteigerten Schwierigkeit des Beschäftigungswechsels für den gemeinen Arbeiter und von der größern Leichtigkeit der Aufbringung der für eine höhere Ausbildung erforderlichen Mittel her. — Ein Punct, der auf höhern Culturstufen besonders deutlich hervortritt, ist die größere Würdigung persönlicher Unabhängigkeit; daher z. B. ein steigender Unterschied des Lohnes des Gesindes und dessen der industriellen Arbeiter.

Die bisher besprochene Verhältnißmäßigkeit bezieht sich nur auf den reinen Lohn. Der rohe Lohn gestaltet sich noch weiter in dem Maße verschieden, als aus den im vorhergehenden Paragraphen angedeuteten Gründen die Arbeiter der verschiedenen Beschäftigungen in verschiedenem Maße einen Anspruch auf Capitalersatz und Entschädigungen anderer Art, als für die bloße Ueberlassung der Arbeitskraft, geltend zu machen vermögen. Für den einfachen, ungelernten Handarbeiter, der fast ganz ohne eigenes Capital arbeitet und seine Bezahlung in der Regel unmittelbar nach gethaner Tagesleistung und theilweise schon vor und während derselben erhält, kann man den rohen und den reinen Lohn im Wesentlichen als zusammenfallend ansehen. Dagegen bilden bei allen höhern Arbeiten, bei welchen die Arbeiter theils mit einem größern eigenen Capital ausgestattet sind, theils ihre Bezahlung erst in längeren Terminen empfangen, die nicht als reine Arbeitsentschädigung aufzufassenden Vergütungen einen mehr oder minder bedeutenden Bestandtheil des Lohnes. — Mit fortschreitender wirthschaftlicher Entwickelung scheint im Allgemeinen die Differenz zwischen rohem und reinem Lohne sich zu vermindern, theils weil mit der zunehmenden Richtung auf den Großbetrieb die Stellung des zur Arbeit erforderlichen Anlage- und Betriebscapitals immer mehr auf den Unternehmer übergeht, theils weil die Verwerthung der Arbeitskräfte und der richtige Bezug des zugesagten Lohnes gesicherter wird. — Derjenige Theil des Lohnes, durch welchen der Arbeiter für den gemachten Bildungsaufwand entschädigt wird, darf nicht als Capitalersatz und Zins, sondern muß als Theil des reinen Lohnes aufgefaßt werden, indem es unzulässig erscheint, die Ausgaben für Bildungszwecke als eine Capitalbildung, d. h. als nur um des daraus zu erwerbenden Einkommens willen vorgenommen anzusehen. Es kann hier allenfalls von einer Analogie, aber nicht von einer Identität beider Fälle die Rede sein.

§. 112.

Hindernisse der Ausgleichung der Löhne.

Die angef. Schriftst. a. d. a. O.

Die Herstellung der im Vorhergehenden besprochenen Gleichmäßigkeit der Löhne stößt auf manichfache Hindernisse. Dieselben lassen sich unter zwei Hauptgesichtspuncte bringen.

1. Hindernisse einer richtigen Bemessung der Lohnhöhe verschiedener Arbeiten.

Solche Hindernisse liegen theils in dem unausgebildeten Sinne der arbeitenden Bevölkerung für die Vergleichung der Vortheilhaftigkeit oder Unvortheilhaftigkeit der Lohnaussichten der verschiedenen Beschäftigungen; theils im Mangel an Mitteln zur Kenntnißnahme der zu einer solchen Beurtheilung erforderlichen Thatsachen; theils in der Schwierigkeit, welche die Verschiedenheit der Formen der Gewährung des Lohnes einer richtigen vergleichenden Schätzung des letztern in den Weg legen. Alle diese Hindernisse sind auf niedern Wirthschaftsstufen viel bedeutender, als auf höheren, denn hier ist die Bevölkerung aufmerksamer auf ihr eigenes Interesse und weiß es besser zu beurtheilen, es stehen bessere Mittel zu Gebote, die Opfer, welchen die Arbeiter in den verschiedenen Berufszweigen sich zu unterziehen haben, und die Lohnverhältnisse der letztern kennen zu lernen, und das Ueberhandnehmen des Geld- und Stücklohnes erleichtert wesentlich die Vergleichung einerseits jener Opfer, andererseits der Lohnsätze untereinander.

2. Hindernisse des Ab- und Zuströmens der Arbeitskräfte von einer Beschäftigung zur andern.

Dieselben können sich gründen:

a) auf die Trägheit und Unschlüssigkeit der in den unverhältnißmäßig schlecht gelohnten Berufszweigen beschäftigten Arbeiter, wenn diese sich dadurch abhalten lassen, einen Wechsel ihrer Beschäftigung vorzunehmen, obwol ihnen bei einem solchen eine Verbesserung ihrer Lage in Aussicht steht. Besonders häufig zeigt sich dies, wenn es sich darum handelt, von einer Verwerthung der Arbeitskräfte auf eigene Rechnung zu einer Vermiethung derselben überzugehen. Zum größeren Theile freilich erklärt sich das Widerstreben gegen einen solchen Uebergang aus dem der selbständigen Stellung eines Unternehmers beigelegten Werthe, zum Theil aber wird es in der That auf Rechnung eines Mangels an derjenigen Energie zu setzen sein, welche erforderlich ist, um die Vortheile der verschiedenen Stellungen gegen einander abzuwägen und auf Grund dieser Erwägungen einen Entschluß zu fassen.

b) Auf der persönlichen Gebundenheit der Betheiligten, mag diese aus rechtlichen Beschränkungen, aus socialen Anschauungen oder aus Mangel an Mitteln zur Aufbringung der mit der Ergreifung eines andern Berufs etwa verbundenen Kosten hervorgehen.

c) Auf der Natur der einzelnen Beschäftigungen selbst. Die Vermehrung des Angebots ist für manche Arten von Arbeiten dauernd beschränkt, weil sie gewisse natürliche Anlagen oder eine Vereinigung solcher erfordern, wie sie sich in verhältnißmäßig nur wenigen Individuen vorfinden. Bei andern Arten von Arbeit ist die Beschränkung des Angebots wenigstens eine zeitweilige, indem die dazu erforderlichen Fähigkeiten nur durch eine längere Ausbildung erworben werden können. Andererseits ist für manche Arbeitszweige auch eine rasche Verminderung des Angebots dadurch verhindert, daß Diejenigen, welche sich ihnen widmen, ihre Arbeitskräfte in so einseitiger Weise ausgebildet haben, daß ihnen dadurch der Uebergang in einen andern Beruf unmöglich gemacht oder wenigstens wesentlich erschwert ist.

Während von diesen Ursachen, welche die Ausgleichung des Arbeitsangebots für die verschiedenen wirthschaftlichen Aufgaben verhindern, auf höhern Wirtschaftsstufen die unter a und b aufgeführten an Wirksamkeit immer mehr verlieren, gewinnt die zuletzt unter c erwähnte in Folge theils der Fortschritte der Arbeitstheilung, theils der höheren und vollkommeneren Leistungen, welche vielfach verlangt werden, zunehmend an Bedeutung. — Vgl. §. 28. —

§. 113.

Der Begriff der Lohnhöhe.

Unter Höhe des Lohnes läßt sich ein Dreifaches verstehen, nämlich:

1. Das Verhältniß des Lohnbetrages zu den von den Arbeitern zu bringenden Opfern. Dies ist der Maßstab, welchen die Arbeiter selbst anlegen, und nach welchem der vorausgehenden Auseinandersetzung zufolge die Ver-

theilung des Arbeitsangebots auf die verschiedenen Beschäftigungen und im Anschluß daran das Verhältniß der Lohnsätze in diesen untereinander sich ergiebt.

2. Das Verhältniß des Lohnbetrags zu der Arbeitsleistung. Diese Auffassung entspricht dem Standpunkte der Arbeitsherren. In ihrem Sinne ist derjenige Lohn niedrig, für den sie eine vergleichsweise große, derjenige hoch, für den sie eine vergleichsweise geringe Leistung empfangen.

3. Das Verhältniß des Lohnbetrags zu den Bedürfnissen der Arbeiter. Dies ist diejenige Beziehung, welche für das volkswirthschaftliche Interesse vorzugsweise ins Gewicht fällt und die daher hier als die maßgebende gelten soll. Danach ist ein Lohn hoch oder niedrig, je nachdem er die Bedürfnisse der Arbeiter reichlich oder spärlich deckt. Insofern nun der Bedarf der Arbeiter sich als eine allgemein gleiche und continuirliche gegebene Größe auffassen läßt, kann man die Lohnhöhe einfach nach dem Werthbetrage bemessen, welcher mit einer Arbeit innerhalb einer gewissen als Maßeinheit zu Grunde gelegten Zeit erworben werden kann. Die Lohnhöhe erscheint somit als das Verhältniß des Lohnbetrags zur Arbeitszeit, und eine Arbeit muß als um so höher gelohnt gelten, je mehr der Arbeiter mit derselben in einer gegebenen Frist zu verdienen im Stande ist. Es ist aber hervorzuheben, daß die Abschätzung der Löhne nach diesem Maßstabe nur ein immerhin unvollkommenes Surrogat für die Abschätzung nach dem Verhältniß zu den Bedürfnissen der Arbeiter bildet, weil die oben gemachte Voraussetzung, auf der sie beruht, keineswegs unbedingt zutrifft, vielmehr diese Bedürfnisse von Periode zu Periode, von Land zu Land und von Beschäftigung zu Beschäftigung nicht unwesentlich nach Art, Umfang und Reihenfolge von einander abweichen. Man ist jedoch genöthigt, sich an jene unvollkommene Bemessungsmethode zu halten, indem es für die Ermittelung des Unterschieds in den Bedürfnissen meistens an hinreichenden Kennzeichen gebricht.

Was die Bemessung selbst des Werthbetrages des Lohnes anbetrifft, so geschieht sie, so lange es sich nur um Vergleichung der Löhne für verschiedene Arbeiten des nämlichen Marktes und der nämlichen Zeit handelt, am leichtesten und besten durch Reduction aller Lohnbezüge auf Geld, obwol auch dies für Verhältnisse mit noch wenig entwickeltem Geldverkehr seine Schwierigkeiten hat. Sobald jedoch Löhne verschiedener Zeiten und Plätze mit einander verglichen werden sollen, genügt eine solche Reduction nicht mehr, sondern es muß der Umfang festgestellt werden, in welchem der Lohn dem Arbeiter die Verfügung wenigstens über die Hauptartikel seines Bedarfs verschafft. Die Art, Zahl und relative Bedeutung der Bedarfsartikel zu ermitteln, ist nicht Sache der Wirthschaftslehre, vielmehr sind dies Thatsachen, welche sie als gegebene Voraussetzungen von andern Wissenschaften empfangen muß. Vgl. oben §. 78.

§. 114.

Von dem Schwerpuncte des Lohnes; insbesondere vom absoluten Schwerpuncte desselben.

Malthus, an essay on the principles of population; zuerst 1798, dann viele neue erweiterte Auflagen. Deutsch von Hegewisch. Altona 1807. — Rau, Volkswirthschaftspolitik §. 11 ff. — Roscher, §. 238 ff. — Mill a. a. O.

Wie beim Zinse, so ist auch beim Lohne ein absoluter und ein relativer Schwerpunct desselben zu unterscheiden.

1. Unter dem absoluten Schwerpuncte, der absoluten natürlichen

Höhe des Lohnes ist derjenige Betrag desselben zu verstehen, bei welchem die Möglichkeit einer weitern Ausdehnung des Arbeitsangebots verschwindet.

Der Umfang des Arbeitsangebots beruht aber auf einer doppelten Grundlage, nämlich einestheils auf dem Maße der Anstrengungen, zu denen die einzelnen Arbeiter bereit sind, anderntheils auf der Zahl dieser letztern. Jenes findet in der Erschöpfung der Kräfte durch die Arbeit eine ziemlich enggesetzte absolute Grenze, und ebenso wird die Zahl der Arbeiter durch die Möglichkeit ihrer Erhaltung, d. h. durch das Vorhandensein der für ihre Subsistenz unentbehrlichen Güter absolut begrenzt. Unter der doppelten Voraussetzung, einmal, daß die Arbeiter für ihren Unterhalt lediglich auf ihren Lohn angewiesen sind, sodann, daß der Trieb, sich zu vermehren, unter denselben so mächtig ist, daß sie demselben unbedingt nachgeben, so lange nur noch die Möglichkeit für neue Arbeiter vorhanden ist, das für das Leben absolut Unentbehrliche durch das vollste Maß von Arbeit, das sie auszuhalten im Stande sind, sich zu verschaffen, — unter dieser doppelten Voraussetzung läßt sich sonach der Satz aufstellen, daß die natürliche Grenze des reinen Lohnes durch den Werth der unentbehrlichen Unterhaltsmittel der Arbeiter bezeichnet werde, d. h. daß der reine Lohn nicht tiefer sinken könne, als auf einen Betrag, mit welchem der Arbeiter bei vollster Anstrengung seiner Kräfte sich noch nothdürftig zu erhalten vermag. In diesem Sinne sprechen wir von einem Nothschwerpuncte des Lohnes. — Da nun andererseits die Concurrenz der Unternehmer die Nachfrage nach Arbeit so lange fortdauern läßt, als der Reinertrag der letzteren, d. i. der vom Rohertrage nach Abzug des nothwendigen Capitalersatzes, Unternehmergewinns und Zinses verbleibende Rest den Lohn noch übersteigt, so schließt sich hieran der weitere Satz: die absolute Grenze des reinen Lohnes wird erreicht, sobald der Reinertrag der für den Lohn maßgebenden mindest productiven, also präsumtiv der letztverwandten Arbeit nur noch den unentbehrlichen Unterhaltskosten der Arbeiter gleichkommt.

Beide Sätze beziehen sich zunächst auf die kunstlose, ungelernte Handarbeit. Nach den Erörterungen der Paragraphe 111 u. 112 besteht aber zwischen dem Lohne dieser und dem der übrigen Arten von Arbeit eine gewisse Verhältnißmäßigkeit, welche wir jetzt als gegeben voraussetzen. So wird also der Lohn der übrigen Arten von Arbeit sich in das entsprechende Verhältniß zu dem der gemeinen Handarbeit setzen müssen und dadurch ebenfalls seine absolute Grenze bezeichnet erhalten.

Zu den unentbehrlichen Unterhaltskosten der Arbeiter gehören übrigens nicht nur die Verzehrungen während der Arbeit, sondern auch die auf die regelmäßigen täglichen und die außerordentlichen durch Krankheit 2c. veranlaßten Zwischenpausen fallenden, sowie ferner, wenigstens bei Völkern, deren Gesittung die Tödtung und das Verkommenlassen der Invaliden nicht erlaubt, diejenigen, welche für den Unterhalt der ganz oder theilweise Arbeitsunfähigen und arbeitsunfähig Gewordenen erforderlich sind, und endlich, insoweit eine Recrutirung der Arbeiter von auswärts abgeschnitten ist, die Kosten für die Aufziehung des zur Erhaltung der Arbeiterzahl nothwendigen Nachwuchses.

Die bezeichnete Grenze des Lohnes bildet aber den absoluten Schwerpunct desselben nur unter den oben gemachten beiden Voraussetzungen. Wo die eine oder die andere von diesen nicht zutrifft, da kann die Möglichkeit der Ausdehnung des Angebots der Arbeit sich weiter ausdehnen oder zeitiger verschwinden und der absolute Schwerpunct des Lohnes sich daher niedriger oder höher stellen.

In dieser Hinsicht ist es zunächst möglich, daß die Arbeiter für ihren Unterhalt nicht oder wenigstens nicht ganz auf den Ertrag ihres Lohnes angewiesen sind. Es läßt sich ein Zustand denken, wo die Arbeiter allgemein Einkommen aus eigenem Vermögen besitzen, und folglich ihr Lohn nicht für ihren vollständigen Unterhalt aufzukommen braucht, wie ja einzelne Arten von Arbeiten schon jetzt mehrfach unentgeltlich oder gegen unverhältnißmäßig geringen Lohn gethan werden. Dagewesen aber ist schon wiederholt ein anderer Fall, nämlich daß ein Theil der Bedürfnisse der Arbeiter aus Unterstützungen Dritter, namentlich aus öffentlichen Mitteln, gewährt und dadurch die Möglichkeit geschaffen wird, den Lohn unter das Subsistenzminimum herabzudrücken.

Andererseits kann der Wille der Arbeiter dem Arbeitsangebot engere Schranken, als jene durch die Natur gebotenen, und zwar in doppelter Weise setzen. Erstens dadurch, daß die Arbeiter sich der natürlich möglichen, voller Anstrengung ihrer Kräfte entziehen, ein Umstand, der namentlich bei unfreier Arbeit von großer Bedeutung ist, da der Zwang den mangelnden Willen zur Anstrengung niemals vollständig zu ersetzen vermag, der sich aber auch bei hochentwickelten Wirthschafts- und Culturzuständen, namentlich bei weitgetriebener Arbeitstheilung, mit Entschiedenheit geltend zu machen sucht — englische Neunstundenbewegung. — Zweitens — und dies ist ungleich wichtiger — dadurch, daß die Arbeiter ihre Vermehrung beschränken. Diese Begrenzung des Arbeitsangebots kann speciell im Gegensatz zu der natürlich nothwendigen als freie, und ebenso der daraus sich ergebende Schwerpunct des Lohnes als freier Schwerpunct bezeichnet werden.

Die unentbehrlichen Unterhaltsmittel der Arbeiter lassen sich als nothwendige Productionskosten der Arbeit auffassen. Die letztere hat daher mit den Waaren von natürlich beschränktem Angebote die Eigenschaft gemein, daß ihr Preis sich dauernd über den nothwendigen Productionskosten zu halten vermag. Aber während dort die Vermehrung des Angebots in den natürlichen Verhältnissen ihre Grenze findet, ist es hier der freie Entschluß, welcher ihr Schranken zu setzen hat.

Der freie Entschluß — denn der Mensch hat eine Fähigkeit, sich zu vermehren, welche ihn in den Stand setzt, jeder neugeschaffenen Vermehrung der Subsistenzmittel in verhältnißmäßig kurzer Zeit mit seiner Nachfrage zu folgen. Die Behauptung, daß unter gewissen Umständen die Propagationsfähigkeit sich regelmäßig soweit vermindere, daß sie in ihren Wirkungen mit der möglichen Vermehrung der Subsistenzmittel nicht Schritt zu halten vermöge, ist zwar wiederholt aufgestellt, aber nicht ausreichend bewiesen worden. Und nicht allein die Fähigkeit der Vermehrung wohnt dem Menschen inne, sondern es hat die Natur diese Fähigkeit zugleich auch mit dem stärksten sinnlichen und gemüthlichen Anreize verbunden. Die Vermehrung des Angebots anderer Waaren ist für Diejenigen, von denen sie ausgehen soll, einfach eine Last. Die Vermehrung der Menschen und damit des Angebots an Arbeitskräften enthält an sich für Diejenigen, welche sie herbeiführen, die Befriedigung eines lebhaft empfundenen Bedürfnisses, und erst in ihren weiteren Folgen treten die Nachtheile derselben hervor. So erscheint die über dasjenige Maß, welches durch die Begrenztheit der Unterhaltsmittel gesetzt ist, hinausgehende Beschränkung des Arbeitsangebots als eine Sache der Ueberlegung und Selbstüberwindung der auf den Ertrag ihrer Arbeit angewiesenen Bevölkerung.

§. 115.

Insbesondere von dem relativen Schwerpuncte des Lohnes.

Smith, Say, Ricardo a. a. O. Letzterer auch Cap. XXXI. — Rau §. 195. — Roscher §. 165. — Mill a. a. O.

Unter dem relativen Schwerpuncte des Lohnes ist derjenige Lohnbetrag zu verstehen, bei welchem in einem gegebenen Zustande die Nachfrage nach Arbeit und das Angebot derselben ins Gleichgewicht treten.

Auf Grund einer analogen Betrachtung, wie sie oben, §. 105, beim Zinse angestellt worden ist, läßt sich dieser relative Schwerpunct dahin bestimmen, daß er mit dem voraussichtlichen Reinertrage der mindest fruchtbaren, d. i. präsumtiv der zuletzt angewandten Arbeit zusammenfällt. Dieser Ausdruck enthält indessen keine Beziehung auf den realen Inhalt des Lohnbetrags, und da dieser für die Betrachtung des Verhältnisses des Lohnes zu den Bedürfnissen der Arbeiter unentbehrlich ist, so macht sich das Bedürfniß nach einer andern Art der Bestimmung geltend.

In welcher Form der Lohn auch ursprünglich ausgezahlt wird, so soll er doch seiner Hauptmasse nach zum Unterhalte der Arbeiter dienen und muß also schließlich die Form von Unterhaltsmitteln für die Letzteren annehmen. Mit anderen Worten: die Nachfrage nach Arbeit besteht im Wesentlichen in dem Angebote von Unterhaltsmitteln für die Arbeiter. Es ist also die Größe des Vorraths der für den Unterhalt der Arbeiter bestimmten Güter, auf welche es ankommt. Dieser Vorrath macht den Hauptbestandtheil des umlaufenden Nationalcapitals aus, zu welchem die sonstigen Bestandtheile desselben überdies in einem der Natur der Sache nach ziemlich stetigen Verhältnisse stehen. So erscheint es zulässig, ihn mit diesem zu identificiren und den relativen Schwerpunct in der Weise, wie das gewöhnlich geschieht, dahin zu bestimmen, daß die Höhe des Lohnes durch das Verhältniß des umlaufenden Capitales zu dem Arbeitsangebot bestimmt wird. Nur darf man die nur approximative Richtigkeit und die Unbestimmtheit dieses Ausdruckes nicht übersehen, da einestheils in demselben eine Beziehung auf die verschiedene Schnelligkeit des Capitalumlaufes fehlt, anderntheils es keineswegs von vorn herein feststeht, welcher Theil der gesammten vorhandenen Gütervorräthe zur Erhaltung von Arbeitern, welcher zu andern Zwecken bestimmt ist.

§. 116.

Von den Veränderungen des relativen Schwerpunctes des Lohnes; insbesondere von den Veränderungen der Nachfrage nach Arbeit.

Die angef. Schriftst. a. a. O.

1. Der relative Schwerpunct des reinen Lohnes, als auf dem Verhältnisse des umlaufenden Capitals zu dem Arbeitsangebot beruhend, wird durch Veränderungen, welche dieses Verhältniß erfährt, verrückt. Solche Veränderungen können ihre Ursache nur darin haben, daß eine Vermehrung oder Verminderung des einen Factors des Verhältnisses nicht von einer entsprechenden Veränderung des anderen Factors

begleitet wird. Für die nähere Betrachtung erscheint es als der angemessenste Weg, die Bewegung jedes Factors einzeln unter der Voraussetzung gleichzeitiger Unbeweglichkeit des andern Factors ins Auge zu fassen.

a. Was fürs Erste das umlaufende Capital anbetrifft, so hat, so lange die Versorgung der Volkswirthschaft mit Capital den Sättigungspunct noch nicht erreicht hat, der Capitalanwachs, der sich ja in der Regel, da das stehende Capital zu seiner Ausbeutung des umlaufenden bedarf, nicht auf das erstere beschränkt, sondern nach dem Verhältnisse des Bedarfs auf beide Capitalarten vertheilt, die Tendenz, erhöhend auf den Lohn zu wirken. Störungen der Capitalzunahme, massenhafte Capitalvernichtungen durch nationale Katastrophen thun dieser Tendenz Einhalt und geben ihr nach Umständen eine entgegengesetzte Richtung.

Bemerkenswerth ist der Einfluß des Umstandes, daß unter den Unterhaltsmitteln der Arbeiter die Erzeugnisse der Landwirthschaft bei Weitem die wichtigste Stelle einnehmen. Denn einmal gehören diese Erzeugnisse zu denjenigen Gütern, von denen sich, so lange nicht ein Fortschritt der Technik ihrer Production, der Verkehrsverbindungen oder eine Veränderung in den Ansiedelungsverhältnissen der Bevölkerung eintritt, eine Vermehrung des Angebots nur mit wachsenden Kosten herstellen läßt, und die daher mit dem Wachsen der Bevölkerung und des Wohlstandes im Vergleich zu den andern Gütern von unbeschränkter oder minder beschränkter Vermehrbarkeit die Tendenz haben, im Werthe zu steigen. Wählt man nun eines dieser andern Güter, z. B. Geld, zum Maßstabe des Werthes des Lohnes, so kann sich der letztere von einer Periode zur andern höher stellen, ohne sich doch seinem sachlichen Inhalte nach überhaupt oder doch im entsprechenden Verhältnisse verändert zu haben. — Sodann aber ist das Angebot gerade der Producte der Landwirthschaft bekanntlich ein in kurzen Zeiträumen außerordentlich fluctuirendes. Die effective Nachfrage nach Arbeit ist daher ebenfalls in hohem Grade veränderlich. Ganz besonders deutlich tritt das hervor, sobald der Geldlohn in überwiegenden Gebrauch gekommen ist. Der gleiche Geldlohn bedeutet bei gestiegenen Getreidepreisen für den Arbeiter einen zwar nicht ganz im Verhältniß dieser Steigerung, aber doch in einem sich mehr oder minder annähernden Verhältniß gesunkenen Sachlohn. Gemeinhin wird der Geldlohn in einem solchen Falle nicht einmal sich gleich bleiben, sondern heruntergehen, weil die Einschränkungen, welche man sich von und nach allen Seiten in der Consumtion der übrigen Güter auferlegt, die Nachfrage nach Arbeit wesentlich beeinträchtigen. Die Arbeiter könnten dem nur entgehen, wenn sie rasch ihr Angebot zu beschränken vermöchten; wie sich aber im folgenden Paragraphen zeigen wird, vermag das Arbeitsangebot in der Regel nur langsam beschränkt zu werden; im Gegentheil vermehrt sich dasselbe in Nothzeiten wohl gar noch durch den Uebertritt bisheriger Unternehmer und Rentner in die Reihe der Arbeiter. Der umfangreiche Bedarf der letzteren an landwirthschaftlichen Erzeugnissen hat also eine große Veränderlichkeit des Lohnbetrags, diesen in seinem Verhältniß zu den Bedürfnissen der Arbeiter bemessen, zur unvermeidlichen Folge.

Herabdrückend auf den relativen Schwerpunct des Lohnes kann eine Verwandelung umlaufenden Capitals in stehendes wirken. Eine solche wird für die Unternehmer und bezüglich Capitalisten vortheilhaft sein, und mag deshalb von ihnen vorgenommen werden, sobald sie Aussicht haben, bei gleichgebliebenem oder selbst vermindertem Rohertrag einen größeren Reinertrag für sich herauszuschlagen. Der Fonds für die Nachfrage nach Arbeit findet sich dann vermindert, und selbst wenn der Rohertrag sich gleich geblieben ist, und die Unternehmer und Capitalisten die Vermehrung ihres Einkommens zur Nachfrage nach Dienstleistungen und neuen Producten benützen, wird das schwerlich so vollständig geschehen, um dadurch den auf der ersten Seite entstandenen Ausfall in der Nachfrage nach Arbeit auszugleichen. Indessen ist zu bedenken einmal, daß theilweise eine solche Ausgleichung doch stattfinden wird; sodann, daß eine derartige Verwandelung der Capitalform in großem Umfange sich in der Regel nur sehr allmälig zu vollziehen vermag — vergl. oben §. 36; — endlich, daß das vermehrte Einkommen der Unternehmer und Capitalisten diese zu einer rascheren Ansammlung von Capital, auch von umlaufendem, reizt und dadurch eine neue Nachfrage nach Arbeit herbeiführt. Aus diesem Grunde kann man der Verwandelung umlaufenden Capitals in stehendes nur einen untergeordneten Einfluß auf den relativen Schwerpunct des Lohnes zuschreiben.

§. 117.

Insbesondere von der Veränderung des Angebots von Arbeit.

Die angeführten Schriftsteller a. d. a. O. — L. Stein, System der Staatswissenschaft. Stuttg. u. Tübingen 1852. Bd. I. S. 108 ff. — Wappäus, Allgemeine Bevölkerungsstatistik. Leipzig 1859. Bd. I. S. 87 ff. II. passim, insbes. S. 247 ff.

b. Was den andern für die Lohnhöhe maßgebenden Factor, das Arbeitsangebot, anbelangt, so strebt die Arbeiterzahl, so lange der relative Schwerpunct des Lohnes, sei es nach oben, sei es nach unten, von dem absoluten abweicht, sich in der Weise zu reguliren, daß jener Unterschied immer mehr verschwindet. Steht der Lohn über dem absoluten Schwerpuncte, so wirkt der nun die Gegentendenzen überwiegende Trieb zu geschlechtlicher Vereinigung auf eine Vermehrung der Bevölkerung hin. Auch durch Einwanderung mag eine solche beschleunigt werden. Im entgegengesetzten Falle muß sich das Arbeitsangebot vermindern, und zwar wenn der thatsächliche Lohn, obwohl über dem Nothbedarfe stehend, dennoch den Lebensanforderungen der Arbeiter nicht entspricht, durch sparsamere Familiengründung; wenn er aber unter den Nothbedarf herabgesunken ist, durch eine Vermehrung des Krankenbestandes und der Sterblichkeit. Auch Auswanderungen können dieser Bewegung zu Hülfe kommen. Im Allgemeinen aber verpflanzen sich menschliche Arbeitskräfte ungemein schwierig. Es kostet dem Menschen einen harten Entschluß, sich von den eingewöhnten Lebensverhältnissen loszureißen; auch ist die Möglichkeit der Uebersiedelung durch einen größeren Vermögensbesitz bedingt. In neuerer Zeit haben sich zwar durch das Aehnlicherwerden der Civilisationszustände der verschiedenen Völker, durch die verbreitete bessere Kenntniß fremdländischer Zustände und durch die Vervielfältigung, Verbesserung und Verwohlfeilerung der Transportgelegenheiten, sowie durch die vollständigere Anerkennung der Freiheit der Person und des Eigenthums, diese Hindernisse erheblich gemindert, indessen fallen sie noch immer hinlänglich ins Gewicht, um eine internationale Ausgleichung der Lohnhöhe weit entfernt zu halten. Jedenfalls ist der Einfluß der sich selbst überlassenen Ein- und Auswanderung auf die Regelung des Bevölkerungsstandes, von einzelnen Ausnahmsfällen abgesehen, — Irland, die Goldländer, — nur ein sehr langsam wirkender, wozu auch der Umstand beiträgt, daß die Schwierigkeiten der Uebersiedelung von dem männlichen Geschlechte verhältnißmäßig weit leichter überwunden werden, wie von dem weiblichen. Denn eine Aus-

oder Einwanderung von Männern wirkt in dieser Beziehung begreiflicher Weise in viel minderem Grade ein, als eine solche von Weibern. Es hat daher unter Verhältnissen, die eine rasche Ab- oder Zunahme der Arbeiterzahl wünschenswerth erscheinen lassen, nicht an Vorschlägen und Versuchen, die Aus- oder Einwanderung zu „organisiren", gefehlt. Zugleich rasch und in wirklich bedeutendem Umfange hat noch keiner dieser Versuche gewirkt; öfter aber ist der Erfolg ein durchaus verfehlter gewesen.

Es kann geschehen, daß ein Land oder ein Landestheil mit geringerer Lohnhöhe dauernd einen Ueberschuß an Bevölkerung erzeugt und denselben an andere Länder oder Landestheile mit größerer Lohnhöhe abgibt. Das erklärt sich, stationäre Productionsverhältnisse in den Ländern oder Landestheilen der Einwanderung vorausgesetzt, nur daraus, daß hier die Bevölkerung ihrer Vermehrung aus sich heraus so enge Schranken setzt, daß durch den Zufluß von außen das Arbeitsangebot nur immer auf der gleichen Höhe gehalten wird, weil sonst eine allmälige Ausgleichung des Lohnsatzes mit dem Stande desselben im Lande der Auswanderung erfolgen müßte, wodurch die letztere endlich zum Stillstande gebracht werden würde. — Auch von einer Classe der Bevölkerung zur andern kann eine solche dauernde Bewegung unter der gleichen Voraussetzung stattfinden, und es scheint, daß wirklich die höheren Arbeitsstände regelmäßig einen stärkeren Zufluß aus den niederen erhalten, als diese aus jenen. — Die Beschränkung in der Familiengründung wird aber gemeinhin von Denjenigen, welche sich mit Rücksicht auf einen solchen Zufluß von außen zu derselben veranlaßt finden, als eine große Last empfunden. Darauf beruht zum großen Theile der Fremdenhaß und der Widerwille gegen Emporkömmlinge, und daraus erklärt sich das in tausend Formen in den verschiedensten Zeiten hervorgetretene Bestreben, einen solchen Zufluß künstlich abzuhalten; ein Bestreben, das nur allmälig und unter dem erleichternden Einflusse von Perioden raschen wirthschaftlichen Aufschwunges vor der durchdringenden Anerkennung der Ungerechtigkeit solcher Beschränkungen und der Einsicht in die überwiegenden Nachtheile einer wirklich wirksamen Durchführung derselben sich verliert.

Außer durch die bezeichneten Ursachen, deren Wirksamkeit nur eine mehr allmälige ist — denn auch das Anwachsen der Bevölkerung durch den Ueberschuß der Geburten über die Todesfälle hat selbst unter den günstigsten Umständen ein beschränktes natürliches Maß — kann das Arbeitsangebot zeitenweise noch durch andere rascher wirkende Umstände beeinflußt werden. Dahin gehören z. B. verheerende Seuchen, welche große Lücken in die Bevölkerung reißen, ein im Mittelalter bekanntlich häufig vorgekommener Fall. Ferner Kriege und die Vorbereitungsmaßregeln zu solchen, andererseits Friedensschlüsse und Demobilisirungen, welche einen großen Theil der Arbeiter unter die Waffen rufen oder den friedlichen Beschäftigungen zurückgeben. Hierdurch wird mitunter ein bedeutendes Steigen des Lohnes verursacht; doch wird dieser Erfolg in der Regel wenigstens theilweise dadurch paralysirt, daß zugleich wegen der Lähmung des Verkehrs eine Stockung in der Nachfrage nach Arbeit eintritt. Ein plötzlicher Nothstand in Folge von Mißernten, Verkehrskrisen und dergleichen zwingt manche Leute, die bisher als Rentner oder Unternehmer lebten, in die Reihe der Lohnarbeiter einzutreten, und drückt dadurch den Lohn. Andererseits versetzt ein rascher Aufschwung der Productivität und des Wohlstandes Manche in die Lage, auf den Erwerb durch Arbeit zu verzichten, und wirkt so vermindernd auf das Arbeitsangebot, steigernd auf den Lohn.

Aber auch ohne Veränderung in der Zahl der Arbeiter kann in dem Arbeitsangebot durch den Entschluß der Arbeiter, mehr oder nicht so viel zu arbeiten, als bisher, eine Veränderung eintreten. In dieser Beziehung sind namentlich die Uebergänge von gezwungener zu freier Arbeit, vom Natural- zum Geld- und vom Zeit- zum Stücklohn von Bedeutung. Der erstere Uebergang, namentlich wenn er ein sehr unvermittelter ist, führt in der Regel zunächst zu einer Verminderung des Arbeitsangebots, durch welche dem Fortgange der Production bisweilen sehr große Schwierigkeiten bereitet werden, im weiteren Verlaufe aber pflegt unter dem Einflusse der Concurrenz — und hier äußern mitunter ihrer Zahl nach wenig bedeutende Einwanderungen einen bemerkenswerthen Einfluß — eine Steigerung einzutreten, wodurch die Arbeitsdauer sich der alten Ausdehnung wieder mehr und mehr nähert, ein Ergebniß, bei welchem die Arbeitsherren in Folge der Vergrößerung der Leistung im Verhältniß zur Zeit meistens noch einen weiteren Vortheil haben. Die Vertauschung des Naturallohns mit dem Geldlohne, noch mehr die des Zeitlohns mit dem Stücklohne veranlaßt in der Regel die Arbeiter zu erhöhten Anstrengungen und bewirkt dadurch schließlich, insofern nicht der hieraus für die Unternehmer und Capitalisten entspringende Vortheil zu einer Vermehrung des für den Unterhalt von Arbeitern bestimmten Capitalfonds führt, eine Verminderung der nach der Leistung bestimmten Lohnhöhe. In einzelnen beschränkten Arbeitsgebieten ist es mitunter den Arbeitern durch strenges Zusammenhalten, namentlich wenn sie im Stande waren, einen Zufluß aus andern Kreisen abzuhalten, gelungen, jene Entwickelung zu verhüten oder wieder zu beseitigen.

Was die Wirkung des allgemeinen Entwickelungsstandes der Wirthschaft und Cultur auf die Stärke der Schwankungen des relativen Schwerpunctes der Lohnhöhe anbetrifft, so läßt sich zu Gunsten niederer Culturstufen geltend machen, daß starke Schwankungen des Geldlohnes hier durchaus nicht maßgebend sein können, indem der Naturallohn hier ja bei Weitem überwiegt, dieser aber eben seiner Beschaffenheit nach Schwankungen weniger ausgesetzt ist. Die festere und dauerndere Art der Dienstverhältnisse begünstigt ebenfalls eine Stetigkeit des Lohnes, und selbst die Unfreiheit der Arbeiter hat den Vortheil, daß ihr auf Seiten der Herren eine gewisse Garantie für den Unterhalt der ihnen angehörigen Leute zur Seite steht. Auch kennt man hier keine Verkehrskrisen und die sich daran knüpfenden Stockungen der Nachfrage nach Arbeit. Andererseits aber ist hervorzuheben, daß auf höheren Culturstufen die Schwankungen in den Preisen der hauptsächlichsten Consumtionsartikel der Arbeiter, namentlich des Getreides, also in dem Sachwerthe des gleichen Geldlohnes viel geringer werden, daß die Gesundheits- und Sterblichkeitsverhältnisse sich gleichmäßiger gestalten, daß die Kriege seltener werden und rascher verlaufen, daß Capitalverluste sich leichter ersetzen oder durch Zufluß aus dem Auslande verwischen, und daß eine Ausgleichung des Arbeitsangebots in verschiedenen Berufszweigen und an verschiedenen Orten sich rascher und in größerem Umfange bewerkstelligen läßt. Man wird darauf aufmerksam machen dürfen, daß auch der Naturallohn früherer Zeiten durch Veränderungen in der Quantität und Qualität des den Arbeitern Zugestandenen sehr erheblichen, wenn auch schwieriger zu ermittelnden Schwankungen unterlag, die um so weiter gehen konnten, als die Arbeiter durch ihre persönliche Unfreiheit der Mittel der Gegenwehr großentheils beraubt waren. Endlich ist zu bedenken, daß es nicht auf die absolute Größe der

Lohnschwankungen, sondern auf das Verhältniß derselben zu der durchschnittlichen Lohnhöhe ankommt. Wenn der Lohn überhaupt durchschnittlich den Nothbedarf nur wenig übersteigt, werden freilich nur geringere Schwankungen desselben möglich sein, als bei einem höheren Schwerpuncte des Lohnes, aber die geringeren Schwankungen dort werden empfindlicher sein, als die größeren Schwankungen hier.

§. 118.

Von den Veränderungen des absoluten Schwerpunctes des Lohnes.

Die angeführten Schriftsteller an den angeführten Orten. — Bastiat, Harmonies, Cap. 16.

2. Auch der absolute Schwerpunct des Lohnes ist im Laufe der Zeit Veränderungen ausgesetzt. Das trifft zunächst schon den Nothschwerpunct. Denn insofern eine steigende Cultur die Gesundheitsverhältnisse verbessert, eine sinkende sie verschlechtert, hat jene die Tendenz, ihn zu erniedrigen, diese ihn zu erhöhen, weil im ersteren Falle theils die verminderte Kindersterblichkeit die Ausgaben für die Erziehung des Nachwuchses ermäßigt, theils die Arbeiter selbst weniger Unterbrechungen durch Krankheit ausgesetzt sind und bis in ein späteres Alter arbeitsfähig bleiben, im letzteren Falle die umgekehrten Ursachen die umgekehrten Wirkungen haben. Von Seiten des Staates werden zwar, je mehr er sich entwickelt, in der Regel wachsende Anforderungen in Bezug auf Abgaben und Leistungen an die Arbeiter gestellt, allein bei gut geleiteter Verwaltung werden diese Mehranforderungen doch weit überwogen durch das, was der Staat vermittelst des von ihm gewährten Rechtsschutzes und anderer Dienste den Einzelnen an Lasten abnimmt, so daß auch von dieser Seite auf höheren Culturstufen meistens eine Verminderung des Nothbedarfs eintritt. Nominell kann sich übrigens der Nothbedarf der Arbeiter vergrößern, wenn man zum Maßstabe desselben ein Gut nimmt, dessen Werth die Tendenz hat, mit der nationalen Entwickelung im Verhältniß zu den Befriedigungsmitteln der Hauptbedürfnisse der Arbeiter sich zu vermindern, und es ist in dieser Beziehung namentlich der Umstand von Bedeutung, daß nicht nur die Nachfrage nach den Producten der Landwirthschaft, welche die Arbeiter unmittelbar und mittelbar am meisten bedürfen, mit der Bevölkerung mindestens in gleichem Maße steigt, sondern auch die Befriedigung dieser wachsenden Nachfrage in der Regel nur mit zunehmenden Schwierigkeiten und Kosten zu ermöglichen ist, während bei den übrigen Gütern, namentlich auch bei den edeln Metallen, theils die Steigerung der Nachfrage sich in engeren Grenzen halten, theils ein vermehrtes Angebot mit dem gleichen oder doch einem nicht in solchem Maße steigenden Kostensatze hergestellt werden kann.

Aber der absolute Schwerpunct des Lohnes geht in der Regel nicht bis auf den Nothbedarf herunter; das Maß der Güter, welches die Arbeiter für ihre Existenz für nothwendig halten und mit Rücksicht auf welches sie ihrer Vermehrung Schranken setzen, geht meistens mehr oder minder über das strict Unentbehrliche hinaus, und es fragt sich daher, wodurch, um die früher gewählte Ausdrucksweise beizubehalten, dieser freie Schwerpunct, bei welchem einer gegebenen Nachfrage gegenüber das Arbeitsangebot stationär wird, bestimmt wird, und wie die allgemeinen wirthschaftlichen und Culturverhältnisse auf die Erhöhung oder Erniedrigung desselben einwirken.

In dieser Beziehung ist vor Allem die Thatsache hervorzuheben, daß, wenn einerseits der relative Schwerpunct des Lohnes dem absoluten zustrebt, andererseits der absolute wesentlich unter dem Einflusse des relativen steht, vorausgesetzt nur, daß dieser sich längere Zeit mit einer gewissen Stetigkeit behauptet. Mit andern Worten: die über die Familiengründung entscheidenden Lebensansprüche der Arbeiter richten sich wesentlich nach dem ihnen zur Gewohnheit gewordenen Maße von Gütergenuß. Wenn der Lohn sich längere Zeit über der bisherigen Durchschnittshöhe hält, so wird auch das Maß der nothwendigen, d. h. für nothwendig erachteten Lebensbedürfnisse allmälig ein größeres, und umgekehrt geht in einer Periode längeren Druckes auch der Maßstab, den man an das Leben anlegt, — the standard of life — herunter.

Hier zeigt sich nun ein tiefgreifender Unterschied zwischen gezwungener und freier Arbeit. Bei der ersteren ist der Einfluß des absoluten Schwerpuncts des Lohnes auf den relativen überwiegend; der wirkliche Lohn bemißt sich hier hauptsächlich nach dem Maße des, und zwar von den Herren, für nothwendig erachteten Lebensbedarfs der Arbeiter, und es liegt in dem Eigennutze der Herren ein wichtiges Motiv, diese Schätzung immer mehr bis auf den stricten Nothbedarf einzuschränken, ein Motiv, dessen Wirksamkeit durch entgegenstrebende Cultureinflüsse zwar aufgehalten, aber selten ausgeglichen werden mag. Der absolute Schwerpunct des Lohnes hat daher hier eine überwiegende Tendenz zum Sinken. Bei freier Arbeit dagegen wird der absolute Schwerpunct des Lohnes vorherrschend durch den relativen bestimmt, der Lebensanspruch durch die Lebensgewohnheit, und die Folge davon ist, daß der freie Schwerpunct des Lohnes die Tendenz erhält, sich immer weiter über den Nothschwerpunct zu erheben, daß das Maß der „nothwendigen Lebensbedürfnisse" ein immer größeres zu werden strebt. Die Erklärung dafür liegt in folgenden Gründen.

Einmal nehmen sich überhaupt der Natur des Menschen nach neue Bedürfnisse leichter und rascher an, als sich alte ablegen. Die frühere Lebensweise wird daher länger als die normale angesehen, wenn sie reicher, als wenn sie minder reich war, wie die gegenwärtige. Hiermit hängt es unmittelbar zusammen, daß eine Verminderung des zeitweiligen Lohnes unter sein herkömmliches Maß rascher überwunden zu werden pflegt, als eine Uebersteigung des letzteren durch die Zunahme des Arbeitsangebots wieder ausgeglichen wird, und auch aus diesem Grunde jene daher in der Regel weniger stark als diese auf die Auffassung von Dem zu wirken vermag, was als normales Maß des Unterhalts zu gelten hat.

In der nämlichen Richtung wirkt ferner auch der Umstand, daß bis zu einer gewissen Grenze, so lange nämlich die Erhöhung des Lohnes von einer mehr als verhältnißmäßigen Steigerung der Arbeitsleistung begleitet ist, wie das namentlich bei dem Uebergang zum Geld- und zum Stücklohne hervortritt, das Interesse der Unternehmer und der Capitalisten mit dem der Arbeiter Hand in Hand geht. In solchen Perioden steigert sich die Nachfrage nach Arbeit, und da das Angebot nur langsamer zu folgen vermag, stellt sich auf längere Zeit ein höherer Lohn und mit ihm eine reichere Lebensgewohnheit der Arbeiter her, durch welche die maßgebende Auffassung der Arbeiter von den Lebensnothwendigkeiten sich erweitert.

Endlich ist es die im vorhergehenden Paragraphen berührte Veränderlichkeit des Sachlohns, wie sie sich aus dem Umstande ergibt, daß das Arbeitsangebot den Schwankungen in der Menge und dem Preise der landwirthschaftlichen Erzeugnisse nicht mit gleicher Schnelligkeit in seinen Veränderungen nachzufolgen vermag, welche ebenfalls auf eine Erhöhung des absoluten Schwerpunctes des Lohnes hinwirkt, indem die Arbeiter in ihrem Urtheil über die nothwendige Höhe des letzteren von der Erfahrung minder günstiger Jahre ausgehen und demgemäß ihr Angebot reguliren. Kommt dann eine bessere Zeit, so erhalten sie die Möglichkeit einer besseren Lebensweise, und die Gewohnheit an eine solche steigert wieder ihre Auffassung der Lebensnothwendigkeiten. Hieraus erklärt es sich auch, daß ein rascher Wechsel wohlfeiler und theurer Jahre dem Steigen der Lebensansprüche der Arbeiter viel günstiger ist, als eine erst in vieljährigem Turnus erfolgende Abwechselung fruchtbarer Zeiten mit unfruchtbaren.

Auf der andern Seite wirken freilich der steigenden Bewegung des absoluten Schwerpunctes des Lohnes auch gewichtige Einflüsse entgegen. Dahin ist zunächst der stetig wirkende Druck der mit dem Steigen der Bevölkerung und des Wohlstandes allmälig sich geltend machenden Vertheuerung der Bodenproducte zu rechnen. Einen besonders nachtheiligen Einfluß vermögen ferner solche staatliche Einrichtungen und gesellschaftliche Gewohnheiten auszuüben, welche die Arbeiter der Verantwortlichkeit, für den Unterhalt der eigenen Familie zu sorgen, mehr oder minder überheben. Endlich können auch unglückliche Wirthschaftsverhältnisse überhaupt einen Rückschlag hervorrufen. Längere Nothzeiten gehen selten vorüber, ohne eine herabdrückende Einwirkung auf die Lebensansprüche der Arbeiter zu hinterlassen. Unter den Ursachen solcher Nothzeiten nimmt die Ueberschätzung der Dauerhaftigkeit der den Arbeitern günstigen Conjuncturen die erste Stelle ein. Eine hohe Entwickelung der Volkswirthschaft wirkt aber in dieser Beziehung insofern günstig ein, als sie einen intensiveren, rascheren Verlauf der kritischen Perioden mit sich bringt. Die Arbeiter leiden dabei nicht weniger, aber sie vermögen sich nicht in solcher Weise in die Auffassung der Noth als eines normalen Zustandes hineinzuleben.

Von ungleich geringerer Bedeutung, als die Macht der Lebensgewohnheit, ist für die Steigerung des absoluten Schwerpunctes des Lohnes, das Streben der Arbeiter, sich über den bisherigen Zustand zu erheben. Die Furcht, „ihre Kaste zu verlieren," mag bei Vielen die Eheschließung und Familiengründung verzögern und verhindern; die Idee, „eine höhere Kaste zu gewinnen," wirkt nur bei Wenigen, und zwar vorzugsweise bei höheren Arbeitern, mächtig genug, um einen solchen Einfluß zu äußern. Je dichter zusammengedrängt eine Bevölkerung lebt, je unvermeidlicher daher die Genüsse der Bessergestellten sich in den Gesichtskreis der minder gut Gestellten rücken, je manichfaltiger andererseits die Stellungen und Einkommen sich abstufen und folglich einem Jeden für sein Weiterstreben ein nahegestecktes, erreichbares Ziel zeigen, desto häufiger mag auch dies vorkommen.

So wünschenswerth es im Allgemeinen ist, daß der absolute Schwerpunct des Lohnes sich durch den freien Entschluß der Arbeiter immer mehr über den Nothbedarf erhebe, so giebt es doch auch eine entschieden unerfreuliche Art dieser Steigerung. Dieselbe tritt da ein, wo das berechtigte Streben der Arbeiter, sich eine menschenwürdige Existenz zu wahren und bezüglich zu erringen, in einen unberechtigten, genußsüchtigen Egoismus umschlägt, und wird vornehmlich dadurch erkenntlich, daß einer rascheren Vermehrung der Bevölkerung nicht auf dem naturgemäßen Wege einer verspäteten Eheschließung und Familiengründung, sondern durch allerhand gröbere oder feinere unsittliche und theilweise verbrecherische Mittel Einhalt gethan wird, daß man überhaupt nicht sowol den Geschlechtstrieb im Zaume zu halten, als seinen natürlichen Folgen vorzubeugen, bezüglich dieselben wieder zu beseitigen bedacht ist. Wo trotz günstiger ökonomischer Verhältnisse die Bevölkerung stationär wird und selbst positiv abnimmt, ist das gewöhnlich ein Zeichen, daß eine solche unsittliche Handlungsweise bereits weit um sich gegriffen hat.

§. 119.

Abweichungen vom relativen Schwerpunct des Lohnes.

Wenn einerseits der Betrag der für den Unterhalt der Arbeiter bestimmten Güter, andererseits der Erfolg der Arbeit in jeder Wirthschaftsperiode unabänderlich feststände, so könnte von einer Abweichung des Lohnes von seinem relativen Schwerpuncte nicht die Rede sein. Die betreffende Gütermenge würde sich vielmehr einfach diesem Schwerpuncte entsprechend unter die Arbeiter vertheilen, und der gleiche Gütervorrath, von etwa inzwischen eingetretenen Capitalersparungen oder -Verzehrungen abgesehen, in der neuen Periode wieder für den gleichen Zweck verfügbar sein. Daraus, daß jene beiden Voraussetzungen nicht unbedingte Gültigkeit haben, erklärt sich die Möglichkeit von Abweichungen des Lohnes von seinem relativen Schwerpuncte.

Es ist hier auf die §. 115 zuerst angeführte Bestimmungsweise des relativen Schwerpunctes des Lohnes zurückzugehen, wonach er sich der voraussichtlichen Productivität der mindest productiven Arbeit entsprechend regulirt. Abweichungen erscheinen hiernach als Folgen einer vorherrschenden irrigen Meinung über die Productivität der Arbeit. Eine solche irrige Meinung vermischt sich durchaus mit der auf die Fruchtbarkeit der Capitalverwendung bezüglichen, und es genügt daher, in Betreff der Entstehungsgründe derselben und der Phasen, welche sie durchläuft, auf §. 107 zurückzuverweisen. Auch die Folgen für den Lohn sind denen für den Zins analog. Insbesondere tritt hier auch eine Störung der Verhältnißmäßigkeit der Löhne, wie dort der Gleichheit des Zinses um so stärker hervor, als der Uebergang von einer Beschäftigung zur andern mit stärkeren Schwierigkeiten verbunden ist, als die Verwandelung des Capitals aus einer Form in die andere.

Nimmt man an, die Löhne werden in Geld bezahlt, so erhalten die Arbeiter im Falle einer übertriebenen Meinung von der Productivität der Arbeit einen höheren Geldlohn, als ihnen nach der thatsächlichen Lage der Dinge zukommt, und sie finden sich vermittelst desselben in den Stand gesetzt, von dem für den Unterhalt der Gesammtbevölkerung verfügbaren Gütervorrathe eine größere Quote für sich in Anspruch zu nehmen. Stellt sich dann später das Zurückbleiben des wirklichen Ertrags der Production hinter dem erwarteten heraus, so werden die Arbeiter hievon in doppelter Weise betroffen, nämlich einmal dadurch, daß die ganze Masse der für den Unterhalt der Gesammtbevölkerung verfügbaren Gütermasse eine geringere geworden ist, wenigstens wenn sich die Verringerung nicht ausschließlich auf solche Güter beschränkt, die außerhalb des Begehrungskreises der Arbeiter liegen, und sodann dadurch, daß von dieser Masse ein geringerer Theil zum Ankaufe von Arbeit bestimmt wird. Der letztere Umstand bewirkt vornehmlich, daß der Geldbetrag des Lohnes sinkt, der erstere, daß die Geldpreise der Unterhaltsmittel steigen. Insoweit dieses doppelte Sinken des Lohnes nur aus jenen beiden Ursachen hervorgeht, tritt noch keine Abweichung von seinem relativen Schwerpuncte ein, vielmehr hat sich dieser selbst verändert, und die Veränderung des Lohnes entspricht nur dieser letzteren Veränderung. Allein oftmals bleibt es hierbei nicht, vielmehr beschränken die eingeschüchterten Unternehmer ihre Nachfrage nach Arbeit noch weiter und drücken dadurch zunächst den Geldlohn noch mehr. Auch wird wohl in Erwartung höherer Preise mit dem Angebote der Verbrauchsgegenstände zurückgehalten. Ein Theil des in der Form von Geld oder Verbrauchsgütern noch vorhandenen Capitals bleibt in Ermangelung des erforderlichen Vertrauens zeitweilig todt liegen, und so leiden die Arbeiter noch über das dem veränderten Schwerpunct des Lohnes entsprechende Maß hinaus durch Verringerung sowohl des Geldbetrags als des Sachwerthes des Lohnes. — Die Verfolgung dieser Vorgänge im einzelnen Falle ist indessen ungemein schwierig, weil sie vielfach durch entgegenwirkende Momente gekreuzt werden. Theils vollzieht sich die Entwickelung in den verschiedenen Productionszweigen nicht ganz in der gleichen Zeit und mit verschiedener Schnelligkeit, theils zeigt sich auf einzelnen Arbeitsgebieten eine Vermehrung der Nachfrage, theils hat die verfehlte Speculation auch die Form einer Ueberproduction einzelner Verbrauchsgegenstände der Arbeiter, so daß diese Güter wohlfeiler werden u. s. w.

Endlich ist noch eine eigenthümliche Abweichung des Lohnes von seinem relativen Schwerpuncte zu Gunsten der Arbeiter zu erwähnen. Wo nämlich die Bedrängniß der letzteren, sei es in Folge von Verkehrskrisen, sei es aus andern Ursachen, zu einem wirklichen Nothstande wird, entzieht sich bei civilisirten Völkern die Gesammtheit der Aufgabe umfassender Hilfsleistung nicht. Insofern diese in der Form offener Unterstützungen erfolgt, hat sie natürlich keinen erhöhenden Einfluß auf den Lohn, sondern kann denselben im Gegentheil unter Umständen noch tiefer drücken. Vielfach aber zieht man es vor, die Hilfe in der Form zu gewähren, daß man sich Arbeit dafür leisten läßt. Unternehmer lassen, anstatt ihre Leute abzulohnen, mit Schaden fortarbeiten; andere Privatleute beschäftigen die Armen mit allerhand Aufträgen; Gemeinden, Provinzen, der Staat veranstalten Wege- und Hochbauten u. s. w., und es hört somit hier die Productivität der Arbeit offenbar auf, den Maßstab des Lohnes zu bilden. Das gebrachte Opfer aber ist ein doppeltes, indem einerseits für die in solcher Weise Unterstützung Gewährenden das Product der Arbeit den dafür gezahlten Preis nicht werth ist, andererseits die Verbrauchsgegenstände dadurch, daß die Arbeiter sich in den Stand gesetzt finden, die Nachfrage nach denselben zu vermehren, vertheuert werden.

Vierter Abschnitt.

Von der Rente und von der Einbuße.

§. 120.

Begriff der Rente.

Ad. Smith, B. I, Cap. 11. — Say, Th. V. Cap. 18 ff. — Ricardo, Cap. II, III u. XXIV. — Hermann, Unters. V, Abs. 1. — Rau, §. 206 ff. — Roscher, §. 149 ff. — Mill, Bd. III, Cap. 5. — Meine Lehre vom Unternehmergewinn, S. 109 ff. und mein Artikel, Gütervertheilung im deutschen Staatswörterbuch IV, 588 ff. — Schäffle, Nationalökonomie, §. 98 ff. — Wolkoff, Opuscules sur la rente foncière 1854.

Es hat sich gezeigt, §. 66., daß manche Producte einen höheren Tauschwerth haben, als ihren Productionskosten entspricht. Dieser Ueberschuß muß den an der Production Betheiligten oder einem Theile derselben in ihrem Einkommen zu Gute stehen. Es tritt also hier eine neue Art des Einkommens auf, die man mit dem Namen **Rente** zu bezeichnen pflegt. Die Rente ist sonach dasjenige Einkommen, welches gewissen an einer Production Betheiligten in Folge des Umstandes zufließt, daß das gelieferte Product einen höhern Preis erzielt, als zur Deckung der Productionskosten erforderlich ist.

Es liegt auf der Hand, daß die Rente, insoweit sie Unternehmern oder Arbeitern zufällt, immer nur neben dem Gewinne oder dem Lohne auftreten kann. Bei den Capitalisten kann sie zwar selbständig vorkommen, d. h. es ist denkbar, daß ein zur Production benutztes Gut durch den die Kosten übersteigenden Preisstand des Products ein Einkommen abwirft und Tauschwerth erhält, die Regel wird aber sein, daß ein solches Gut auf Grund der darauf verwandten Capitalien, Nutzungen und Arbeiten bereits Tauschwerth hat und seinem Inhaber ein Einkommen verschafft. Von jenem Ausnahmsfalle abgesehen ist es daher zulässig, die Rente nicht als ein eigenes selbständiges Einkommen, sondern nur als eine Erhöhung der andern Einkommensarten aufzufassen.

In dem Begriffe der Rente liegt es, daß sie nicht die Entschädigung für ein von dem Bezieher gebrachtes Opfer bildet, sondern ein unentgeltlich bezogenes Einkommen ist. Die Rente, wie man das gewöhnlich, jedoch in einer leicht dem Mißverständnisse ausgesetzten Weise ausdrückt, bildet keinen Bestandtheil der Productionskosten. Auf der andern Seite ergiebt sich aus ihrem Begriffe gleichfalls, daß in der geschlossenen Volkswirthschaft die Entstehung von Renten keine Erhöhung, das Aufhören derselben keine Verminderung des Volkseinkommens enthält, denn was die Producenten dadurch gewinnen, daß der Preis ihrer Producte die Kosten übersteigt, das verlieren offenbar die Consumenten dieser Producte, die diese nun theuerer bezahlen müssen, und was bei einem Herabgehen des Preises Jene verlieren, das gewinnen Diese. Das Vorkommen starker Rentenbezüge kann zwar ein Symptom einer blühenden Volkswirthschaft sein, insofern es Zeugniß davon ablegt, daß gewisse Erzeugnisse lebhaft begehrt werden und die Nachfragenden mit reichlichen Kaufmitteln ausgestattet sind; die Renten selbst aber bilden kein neues Erträgniß der Volkswirthschaft.

§. 121.

Ursachen und Natur der Rente.

Die angef. Schriftst. a. d. a. O.

Die Rente ist nicht die Ursache, sondern die Folge eines hohen, d. h. die Productionskosten übersteigenden Preises gewisser Güter. Die Ursache dieses Preisstandes liegt in der Beschränktheit des Angebots, in der Seltenheit der betreffenden Güter, und diese beruht wiederum auf der Seltenheit eines oder mehrerer der Elemente, welche zu der Production mitwirken müssen. Nur den Inhabern dieser seltenen Elemente aber kann der hohe Preis der Producte in ihrem Einkommen zu Gute gehn, da bei denjenigen Elementen, deren Angebot noch nicht erschöpft ist, die fortdauernde Concurrenz die Entschädigung nicht über den Kostensatz steigen läßt. So erscheint die Rente als Erhöhung des Einkommens aus einem Productionselemente in Folge von dessen Seltenheit.

Eine solche Seltenheit kann einen durchaus vorübergehenden Charakter haben und führt alsdann zu einer Steigerung des Einkommens nur insoweit, als die Nachfrage nach den betreffenden Producten und folglich auch nach deren Productionselementen sich auf eine bestimmte Zeit zusammen drängt, innerhalb deren das Angebot zu ihrer Befriedigung eben nicht entsprechend erweitert werden kann. Auch eine solche vorübergehende Steigerung des Einkommens hat die allgemeine Natur der Rente, indessen pflegt man diese Bezeichnung auf solche Fälle einzuschränken, wo die Seltenheit des Productionselements und die daran sich knüpfende Erhöhung des Preises seiner Benutzung einen mehr oder minder dauernden Character besitzt, wo nicht die Vermehrung einer einmaligen Einnahme, sondern die Steigerung eines regelmäßigen, wiederkehrenden Einkommens in Betracht kommt.

Die Beschränktheit des Angebots, auf welcher die Rente beruht, ist entweder eine absolute oder eine bloß relative, d. h. die betreffenden Productionselemente sind entweder vollständig erschöpft, oder aber es sind deren allerdings noch vorhanden oder herstellbar, aber nur solche, die eine geringere Wirksamkeit sei es überhaupt, sei es mindestens im Verhältniß zu ihren Herstellungskosten versprechen. Der letztere Fall ist der bei weitem häufigere; er tritt überall zu Tage, wo eine Production zur Befriedigung einer vorhandenen Nachfrage neben den ergiebigsten und wohlfeilsten Productivkräften und Mitteln auch minder ergiebige und theurere zu verwenden genöthigt ist. Steigt mit der Ausdehnung einer Production deren Schwierigkeit in stetiger Weise, so daß die Kosten der theuersten noch wirklich zum Angebot kommenden Producte und diejenigen Kosten, die zunächst aufgewandt werden müßten, um dieses Angebot noch weiter zu vermehren, nicht merklich von einander abweichen und man daher practisch beide einander gleich setzen kann, so drückt sich die Rente, welche gewisse Theilnehmer an einem bestimmten Productionsgeschäfte beziehen, in dem Unterschiede der wirklichen Productionskosten dieses Geschäfts von den höchsten nothwendigen Produktionskosten, d. h. den Productionskosten der unter den ungünstigsten Bedingungen arbeitenden Unternehmungen, deren Thätigkeit der Markt noch in Anspruch nimmt, oder gleich auf das betreffende Productionselement bezogen, in dem Unterschiede seiner Wirksamkeit von dem Unterschiede der mindest ergiebigen Elemente gleicher Art, welche noch regelmäßig zur Verwendung kommen, aus.

§. 122.

Verschiedene Formen der Rente.

Alle selbständigen Einkommenszweige, der Unternehmergewinn und der Lohn ebenso gut wie der Zins, sind einer Erhöhung durch Rente fähig. Dieselbe muß überall eintreten, wo sich im Verhältniß zur Nachfrage eine Beschränktheit des Angebots einzelner Productionselemente geltend macht, und kommt in der That bei allen Einkommenszweigen und auf den verschiedensten Productionsgebieten vor. Ist diese Beschränktheit eine absolute, wie dies namentlich da, wo sie auf Bestimmungen des positiven Rechtes beruht, häufig der Fall ist, so nehmen meistens alle Diejenigen, welche in der Lage sind, das seltene Productionselement darbieten zu können, wenn auch in verschiedenem Grade, an dem Rentengenusse Theil. Ist die Beschränktheit dagegen eine relative, wie das die Regel ist, wenn die Ursachen derselben natürliche sind, so findet ein Theil jener Interessenten an der Production in dem Einkommen, welches diese ihnen abwirft, für die gebrachten

Opfer sich eben nur entschädigt, und nur der Rest genießt eine meistens sehr manichfach sich abstufende Rente.

Ueber die einzelnen Ursachen, welche eine rentenmäßige Erhöhung beim Unternehmergewinn, beim Zinse und beim Lohne herbeizuführen vermögen, vergl. §. 100 in Verbindung mit §. 70, §. 104 und §. 112.

Obgleich überall auf der gleichen Grundlage beruhend, zeigt die Rente doch nach der Art ihres Auftretens und den hieran sich knüpfenden Folgen bei den einzelnen Einkommenszweigen manches Abweichende.

Die rentenmäßige Erhöhung des Tauschwerths der Arbeit oder die Lohnrente ist in vielen Fällen besonders schwierig zu erkennen, weil es zur Bemessung der verhältnißmäßigen Größe des durch die Arbeit einer bestimmten Art gebrachten Opfers und der dafür im Vergleich zu andern Arbeiten anzusprechenden Lohnentschädigung großentheils an ausreichenden objectiven Merkmalen fehlt. Vergl. §. 77. Allgemein steht indessen so viel fest, daß wohl in allen Arbeitszweigen neben dem gewöhnlichen Schlage der Arbeiter solche vorkommen, welche entweder, weil ihnen die Arbeit leichter wird, den durchschnittlichen Lohn für ein geringeres Opfer, oder weil sie mit der gleichen Anstrengung mehr leisten, einen höheren Lohn für das gleiche Opfer, wie das der Andern erhalten, und daß die Lohnrente, welche ausgezeichneter Begabung, namentlich wenn sie mit hervorragender Willenskraft gepaart ist, zu Theil wird, nicht selten eine sehr bedeutende Höhe erreicht. Je wohlhabender eine Bevölkerung geworden ist und je mehr sie ihre Genußfähigkeit ausgebildet und verfeinert hat, desto häufiger und in desto größerem Maße treten Fälle dieser Art ein. — Die Lohnrente hat aber einen ausnehmend vergänglichen Character, theils weil sie an der Person haftet und erlischt, sobald diese freiwillig oder gezwungen ihre Thätigkeit einstellt, theils weil dem menschlichen Willen hier doch vielfach bis zu einem gewissen Grade eine Vermehrung des Angebots der betreffenden Leistungen offen steht, theils endlich weil viele von den Leistungen, bei denen sie vorzugsweise hervortritt, solche sind, welche einem Wechsel der Nachfrage in hohem Grade ausgesetzt sind. — Auf der Gebundenheit der Lohnrente an die persönliche Thätigkeit beruht endlich noch eine andere Eigenthümlichkeit derselben, nämlich ihre Unfähigkeit, Gegenstand eines selbständigen Werthes zu werden und sich von einer Hand in die andere übertragen zu lassen. Ein solcher erhöhter Lohnbetrag kann, von seltenen besonders gearteten Ausnahmsfällen abgesehen (Stellenkauf) für den Einzelnen, dem er zufällt, niemals die Form eines Capitals annehmen, das er in den Verkehr zu bringen und durch Verkauf zu realisiren vermöchte, vielmehr kann er immer nur in der Form des Lohnes für Arbeiten bestimmter Art von Denjenigen erworben werden, welche letztere entweder allein oder besser oder leichter als Andere zu leisten vermögen.

Die rentenmäßige Erhöhung des Unternehmergewinns oder der Gewinnrente ist ebenfalls meistens an die Person geknüpft, nämlich insoweit, als der Erfolg der Unternehmung und ihre Sicherheit vor einer die Preise ihrer Producte drückenden Concurrenz von dem persönlichen Vertrauen abhängig ist, das die Unternehmer genießen. Daher ist sie in der Regel ebenso vergänglich und ebenso wenig übertragbar als die Lohnrente. Indessen kommen gerade bei ihr bemerkenswerthe Ausnahmen in dieser Beziehung vor, die sich daraus erklären, daß die Unternehmungen allmälig in den Augen derjenigen Personen, mit denen sie in geschäftliche Berührung kommen, eine objective, von der Persönlichkeit ihrer Leiter unabhängige Existenz gewinnen. In einem solchen Falle können die Unternehmer mit der Unternehmung auch den Rentenbezug übertragen und diesen, indem sie sich einen Preis für denselben ausbedingen, zu ihren Gunsten capitalisiren. Gewöhnlich geschieht dies in der Weise, daß sich diese Capitalisirung in dem Preise des von den Käufern der Unternehmung übernommenen, zu dieser gehörigen Inventars versteckt, doch kommen auch Beispiele vor, wo der Käufer gar kein materielles Capital übernimmt, sondern lediglich die Gewinnrente kauft, diese also ganz isolirt als die Frucht eines immateriellen Capitals hervortritt, z. B. beim Verkauf von Firmen, Abonnenten 2c.

Die rentenmäßige Steigerung des Tauschwerths der Capitalnutzungen bezeichnen wir als Zinsrente *). Sieht man von vorübergehenden Einnahmen ab und denkt dabei an ein dauerndes Einkommen, so bezieht sich dieselbe selbstverständlich nur auf stehendes Capital. Die Zinsrente verdankt die umfassende Würdigung, welche sie in der Wissenschaft gefunden hat, nicht allein dem Umstande, daß sie, weil die Productionskosten der Capitalien verhältnißmäßig am leichtesten zu ermitteln und unter einander zu vergleichen sind, der Beobachtung am wenigsten entgehen konnte, sondern vornehmlich der überwiegenden Bedeutung, welche sie im Vergleich mit den beim Lohn- und Unternehmergewinn vorkommenden Renten auf die ganze Gestaltung der Volkswirthschaft ausübt. Diese überwiegende Bedeutung beruht zunächst auf ihrem vielseitigeren Vorkommen. Die Ausgleichung des Angebots in den verschiedenen Zweigen der Arbeiten und Unternehmungen ist der Hauptsache nach eine Angelegenheit des freien menschlichen Willens. Es müssen immer besondere Umstände hinzukommen, wenn eine solche Ausgleichung verhindert werden und in Folge davon eine Rente entstehen soll. Diese erscheint daher hier, so häufig sie auch vorkommen mag, mehr als eine Ausnahme, wie als die Regel. Das Capital, so weit es materieller Art ist, hat eine natürliche Unterlage, die Naturgaben aber sind meistens beschränkt und vielfach local gebunden, und es gibt daher wenige Capitalarten, deren Vermehrung bei einigermaßen umfangreicher Nachfrage nicht auf natürliche Schwierigkeiten stößt, welche dazu nöthigen, neben dem absolut besten natürlichen Material auch minder gutes zu benutzen. So bildet im Preise der Capitalnutzungen das Vorkommen einer Rente nicht die Ausnahme, sondern die Regel. Die Zinsrente ist ferner in ihrer einzelnen Erscheinung nicht, wie die Lohn- und Gewinnrente, von vorübergehender, sondern von dauernder Art. Sie währt, wenn nicht neue Umstände hinzukommen, welche die Nachfrage vermindern oder das Angebot der betreffenden Capitalien zu vermehren gestatten, unverändert fort, so lange diese dauern, also unbestimmbar lange. Sie tritt endlich namentlich bei denjenigen Capitalien hervor, welche für die Production in ihrer Allgemeinheit weitaus am unentbehrlichsten sind, und steht deßhalb mit den Preisverhältnissen fast aller Güter in einem unmittelbaren (jedoch nicht ursächlichen) Zusammenhange.

---

*) Rau (§. 222) gebraucht diesen Ausdruck ebenfalls, jedoch in einem andern Sinne, nämlich für Einkommen von Capitalien überhaupt (Zinseinkommen).

§. 123.

Insbesondere Grundrente.

Die angef. Schriftst. a. d. a. O.

Diejenige Art des Capitals, welcher die Production am wenigsten entrathen kann, ist der Grund und Boden. Die große Mehrzahl aller Stoffe, welche mittelbar oder unmittelbar zur Erhaltung und Verschönerung des Lebens verwandt werden, darunter vor Allen die unentbehrlichen Mittel der Nahrung, der Kleidung und des Obdachs, müssen dem Grund und Boden abgewonnen werden. Auch unmittelbar für seine Person bedarf der Mensch, sobald er den niedrigsten Culturstufen entwachsen ist, eine feste Stätte, wo er sein Haupt hinlege. Die meisten und wichtigsten socialen Verhältnisse nehmen feste Beziehungen auf bestimmte Localitäten an. Die Industrie, der Handel in der großen Mehrheit ihrer manichfachen Richtungen verlangen einen bestimmten Standort. Es ist daher nicht zu verwundern, daß die Rente vor Allem und lange Zeit ausschließlich als Grundrente aufgefaßt worden ist.

Der Nutzwerth des Grundes und Bodens beruht auf einer doppelten Grundlage. Nämlich einmal auf der Fülle der nutzbaren Stoffe und Kräfte, deren Sitz er ist. Diese Fülle bezeichnet man, wenn man den Boden vorzugsweise als Sitz von Stoffen ansieht, deren man sich bemächtigen will, wie z. B. beim Bergbau als Reichthum, wenn man ihn sich vorwiegend als Apparat für die Wirksamkeit von Kräften denkt, die man zum Behufe der Erzeugung gewisser Güter in Bewegung setzen will, wie z. B. bei der Landwirthschaft als Fruchtbarkeit. Und sodann auf der Lage zu den Puncten, wo man die Bodenproducte zu verwenden beabsichtigt, also zum Orte der Verarbeitung oder zum Markte oder, wenn der Boden nur als Standort benutzt werden soll, zu den Verkehrsmittelpuncten. Die Seltenheit des Grundes und Bodens, welche fast immer nur eine relative, keine absolute ist, kann sich daher auf die eine oder auf die andere dieser Eigenschaften beziehen, und die Rente, welche die Folge dieser Seltenheit ist, kann daher sowol auf dem größern Reichthum oder der größern Fruchtbarkeit als auf der günstigeren Lage eines Grundstückes im Vergleich zu andern Grundstücken, welche zur Erzeugung bestimmter Producte, um die Nachfrage nach denselben zu befriedigen, noch herangezogen werden müssen, beruhen.

In Betreff der Ursachen ihres Auftretens weichen die genannten drei rentenbegründenden Vorzüge der Grundstücke von einander ab. Der Reichthum des Bodens ist lediglich ein Geschenk der Natur, die günstige Lage vornehmlich die unbeabsichtigte Folge der allgemeinen socialen und wirthschaftlichen Entwickelung. Die wirthschaftliche Thätigkeit ist, was jene betrifft, immer, was diese angeht, in der Regel darauf beschränkt, die vorhandenen oder sich entwickelnden Vorzüge der Grundstücke zu erkennen und auf Grund dieser Erkenntniß möglichst auszubeuten. Die Fruchtbarkeit dagegen ist in sehr vielen, wo nicht den meisten Fällen nicht ein rein natürliches Ergebniß, sondern durch wirthschaftliche Thätigkeit, durch Verwendung von Arbeit und Capital auf den Grund und Boden erst hervorgerufen oder wenigstens wesentlich gesteigert. Insoweit erscheint die Grundrente ganz wie ein anderer Reinertrag von Capital, der Unterschied liegt aber darin, daß einmal der Erfolg der wirthschaftlichen Thätigkeit doch wiederum von natürlichen Bedingungen abhängig ist, die sich eben nur bei einer beschränkten Anzahl von Grundstücken vorfinden, und daß ferner der wirthschaftliche Erfolg sich unlösbar und häufig selbst ununterscheidbar mit der natürlichen Beschaffenheit der Grundstücke vermischt hat.

Zur Entstehung einer Grundrente ist es nicht nothwendig, daß die Verschiedenheit der Productionskosten gleichartiger Güter, auf welcher sie beruht, sich auf verschiedene Grundstücke vertheile, sondern diese kann auch auf einem und demselben Grundstücke für verschiedene Theile seiner Erträgnisse stattfinden. Auch mit einem geringen Aufwande von Arbeit und Capital pflegen die Grundstücke schon einen gewissen Ertrag zu liefern. Steigert man jenen, so kann man dadurch auch diesen steigern, aber über eine gewisse Grenze hinaus nicht in einem größeren oder auch nur gleichen, sondern nur in einem geringeren und immer mehr abnehmenden Verhältnisse. Jede weitere Quote, um die man von jener Grenze an den Ertrag vermehrt, erfordert also einen höhern Kostensatz. Vergl. §. 74—. Da man sich zur Aufwendung eines solchen nur entschließt, wenn der zu erwartende Preis ihn zu vergüten verspricht, dieser aber für alle Güter derselben Art der gleiche ist, so wirft derjenige ideelle Theil des Erzeugnisses, den man auch mit geringern Kosten herzustellen vermöchte, eine Rente ab. Auf diese Weise können, auch ohne daß das Angebot der betreffenden Bodenproducte ein absolut beschränktes ist, Grundrenten vorkommen, trotzdem daß die zur Production benutzten Grundstücke in ihrer Qualität unter einander nicht differiren.

Die Höhe der Grundrente ist eines der entscheidendsten Kennzeichen für die Entwickelungshöhe der Volkswirthschaft. Denn sie beweist, in welchem Grade der Fortschritt der Productivität die wirthschaftliche Ausbeutung auch minder günstiger Grundstücke ermöglicht hat. Bei einem unentwickelten und armen Volke kann die Grundrente keine große Bedeutung haben. Die Production besitzt noch nicht die Fähigkeit anderen als den besten, bezüglich den am leichtesten zu bearbeitenden Ländereien durch oberflächliche Cultur einen lohnenden Ertrag abzugewinnen, und die Consumenten sind in ihrer Kaufbefähigung zu beschränkt, um irgend höhere Preise zu bieten. Dazu ist die locale Gliederung der Bevölkerung noch zu wenig ausgebildet und der Gütertransport zu unbehülflich und zu theuer, als daß sich für die große Masse der Bodenproducte weitere Absatzkreise bilden könnten, im Verhältniß zu deren Mittelpuncten die Gunst der Lage erst vollständig zur Geltung zu kommen vermag. Reiche und wirthschaftlich hoch entwickelte Völker dagegen besitzen die Mittel und verstehen die Kunst, auch minder ergiebige Grundstücke zum Tragen von Früchten zu nöthigen und den Ertrag besserer Ländereien durch intensive Wirthschaft zu steigern; als Consumenten von Bodenproducten setzt sie ihr größeres Einkommen, die Wirkung ihrer erfolgreichern Production, in den Stand höhere Preise zu bezahlen, und dicht bevölkerte Verkehrsmittelpuncte erheischen und ausgebildetere Transportmittel gestatten, jene Producte aus einem weitern Umkreise auf den Markt zu ziehen.

§. 124.

Die Capitalisirung der Rente.

Rau, §. 219. Roscher, §. 154.

Ueberall, wo es möglich ist, den Genuß einer Rente zu übertragen, wie dies bei der Zinsrente die Regel bildet und auch bei der Gewinnrente vielfach vorkommt, erhält dieser Genuß einen Tauschwerth, die Rente wird capitalisirt und zwar nach dem Maßstabe des landesüblichen Zinsfußes unter Berücksichtigung der Aussichten, welche für ein Steigen oder Sinken der Rente einer=, des Zinsfußes andererseits in der Zukunft bestehen. Wenn nun ein Rente abwerfendes Capital durch Verkauf oder auf sonstige onerose Weise in andere Hände gelangt, so realisirt der Abtretende damit seinen Rentenbezug; andererseits verliert das Renteneinkommen für den neuen Erwerber diesen seinen Character. Jener bezieht in dem Einkommen aus einem Vermögen, dessen Natur keine Rentengewährung verräth, dennoch thatsächlich die Rente weiter; dieser erhält von einer Capitalform, welche eine Rente abwirft, gleichwol nichts mehr, als den gewöhnlichen Capitalzins. Es erscheint daher unter Umständen, wo solche Vermögensübertragungen häufig vorkommen, wie das namentlich bei einer höher entwickelten und freier sich bewegenden Volkswirthschaft zu geschehen pflegt, unzulässig, aus der Natur des Vermögens auf diejenige des Einkommens zu schließen. Insbesondere gilt das für die mitunter aufgestellte Forderung, daß die Herbeiziehnng zu den öffentlichen Lasten nach der Natur des letzteren verschieden abgemessen werden solle. Selbst wenn gegen diese Forderung vom Standpuncte der Gerechtigkeit und der Zweckmäßigkeit nichts einzuwenden wäre, was hier nicht zur Erörterung steht, dürfte man jedenfalls, um ihr nachzukommen, das Einkommen aus Vermögen nicht danach classificiren, ob dieses seiner Beschaffenheit nach ein rentengewährendes ist oder nicht. Ein solches Verfahren würde sich nur dann rechtfertigen lassen, wenn die Einschätzung jedesmal in dem Augenblicke stattfände, wo die Rente sich eben gebildet hat. Die Existenz gerade einer Rente aber läßt sich in der Regel erst nach einem längeren Bestehen derselben constatiren, so daß es sehr zweifelhaft sein muß, ob in den Eigenthümern des rentgewährenden Vermögens auch nur zum überwiegenden Theil die wirklichen Bezieher der Rente getroffen werden würden.

§. 125.

Die Rente im Verlaufe der wirthschaftlichen Entwickelung.

Rau, §. 216. a. — Roscher, §. 155 ff. — Schäffle, §. 102. — Corey, The harmony of interest agricultural, manufacturing and commercial 1851.

Wie für die Grundrente, so besteht auch für die übrigen Formen der Rente und zwar aus den nämlichen Gründen, wie bei jener, vergl. §. 123, eine Tendenz mit den Fortschritten der Wirthschaft und Cultur zu steigen. Insbesondere gewähren höhere persönliche Dienste bei hochentwickelten Zuständen in Folge theils der größeren Kaufbefähigung der Begehrer, theils des allgemeiner verbreiteten und höher ausgebildeten Verständnisses für wirklich ausgezeichnete Leistungen häufig eine sehr bedeutende Rente.

Die Rente vermag um so stärker zu steigen, je mehr einerseits mit der Vermehrung des Wohlstandes und der Bildung die Nachfrage nach dem Producte, aus dessen Preise sie gewonnen wird, zuzunehmen geeignet ist, und mit je größern Schwierigkeiten und Kosten andererseits die Vermehrung des Angebots dieses Productes verbunden ist. Deßhalb pflegen, was insbesondere die Grundrente betrifft, in blühenden Zeiten vor Allem zu den Verkehrsmittelpuncten günstig gelegene Bau= und Wirthschaftsplätze, deren Angebot nahezu ein absolut beschränktes ist, während die Nachfrage mit der Zunahme und stärkern Concentrirung des Verkehrs fortwährend steigt, eine beträchtliche Rente abzuwerfen. Ihnen zunächst stehen

Grundstücke, welche für die Herstellung bestimmter vielfach begehrter Genüsse natürliche Vorzüge besitzen, welche man andern selbst durch Aufwand von Arbeit und Capital nicht zu verleihen vermag, wie z. B. Weinberge, Grundstücke von besonders ausgezeichneter landschaftlicher Lage ꝛc., und Ländereien, deren specifisches Product bei starkem Begehr in der Nähe wegen der Schwierigkeit seines Transports aus größerer Entfernung überhaupt nicht oder nur mit bedeutenden Kosten herbeigeschafft werden kann, wie z. B. Waldboden in dicht bevölkerten Districten.

Gegen ein Steigen und bezüglich auf eine Verminderung und Beseitigung der Rente hin wirken dagegen bei fortschreitender nationaler Entwickelung die Ueberwindung der socialen und positivrechtlichen Hindernisse, welche der Erweiterung der Production künstliche Schranken setzen, die Erleichterungen der Capitalbildung und -Uebertragung und die Fortschritte der Technik der Production, sowie die Verwohlfeilerung und Verbesserung der Transportmittel. So verschwindet aus dem ersten Grunde mit den Privilegien auch ein größerer oder geringerer Theil des Werthes der privilegirten Unternehmungen und Capitalien. So nehmen aus der zweiten Ursache unter andern die Gewinn- und Lohnrenten ab, welche ihren Grund in der Schwierigkeit haben, die für gewisse Unternehmungen oder für die Ausbildung zu gewissen Diensten erforderlichen größern Mittel aufzubringen. Was endlich die letzte Ursache betrifft, so vermindern Fortschritte der Technik, welche nur die Kosten einer Production mindern, ohne deren Ergiebigkeit zu steigern, den Rentenertrag zwar dann nicht, wenn alle Unternehmer der betreffenden Art sie sich in gleichem Maße aneignen können, wohl aber, vorausgesetzt, daß die Beschränkung des Angebots nur eine relative ist, dann, wenn die unter den ungünstigsten Bedingungen producirenden, keine Rente abwerfenden Unternehmungen dieselben in einem stärkern Maße benutzen können als die günstiger gestellten, Rente abwerfenden Unternehmungen, also z. B. wenn die Ersparniß den Kosten proportional ist. Insbesondere gehört hierher der Fall, wo man den Bodenproducten durch Verarbeitung an Ort und Stelle der Gewinnung einen concentrirteren Werth geben lernt. Verbesserungen der Transportmittel, durch welche sich die Kosten des Zumarktebringens im Allgemeinen proportional der Entfernung des Productions- vom Absatzorte vermindern, bewirken aus einem analogen Grunde in der Regel ein Sinken der Rente. Vervollkommnungen der Production, welche deren Ergiebigkeit erhöhen, bewirken, wenn dieser Erfolg umfassend genug ist, um die Consumtion in den Stand zu setzen, den theuersten Bezugsquellen zu entsagen, mit dem Sinken der Preise eine Verminderung der Rente, ein Erfolg, der sich freilich wieder verliert, sobald die Steigerung der Nachfrage nach den betreffenden Producten deren Preis wieder auf die alte Höhe treibt. Das Verhältniß des Rentenbezugs der einzelnen Wirthschaften ändert sich natürlich in dem Maße, als die einen die Verbesserungen dieser oder jener Art mehr, die andern weniger auszubeuten vermögen.

Zunächst freilich ruft jeder neue Fortschritt der Production einen neuen Rentenbezug hervor. Denn so lange ein solcher Fortschritt nicht allgemein genug geworden ist, um seine volle Wirkung auf die Preise der betreffenden Producte zu äußern, und das wird immer einige Zeit dauern, beziehen ja Diejenigen, welche sich ihn bis dahin angeeignet haben, eine Rente. Dieselbe verschwindet aber wieder, wenn mit der allgemeinen Annahme der Verbesserung jene Preise herabgehen. Eine unter solchen Umständen eintretende Rente hat übrigens das Eigenthümliche, daß sie erworben wird, ohne daß die Preise der Producte, von welchen man sie gewinnt, eine Erhöhung erfahren haben. Der Fall ist in Perioden von rascher volkswirthschaftlicher Entwickelung häufig, und so sind hier eine Menge von Renten nicht eine die Consumenten benachtheiligende Folge einer durch vermehrte Nachfrage nach einem Artikel hervorgerufenen Vertheuerung, sondern die Vorboten einer jenen günstigen Verwohlfeilerung desselben, welche nur zur Zeit noch nicht oder noch nicht vollständig hat zum Durchbruche gelangen können.

Hiermit hängt unmittelbar ein anderer Berührungspunct des technischen Fortschrittes mit der Rente zusammen, der darin besteht, daß der regelmäßige Entwickelungsgang der letzteren durch jenen häufig durchkreuzt wird. Im regelmäßigen Verlaufe der Dinge entsteht nämlich Rente in der Weise, daß die Preise gewisser Producte, nachdem zur Befriedigung der Nachfrage nach denselben die ergiebigsten Productionsmittel nicht mehr ausreichen, so lange steigen, bis durch Heranziehung auch minder ergiebiger Productionsmittel zur Verwendung das Angebot in genügendem Maße vermehrt werden kann. Es sind sonach die ergiebigsten und folglich die Rente, beziehungsweise die größte Rente abwerfenden Productionselemente die zuerst verwendeten, und ein Productionselement gelangt im Allgemeinen um so später zur Verwendung, je geringer vergleichsweise seine Beschaffenheit ist. Dies die Regel, welche, von Irrthumsfällen abgesehen, ausnahmslos eintreten müßte, wenn nicht der technische Fortschritt Abweichungen begründete. Indem aber der Mensch die Natur und seine eigenen Anlagen besser erkennen und vollständiger ausbeuten lernt, geschieht es häufig, daß sich ihm neue Productionsmittel darbieten, die man bisher übersehen hatte oder auszubeuten nicht die Macht besaß, und deren Ergiebigkeit eine größere ist, als die der bisher benutzten Productionselemente. Im großen Maßstabe tritt dies bei den der Landwirthschaft dienenden Ländereien hervor, von denen die ungleich fruchtbareren, aber schwerer zu bearbeitenden der Flußthäler und Meeresküstenniederungen meistens viel später in Cultur genommen worden sind, als die einen minderen Ertrag gebenden, aber der Bearbeitung geringere Schwierigkeiten entgegensetzenden der Höhenflächen. Etwas Aehnliches läßt sich mehrfach im Bergbau nachweisen. Auch bei den Verkehrslocalitäten findet sich oft, daß die vortheilhaftesten Plätze erst später besetzt worden sind. Ebenso kommt es vor, daß spätere Unternehmer im Vergleich zu früheren durch geschickte Einrichtungen die günstigen Aussichten ihres Geschäftes auszudehnen, die ungünstigen zu beschränken wissen, und daß neu in eine Beschäftigung eingetretene Arbeiter eine größere Leistungsfähigkeit entwickeln, als die ursprünglich in denselben verwendeten. Ueberhaupt möchte es verhältnißmäßig nur selten geschehen, daß neue Productionen gleich auf den ersten Wurf unter den absolut günstigsten Bedingungen und mit den ergiebigsten Productionsmitteln begründet werden. Das Ziel der besteingerichteten Production wird vielmehr meistens nur allmälig erreicht. Erst von da ab kann der bezeichnete reguläre Lauf der Rentenentstehung beginnen. Bis dahin aber schließen entweder die neu herzugezogenen fruchtbarern Productionsmittel und Kräfte, wenn sie die Nachfrage vollständig zu befriedigen vermögen, die älteren unvollkommeneren aus, oder, wenn diese Voraussetzung nicht zutrifft, sind es die neu herangezogenen, nicht die älteren, weniger wirksamen Productionselemente, welchen die Rente zu Theil wird. Immer aber gründet sich die letztere darauf, daß bei einem Productenpreise, welcher nur die Inhaber der wirksamsten Productionselemente entschädigt, mögen das nun die zuerst oder die später zur Verwendung gekommenen sein, die Nachfrage noch nicht vollständig befriedigt ist.

Bereits oben, §. 73, wurden die Hindernisse berührt, welche sich einer Ausgleichung des Angebots auch solcher Productionselemente, die nicht absolut local gebunden sind, von Volk zu Volk entgegenstellen. Aus diesen Hindernissen erklärt es sich, daß einzelne Völker auf dem Weltmarkte von gewissen Producten eine Rente beziehen können, welche sich nicht oder doch nicht vollständig aus den rein natürlichen Vorzügen der Bodenbeschaffenheit und des Klima's erklärt. Es handelt sich dabei um Producte, bei deren Angebot die Concurrenz anderer Völker beschränkt, die innerhalb des begünstigten Volkes dagegen unbeschränkt ist. Da nun aber innerhalb eines und desselben Volkes der Ertrag der verschiedenen Productionszweige, deren Erzeugnisse beliebig vermehrbar sind, sich auszugleichen sucht, so kann der Genuß einer solchen „nationalen" Rente nicht ausschließlich den an der Production der sie ursprünglich gewährenden Erzeugnisse Betheiligten zu Gute kommen, sondern muß sich auf die Urheber aller Productionselemente vertheilen, bei denen eine internationale Ausgleichung mehr oder minder vollständig verhindert ist. Dabei sind im Allgemeinen namentlich die Arbeiter gegenüber den Capitalisten begünstigt, weil sich Arbeitskräfte schwerer von einer Nation zur andern übertragen, als Capitalien. Auf diese nationale Rente wirken jedoch mit der fortschreitenden Ausbildung des Weltverkehrs dieselben oben bezeichneten Tendenzen vermindernd ein, welche innerhalb der einzelnen Völker der Rentenbildung entgegentreten. Namentlich verschwinden die künstlich geschaffenen internationalen Privilegien immer mehr, durch die Verbesserung der Transportmittel vermindert sich das Maß der Vortheile und Nachtheile der geographischen Lage, und durch die größere Beweglichkeit der Personen wird wenigstens theilweise die Schwierigkeit der Uebertragung der Arbeitskräfte von einem Lande zum andern überwunden.

§. 126.

Die volkswirthschaftliche Bedeutung der Rente.

Mein Artikel, Güterverteilung a. a. O. — Schäffle, §. 104.

Es kann nach den vorausgegangenen Auseinandersetzungen nicht zweifelhaft sein, worin die volkswirthschaftliche Bedeutung der Rente zu suchen ist. Die Rente ist die der scharfsichtigen Erkenntniß und thatkräftigen Benutzung der besten Gelegenheiten zur Fortbildung der Volkswirthschaft in Aussicht gestellte Belohnung. Als solche ist sie eines der wesentlichsten Förderungsmittel der wirthschaftlichen Entwickelung, und je freier, selbstbewußter, energischer sich ein Volk in wirthschaftlicher Beziehung bewegt, in desto größerem Umfange tritt das ihr innewohnende Princip der Gerechtigkeit zu Tage. Uebrigens ist die Rente, obwol in ihrer Allgemeinheit mit dem Fortschritte der Wirthschaft fortwährend wachsend, bestimmt in den einzelnen concreten Formen ihrer Erscheinung unausgesetzt überwunden zu werden. Denn jede solche Erscheinungsform derselben besteht nur so lange, als die günstigen Productionsverhältnisse, auf denen sie beruht, noch nicht allgemein genug geworden sind, um durch ihre ausschließliche Benutzung die betreffende Nachfrage befriedigen zu können. In der Rente selbst aber liegt für die Gesammtheit der Producenten der mächtigste Anreiz, nach einer solcher Verallgemeinerung zu streben, und die Erreichung dieses Zieles kann bei der unbeschränkten Entwicklungsfähigkeit der menschlichen Wirthschaft in keinem Falle als absolut ausgeschlossen gelten.

§. 127.

Die Einbuße.

Meine Lehre vom Unternehmergewinn S. 144 ff. — Mein Artikel, Gütervertheilung a. a. O.

Als Einbuße bezeichnen wir den Gegensatz zur Rente, d. h. diejenige Verminderung und bezüglich Zerstörung eines Einkommens, welche in Folge des Eintritts einer den Producenten ungünstigen Veränderung des Verhältnisses zwischen der Nachfrage nach einer Waare und dem Angebote derselben sich für die Inhaber derjenigen Productionselemente ergibt, welche eine andere Verwendung, als in der bisherigen Weise, nicht zulassen. Wie die Rente der Preis der wirthschaftlichen Einsicht und Thätigkeit, so ist die Einbuße die der wirthschaftlichen Kurzsichtigkeit und Schlaffheit angedrohte Strafe. Wie jene, kann sie auch beim Lohn und Gewinn hervortreten, hat aber ihre umfassendste Bedeutung beim Capital und namentlich auch beim Grund und Boden. Auch auf die Ursachen, aus denen sie hervorgeht, erstreckt sich die Analogie. Dieselben liegen entweder in äußeren politischen oder socialen Zuständen oder in der specifischen Beschaffenheit der Productionselemente selbst, durch welche eine anderweite Verwendung der letztern erschwert und ausgeschlossen wird. Die Ursachen der erstern Art treten im Laufe der wirthschaftlichen Entwickelung immer mehr zurück, dagegen vermehrt diese durch die Förderung der Arbeitstheilung und des Großbetriebs die Ursachen der letzteren Art. Auf Grund derselben sind die Theilnehmer an der Production von einer Einbuße um so mehr bedroht, je mehr sich mit steigender Cultur das Bedürfniß eines häufigen Wechsels im Verbrauche geltend macht, und je mehr von dem wirthschaftlichen Streben, welches ein Volk belebt, die Hervorbringung immer neuer Arten von Verbrauchsgütern und die Einstellung immer wirksamerer Productionsmittel und Kräfte zu erwarten steht. Eine durch den letztgenannten Umstand hervorgerufene Zinseinbuße stellt sich capitalisirt in der Differenz der Productions- von den sogenannten Reproductionskosten dar, d. h. der Differenz derjenigen Kosten, welche zum Behufe der Herstellung des betreffenden Capitals wirklich aufgewandt worden sind, von denjenigen, welche zu seiner Herstellung gegenwärtig erforderlich sein würden. Die aus den bezeichneten Gründen drohenden Verluste abzuwenden, ist meistens nicht möglich. Die wirthschaftliche Aufgabe besteht daher hier darin, sie möglichst im Voraus in Rechnung zu bringen und sich auf dieselben vorzubereiten. Dies kann nur in der Weise geschehen, daß die Bedrohten einestheils fortwährend bemüht sind, sich auch ihrerseits fortdauernd auf der Höhe der Zeit zu halten, andererseits bei der Berechnung ihres Einkommens aus ihrer Roheinnahme nicht versäumen, eine höhere Versicherungs-, bezüglich Amortisationsquote in Ansatz zu bringen.

Abtheilung III.

Das Verhältniß der verschiedenen Einkommenszweige zu einander.

§. 128.

Das Auseinandertreten der verschiedenen Einkommenszweige. Gegensatz zwischen denselben.

Roscher, §. 201.

So lange die Naturalwirthschaft vorherrscht, lassen sich die verschiedenen Einkommenszweige noch nicht von einander unterscheiden. Vergl. §. 96. Die einzelnen Wirthschaften produciren vorzugsweise für den eigenen Bedarf mit eigenen Capitalien und eigenen Arbeitskräften. Insoweit eine Benutzung außerhalb der Wirthschaft stehender Arbeiter stattfindet, stützt sich dieselbe meistentheils auf ein offenes oder verstecktes Zwangsverhältniß, welches eine freie Vereinbarung über den Lohn ausschließt. Es fehlt unter diesen Umständen ebenso sehr an einem Maßstabe, um das erzielte Einkommen zu bemessen, als an einer Möglichkeit und einer Veranlassung, zu ermitteln, wie viel man davon der Arbeit, wie viel dem Capitale zuzuschreiben hat. Erst mit dem Uebergang zur Geld- und von dieser zur Creditwirthschaft sondern sich die verschiedenen Einkommenszweige und deren Bezieher, zunächst in der Regel der Gewinn vom Lohne, die Unternehmer von den Arbeitern, dann auch mehr und mehr der Gewinn vom Zins, die Unternehmer von den Capitalisten. Zwar ist das nicht so zu verstehen, als ob die ganze selbständige Bevölkerung nun in Classen zerfiele, von denen jede ausschließlich nur eine Art des Einkommens bezöge; vielmehr liegt es in der Natur der Dinge, daß die Unternehmer meistens auch mit ihren Arbeitskräften und ihren Capitalien bei ihren Unternehmungen betheiligt sind, und in einer gesunden Volkswirthschaft ist die große Masse der Arbeiter nicht ohne einiges Capital, durch welches sie ihren Lohn erhöht oder von welchem sie ein Nebeneinkommen zu diesem bezieht, wie andererseits auch von den Capitalisten manche irgend einer Production ein größeres oder geringeres Maß persönlicher Anstrengungen zuwenden und dafür ein Einkommen zu erhalten pflegen. Wohl aber wird nun eine überwiegend große Menge von Arbeitskräften und Capitalien im Dienste Dritter verwendet, und es bildet sich ein regelmäßiger Markt und ein Marktpreis für dieselben, welcher zugleich einen Maßstab dafür abgiebt, wie viel den auf eigene Rechnung verwandten von dem Reinertrage der Wirthschaft zuzuschreiben ist, und damit eine Feststellung des etwaigen Gewinnes gestattet. Ein solcher Zustand ist für die Volkswirthschaft in hohem Grade förderlich. Denn einestheils wird durch die klarere Einsicht in das innere Getriebe der Production und die Bedeutung ihrer einzelnen Elemente eine bessere Ordnung und schärfere Zusammenfassung der einzelnen Wirthschaften wesentlich begünstigt, anderntheils gewährt die leichte Verwerthbarkeit der Capitalien und Arbeitskräfte einen wirksamen Antrieb zur Bildung der erstern und Entwickelung der letztern, drittentheils endlich findet sich auf diese Weise die wirksamste Verwendung der einen und der andern am besten gesichert.

In dem Auseinandertreten der verschiedenen Einkommenszweige liegt aber auch zugleich die Entwickelung eines Gegensatzes zwischen denselben. Denn sie haben sich ja gemeinschaftlich in das Erträgniß der Production zu theilen, und je größer der Antheil des einen ist, desto größer muß folglich der der andern ausfallen. Die Unternehmer sind um so besser daran, je weniger sie für die Benutzung von Arbeitskräften und Capitalien zu bezahlen haben, und wiederum, den Gewinn der Unternehmer als feststehend gedacht, bleibt für die Capitalisten als Bezahlung ihrer Nutzungen um so mehr übrig, je weniger die Arbeiter für ihre Leistungen erhalten, und umgekehrt.

Dieser Gegensatz wird indessen nur dann bitter empfunden werden, wenn die Vergrößerung des Antheils der Einen mit einer positiven Verminderung des Bezuges der Andern verbunden ist, d. h. wenn der zu theilende Gesammtwerth nicht oder doch nicht in dem Maße steigt, in welchem das Einkommen aus einem einzelnen Productionselemente sich vermehrt. So lange alle bei der Production betheiligten Classen ihren Einkommensbetrag steigen oder wenigstens nicht zurückgehen sehen, mögen Diejenigen, welche an diesem Fortschritte einen geringern oder gar keinen Theil nehmen, über den Mehrbezug der Andern sich wohl trösten. Das Wesentliche für einen Jeden bleibt doch immer die absolute Höhe seines Einkommens, nicht die relative, d. h. das Verhältniß des letztern zum Gesammtertrage der Wirthschaft und zu dem Einkommen der andern zur Production mitwirkenden Classen. Einige Mißgunst mag freilich auch unter solchen Verhältnissen sich regen, allgemeiner zu werden und tiefer einzudringen vermag sie aber schwerlich und um so weniger, je freier Alle sich in ihrer Wirthschaft bewegen, und je mehr sie es daher in der Hand haben, auch ihrerseits in die begünstigten Kategorien einzutreten, die Arbeiter, von einem gestiegenen Zinse durch Capitalersparung Nutzen zu ziehen, die Capitalisten und Unternehmer bei erhöhtem Lohne sich auch arbeitend an der Production zu betheiligen u. s. w. Die Entwickelungsfähigkeit der Production in Verbindung mit der persönlichen Freiheit ist es also, welche dem Classengegensatz seinen Stachel nimmt.

§. 129.

Die Vertheilung des Reinertrags der nationalen Production unter die verschiedenen Einkommenszweige.

Das Verhältniß, in welchem der Reinertrag der nationalen Production sich unter die verschiedenen Einkommenszweige vertheilt, kann ein sehr verschiedenes sein, und es entsteht daher die Frage, in welcher Weise die wirthschaftliche Entwickelung im Allgemeinen darauf einzuwirken strebt. Vorbemerkend sei darauf hingewiesen, daß, wenn bei der Erörterung dieser Frage von Höhe oder Niedrigkeit eines Einkommens oder Einkommenszweiges die Rede ist, sich das immer auf das Verhältniß zum gesammten Reinertrage, nicht auf den absoluten Betrag bezieht. In diesem Sinne kann ein Einkommen als vermindert bezeichnet werden, weil es einen geringern Theil des gesammten Reinertrags darstellt, während es doch absolut genommen das nämliche geblieben und selbst gestiegen sein kann, wenn nämlich der letztere gleichzeitig gewachsen ist, und umgekehrt.

Vor Allem hat man bei der Untersuchung Zweierlei getrennt zu halten, nämlich:

1) die Vertheilung des Reinertrags im Verhältniß zu den Einheiten jedes der zur Production mitwirkenden Elemente oder die relative Höhe der verschiedenen Einkommenssätze und

2) die Vertheilung des Reinertrags auf die Einkommenszweige im Ganzen oder den relativen Antheil der letztern am Nationaleinkommen.

Gesetzt z. B. der gemeine Tagelohn, der die Maßeinheit des Lohnes, und die Jahresverzinsung eines Geldcapitals von 100 Thlr., welche die Maßeinheit des Zinses bilden soll, gingen von einer Periode zur andern jener von $^1/_3$ auf $^1/_2$ Thlr. hinauf, dieser von 4 auf 3 Thlr. hinunter, so wäre unter dem ersten Gesichtspuncte das Lohneinkommen gestiegen, das Zinseinkommen gesunken, gleichviel ob mehr oder weniger Arbeiter zu lohnen, mehr oder weniger Capitalien zu verzinsen wären, als vorher. Von dem zweiten Gesichtspuncte aus dagegen käme es gerade darauf wesentlich mit an. Denn angenommen, es würden in der zweiten Periode nur halb soviel Arbeiter bei doppelt so viel Capital verwandt, wie in der ersten, so erhielten nun die Arbeiter $^3/_2 \cdot {}^1/_2$ oder nur $^3/_4$ soviel Lohn, als dazumal, die Capitalisten dagegen an Zins das $^3/_4 \cdot 2$ oder Anderthalbfache des früheren Betrages. Im Sinne der zweiten Auffassung wäre daher das Lohneinkommen gesunken, das Zinseinkommen gestiegen.

§. 130.

Die relative Höhe der verschiedenen Einkommenssätze.

Ricardo passim, bes. Cap. II, V, VI u. XXI. — Mill, B. IV. Cap. 3.

Die Möglichkeit von einem gewissen Gewinn-, Zins- oder Lohnsatz zu sprechen beruht auf der Gleichartigkeit und daraus folgenden Vergleichbarkeit der Opfer, welche alle in einer bestimmten Weise als Unternehmer, Capitalisten oder Arbeiter an der Production Betheiligten zu bringen haben. In jeder Classe strebt das Einkommen der Einzelnen sich im Verhältniß der Größe dieser Opfer abzustufen. Wenn eine Arbeit noch einmal so schwer, eine Capitalnutzung noch einmal so groß, eine Gefahr noch einmal so wahrscheinlich ist, als eine andere, so wird auch der Lohn, Zins oder Gewinn sich für jene noch einmal so hoch zu stellen streben, als für diese. Welches Maß und welche Art der Arbeit, der Nutzungen, der Unternehmerdienste man als Einheit bei der Vergleichung verschiedener Perioden zu Grunde legt, ist, die Unveränderlichkeit dieser Einheit selbst und ihres Verhältnisses zu den übrigen Arbeiten, Nutzungen oder Unternehmerdiensten vorausgesetzt, an sich natürlich gleichgültig und hängt lediglich von Zweckmäßigkeitsrücksichten ab. Was die Rente betrifft, so läßt sich von einem allgemeinen Satze derselben nur insoweit sprechen, als sie für gleichartige Vorzüge bezogen wird. Wenn verschiedene Grundstücke der nämlichen Cultur gewidmet sind, so muß eine etwaige Veränderung im Preise der betreffenden Producte auf die Rente derjenigen unter ihnen, welche eine solche abwerfen, durchweg in der gleichen Richtung und in dem Verhältnisse wirken, in welchem sich für jedes der Unterschied der Productionskosten und des Preises der Erzeugnisse, die es liefert, verändert. Anders dagegen, wenn es sich um ganz verschiedene Culturen handelt. Ein Steigen der Weinpreise hat keinen Einfluß auf die Rente vom Waldboden noch ein Steigen der Holzpreise auf die von den Gartenländereien. Im Folgenden soll, um die Untersuchung nicht zu sehr zu verwickeln, nur die Grundrente, und zwar auch diese nur von Grundstücken, welche der gewöhnlichen landwirthschaftlichen, vorzugsweise auf die Erzeugung vegetabilischer und thierischer Nahrungsmittel gerichteten Cultur gewidmet sind, in Betracht gezogen werden. Wenn von einem Steigen oder Sinken die Rede ist, so soll sich dies daher nur auf diese Art der Grundrente beziehen.

Zur Feststellung der Wechselbeziehung zwischen der Höhe der Sätze der verschiedenen Einkommensarten erscheint es zweckmäßig von der Annahme eines gegebenen Zustandes, bei dem sich bestimmte Sätze für die verschiedenen Einkommensarten festgestellt haben, auszugehen und zu untersuchen, wie eintretende Veränderungen dieses Zustandes das Verhältniß der Einkommenssätze umzugestalten geeignet sind. Der gegebene Zustand beruht aber auf einer vierfachen Grundlage, nämlich auf der Anzahl der arbeitenden Bevölkerung, auf der Capitalmenge, auf der Entwickelungsstufe der Production einschließlich der Transport- und Verkehrsmittel und auf den Ergiebigkeitsverhältnissen der Grundstücke. Letztere können als unveränderlich angenommen werden, so lange in der Kunst der Production keine Veränderung eintritt. Eine Veränderung der Einkommenssätze kann mithin nur dadurch erfolgen, daß eine oder mehrere der erstgenannten drei Grundlagen sich verändern. Beschränken wir uns auf die Betrachtung einer progressiven Veränderung, so reducirt sich die zu lösende Aufgabe auf die Beantwortung der Fragen: wie wirkt 1) die Vermehrung der Bevölkerung; 2) die Vermehrung des Capitals, unter dem wir in dieser Abtheilung immer nur das wirthschaftlich erzeugte und vermehrbare, im Gegensatz zu dem Grund und Boden, verstehen; 3) die Vervollkommnung der Production auf das Verhältniß der verschiedenen Einkommenssätze, und was ergiebt sich für dasselbe endlich 4) aus einem Zusammentreffen mehrerer oder aller dieser Veränderungen?

Die Erörterung dieser Fragen läßt sich noch einigermaßen vereinfachen. In allen zu betrachtenden Fällen gleichmäßig tritt zuerst ein Steigen des Gewinnes und ein hierauf folgendes Wiederherabgehen desselben ein, da ja einestheils sowol die Ersparnisse, welche eine Verminderung des Lohnes oder Zinses in Folge eines vermehrten Angebots von Arbeitskräften oder Capitalien an den Kosten zu machen erlaubt, als die aus der Einführung von Productionsverbesserungen hervorgehenden Ertragssteigerungen oder Kostenbeschränkungen zunächst den Unternehmern zu Gute gehen müssen, anderntheils aber in Folge hiervon eine vermehrte Concurrenz der letztern eintritt, die sie, sei es zu einer Reducirung der Preise ihrer Waaren, sei es zu einer Erhöhung der Löhne und Zinsen, welche sie zahlen, nöthigt und ihnen hierdurch den gezogenen Vortheil wieder entzieht. Es scheint überflüssig, auf diesen Verlauf näher einzugehen, und da überdies der Gewinn, sobald man alle Zins- und Lohnbestandtheile aus demselben aussondert, im Nationaleinkommen seinem Betrage nach verhältnißmäßig eine nur untergeordnete Stelle einnimmt, so wird es zulässig sein, in diesem Zusammenhange der Vereinfachung wegen ganz von ihm abzusehen und bei der Behandlung der vorliegenden Fragen so zu verfahren, als ob der gesammte Reinertrag der Production, ohne durch die Hände von Unternehmern gehen zu müssen, die einen Theil davon für sich zurückhalten, nur auf Lohn, Zins und Grundrente zu vertheilen wäre.

1. Bei einer *Vermehrung der Arbeiterzahl ohne gleichzeitige Vermehrung der Capitalien und ohne Fortschritt in der Kunst der Production* hat die größere Concurrenz der Arbeiter eine Verminderung des Lohnsatzes, und zwar sowol absolut, nach dem von dem einzelnen Arbeiter erworbenen Werthbetrage, als relativ, als Quote der mittelst der Arbeit erzeugten Producte bemessen, zur Folge. Hierin liegt zugleich eine entsprechende Steigerung des Zinssatzes. Diese Bewegung erreicht ihre Grenze dann, wenn die Verwohlfeilerung der Artikel, in deren Kosten Arbeit das ausschließliche oder vorwiegende Element ist, und die Vertheuerung derjenigen, bei deren Herstellung das Capital

überwiegt, die Nachfrage nach jenen so weit gesteigert und die nach diesen soweit beschränkt hat, daß zur Befriedigung der einen und der andern Capitalien und Arbeitskräfte gerade in dem Verhältnisse in Anspruch genommen werden, in welchem sie sich jetzt darbieten. Ob das Sinken des Lohnes und das Steigen des Zinses mehr oder weniger weit geht, hängt daher von der größern oder geringern Bereitwilligkeit der Consumtion ab, sich in der angegebenen Richtung zu verändern. Dies führt auf einen andern Punct. Am wenigsten willig und fähig sich einzuschränken sind die Arbeiter in der Regel in Bezug auf ihre Nahrung. Mit dem Anwachsen der Arbeiterzahl pflegt daher die Nachfrage nach Nahrungsmitteln, und da diese in größerer Menge nur mit vermehrten Kosten zu beschaffen sind, der Preis derselben zu steigen. Damit ist zugleich eine Steigerung der Grundrente gegeben, eine Steigerung, die schon, wenn man die Rente als Naturalrente auffaßt, in noch größerem Umfange aber bei einer Schätzung derselben in Geld oder Fabricaten in Folge des gestiegenen Preises der Bodenproducte hervortritt. Es leuchtet ein, daß der Vortheil der Grundeigenthümer sich nur so weit erstreckt, als die Rentensteigerung geht. Die Mehrkosten, welche die Bebauung des zuletzt benutzten schlechtesten Bodens verursacht, sind Verlust, und um ihren Betrag ist daher das Mehreinkommen der Grundbesitzer geringer, als die Mehrausgabe der Consumenten der Bodenproducte. Dem Sinken des Lohnes und Steigen des Zinses aber wirkt die vermehrte Nachfrage nach Nahrungsmitteln im Allgemeinen entgegen, theils weil die Ausdehnung der Landwirthschaft in der Regel verhältnißmäßig mehr Arbeit als Capital beansprucht, theils weil der Nöthigung der ganzen Bevölkerung als Consumenten zu einem stärkern Aufwande für Nahrungsmittel eine vermehrte Einschränkung in der Consumtion vorzugsweise solcher Producte zu entsprechen pflegt, bei deren Herstellung das Capital in vorwiegendem Maße betheiligt ist, während die Mehrausgaben, auf welche die Grundeigenthümer ihr vermehrtes Einkommen verwenden, vielfach auf Dienstleistungen oder solche Producte sich richten, welche überwiegend Arbeit kosten.

2. Eine Vermehrung des Capitals bei stationär bleibender Zahl der Arbeiter und unveränderter Kunst der Production wirkt vermindernd auf den Zinssatz, erhöhend auf den Lohnsatz. Indem der Lohn absolut und relativ steigt, entsteht auf Seiten der Arbeiter eine neue Nachfrage nach Verbrauchsgegenständen, während die Capitalisten ihre Consumtion nicht entsprechend steigern können. Es kommt nun weiter darauf an, welchen Einfluß diese veränderte Vertheilung auf die Richtung der allgemeinen Consumtion ausübt. Führt sie zu einer vermehrten Nachfrage nach solchen Producten, zu deren Herstellung verhältnißmäßig wenig Capital und viel Arbeit erfordert wird, so muß der Zins noch weiter sinken, der Lohn noch weiter steigen. Wendet sich dagegen, und das wird der häufigere Fall sein, der Begehr solchen Productionen zu, die verhältnißmäßig wenig Arbeit und viel Capital erheischen, so tritt das umgekehrte Ergebniß ein, und es wird dem Sinken des Zinses und Steigen des Lohnes ein früheres Ende gesetzt. Ist die Folge endlich eine vermehrte Nachfrage nach Bodenproducten, so entsteht eine Erhöhung und Ausbreitung der Rente auf Kosten der productiven Classen. Welche von diesen dadurch stärker, welche schwächer betroffen wird, das hängt davon ab, ob die weitere Ausdehnung der Bodenproduction und der Richtung, welche die Grundeigenthümer ihrem vermehrten Consum geben, vergleichsweise mehr Capital oder mehr Arbeit in Anspruch nimmt. Nach dem Obigen stehen in der Regel die Arbeiter in dieser Beziehung im Vortheil. Uebrigens ist

auch hier nicht zu übersehen, daß das Einkommen der Grundbesitzer sich nicht um den vollen Betrag vermehrt, um welchen der Aufwand für Bodenproducte steigt.

3. Der dritte zu betrachtende Fall ist der, daß sich die Production vervollkommnet, ohne daß dies von einer Vermehrung der Arbeiterzahl oder Capitalmenge begleitet ist. Da von solchen Vervollkommnungen, welche nur die Qualität der Producte verbessern, als für das Verhältniß der Einkommenszweige wenigstens unmittelbar irrelevant, abgesehen werden kann, so liegt in diesem Falle immer eine Verminderung der Kosten im Verhältniß zum Ertrage der Production vor, und da andererseits nach der Annahme eine weitere Capitalansammlung nicht erfolgen soll, so muß der durch jene Verminderung gemachten Ersparniß eine vermehrte Consumtion gegenüberstehen. Die Verbesserungen der Production betreffen entweder die Bodenproduction nicht mit, oder sie erstrecken sich auch auf diese.

Im erstern Falle werden einerseits eine gewisse Menge von Arbeitskräften und Capitalien überflüssig, andererseits macht der billigere Preis der Producte eine entsprechende Menge von Kaufbefähigung frei. Richtet sich diese auf Producte, die zu ihrer Herstellung in demselben Verhältniß Arbeit und Capital erfordern, in welchem beide durch die Verbesserung überflüssig geworden sind, so erhalten sich die bisherigen Lohn- und Zinssätze, die Bevölkerung gewinnt nur als Consumenten. Geht der Begehr der neuen Kaufbefähigung aber auf Producte, die verhältnißmäßig mehr Arbeit und weniger Capital erheischen, als durch die Verbesserung erspart wird, so treten dieselben Folgen ein, wie wenn das bisherige Verhältniß zwischen Arbeitern und Capitalien durch Anwachsen der letztern bei unveränderter Zahl der erstern gestört würde (Fall 2). Umgekehrt, werden Producte verlangt, die verhältnißmäßig weniger Arbeit und mehr Capital kosten, so ist das Verhältniß zwischen Arbeitern und Capitalien zu Ungunsten der ersteren verändert, und die Wirkungen sind, wie im Fall 1. Sind es endlich Bodenproducte, auf die sich der Begehr richtet, so ergibt sich eine Steigerung der Grundrente mit den im Vorhergehenden ebenfalls bereits erörterten Folgen.

Bei Verbesserungen, welche die Bodenproduction betreffen, ist zu unterscheiden, je nachdem dieselben nur die Kosten des Anbaues vermindern oder auch die Production zu vermehren gestatten. (Vergl. §. 125.) Findet nur das Erstere statt, und kommen die Verbesserungen allen Bodenclassen in gleichem Maße zu Gute, so bleibt zunächst die Naturalrente unverändert, dagegen vermindert sich mit dem Sinken der Preise der Bodenproducte ihr Geldwerth. Es stehen nun hier die in der Landwirthschaft und durch die verminderte Consumtionsfähigkeit der Grundeigenthümer entbehrlich gewordenen Capitalien und Arbeitskräfte der durch die geringere Ausgabe für Bodenproducte vermehrten Kaufbefähigung der Consumenten der letztern gegenüber, und es hängt nun von der Richtung, welche diese in ihrer Nachfrage nimmt, nach Maßgabe der vorausgehenden Auseinandersetzungen ab, ob und in welcher Weise das Verhältniß zwischen Zins, Lohn und Rente eine weitere Aenderung erfährt. — Enthält die Vervollkommnung der Production zugleich die Möglichkeit einer Steigerung der letzteren, so daß zur Deckung des bisherigen Bedarfs an Bodenerzeugnissen eine oder mehrere der schlechtern Bodenclassen entbehrlich werden, so sinkt nicht nur die Geld-, sondern auch die Naturalrente. Wie aber bei der Nöthigung zu schlechtern Bodenclassen überzugehen, der Nachtheil der Consumenten der Bodenproducte größer war als der Vortheil der Grundeigenthümer, so ist hier umgekehrt der Nachtheil der letzteren kleiner, als der Vortheil der ersteren. Die weitere Gestaltung des Verhältnisses von Zins, Lohn und Rente ist genau, wie im letzterörterten Falle von der Richtung abhängig, welche die gesteigerte Consumtionsfähigkeit der Verzehrer der Bodenproducte der Nachfrage giebt.

Ueber die Verluste, welche eine Veränderung in der Richtung der Consumtion mit sich zu bringen pflegt, vergleiche unten das fünfte Buch.

4. Ein Steigen der Bevölkerung, eine Vermehrung der Capitalien und Vervollkommnungen der Production können unabhängig von einander zusammentreffen. Dann werden diejenigen Wirkungen verstärkt, in deren Hervorbringung sich die verschiedenen Vorgänge gegenseitig unterstützen; diejenigen, in Bezug auf welche sie sich bekämpfen, abgeschwächt und bezüglich aufgehoben. Je nach der vergleichsweisen Stärke der verschiedenen Vorgänge wird sich das schließliche Ergebniß dem des einen oder dem des andern der im Vorhergehenden beleuchteten Fälle mehr annähern. Dies ist jedoch das seltenere Vorkommniß, auf welches daher hier nicht weiter eingegangen werden soll.

Ungleich häufiger geschieht es, daß der eine jener Vorgänge durch den andern erst hervorgerufen wird. Wenn in Folge einer Vermehrung der arbeitenden Bevölkerung der Zins steigt, so wird die Vermehrung ihres Einkommens von den Capitalisten gewöhnlich wenigstens theilweise zur Capitalersparung benutzt. Wenn umgekehrt den Arbeitern auf Veranlassung eines Voraneilens der Capitalansammlung eine Erhöhung des Lohnes zu Theil wird, so führt das meistens bald auch zu einem Anwachsen der Bewölkerung. Gesetzt nun das Verhältniß zwischen Capitalien und Arbeitern sei auf die eine oder die andere Weise wieder auf den frühern Stand zurück gebracht, oder auch es sei schließlich ein anderes geworden, jedoch ebenfalls unter Steigen der Bevölkerung, die Production aber habe sich nicht vervollkommnet, so ist eine größere Volkszahl mit Nahrungsmitteln zu versorgen, und da dies nur mit Zuhilfenahme schlechtern Bodens zu erreichen ist, so steigt der Preis der Bodenproducte und mit ihm die Grundrente. Das Einkommen der Capitalisten und Arbeiter zusammengenommen muß sich also jedenfalls vermindern. Ob aber diese Verminderung beide in gleichem Verhältniß oder die Einen stärker als die Andern trifft, das wird sich darnach richten, ob in dem neuen Zustande einestheils die Einschränkungen, denen sich die Capitalisten und Arbeiter unterziehen müssen, Producte treffen, bei deren Herstellung die Arbeit oder das Capital stärker als im Durchschnittsverhältnisse betheiligt ist, und ob andererseits für die Herstellung des verlangten Zuschusses von Bodenproducten und derjenigen Erzeugnisse, auf welche die Grundeigenthümer ihr vermehrtes Einkommen zu verwenden gesonnen sind, die Arbeit oder das Capital über das Durchschnittsverhältniß hinaus in Anspruch genommen werden. Aus den oben angedeuteten Gründen wird in der Regel der relative Vortheil hier auf Seiten der Arbeiter sein.

Die gedrückte Lage der Capitalisten und Arbeiter regt das Streben nach Vervollkommnungen der Production an. Die Folgen des Gelingens solcher Bestrebungen, vorausgesetzt, daß Bevölkerung und Capital nun stationär bleiben, sind bereits unter 3. erörtert. Allein es verdient hervorgehoben zu werden, daß, was die landwirthschaftlichen Verbesserungen betrifft, eben diese Voraussetzungen in der Wirklichkeit nicht zuzutreffen pflegen. Landwirthschaftliche Verbesserungen verbreiten sich in der Regel nur sehr langsam, dagegen ist die Neigung zur Vermehrung der Bevölkerung und zur Capitalansammlung verhältnißmäßig stärker, und ihre

Bethätigung hält daher in der Regel mit den Vervollkommnungen der Landwirthschaft mindestens gleichen Schritt. In Folge davon haben die Grundeigenthümer im Allgemeinen von dem Fortschritte der Bodenproduction für ihre Rente nichts zu fürchten, und der Gegensatz ihres Interesses zu dem allgemeinen an möglichst wohlfeiler Herstellung der Nahrungsmittel verliert damit seine practische Bedeutung. Selbst in dem Falle, wo eine reichlichere Versorgung des Marktes mit Bodenproducten nicht durch langsam sich verbreitende landwirthschaftliche Verbesserungen, sondern durch die plötzliche Beseitigung von Hindernissen ermöglicht wird, welche eine Zufuhr aus entfernteren fruchtbareren Gegenden und Ländern bisher beschränkten, pflegt die Bevölkerung und das Capital so rasch nachzuwachsen, daß die Entwerthung des Grundeigenthums verhindert wird. — Aufhebung der englischen Korngesetze. —

Schließlich braucht wol kaum noch darauf hingewiesen zu werden, daß der hier Schritt für Schritt analysirte Verlauf der Veränderungen in dem Verhältniß der verschiedenen Einkommenszweige in der Wirklichkeit diesen successiven Charakter meistens nicht zeigt, sondern daß sich hier der Zusammenhang von Ursache und Wirkung vielfach dadurch verschleiert, daß auf den verschiedenen einzelnen Feldern der Volkswirthschaft die verschiedenen Stadien jenes Verlaufs gleichzeitig neben einander auftreten und gegenseitig auf einander einwirken.

§. 131.

Der relative Antheil der Einkommenszweige im Ganzen an dem Reinertrage der nationalen Production.

Was den Antheil betrifft, den die verschiedenen Einkommenszweige im Ganzen von dem Reinertrage der nationalen Production empfangen, so steigt und sinkt er bei der Grundrente mit ihrer Höhe. Je größer der Grundrentensatz, desto bedeutender auch der Grundrentenumfang und folglich auch das Grundrenteneinkommen. Zwei Momente wirken auf diesen Antheil in entgegengesetzter Richtung ein. Das Streben der Volkswirthschaft, sich auszudehnen, hat die Tendenz, den Antheil der Grundrente zu erhöhen. Dasselbe dauert so lange fort, als nicht der Antheil der übrigen Einkommenszweige auf einen Betrag reducirt ist, der gerade nur noch hinreicht, um den productiven Classen ein Einkommen zu gewähren, durch welches sie sich für ihre der Production gebrachten Opfer entschädigt erachten und daher eben noch bewegen lassen, ihr Angebot an Unternehmerdiensten, Capitalnutzungen und Arbeitsleistungen in seinem dermaligen Umfange aufrecht zu erhalten; mit andern Worten, als Gewinn, Zins und Lohn nicht auf ihre absoluten Schwerpuncte herabgedrückt sind. Für einen solchen Zustand, aber auch nur für einen solchen, würde die physiokratische Lehre, daß alle Steuern schließlich auf die Rente abgewälzt werden, allerdings richtig sein, nur daß auch dann die Existenz von Gewinn-, Lohn- und solchen Zinsrenten, die mit dem Grundeigenthume nichts zu thun haben, neben der Grundrente nicht zu übersehen wäre. Je ergiebiger der Boden, je größer die Kunst der Production und je niedriger die absoluten Schwerpuncte der andern Einkommensarten sind, desto weiter liegt diese Grenze für das Steigen der Grundrente hinaus, und desto größer kann der Antheil derselben am Reinertrage der Production möglicher Weise werden. — Dagegen hat der Fortschritt der Volkswirthschaft, d. h. die Steigerung des Erfolges der gegebenen Productionselemente, die Tendenz, den Antheil der Rente zu beschränken. Da indessen diesem Fortschritte meistens rasch eine größere Ausdehnung der Volkswirthschaft folgt (vergl. den vorigen Paragraphen am Schlusse), so ist die Wirkung desselben in dieser Beziehung in der Regel nur eine latente, und eine hohe Grundrente, die einen ansehnlichen Theil des Nationaleinkommens bildet, kann als eines der zuverlässigsten Zeichen einer hochentwickelten Volkswirthschaft angesehen werden, ohne deßhalb ein Beweis für den eingetretenen Stillstand in dieser Entwickelung zu sein. Doch bleibt es im Allgemeinen richtig, daß, je mehr die extensive Entwickelung der Volkswirthschaft die intensive, die Ausdehnung den Fortschritt überwiegt, desto rascher, je mehr umgekehrt die intensive Entwickelung vor der extensiven sich geltend macht, desto langsamer der relative Antheil der Rente am Gesammtreinertrage zunimmt.

Für jeden der andern Einkommenszweige wird das Verhältniß seines Antheils am Gesammtreinertrage einestheils durch die relative Höhe seines Einkommensatzes, anderntheils durch die relative Menge des betreffenden Productionselementes bestimmt. Der Antheil des Lohnes z. B. wird um so größer sein, je höher einmal der Lohnsatz im Vergleich zu Zins und Gewinn steht, und je größer ferner die Zahl der Arbeiter im Vergleich zu der der Unternehmungen und Capitalien ist ꝛc. Anders wie bei der Rente aber geht bei den übrigen Einkommenszweigen ein hoher Satz und ein weiter Umfang nicht nothwendig Hand in Hand, vielmehr entspricht häufig einem hohen Einkommenssatze dennoch kein großer Antheil am Gesammtertrage, weil das Mengenverhältniß zu den übrigen Productionselementen ein geringes ist, und umgekehrt. Namentlich was Lohn und Zins betrifft, bildet dieser Gegensatz entschieden die Regel, was wesentlich auf der Möglichkeit beruht, bis zu einem gewissen Grade Capital durch Arbeit und Arbeit durch Capital zu ersetzen. Da aber auf die Größe des Antheils am Gesammteinkommen die Menge der Bezüge im Allgemeinen einen weit größeren Einfluß hat, als die Höhe derselben, so läßt sich hierauf der Satz gründen, daß als Regel der Antheil des Lohnes, bezüglich Zinses am Gesammtertrage um so größer ist, je niedriger, und um so geringer, je höher der Lohn-, bezüglich Zinssatz sich stellt. Der wirthschaftliche Fortschritt begünstigt im Allgemeinen zugleich sowol das Sinken des Zinsfußes als, indem er, namentlich durch die Entwickelung des Großbetriebes den Bedarf an Capital im Verhältniß zu dem an Arbeitern vermehrt, das Steigen des Zinseinkommens im Ganzen. Umgekehrt läßt sich aus dem Umstande, daß ein verhältnißmäßig großer Theil des nationalen Reinertrags Zinseinkommen bildet, auf die Erreichung einer höhern wirthschaftlichen Entwickelungsstufe schließen. Und wiederum je rascher und anhaltender der Fortschritt ist, desto stärker und länger kann die Ansammlung des Capitals der Vermehrung der Arbeiter voraneilen, ohne daß der Antheil des Capitals in einem geringern Verhältnisse wächst, als der veränderten Beziehung zur Arbeitermenge entspricht, mit andern Worten, ohne daß der Zinsfuß herabgeht; und umgekehrt weist eine derartige Erfahrung auf einen raschen und anhaltenden Fortschritt hin.

§. 132.

Das Verhältniß der absoluten Schwerpuncte von Gewinn, Zins und Lohn zu einander.

v. Thünen, der isolirte Staat, Bd. II.

Die absoluten Schwerpuncte des Gewinnes, Zinses und Lohnes sind als von einander unabhängig angenommen worden. Es entsteht die Frage, ob dies zulässig ist, oder ob sie sich nicht vielleicht gegenseitig bedingen. Die Antwort muß jedoch für die Zulässigkeit der Annahme und gegen die Abhängigkeit der Schwerpuncte von einander ausfallen.

Zuvörderst ist klar, daß der absolute Schwerpunct des Gewinnes mit dem des Lohnes oder Zinses nichts zu thun hat. Das Opfer der Uebernahme einer Gefahr ist durchaus anderer Art als das des Genusses einer Güterverzehrung oder das der persönlichen Ruhe. Es ist ebenso denkbar, daß das erstere hoch und die beiden andern niedrig, wie umgekehrt, daß jenes niedrig und diese hoch angeschlagen werden, und wenn, wie gezeigt worden ist, in Folge des wirthschaftlichen und Culturfortschrittes der absolute Schwerpunct des Lohnes zu steigen, der des Zinses zu sinken strebt, so läßt sich nicht absehen, wie das Eine und das Andere irgend einen Einfluß auf die Veränderung des Schwerpunctes des Gewinnes ausüben sollte.

Schwieriger ist die Frage in Beziehung auf das Verhältniß der Schwerpuncte von Lohn und Zins zu einander. Insofern nämlich das Capital als aus übergesparter Arbeit gebildet angesehen werden kann, beruht das Opfer, welches der Capitalist, und dasjenige, welches der Arbeiter bei der Production bringt, offenbar auf einer gleichartigen Grundlage, und es scheint dadurch ein gewisses Verhältniß der Entschädigung in beiden Fällen bedingt zu werden.

Um das Problem auf seinen einfachsten Ausdruck zurückzuführen, lasse man die Unternehmer und den unternehmungsweisen Betrieb ganz außer Betracht, und nehme ferner an, daß die Bevölkerung stationär, sowie daß noch Ueberfluß an Ländereien von der besten Ergiebigkeit vorhanden sei, so daß auch die Nothwendigkeit einer Rentenzahlung wegfällt. Die ganze Bevölkerung besteht hier aus Arbeitern, zunächst (bis auf die nothwendigen Subsistenzmittel während der Arbeit) ohne Capital, also Alle in der gleichen Lage und daher, wenn zur weitern Vereinfachung auch noch gleiche Arbeitsbefähigung und Willigkeit vorausgesetzt wird, Alle gleichviel producirend. Damit Capital sich bilden könne, muß das Erzeugniß eines Jeden seinen nothwendigen Unterhaltsbedarf auf die Zeit der Production übersteigen. Dieses Mehr können die Arbeiter entweder verzehren oder in Capital verwandeln, durch welches sie ihre Production steigern. Die Einen werden das Eine, die Andern das Andere thun. Diejenigen, welche Capital bilden, verwenden dasselbe zunächst in der eigenen Production; sie kommen aber dabei in einiger Zeit an eine Grenze, bei welcher die weitere Capitalverwendung den Ertrag nicht mehr in demselben, sondern nur noch in geringerem Maße steigert Hier wird das Ausleihen des weiteren Capitals an Diejenigen, welche selbst noch keines besitzen und in deren Händen dasselbe daher noch mit dem vollen Erfolge verwandt werden kann, vortheilhaft, indem, so lange noch nicht alle Capitallosen in dieser Weise versorgt werden können, die Concurrenz derselben den ganzen durch das Capital gewonnenen Mehrertrag den Darleihern zuwenden wird. Allmälig aber finden sich alle Producenten in dem Maße mit Capital versehen, daß eine weitere Verwendung von solchem den Ertrag nur noch in geringerem Maße zu steigern vermag. Wird die Capitalbildung auch jetzt noch fortgesetzt, so wiederholt sich der frühere Vorgang. Die Sparenden statten zunächst ihre eigene Wirthschaft mit der zweiten Serie von Capital soweit aus, bis abermals eine weitere Vermehrung einen noch geringern productiven Erfolg haben würde; dann suchen sie, das ferner angesammelte Capital auszuleihen. Sie vermögen dasselbe aber nur zu Bedingungen unterzubringen, die dem geringern Erfolge entsprechen, welchen man mit demselben erzielen kann. Nicht genug jedoch hiermit müssen sie diese ungünstigeren Bedingungen jetzt auch für die früher ausgeliehenen Capitalien annehmen, da ihnen diese sonst gekündigt werden würden. Es sinkt also der Ertrag des dargeliehenen Capitals oder der Zins, es steigt dagegen der Ertrag der Anleiher von ihrer Arbeit oder der Lohn, und dies wiederholt sich so oft, als das zuwachsende Capital die Production nur in einem geringern Maße zu steigern vermag, als das zuletzt verwendete. Angenommen z. B. das Jahreserzeugniß eines Arbeiters ohne Capital sei 110 und werde gesteigert

durch Benutzung eines Capitals von 100 um 40, also auf 150,
eines zweiten um 4 weniger, mithin nur noch 36, „ „ 186,
„ dritten „ 4 „ „ „ „ 32, „ „ 218
und so fort,

so würde der Zins betragen:

bei Benutzung eines Capitals 1 . 40=40; und folglich der Lohn 110,
„ „ zweier Capitale 2 . 36=72; „ „ „ „ 114,
„ „ dreier „ 3 . 32=96; „ „ „ „ 122
und so fort.

Es zeigt sich sogleich, daß trotz dem Sinken des Zinses dennoch die Belohnung der Sparsamkeit oder das dauernde Einkommen, das man mit einem gewissen Maße von Arbeit zu erkaufen vermag, die Arbeitsrente, steigen kann. Gesetzt z. B. ein Arbeiter bedürfe für seinen nothwendigen jährlichen Unterhalt 100, so würde er bei einem Lohne

v. 110 ersparen können 10, die ihm zu einem Zinsf. v. 40% ein Eink. gewähren würden v. 4
„ 114 „ „ 14, „ „ „ „ „ „ 36 „ „ „ „ „ „ 5,04
„ 122 „ „ 22, „ „ „ „ „ „ 32 „ „ „ „ „ „ 7,04
u. s. w

Allein es leuchtet auch ein, daß diese Steigerung eine Grenze haben, und die Arbeitsrente von einem gewissen Puncte an wieder herabgehen muß, indem der Einfluß des gestiegenen Lohnbetrags auf dieselbe durch den entgegengesetzten Einfluß des geringeren Zinsfußes endlich aufge- und überwogen wird. Steigerte z. B. der vorhergehenden Annahme entsprechend auch jedes weitere Capital von 100 Thlr. den Ertrag der Jahresproduction eines Arbeiters um 4 weniger, als das vorhergehende, so würde die Fortsetzung der obigen Zusammenstellung folgendes Ergebniß liefern:

Zahl der Capitalien auf den Arbeiter	Arbeitsproduct	Zins	Lohn	mögliche Ersparniß	Arbeitsrente
6	290	6 . 20=120	170	70	14
7	306	7 . 16=112	194	94	15,04
8	318	8 . 12= 96	222	122	14,64
9	326	9 . 8= 72	254	154	12,32

Die Frage ist nun, ob aus dem Umstande, daß die Arbeitsrente mit dem Steigen des Lohnes und dem Sinken des Zinses bis zu einem gewissen Puncte zu-, darüber hinaus aber abnimmt, ein bestimmtes Verhältniß des Lohnes zum Zinse folgt, dem die Volkswirthschaft unter den gemachten Voraussetzungen zustrebe, und über das sie, sobald es erreicht sei, so lange in den übrigen Umständen sich nichts ändert, nicht hinauskommen könne. Ein solches festes Verhältniß des Lohnes zum Zinse würde sich offenbar ergeben, sobald sich nachweisen ließe, daß bei einem gewissen Höhepuncte des Lohnes und Tiefpuncte des Zinses die

Capitalansammlung aufhören müßte, denn auf der fortgesetzten Capitalansammlung beruht ja eben das Steigen des Lohnes und das Sinken des Zinses.

In der That ist die Ansicht aufgestellt worden, daß sich ein solches festes Verhältniß zwischen Lohn und Zins herstelle, und zwar bei demjenigen Stande des Lohnes und Zinses, bei welchem die Arbeitsrente ihr Maximum erreiche. Diese Ansicht ist aber um deßwillen nicht haltbar, weil sich nicht nachweisen läßt, daß die sparenden Arbeiter durch ihr eigenes Interesse genöthigt sind, die Capitalbildung aufzugeben, sobald die Arbeitsrente wieder zu sinken beginnt. Eine solche Nöthigung würde für sie nur dann vorliegen, wenn sie entweder durch die fortgesetzte Capitalbildung ihre bisherigen Zinseinkünfte geradezu vermindern würden, ein Erfolg, der in der Regel erst bei weitem später eintreten wird, als die Culmination der Arbeitsrente, oder wenn die zu erwartende Vermehrung jener Einkünfte nicht mehr bedeutend genug wäre, um sie für das durch die Ersparung gebrachte Opfer zu entschädigen, was ebensowenig unmittelbar nachdem die Arbeitsrente ihren Höhepunct überschritten hat, der Fall sein kann, denn, wenn die Sparenden allein in der höchstmöglichen Arbeitsrente eine genügende Entschädigung für ihre Opfer erblickten, so hätte die ganze vorhergehende Capitalbildung, bei welcher die Arbeitsrente diesen Höhepunct ja noch nicht erreichte, gar nicht erfolgen können. Beiläufig bemerkt muß es übrigens für den Entschluß zur Fortsetzung der Capitalbildung einen wesentlichen Unterschied machen, ob Diejenigen, welche in dem Falle sind, Ersparnisse zu machen, bereits Zinseinkünfte beziehen oder nicht. Ist das letztere der Fall, so werden sie durch das Sinken des Zinses gar nicht betroffen, wohl aber im erstern Falle und zwar um so mehr, je größer ihr Capitalreichthum bereits ist.

Hiermit ist indessen nur widerlegt, daß die Capitalansammlung bei demjenigen Verhältnisse von Lohn und Zins aufhören müsse, bei welchem die Arbeitsrente ihr Maximum erreicht, nicht aber bewiesen, daß die Schwerpuncte des Lohnes und Zinses auch nicht in irgend einer andern Weise einander bedingen können. Vielmehr bleibt der Gedanke der Reducirbarkeit des Capitals auf die Arbeit, welche nothwendig ist, um seine Bildung zu Stande zu bringen, bestehen, und es läßt sich wenigstens bis zu einem gewissen Grade vertheidigen, daß für den Arbeiter, welcher Capital bilden soll, nicht der Zins, sondern die Arbeitsrente das Entscheidende ist. Verhält sich dies wirklich so, so ist aber offenbar der Stand des Schwerpunctes des Lohnes von Einfluß auf denjenigen des Zinses. Gesetzt z. B. der wirkliche Jahreslohn sei zuerst 110, später 120 Thlr., der von den Arbeitern für unerläßlich erachtete jährliche Lebensaufwand betrage beide Male 100 Thlr. und die Arbeitsrente, welche in Aussicht stehen müsse, um sie zu bewegen, ein Jahr lang ihren Aufwand auf das Nothwendige zu beschränken und den Ueberschuß ihres Einkommens zu capitalisiren, $\frac{1}{2}$ Thlr., so würde der Schwerpunct des Zinses von einer Periode zur andern von 5 auf $2\frac{1}{2}$ Procent herabgehen. Stiegen dagegen die Lebensansprüche der Arbeiter mit dem höhern Lohne soweit, daß sie statt 100, 105 Thlr. als ihren nothwendigen Lebensaufwand ansähen, so würde die Capitalbildung nicht erst, wenn der Zins auf $2\frac{1}{2}$, sondern schon wenn er auf $3\frac{1}{3}$ Procent gesunken wäre, aufhören.

Sonach scheint der Schwerpunct des Zinses doch durch den des Lohnes bestimmt zu werden. Allein zweierlei läßt sich hiergegen geltend machen. Einmal nämlich ist es für den Arbeiter, wenn er durch das Zurücklegen des Ueberschusses seines Jahreseinkommens über seinen nothwendigen Jahresaufwand ein gewisses dauerndes Einkommen sich zu verschaffen vermag, doch wol nicht vollständig gleichgültig, ob dieser Ueberschuß an sich eine größere oder geringere Summe beträgt, d. h. ein größeres oder geringeres Maß von Genüssen darstellt. Mit andern Worten: er zieht nicht bloß die Anstrengung, mit welcher er sich das Einkommen erkauft, sondern auch die Menge der Lebensfreuden, die er sich mit seinem Lohnüberschusse hätte bereiten können, in Betracht, er legt nicht bloß auf die Höhe der Arbeitsrente, sondern mehr oder minder auch auf die des Zinses Gewicht. — Und sodann, wenn man selbst hiervon absehen will, so bleibt doch die Unabhängigkeit des Schwerpuncts der Arbeitsrente von dem des Lohnes übrig. Der eine hat mit dem andern unmittelbar nichts zu thun. Es sind ganz verschiedene Motive, auf denen einerseits das Maß der Lebensansprüche der Arbeiter, andererseits ihre Entscheidung bei der Abwägung der gegenwärtigen Anstrengung gegen den künftigen Genuß eines dauernden Einkommens beruht. Ein großes Maß des „nothwendigen Bedarfs" erschwert nicht nothwendig die Bereitwilligkeit zu Ersparnissen. Jenes kann zunehmen, ohne daß diese sich mindert. Eher möchte oft das Gegentheil zutreffen, daß mit dem Steigen des Schwerpunctes des Lohnes der der Arbeitsrente sinkt und, umgekehrt. Indessen scheint es doch auch hiefür an einer inneren Nothwendigkeit zu fehlen. Ein Volk kann bereit sein, sich mit einem schmalen Lohnsatze zu begnügen, und doch in hohem Grade sparsam sein, und wiederum kann es seine Lebensansprüche hoch spannen und dennoch sich nicht leicht zur Capitalbildung entschließen. Die Schätzung der gegenwärtigen Bedürfnisse scheint daher weder in der einen noch in der andern Weise für die Schätzung der zukünftigen Bedürfnisse unbedingt maßgebend zu sein. Erkennt man dies an, so erscheint aber auch der Schwerpunct des Zinses nicht durch den des Lohnes bestimmt. Zwar muß eine Veränderung des letztern auch eine Veränderung des erstern nach sich ziehen, wenn der Schwerpunct der Arbeitsrente unverändert bleibt; allein eben dieser erhält oder verändert sich aus ganz selbständigen Gründen. Es kann daher der Schwerpunct des Lohnes steigen oder sinken, ohne daß der des Zinses mitsteigt oder mitsinkt, weil inzwischen der Schwerpunct der Arbeitsrente sich in entgegengesetzter Richtung verändert hat, oder es kann umgekehrt der Schwerpunct des Zinses über das durch die Veränderung des Lohnschwerpunctes indicirte Maß hinaus sich verändern, wenn diese mit einer Veränderung des Schwerpunctes der Arbeitsrente in gleicher Richtung zusammentrifft.

§. 133.

Einwirkung des Verhältnisses der Einkommenszweige auf die Production und den Verkehr.

Roscher, §. 197 ff.

Mit der Veränderung der relativen Höhe der verschiedenen Einkommenszweige muß sich das Preisverhältniß der Güter manichfach verschieben, je nachdem bei ihrer Herstellung die wirthschaftlichen Elemente in verschiedenem Verhältnisse mitwirken und die seltenen, renteabwerfenden natürlichen Productionsinstrumente mittelbar oder unmittelbar mehr oder weniger in Anspruch genommen werden.

Da der Fortschritt der Volkswirthschaft im Allgemeinen die Tendenz hat, den Satz der Grundrente und des Lohnes zu steigern, den des Gewinnes und des Zinses zu drücken, so pflegt auf höheren Wirthschaftsstufen der Preis der

Bodenproducte und nächst ihnen solcher Güter, die durch Arbeit in wenig ausgebildeter Gliederung und mit geringer Capitalunterstützung hergestellt werden, ein vergleichsweise hoher, der solcher Güter dagegen, die aus geringen Roh- und Hilfsstoffen mit ausgedehnter Anwendung von Capital in kunstvoll organisirten Unternehmungen erzeugt werden, ein vergleichsweise niedriger zu sein. Dies muß auf die Gestaltung der Production zurückwirken. Es macht sich naturgemäß ein Bestreben geltend, der Vertheuerung jener erstern Güter entgegenzutreten. Dasselbe führt zu sorgfältigerer Ausnutzung der Bodenkräfte, zu einer ausgebildeteren Arbeitsgliederung, zur Einführung wirksamerer Werkzeuge und zur Ersetzung menschlicher und thierischer Arbeitskräfte durch Maschinen, mit einem Worte zu einem intensiveren Wirthschaftsbetrieb mit der Richtung, durch reichliche Capitalverwendung an Grundstücken und an Arbeitern möglichst zu sparen und die benutzten zur größtmöglichen Wirkung zu bringen.

Besonders aber muß die die wirthschaftliche Entwickelung begleitende Veränderung im Verhältniß der Einkommenszweige für die Entstehung und Entfaltung von Verkehrsbeziehungen zwischen Völkern von verschiedener wirthschaftlicher Entwickelungshöhe förderlich sein. Sie enthält eine Anregung zunächst zur Verpflanzung der Productionselemente selbst. Vorgeschrittene Völker senden Unternehmer und Capitalien, welche in der Heimath nur einen verhältnißmäßig niedrigen Gewinn und Zins zu finden vermögen, nach minder entwickelten Ländern, die ihnen eine fruchtbarere Wirksamkeit versprechen. Dagegen führt ihnen der hohe Stand ihrer Lohnsätze einen freilich aus verschiedenen Gründen in der Regel ziemlich beschränkten Zufluß von Arbeitern aus den wirthschaftlich noch zurückstehenden Ländern zu. Indessen ist die Verpflanzbarkeit der Productionselemente durch mancherlei Schwierigkeiten in verhältnißmäßig enge Grenzen eingeschlossen. Deßhalb ist es der Austausch der Producte, der Handel, welcher zwischen Völkern, deren Wirthschaft in sehr verschiedenem Grade entwickelt ist, durch jene Verschiedenheit im Verhältniß der Sätze der verschiedenen Einkommenszweige in noch weit größerem Umfange gefördert zu werden pflegt. Sind es, wie gezeigt wurde, bei verschiedener Höhe der wirthschaftlichen Entwickelung verschiedene Arten von Artikeln, welche vergleichsweise theuer und wohlfeil sind, so muß sich das Handelsinteresse der Völker um so mehr begegnen, je mehr die letztern in Bezug auf den Grad jener Entwickelung von einander abweichen. So entsteht bei einer solchen Verschiedenheit leicht ein Handelsverkehr und breitet sich aus, in welchem die wirthschaftlich höher stehenden Völker von den wirthschaftlich niedriger stehenden zum Vortheile beider Theile Rohstoffe, Consumtibilien und solche Artikel, die hauptsächlich durch einfache Handarbeit hergestellt werden, gegen Artikel eintauschen, bei deren Erzeugung der Unternehmungsgeist, das Capital und die höheren, einen längeren und kostspieligeren Bildungsgang erheischenden Arbeitsfähigkeiten überwiegend in Anspruch genommen werden.

Anhang.

§. 134.

Von der besten Vertheilung des nationalen Einkommens.

Roscher, §. 203 ff. — Mill, B. IV. Cap. 6 u. 7.

Die Untersuchung der Frage, welches die wünschenswertheste Vertheilung des nationalen Einkommens sei, liegt jenseits des Gebiets der Volkswirthschaftslehre, da dabei wesentlich andere Rücksichten als wirthschaftliche in Betracht kommen. Sie soll daher hier nicht eingehend geführt werden. Nur über die vornehmsten Probleme wirthschaftlicher Art, auf welche sie führt, und deren Lösung mögen noch einige Andeutungen folgen.

Die beste Vertheilung des Einkommens kann selbstverständlich nur auf einen gegebenen Zustand der Volkswirthschaft bezogen werden. Dieser ist ein Zustand entweder der Entwickelung und Bewegung oder der Reife und Ruhe. Im erstern Falle trägt er seine Bedeutung nicht in sich, sondern in seinem Verhältnisse zu einem ferneren Ziele, welches zu erreichen die Aufgabe ist; im letztern Falle ist das Ziel erreicht, und es gilt nur, sich in den gegebenen Verhältnissen auf die vortheilhafteste Art festzusetzen. Hiernach muß das Ideal der besten Einkommensvertheilung in beiden Fällen offenbar ein verschiedenes sein.

I. So lange die Volkswirthschaft noch entwickelungsfähig ist, ist diejenige Vertheilung die beste, welche am geeignetsten ist, den wirthschaftlichen Fortschritt am meisten zu fördern. Das entscheidende Moment hiefür ist der Anreiz zur Capitalbildung und zur Ausbildung der persönlichen Kräfte. Die Frage läuft daher darauf hinaus, bei welcher Art der Vertheilung besteht die meiste Aussicht auf Anwachsen des Capitals und Entwickelung der individuellen Fähigkeiten?

1) In dieser Beziehung fragt es sich zunächst, ob ein besseres Princip der Gütervertheilung als das der freiwilligen Verständigung, oder, wie man sich mit Rücksicht darauf, daß bei dieser in der Regel jede Partei ihr persönliches Interesse in den Vordergrund stellt, gewöhnlich ausdrückt, als das der freien Concurrenz sich denken läßt. Hierauf ergiebt schon eine sich lediglich auf wirthschaftlichem Boden haltende Erwägung eine sehr bestimmte Antwort. Jedes andere Princip müßte, insoweit das Selbstinteresse die freien Entschlüsse bestimmt, da im Allgemeinen die Consumtion für den Menschen ein Genuß, die Production eine Plage ist, zur Beschränkung der erstern und zur Beförderung der letztern Zwangsmittel an- also Kräfte aufwenden, welche der Production entzogen werden müßten und schließlich doch die Energie des freien Willens nicht vollständig zu ersetzen vermöchten, könnte also unter keinen Umständen für den Fortschritt der Volkswirthschaft den gleich günstigen Erfolg erreichen, wie dasjenige der freien Concurrenz. Vergl. §§. 23 und 24. Nur in dem Maße, als aus freien Stücken das Selbstinteresse bei der wirthschaftlichen Bethätigung zurücktritt, wie z. B. innerhalb des Kreises der Familie, kann ohne Nachtheil für die Entwickelung der Wirthschaft die Vertheilung nach einem andern Principe als dem der freien Concurrenz erfolgen. Von dem sittlichen Fortschritte der Völker ist allerdings eine allmälige Erweiterung der idealistischen Motive in der Wirthschaft (§. 5) zu erwarten (vergl. §. 38); indessen ist das nicht nur eine sehr langsam vor sich gehende Verände-

rung, sondern es hat auch der Subjectivismus ein gewisses Maß absoluter Berechtigung, welches ihm dauernd die vorherrschende Bedeutung für die Regelung der Verkehrsbeziehungen zuweist.

2) Eine weitere Frage ist, welchen Einfluß das Verhältniß, in welchem sich der nationale Reinertrag unter die verschiedenen bei der Production betheiligten Classen vertheilt, auf die Entwickelung der Volkswirthschaft ausübt. In dieser Hinsicht wird hauptsächlich die präsumtive verhältnißmäßig größere oder geringere Geneigtheit dieser verschiedenen Classen zur Capitalbildung entscheidend sein, und da es im Allgemeinen wol nicht zu bezweifeln ist, daß die Menschen, so lange sie arbeiten, zum Sparen geneigter sind, als wenn sie von Zinsen leben, so erscheint die Vertheilung des Einkommens vortheilhafter, wenn die Gunst der Lage mit den Arbeitern, als wenn sie mit den Capitalisten ist. Mit andern Worten: die Vertheilung, wie sie aus einem stärkern Anwachsen des Capitals als der Bevölkerung hervorgeht, ist selbst wieder diesem Anwachsen günstig. Indem sie den wirthschaftlichen Fortschritt fördert, hat sie zugleich die Tendenz sich selbst zu erhalten, und gewährt eben dadurch die Aussicht auf weitere Fortschritte.

3) Sodann aber ist die Art und Weise, wie sich das Einkommen aus Vermögen vertheilt und, da dieses Einkommen im Allgemeinen im geraden Verhältnisse zur Größe des Vermögens steht, die Vertheilung des letztern selbst von Wichtigkeit, insofern als von ihr der Umfang und die Energie des Erwerbs und Spartriebes wesentlich bedingt ist. Bei großer Gleichheit der Vermögenszustände erschlafft das Streben der Einzelnen nach Verbesserungen ihrer wirthschaftlichen Lage, bei großer Ungleichheit erstickt es im Ueberflusse der Reichen und verkommt es in der Hoffnungslosigkeit der Armen. Eine Vertheilung des Zins- und Renteneinkommens in manichfacher Abstufung, entsprechend den verschiedensten Schattirungen des Vermögensbesitzes hat daher, wie sie vom Standpuncte der allgemeinen Politik aus überwiegende Vorzüge besitzt, so auch mit Rücksicht auf die Wirthschaft als die wünschenswertheste zu gelten. Vergl. §. 31.

4) Wenn die arbeitende Bevölkerung, wie es sich aus den vorhergehenden Puncten als wünschenswerth ergiebt, sich auch im Besitze von Capital befindet, so entsteht die Frage, ob es vorzuziehen ist, daß sie dasselbe lediglich in der Form von Darlehen nutzbar macht oder vermittelst desselben als Unternehmer oder Mitunternehmer bei derjenigen Production auftritt, welcher ein Jeder seine Kräfte widmet. Vom rein wirthschaftlichen Standpuncte aus wird diese Frage danach zu entscheiden sein, ob in dem letztern Falle die Production durch das erhöhte Interesse, welches die Arbeiter an ihrem Erfolge gewinnen und das sie zu vermehrtem Fleiße und größerer Sorglichkeit anspannt, mehr gefördert oder, sei es durch die Zersplitterung in kleine Unternehmungen, sei es, bei Großbetrieb, durch die größere Verwickelung, Schwerfälligkeit und Unsicherheit der Geschäftsführung, welche durch die größere Zahl und die geringere Qualification der Geschäftstheilhaber veranlaßt ist, mehr gehindert wird. Je nach der Natur der Unternehmungen, dem Bildungsstande der Arbeiter und der Größe der Mittel, über die sie verfügen, wird das Ergebniß ein verschiedenes sein. Im Ganzen läßt sich wol nicht verkennen, daß der wirthschaftliche und Culturfortschritt durch Ausbildung der Geschäftsformen zu größerer Einfachheit und Sicherheit und durch die zunehmende persönliche und wirthschaftliche Befähigung der Arbeiter der Betheiligung dieser an den Unternehmungen in manchen Productionszweigen nicht unwesentlichen Vorschub leistet, und es scheint daher „der cooperativen Association“ eine wachsende

Bedeutung vorbehalten zu sein. Andererseits sind doch die Vortheile der Zusammenfassung des Geschäftsbetriebes in den Händen einer einzigen oder weniger Persönlichkeiten mit voller Freiheit und voller Verantwortlichkeit in vielen Fällen zu gewichtig, um nicht den einfacheren Formen der Unternehmung fortdauernd eine überwiegende Bedeutung zu sichern. Vergl. §. 35.

II. Eine wesentlich andere Bedeutung hat die Frage nach der besten Vertheilung des Einkommens, sobald sie auf einen stationären Zustand der Volkswirthschaft, d. h. einen solchen bezogen wird, wo eine weitere Entwickelung der letzteren, so lange nicht neue Vervollkommnungen der Kunst der Production eintreten, um deßwillen ausgeschlossen ist, weil Gewinn, Zins und Lohn ihre absoluten Schwerpuncte erreicht haben. Diese absoluten Schwerpuncte und mit ihnen das Verhältniß der betreffenden Einkommenssätze sind gegeben. Ebenso folgt aus ihnen in Verbindung mit den ebenfalls gegebenen Verhältnissen des Bodens und der Kunst der Production der Betrag der Grundrente. Die Vertheilung des Einkommens ist mithin durch die gemachten Voraussetzungen fest bestimmt, und jene Frage kann daher nicht den Sinn haben, verschiedene Möglichkeiten der Vertheilung unter den gleichen Voraussetzungen, sondern nur den, verschiedene Voraussetzungen mit ihren Folgen gegeneinander abzuwägen. Es handelt sich dabei vor Allem um den absoluten Schwerpunct des Zinses und des Lohnes. Jene Frage kommt also im Wesentlichen darauf hinaus, ob ein hoher oder niedriger absoluter Schwerpunct des Zinses, beziehungsweise des Lohnes, für ein Volk vortheilhafter sei, oder, wie sich dies mit Bezugnahme auf die früher dargelegte Tendenz des absoluten Schwerpunctes des Zinses im Verlauf der wirthschaftlichen Entwickelung zu sinken, desjenigen des Lohnes, zu steigen, ebenfalls fassen läßt, ob es im allgemeinen Interesse wünschenswerth sei, daß die Bereitwilligkeit auch bei herabgehendem Zinsfuße die Capitalansammlung noch fortzusetzen und andererseits, daß die Beschränkung der Bevölkerungszunahme auf Grund steigender Lebensansprüche der Arbeiter ihre Grenze früher oder später finde. Die Frage hat für die geschichtsphilosophische und allgemein politische Betrachtung ein großes Interesse und tritt, indem sie auf die verschiedene politische Bedeutung des Einkommens aus Vermögen und dessen aus Arbeit hinweist, in nahe Beziehung zur Volkswirthschaftslehre. Sie verdiente deßhalb wol eine Andeutung. Ihre Beantwortung aber kann hier nicht unternommen werden, da es auf der Hand liegt, daß die für dieselbe maßgebenden Gesichtspuncte nicht wirthschaftlicher Art sind.

Fünftes Buch.

Untergang der Werthe, insbesondere Consumtion.

Erstes Capitel.

Untergang der Werthe im Allgemeinen. Unabsichtlicher Werthuntergang insbesondere.

§. 135.

Ursachen des Werthunterganges. Unabsichtlicher Werthuntergang und Consumtion.

Say, Theil VII. — Hermann, Unters. VIII. — Rau, §. 318 ff. — Roscher, §. 206 ff.

Wie Werthe auf dreifache Weise entstehen können, so können sie auch auf dreifache Weise untergehen, nämlich

1) in Folge einer Veränderung an den Werthobjecten — Vernutzung der Güter durch den Gebrauch und Zerstörung durch elementare Kräfte;

2) durch eine Veränderung auf Seiten des Werthsubjects in entgegengesetzter Richtung von der bei der Werthentstehung (§. 12, 2) bezeichneten. Als eine Folge veränderter Bedürfnisse ergiebt sich eine Werthvernichtung um so leichter, je mehr die letzteren nur einen conventionellen Charakter haben (Mode, Gegensatz: Sitte), daher dieser Fall im Allgemeinen auf höheren Entwickelungsstufen an Bedeutung gewinnt. Jedoch ist zu beachten, daß eine Werthvernichtung dieser Art auch nicht weiter reicht, als jener Wechsel der Bedürfnisse thatsächlich sich erstreckt. Viele aus der Mode gekommene Gegenstände verlieren ihren Werth nicht gänzlich, sondern werden, wenn auch in gemindertem Grade, immer noch als brauchbar anerkannt. Werthvernichtungen in Folge verminderter Einsicht oder Kräfte einer Bevölkerung müssen um so seltener vorkommen und um so mehr an Bedeutung verlieren, je höher die Civilisation sich entwickelt hat und je sicherer sie begründet ist, dagegen nehmen sie in Zeiten des Verfalls wieder überhand;

3) durch eine nachtheilige Veränderung in dem Verhältnisse zwischen den Gütern und den wirthschaftenden Personen. Hierher gehört: das Verlegen und Verlieren beweglicher Güter (wirthschaftliche Bedeutung der Ordnung); ferner die Werthverluste in Folge sich verbreitender Rechts-

unsicherheit; endlich die Beeinträchtigungen, welche der Werth mancher Güter durch das Auftauchen anderer besserer Befriedigungsmittel für das Bedürfniß, welchem sie dienen, erfährt.

Der Untergang der Werthe wird entweder absichtlich herbeigeführt, um dadurch mittelbar oder unmittelbar ein Bedürfniß zu befriedigen, oder er erfolgt ohne solches absichtliches Zuthun. Die absichtliche Güterzerstörung nennt man Consumtion oder, insofern sie die unmittelbare oder mittelbare Befriedigung eines Bedürfnisses zum Zwecke hat, wirthschaftliche Verzehrung. Der Ausdruck „wirthschaftlich" aber bezieht sich hier nur auf den verfolgten Zweck, nicht auf die Erreichung desselben. Man kann die Bezeichnung „wirthschaftlich" nach dem gemeinen Sprachgebrauch aber auch auf diese Erreichung beziehen; dann ist die Consumtion eine wirthschaftliche (i. e. S.), wenn durch das erzielte Ergebniß das gebrachte Opfer mindestens aufgewogen wird, im entgegengesetzten Falle eine unwirthschaftliche. Die wirthschaftliche Consumtion ist eine unproductive, wenn das Ergebniß in einer persönlichen Befriedigung bestehn, sie wird als productive oder häufiger als reproductive bezeichnet, wenn das Ergebniß außerhalb der Person sich in neu entstandenen oder in ihrem Werthe erhöhten Gütern darstellen soll. In diesem Falle sind die consumirten Werthe nichts Anderes als der für die betreffende Production gemachte Aufwand an umlaufendem Capital, die Consumtion ist mit der Capitalauslage identisch. — Auch diese Bezeichnungen beziehen sich, wie man sieht, auf die Absicht, nicht auf den Erfolg. Auf letztern bezogen, kann man die Consumtion als productive oder reproductive i. e. S. bezeichnen.

§. 136.

Unabsichtlicher Werthuntergang.

Der unabsichtliche Werthuntergang kommt, wie sich das aus dem Inhalt des vorhergehenden Paragraphen ergibt, aus allen drei angeführten Ursachen vor. Auch hat sich bereits gezeigt, daß und in wiefern die zweite Ursache auf höheren Civilisationsstufen, theils in stärkerem, theils in geringerem Umfange wirkt. Was die dritte Ursache betrifft, so vermindert der allgemeiner verbreitete Ordnungssinn und die wachsende Festigkeit der Rechtssicherheit einer höheren Civilisation ihre Wirksamkeit; freilich wo diese schützenden Dämme einmal durchbrochen sind, giebt es bei einer hochentwickelten Volkswirthschaft auch um so mehr zu zerstören. Dagegen tritt mit dem allgemeinen Fortschritte der Fall der Werthzerstörung in Folge der Ersetzung unvollkommener Genuß- und Productionsmittel durch vollkommenere häufiger und mit größerer Ausdehnung und Intensität der Wirkung auf; wenigstens gilt das so lange, als die Technik der Production noch vornehmlich empirisch verfährt und nicht eine überwiegend wissenschaftliche Grundlage gewonnen hat.

Wirthschaftliche Vorkehrungen gegen Werthverluste aus diesen beiden Ursachen kommen nicht in Betracht, denn man darf die Mühe und den Aufwand, den ein Volk es sich kosten läßt, seine Genußfähigkeit, seine Intelligenz und Herrschaft über die Natur sich zu bewahren, nicht so auffassen, als sei ihr Zweck die Erhaltung der Werthe, und ebenso wenig vermag dies als Zweck des Rechtsschutzes zu gelten. Gegen neue Erfindungen u. dgl. hat man sich allerdings bisweilen in der Idee, die vorhandenen Capitalien (und Arbeitskräfte) vor Entwerthung zu schützen, mehr oder minder streng abzusperren gesucht. Indessen ist ein solches Verfahren wenigstens heut zu Tage, wo der überwiegende Nachtheil desselben allgemein begriffen ist, nicht mehr praktisch.

Die erstgenannte Ursache der unabsichtlichen Werthzerstörung wirkt in den verschiedenen Ländern in sehr verschiedenem Umfange, im Allgemeinen um so stärker, je üppiger die Natur ist. Sie hat zu allen Zeiten eine sehr umfassende Bedeutung, und der Mensch liegt mit ihr in einem fortwährenden, auf den höheren Civilisationsstufen sich immer weiter ausdehnenden, leider aber dennoch wegen der ungeheuren Gewalt der elementaren Kräfte und der mangelhaften Bekanntschaft mit den Gesetzen ihres Wirkens vielfach erfolglosen Kampfe.

Diese Gegenanstrengungen nehmen eine dreifache Richtung. Sie äußern sich

a) in dem Streben einer zweckmäßigeren, solideren, dem Verderben minder ausgesetzten Gestaltung der herzustellenden Producte. Vgl. §. 43;

b) in Vorkehrungen, um die hergestellten Producte vor Zerstörungen zu schützen, vgl. §. 37, wo auch auf die Ursachen, weshalb die Verfolgung dieser Aufgabe vielfach zu einer gewissen Wirthschaftsgemeinschaft führt und die daran sich knüpfenden Folgen hingewiesen ist;

c) in Bemühungen, den Schaden, wenn er dennoch eintritt, durch gleichmäßigere Vertheilung über eine größere Zahl möglichst wenig empfindlich zu machen. Die Frucht derselben ist das Versicherungswesen, das in der doppelten Form der gegenseitigen Versicherung und der Versicherungsunternehmung auftritt, jene mit wandelbaren, diese in der Regel mit festen Einsätzen. Die Versicherungsunternehmung muß im Allgemeinen als die vollkommenere Form gelten, sie ist aber nicht in allen Verhältnissen durchführbar und setzt namentlich einen größeren Capitalreichthum voraus. Das Versicherungswesen überhaupt hat zu seiner Begründung und Sicherstellung eine höher entwickelte wirthschaftliche Einsicht, eine weit ausgedehnte Verkettung der Interessen, eine ausgebildete Statistik, und insofern es sich auf Unglücksfälle bezieht, deren Herbeiführung theilweise in der Hand des Menschen liegt, eine gewisse Höhe der moralischen Entwickelung zur Voraussetzung, und ist daher regelmäßig nur ein Erzeugniß einer vorgeschrittenen Civilisation. Auch da aber vermag es sich nur auf eine kleine Reihe besonders häufig vorkommender und allgemein verbreiteter Gefahren zu erstrecken, so daß immer noch eine große Menge von Verlusten übrig bleibt, deren Empfindlichkeit man auf diese Weise nicht zu vermindern im Stande ist.

Zweites Capitel

Consumtion.

§. 137.

Das Wesen der Consumtion. Die Bestrebungen zu ihrer Beschränkung.

Die Consumtion erfolgt immer in der ersten der oben angegebenen Weisen, in welcher Werthe zerstört werden können, d. h. durch eine an den Werthobjecten vorgenommene Veränderung, die sich entweder an eine Production (reproductive

Consumtion) oder an die Befriedigung eines Bedürfnisses knüpft (unproductive Consumtion). Da nach den Gesetzen der Natur fast alle materiellen Güter nicht anders zum Dienste der Menschen verwendet werden können, als in einer Weise, durch welche deren nützliche Eigenschaften mehr oder minder rasch und vollständig vernichtet werden, so ergiebt sich hieraus, daß die Consumtion unter allen Umständen und zu allen Zeiten eine sehr umfangreiche sein und mit dem Fortschreiten der Civilisation in Folge der Entwickelung der Bedürfnisse einerseits, der Fähigkeit, die Mittel zu ihrer Befriedigung herbeizuschaffen, andererseits eine immer weitere Ausdehnung gewinnen muß.

Die Consumtion ist aber an sich ein Uebel. Der ideale Zustand wäre Befriedigung der Bedürfnisse ohne Beeinträchtigung der vorhandenen Werthe. Daraus erklärt sich das Bestreben, sie ohne Beeinträchtigung der Genüsse, zu welchen sie die Vorbedingung bildet, möglichst einzuschränken, ein Bestreben, das sich um so mehr steigern muß, je weiter die consumtiven Bedürfnisse sich ausdehnen, und das daher namentlich auf höheren Civilisationsstufen sich geltend macht.

Dasselbe tritt in einer doppelten Richtung auf. Einmal nämlich äußert es sich in schonsamerer Behandlung der Güter beim Gebrauch und möglichst vollständiger Ausnutzung derselben. Bei der ersteren kommen, namentlich insoweit es sich um die nothwendigsten Lebensbedürfnisse oder um mit eigenem Leben begabte Güter handelt, den ökonomischen Motiven ethische vielfach zu Hilfe, und dieselbe kann daher, wo sie sich mit durchgreifendem Erfolge geltend macht, als ein Zeichen nicht nur einer hohen wirthschaftlichen Entwickelung, sondern auch einer fortgeschrittenen und lebenskräftigen Gesittung angesehen werden. Das Streben, die Productions- und Genußmittel möglichst vollständig auszunutzen, wirkt namentlich auf die Gestaltung der Production in dem Sinne einer Specialisirung der herzustellenden Güter ein, um dieselben den verschiedenen Bedürfnissen möglichst genau anzupassen. Eine andere Folge davon ist eine in sehr verschiedenen Formen auftretende gleichzeitige oder successive Gemeinschaftlichkeit der Güterbenutzung, bei deren Ermöglichung neben der wirthschaftlichen Berechnung nicht selten auch der Gemeinsinn eine Gelegenheit sich zu bethätigen findet.

Die zweite Weise, in welcher das Streben, die Consumtion zu vermindern, auftritt, ist die Nutzbarmachung der Consumtions- und bezüglich, wenn die Consumtion eine reproductive war, der Productionsabfälle. Diese Art von Bestrebungen gelangt zu umfassender Bedeutung namentlich in derjenigen Periode des Völkerlebens, wo die productive Technik sich von der Empirie zu emancipiren und auf einen wissenschaftlichen Boden zu stellen strebt.

§. 138.

Die wirthschaftliche Bedeutung der reproductiven Consumtion.

Die zum Behufe der Production erfolgende oder reproductive Consumtion ist eine gelungene, productive i. e. S., wenn die neuerzielten Werthe größer sind als die vernichteten, im entgegengesetzten Falle eine mißlungene, unproductive i. e. S.

Wenn sowol die erzeugten als die verzehrten Güter Gegenstände eines regelmäßigen Verkehrs sind und dieser Verkehr auf der freien Vereinbarung der Betheiligten beruht, hat das Urtheil über den Charakter der Consumtion in dieser

Beziehung vom privatwirthschaftlichen Standpuncte aus keine Schwierigkeit, es ergibt sich vielmehr einfach aus der Vergleichung der Tauschwerthe der geopferten und der gewonnenen Güter, und auch vom volkswirthschaftlichen Standpuncte ist dasselbe so lange anzuerkennen, als nicht der Vortheil oder Nachtheil, welchen nach dieser Auffassung die Consumtion für einen Theil der Bevölkerung mit sich bringt, sich durch entgegengesetzte Nachtheile oder Vortheile für einen andern Theil als aufgewogen erweist. Vgl. über solche Fälle §. 26, unter 2.

Dieses Maßstabes für das Urtheil entbehrt man aber, wenn ein bestimmter Tauschwerth, sei es der vernichteten, sei es der erzeugten Werthe, nicht festzustellen ist, ein Fall, der namentlich auf den niederen Wirthschaftsstufen bei wenig entwickeltem Verkehr häufig eintreten muß. Die Befriedigung des privaten Interesses der Betheiligten läßt sich hier in der Regel nur aus der fortgesetzten Wiederholung der Consumtion abnehmen; indessen ist nicht zu verkennen, daß die Einzelnen hier nicht selten nicht sowol durch eine unbefangene Erwägung als durch die Macht eines vielleicht den veränderten Verhältnissen keineswegs mehr entsprechenden Herkommens sich leiten lassen.

Unbrauchbar für die Beurtheilung des wirthschaftlichen Charakters der Consumtion wird die Heranziehung des Tauschwerthes bei der Vergleichung der geopferten und der gewonnenen Güter, wenn für die einen oder für die andern dieser Tauschwerth nicht durch den freien, auf der beiderseitigen ungehinderten Verfolgung der eigenen Interessen beruhenden Verkehr, sondern in einer Weise bestimmt wird, bei welcher von einer der betheiligten Parteien freiwillig oder gezwungen darauf verzichtet wird, die Vortheile, die das Verhältniß von Nachfrage und Angebot ihr in Aussicht stellt, zur Geltung zu bringen. Fälle dieser Art, wo einer Wirthschaft die Verpflichtung obliegt, einer andern zu einem bestimmten Preise Productionsmittel zu liefern oder Producte abzunehmen, kommen in mittelalterlichen Zuständen außerordentlich häufig vor und dauern zum Theil auch bei höher entwickelter Volkswirthschaft noch fort. Es liegt aber auf der Hand, daß hier aus dem Verhältniß der Preise der bei der Production verzehrten Güter zu dem Preise der Producte kein Schluß auf die volkswirthschaftliche Vortheilhaftigkeit oder Unvortheilhaftigkeit der Consumtion gezogen werden kann. Man findet sich vielmehr darauf verwiesen, mit Benutzung anderweiter zu Gebote stehender Thatsachen, eine Feststellung der Preise, wie sie sich beim Wegfall der Zwangsverbindlichkeit gestalten würden, zu versuchen, und wenn selbst dieser an sich mit nicht geringen Schwierigkeiten verbundene Versuch nicht durchführbar ist, ist man genöthigt, auf allgemeine Erwägungen der Nützlichkeit der producirten und der consumirten Güter zurückzugreifen, wobei der subjectiven Auffassung immer ein weiter Spielraum bleiben wird. Zu den Consumtionen, deren wirthschaftliche Berechtigung aus diesem Grunde besonders schwierig zu beurtheilen ist, gehören vor Allem die der mit Besteuerungsrecht ausgestatteten öffentlichen Körper, da einerseits der Beitrag zu den Steuern nicht von der Anerkennung der überwiegenden Werthe der von dem Gemeinwesen geleisteten Dienste und gelieferten Producte von Seiten der Unterthanen abhängig gemacht ist, andererseits die mangelnde Rentabilität der Producte der Regierung nicht entscheiden kann, sobald eine ganz oder theilweise unentgeltliche Benutzung der von ihr ins Leben gerufenen Einrichtungen und Anstalten stattfindet. Verhängnißvolle Irrthümer in dieser Beziehung auf Seiten der Gewalthaber sind daher nur zu leicht möglich. Als Schutzmittel dagegen dienen namentlich eine möglichst genaue Specialisirung der verschiedenen öffentlichen Leistungen und die prospective und retrospective Zusammenstellung der durch jede einzelne verursachten Kosten — Budgetsystem, Finanzstatistik — und sodann die Zuziehung einer zweckmäßig gegliederten, durch freie Presse und freies Vereins- und Versammlungsrecht unterstützten Volksvertretung zur Prüfung und Bewilligung der öffentlichen Ausgaben und Einnahmen.

§. 139.

Die wirthschaftliche Bedeutung der unproductiven Consumtion.

Hermann a. a. O. — Rau, §. 327 ff. — Roscher, §. 213 ff. Ders. Ansichten der Volkswirthschaft, S. 279 ff.

1. Die unproductive Consumtion an sich.

Die Ethik beurtheilt die Berechtigung einer Consumtion mit Rücksicht auf den Zweck, den sie verfolgt, und die Mittel, welche zur Erreichung dieses Zweckes angewandt werden. Sie verwirft daher z. B. die Consumtionen, die zur Befriedigung unsittlicher Gelüste dienen, oder solche, bei denen über der Befriedigung eines zwar an sich berechtigten Bedürfnisses diejenige eines andern dringenderen hintangesetzt wird; oder ferner solche, die mit einer Verletzung der Rechte Dritter verbunden sind, oder bei denen eine Herzenshärtigkeit und Lieblosigkeit gegen Mitmenschen, eine Grausamkeit gegen Thiere zu Tage tritt. Die Wirthschaftslehre schließt sich diesem Urtheil insofern an, als eine Verschlechterung der Moralität unmittelbar und in ihren weiteren Folgen zu einem Zurückgehen des wirthschaftlichen Zustandes zu führen geeignet ist. Im Uebrigen hat sie die Moralität der Zwecke und Mittel nicht zu beurtheilen. Sie erkennt nur, daß wenn der Zweck, den eine Consumtion verfolgt, oder die Mittel, der man sich dabei bedient, dem Sittengesetz widerstreiten, der Erfolg auch in wirthschaftlicher Beziehung am letzten Ende kein günstiger sein wird, aber sie entscheidet nicht von sich aus darüber, ob ein solcher Fall vorliegt.

Dagegen stellt sie ihrerseits eine doppelte Forderung an die Consumtion. Sie verwirft nämlich erstens jede Vergeudung, d. h. jede Consumtion, ohne welche der verfolgte Zweck ebenfalls vollständig erreicht werden kann, und gründet darauf die Forderung, daß die der Consumtion verfallenden Güter möglichst vollständig ausgenutzt werden. Sodann aber zweitens verlangt sie, daß die Consumtion nicht auf Kosten der Befähigung zur Production erfolge. Es steht hiermit nicht im Widerspruch, daß sie unter Umständen, z. B. bei Kriegen, auch eine Consumtion für gerechtfertigt anerkennt, nach welcher die Befähigung zur Production sich vermindert, denn sie thut das nur insoweit, als ohne dieselbe diese Verminderung noch weiter gehen würde, und überdieß bescheidet sie sich, daß wirthschaftliche Motive für die Entschlüsse der Völker nicht die allein, ja nicht einmal die hauptsächlich entscheidenden sein dürfen. Die unmittelbare Folgerung aber, welche sich an diese Forderung knüpft, ist, daß die Consumtion der Regel nach das Einkommen nicht übersteigen, ja daß sie um so viel hinter demselben zurückbleiben soll, als es nothwendig scheint, um den Kapitalvorrath in dem zur Befriedigung der voraussichtlich wachsenden Bedürfnisse erforderlichen Maße zu verstärken.

2. Die unproductive Consumtion in ihrem Verhältniß zur Production.

Aus dem Umstande, daß die große Mehrzahl der Sachgüter neu producirt werden, um früher oder später unmittelbar oder mittelbar einer unproductiven Consumtion zu dienen, und daß andererseits die letztere meistens nicht ohne eine vorausgegangene Production stattfinden kann, ergibt sich von vorn herein, daß die unproductive Consumtion, bezüglich die Neigung zu derselben, entscheidenden Einfluß auf die Production und in Folge davon auf die ganze Gestaltung des wirthschaftlichen Lebens ausüben muß. Dieser Einfluß läßt sich unter zwei Hauptgesichtspuncte bringen. Es ist nämlich theils die Größe der unproductiven Consumtion, theils die Richtung derselben, welche hier in Betracht kommt.

Die Größe der unproductiven Consumtion, d. h. das Verhältniß zu dem Einkommen der Wirthschaftenden entscheidet über den Fortschritt oder Rückschritt der Production insofern, als von ihr der Umfang, das Zu- und Abnehmen der Capitalkräfte, mit welchen man die Production zu unterstützen vermag, bedingt ist. Bleibt die unproductive Consumtion hinter dem Einkommen zurück, so entsteht eine Güteransammlung, die als Capital zur Erweiterung der Production benutzt werden kann und in der Regel benutzt werden wird. Ein Uebertreiben dieser sich einschränkenden Sparsamkeit ist, wenn schon vereinzelte Fälle vorkommen mögen, wo die Sparenden über diesem Streben die höheren Anforderungen der Culturentwickelung für sich hintansetzen und dadurch mittelbar auch in einen wirthschaftlichen Irrthum verfallen, bei der Fähigkeit und Neigung der Menschen, ihre consumtiven Bedürfnisse immer weiter auszudehnen, im Allgemeinen nicht zu befürchten. Der Geiz ist noch niemals ein nationales Laster gewesen. Andrerseits kann eine Consumtion, welche das Einkommen übersteigt, nur durch Schuldenmachen oder durch einen Angriff des Capitals bewerkstelligt werden und beeinträchtigt daher auf die eine oder die andere Weise das Ergebniß der Production für die Zukunft. Soll der Rückschritt der Wirthschaft kein dauernder und immer weiter greifender werden und endlich die Fortsetzung der Wirthschaft zur Unmöglichkeit machen, so müssen entweder die Einnahmen gesteigert werden, oder es müssen Einschränkungen der Ausgaben erfolgen. Energische und kräftige Persönlichkeiten, Einzelne sowol wie Völker, versuchen zunächst die erste Auskunft. So werden Consumtionen, die man in Aussicht nimmt, oder an die man sich bereits gewöhnt hat, vielfach die Veranlassung zu vermehrten Anstrengungen und erhöhter Production, und es kann unter Umständen, um den letztern Erfolg zu erreichen, geradezu zur richtigen Politik werden, vorerst die Consumtion zu reizen, z. B. im Verkehr mit wilden Völkerschaften. Indessen ist dieser Ausweg nicht immer möglich, jedenfalls ist sein Erfolg ein beschränkter, es bleibt daher bei eintretendem Mißverhältniß zwischen Production und Consumtion vielfach nur das Mittel der Beschränkung der letzteren übrig. Bei der Wahl der Richtung, in welcher man diese Beschränkung sich auferlegen will, wirkt vorzugsweise die Rücksicht auf die Dringlichkeit der verschiedenen Bedürfnisse auf der einen, den Umfang der einzustellenden Ausgaben und die Raschheit, mit welcher der Erfolg herbeigeführt werden muß, auf der andern Seite entscheidend ein. Ist die Nothwendigkeit der Einschränkung keine allzu große und allzu dringende, so hat namentlich auch der Wunsch, die letztere zu verbergen oder zu beschönigen, einen großen Einfluß. Aus diesem Grunde findet in der Regel eine Reduction eher bei solchen Ausgaben statt, die einen dauernden, als bei solchen, die einen schnell vorübergehenden Genuß gewähren.

Eine solche Einschränkung der Consumtion, so vortheilhaft und nothwendig sie für Diejenigen sein mag, welche sie eintreten lassen, kann nun aber allerdings störend und verlustbringend in die allgemeinen Verhältnisse der Verkehrswirthschaft eingreifen. Die Production hat sich unter Voraussetzung der Fortdauer der bisherigen Nachfrage eingerichtet. Es sind ganze und halbfertige Gütervorräthe, fixirte Capitalien und in einer bestimmten Richtung ausgebildete Arbeitskräfte vorhanden, welche einer andern Verwendung zuzuführen kostspielig, zeitraubend und selbst unmöglich ist, die deshalb mit dem Abschlage der Nachfrage nach den betreffenden Producten mehr oder minder an Werth verlieren. Indessen ist es offenbar nicht die zu geringe Verzehrung an sich, sondern die geringe Verzehrung, nachdem eine größere, in der Regel eine zu große, vorausgegangen war, nicht der niedrige Grad der Consumtion, sondern ihre Einschränkung, welche hier die Schuld trägt. Im Augenblicke des Rückschlags mag freilich auch die Einschränkung übertrieben und dadurch die Kraft des letzteren noch vergrößert werden; im Ganzen aber ist es, abgesehen von etwaigen vermeidlichen Mißgriffen der Producenten selbst, nicht die gegenwärtige Zusammenziehung, sondern die vorausgegangene Ausdehnung der Consumtion, welche man in einem solchen Falle anzuklagen hat.

Die Richtung der unproductiven Consumtion bestimmt wesentlich die der Production. Jene wird, außer durch den Volkscharakter, die natürlichen, die politischen und socialen Verhältnisse, namentlich durch die Vertheilung des Volksvermögens und durch die größere oder geringere Raschheit der Wohlstandsentwickelung bestimmt. Je manichfaltiger die Vermögensverhältnisse sich abstufen, desto manichfaltiger und vielseitiger pflegt auch die Consumtion, pflegen daher auch die Anforderungen an die Production zu sein; bei größerer Vermögensgleichheit richtet sich die die Lebensnothwendigkeiten übersteigende Consumtion vorzugsweise auf einfache und vorherrschend materielle, bei großer Vermögensungleichheit auf raffinirte Genüsse; dort überwiegt der Sinn für den Inhalt, hier der für die Form. Ein rasch fortschreitender Wohlstand begünstigt ein Streben nach glänzendem, wechselndem, concentrirtem Genuß, ein langsamer, stetiger sich aufbauender strebt mehr nach Genüssen, in welche man sich einleben und vertiefen kann. Bei jenem herrscht die Mode, bei diesem die Sitte vor.

Eine plötzliche umfangreiche Veränderung in der Richtung der Consumtion wirkt in derselben Weise, wie eine Einschränkung derselben, störend und verlustbringend auf die Production.

Die Leichtigkeit, mit welcher eine Consumtion zu Gunsten einer andern beschränkt oder aufgegeben werden kann, erscheint daher für die Producenten der betreffenden Artikel als eine wirthschaftliche Schattenseite. Je weniger dringlich die Bedürfnisse sind, denen eine Production dient, und je beschränkter ihr Absatzmarkt ist, desto leichter kann ein solcher Fall eintreten. Höhere Cultur- und Wirthschaftsstufen scheinen Störungen und Verlusten aus diesen Ursachen insofern besonders ausgesetzt zu sein, als die Zahl der Artikel, welche anderen als den unerläßlichen Bedürfnissen dienen, hier eine ungleich größere ist, wie bei einfacheren Verhältnissen, als ferner das Bedürfniß eines Wechsels im Genuß hier bei Weitem mehr hervortritt, und als endlich die größere Specialisirung der Capitalien und Arbeitskräfte den Uebergang von einer Production zur andern wesentlich erschwert. Allein auf der andern Seite erweitert der größere und allgemeiner verbreitete Wohlstand, die höher entwickelte Technik und die daran sich knüpfende Verminderung der Preise, der bessere Zustand der Transportmittel und die größere Vielseitigkeit und weitere Ausdehnung der Verkehrsverbindungen hier den Absatzkreis und befestigt damit die Nachfrage. Auch nimmt hier die Veränderlichkeit der Consumtion selbst eine gewisse Stetigkeit an, man lernt, sie von vorn herein in die

Berechnung zu ziehen und auf diese Weise sich wirthschaftlich mit ihr abzufinden.

Für die Consumenten ist die Möglichkeit, einer Consumtion zu entsagen, namentlich da ein Vortheil, wo der Mensch in Bezug auf die Menge der herzustellenden Producte, mehr oder minder von der Natur abhängig ist. Eine solche Abhängigkeit tritt besonders bei den Erzeugnissen der Landwirthschaft hervor. Gerade sie aber dienen hauptsächlich als Nahrungsmittel, also einem Bedürfnisse, das nur geringe Einschränkungen verträgt. Hier erscheint es daher als eine wesentliche Erleichterung der Volkswirthschaft, wenn regelmäßig ein Theil dieser Producte eine Verwendung erhält, welche im Nothfall eine rasche und umfangreiche Verminderung zuläßt, z. B. in der Brennerei, in der Erhaltung von Luxusthieren 2c. Es wird damit für das nothwendigste Lebensbedürfniß so zu sagen ein Reservoir gewonnen, auf welches man im Falle von Ertragsausfällen zurückgreifen kann, und der Nachtheil der natürlichen Unvollkommenheit der Production wird zu einem guten Theile auf ein Gebiet hinübergeleitet, auf welchem er bei weitem leichter zu ertragen ist.

§. 140.

Die Deckung außerordentlicher unproductiver Consumtionen.

In allen Wirthschaften werden von Zeit zu Zeit im privatwirthschaftlichen Sinne unproductive Consumtionen nöthig, welche mit den gewöhnlichen Mitteln des laufenden Einkommens nicht bestritten werden können. In Bezug auf die Deckung derselben findet aber ein erheblicher Unterschied zwischen den privaten, lediglich auf ihre eigenen Hülfsquellen verwiesenen und den Wirthschaften öffentlicher Körper statt, welchen ein Zurückgreifen auf die selbständigen Wirthschaften ihrer Glieder, eine Besteurung offensteht.

Beide Arten von Wirthschaften suchen sich in solchen Fällen zwar zunächst durch Beschränkung ihrer sonstigen Ausgaben zu helfen. Es liegt aber in der Natur der Sache, daß auf diesem Wege in der Regel nur ein ziemlich eng begrenztes Ergebniß zu erreichen ist, und daß er deßhalb nicht genügt, sobald es sich um Ausgaben von größerem Umfange handelt.

Eine vorsichtige Privatwirthschaft bereitet sich daher auf solche Nothwendigkeiten durch Ersparnisse vor, welche sie eintretenden Falls zu Hülfe nehmen kann, ohne ihren regelmäßigen Gang wesentlich zu stören. In der öffentlichen Wirthschaft kommt ein solches Verfahren zwar auch noch öfter vor, wenn sich voraussehen läßt, daß die Nöthigung zu den betreffenden Ausgaben in nächster Zeit eintreten wird, und die erforderlichen Summen nicht allzu beträchtlich sind, so daß das zeitweilige Todtliegenlassen derselben nicht ins Gewicht fällt. Wo das nicht der Fall ist, wo folglich das Interesse der Wirthschaft gebietet, solche Ersparnisse vorläufig nutzbringend anzulegen, da erscheint es für öffentliche Körper, anstatt durch höhere Besteuerung Ueberschüsse anzusammeln und für diese dann bis zu dem Augenblicke, wo man sie nothwendig hat, eine geeignete Anlage zu suchen, einfacher und zweckmäßiger, die erforderlichen Mittel erst bei wirklich eintretendem Bedarf zu erheben, bis dahin aber es den Privatwirthschaften zu überlassen, wie sie sich für eine derartige Eventualität einrichten wollen. Das Sammeln von Staatsschätzen ist daher eine Praxis, welche auf hochentwickelten Civilisationsstufen immer vollständiger aufgegeben wird.

Ist für die Deckung einer außerordentlichen unproductiven Consumtion durch Ansammlung eines hiezu bestimmten Fonds nicht im Voraus gesorgt worden, so besteht bei der Privatwirthschaft die doppelte Möglichkeit, entweder ihren eigenen Capitalbesitz anzugreifen oder sich durch eine Anleihe die Verfügung über fremdes Capital zu verschaffen. Ob sie sich für das Eine oder für das Andere entscheidet, wird einestheils von dem Umfange des eigenen Besitzes und der größeren oder geringeren Leichtigkeit seiner Realisirung, anderntheils von den mehr oder minder günstigen Bedingungen, unter denen sich fremdes Capital zur Benutzung darbietet, abhängen. Der wirthschaftliche Erfolg bleibt in beiden Fällen insofern derselbe, als das Einkommen dauernd dort um den Reinertrag, den man früher von dem Capitale bezog, hier um den Betrag der zu zahlenden Zinsen vermindert wird, und deßhalb, um das Gleichgewicht der Wirthschaft aufrecht zu erhalten, auf eine entsprechende Einschränkung der Ausgaben für die Zukunft Bedacht zu nehmen ist.

Für die öffentliche Wirthschaft ist eine Verwendung eigenen Capitals unter solchen Umständen nur ausnahmsweise zulässig, theils weil das vorhandene Vermögen zum großen Theil seiner bisherigen Bestimmung ohne überwiegenden Schaden nicht entzogen werden kann, theils weil es unmittelbar nicht verwendbar, ein Verkauf, namentlich in größerem Umfange, überhaupt oder doch ohne größere Einbuße nicht möglich ist. Dagegen hat die öffentliche Wirthschaft ein anderes Mittel, das der Privatwirthschaft im Allgemeinen versagt ist, in der Erhöhung ihrer Einnahme, die sie durch ausgedehntere Anwendung ihres Besteuerungsrechts erzielen kann.

Die Erörterung der Gründe, welche die Wahl des einen oder des andern dieser Mittel zu bestimmen haben, gehört in die Finanzwissenschaft.

Die allgemeinen wirthschaftlichen Folgen anlangend, so ist zunächst, wenn die Consumtion durch Besteuerung gedeckt wird, zu unterscheiden. Bringen die Steuerpflichtigen die ihnen auferlegte Last aus ihrem laufenden Einkommen auf, so findet hier eine Beschränkung oder, wenn die Regierung ihrerseits mit dem erhobenen Betrage als Nachfragerin auf dem inneren Markte auftritt, doch eine Veränderung der nationalen Consumtion statt, deren Folgen im vorhergehenden Paragraphen besprochen worden sind. Finden sich dagegen die Steuerpflichtigen, um ihrer Verpflichtung zu genügen, genöthigt, eigenes oder fremdes Capital zu Hilfe zu nehmen, so ergiebt sich daraus zunächst für sie eine dauernde Verminderung ihres Einkommens um den Betrag der Zinsen, die sie nun zu entbehren, bezüglich zu zahlen haben. Die wirthschaftliche Störung greift aber weiter. Die vermehrte Nachfrage nach Capital führt zu einer allgemeinen Steigerung des Zinses, welche die mindest fruchtbaren Productionszweige, die eine höhere Capitalverzinsung nicht zu tragen vermögen, zu einer Beschränkung und selbst Einstellung ihres Betriebes nöthigt. Auf solche Weise werden die für die öffentliche Consumtion erforderlichen Mittel herbeigeschafft. Die Geldgläubiger, insoweit sie nicht als Steuerpflichtige stärker herangezogen werden, gewinnen; alle Diejenigen, welche an eine bestimmte Production gebunden sind, d. h. die Besitzer von fixem Capital und die Unternehmer und Arbeiter, welche verhindert sind, zu einer andern Stellung überzugehen, haben den Schaden zu tragen. So verbindet sich die Verminderung des nationalen Einkommens auch mit einer veränderten Vertheilung desselben, welche natürlich auch eine Veränderung in der Richtung der nationalen Consumtion mit den bereits besprochenen Folgen derselben nach sich zieht. Den einzelnen Wirthschaften erwächst die Aufgabe, durch capitalbildende Sparsamkeit diejenige Verminderung ihres Einkommens, welche die Folge der Verzehrung eigenen Vermögens oder eingegangener Schuldverbindlichkeiten ist, wieder zu beseitigen. Je erfolgreicher sie dabei zu Werke gehen, desto weniger können die zuletzt erwähnten weiteren Störungen der Volkswirthschaft, welche die unfruchtbare öffentliche Consumtion nach sich zu ziehen geeignet ist, um sich greifen, desto eher werden sie bezüglich wieder ausgeglichen.

Ist es eine öffentliche Anleihe, durch welche der Bedarf für die außerordentliche Consumtion aufgebracht wird, so kann dieselbe entweder im Inlande oder im Auslande aufgenommen werden. Erfolgt die Aufnahme im Inlande, so sind die Folgen im Wesentlichen der nämlichen Art, wie in dem zuletzt erwähnten Falle. Jedoch ist zu bemerken einestheils: dort treffen die consumtiven Forderungen zunächst das Einkommen und erst in zweiter Linie das Capital; hier dagegen wendet sich die Nachfrage nach den aufzubringenden Mitteln zunächst an das Capital und erst in Folge davon findet eine Beschränkung der laufenden Ausgaben der Privatwirthschaften statt. Anderntheils: es ist einem öffentlichen, allgemein bekannten Körper im Allgemeinen leichter, das disponible Capital an sich zu ziehen, als den einzelnen dessen bedürftigen Privatwirthschaften; jedenfalls macht sich, wenn der öffentliche Körper selbst anleiht, auf Seiten der Nachfrage der Capitale eine geringere Concurrenz geltend, als wenn die Anleihen durch die Einzelnwirthschaften gemacht werden sollen. Die Aufbringung der erforderlichen Summen erfolgt daher in der Regel auf jenem Wege rascher, leichter und mit geringerer Einwirkung auf den Zinsfuß, als auf diesem.

Auswärtige Anleihen sind ein Mittel, dessen Benutzung in größerem Umfang meistens nur den großen politischen Körpern offen steht, den Privaten dagegen größtentheils verschlossen ist. Sie sind frei von den im Vorhergehenden bezeichneten störenden Folgen für das innere Wirthschaftsleben; sie können vielmehr auf dieses je nach der Art, in welcher der öffentliche Körper, sagen wir einfach der Staat, die gewonnenen Mittel verausgabt, zeitweilig eine Wirkung von ganz entgegengesetzter Art ausüben, indem die Consumtionsfähigkeit durch dieselben eine plötzliche Vermehrung erfährt. Dagegen greifen sie in die internationalen Verkehrsbeziehungen störend ein und bringen leicht das anleihende Volk in eine gewisse, in politischer Hinsicht namentlich für schwächere Völker bedenkliche Abhängigkeit vom Auslande. Mag nun eine öffentliche Anleihe im Inlande oder im Auslande aufgenommen worden sein, so hinterläßt sie als dauernde Last die Verpflichtung zur Verzinsung, und wenn, wie das oben vorausgesetzt wurde, der Zweck, für den sie verwendet wurde, ein privatwirthschaftlich unproductiver war, so knüpft sich hieran für den Staat, der sie gemacht hat, die Nothwendigkeit einer dauernden Steigerung seiner Einnahmen. Hier zeigt sich nun ein bedeutsamer Unterschied zwischen inländischen und ausländischen Anleihen. Bei jenen kommen der Bevölkerung im Ganzen die Lasten, welche sie zum Behufe der Schuldverzinsung auf sich zu nehmen hat, abgesehen von den Kosten der Erhebung und Auszahlung der betreffenden Summen in der Gestalt von Zinsbezügen wieder zu Gute. Der gesammte Reinertrag der nationalen Production, der freilich, wenn die unfruchtbare Capitalverzinsung unterblieben wäre, ein größerer sein würde, gehört ihr, nur die Vertheilung desselben ist eine veränderte. Bei auswärtigen Anleihen dagegen bildet die Verzinsung eine dauernde Abgabe von jenem Reinertrage, der sich durch die ungünstige Gestaltung der Gleichung der internationalen Nachfrage noch erhöht.

Von zwei Gesichtspuncten aus läßt eine durch unproductive Consumtion herbeigeführte Verschuldung des Staats zwar eine minder ungünstige Beurtheilung zu. Einmal nämlich kann man geltend machen, daß auch in der Privatwirthschaft die Capitalien, namentlich wenn sie rasch anwachsen, unfruchtbaren Zerstörungen durch wirthschaftliche Verirrungen ausgesetzt sind, vergl. §. 107, daß also der Staat hier nur Dasjenige thut, was ohne ihn wahrscheinlich auch eingetreten wäre. Und sodann: wenn auch eine öffentliche Consumtion im privatwirthschaftlichen Sinne unproductiv sei, so müsse man doch bis zum Beweise des Gegentheils annehmen, daß sie einen Zweck verfolge, welcher sie volkswirthschaftlich rechtfertige, sei es daß sie drohende Störungen und Verluste abwende, sei es, daß sie die Productionskraft des Volkes positiv steigere; sie sei daher präsumtiv, wenn auch nicht privatwirthschaftlich, so doch volkswirthschaftlich productiv, und die Verzinsung nicht als eine neue Last, sondern nur als eine vielleicht nicht einmal vollständige Ausgleichung positiver oder latenter Vortheile aufzufassen.

Wenn aber aus diesen Betrachtungen die Folgerung gezogen wird, daß eine Abtragung solcher Schulden außerhalb des Kreises der Aufgaben einer rationellen Staatswirthschaft liege, so ist doch der ersten Auffassung gegenüber an die problematische Natur der Voraussetzung, von der sie ausgeht, zu erinnern, und was den zweiten Gesichtspunct betrifft, so muß darauf hingewiesen werden, daß die volkswirthschaftliche Productivität solcher Consumtionen nicht nur eine schwer zu bemessende, sondern meistens auch eine zeitlich beschränkte ist. Hieraus rechtfertigt sich, wie für die Privat-, so auch für die öffentliche Wirthschaft die freilich häufig in den Mitteln der Ausführung irre und ihres Erfolgs verlustig gegangene Praxis einer Bedachtnahme auf allmälige Abtragung der zu privatwirthschaftlich unproductiven Zwecken gemachten Schulden aus dem Einkommen.

Anhang.

Die ethische Bedeutung der unproductiven Consumtion.

§. 141.

Schon oben, §. 139, wurde die Stellung der Ethik zur Consumtion *) berührt. Die Entwickelung der Persönlichkeiten, der individuellen und der Gesammtpersönlichkeiten, in welcher sich die Anforderungen des Sittengesetzes concentriren, schließt zugleich eine Entwickelung von Bedürfnissen in sich, die, insoweit sie nach außen gerichtet sind, nach der natürlichen Ordnung der Dinge ihre Befriedigung großentheils nur auf dem Wege der Werthzerstörung, der Consumtion zu finden vermögen. Die Ethik muß daher die Berechtigung einer und zwar mit der Vervollkommnung der Menschen und Völker wachsenden unproductiven Consumtion anerkennen. Im Einzelnen richtet sich ihr Urtheil zunächst objectiv nach dem Erfolge, den eine Consumtion mit Rücksicht auf den Zweck, den sie verfolgt, und die Mittel, welche sie zu dessen Erreichung anwendet, für den inneren Zustand der Persönlichkeit zu haben geeignet ist. Aber sie erkennt, daß dieser Er-

*) Der Ausdruck Consumtion bezieht sich in diesem und dem folgenden Paragraphen immer ausschließlich auf die unproductive Consumtion.

folg, als auf einer freien Thätigkeit beruhend, wesentlich bedingt ist durch das subjective Verhalten Derjenigen, welche die Consumtion veranlassen oder vermehren. Sie beurtheilt daher die Consumtion weiter nach der Gesinnung, von welcher dieselbe ausgeht. Sie unterscheidet von diesem Gesichtspuncte aus zwischen gebotenen und verwerflichen Consumtionen, je nachdem dieselben mit dem Bewußtsein erfolgen, der Erfüllung der sittlichen Aufgabe förderlich oder hinderlich zu sein. Hier nun zeigt sich alsbald, daß die Verwerflichkeit einer Consumtion nicht bloß eine absolute, sondern auch eine relative sein kann, insofern nämlich ein an sich berechtigtes Bedürfniß auf Kosten eines noch nothwendigeren befriedigt wird. Es führt dies zu der an die Consumenten zu stellenden Forderung der Aufstellung einer Scala der Bedürfnisse nach ihrer Dringlichkeit vom Standpuncte des sittlichen Lebenszweckes. Indessen ergiebt sich sogleich, daß der Mensch bei der großen Manichfaltigkeit seiner Bedürfnisse einerseits, den vielfachen Schwierigkeiten, die es für ihn hat, sich über sich selbst und seine Lebensaufgabe klar zu werden, andererseits dieser Anforderung nur in unvollkommenem Maße zu genügen vermag, und die Ethik findet sich aus diesem Grunde genöthigt, eine (in subjectivem Sinne) sittlich gleichgültige Consumtion anzuerkennen.

§. 142.

Von der sittlich gleichgültigen Consumtion oder dem Luxus insbesondere.

Schleiermacher, Die christliche Sitte S. 667 u. Beilage S. 47. — Rothe, Theologische Ethik III, §. 1140. — Vorländer, in der Zeitschr. f. d. ges. Staatswissensch. XIII, 335 ff., XIV, 50 ff. — Hume, Essays, deutsch von Kraus, Bd. VII, d. vermischten Schriften. — Say, Th. I, Cap. 14, Th. VII, Cap. 11, Th. VIII, Cap. 2. — Rau, Ueber den Luxus 1817 u. a. a. O. §. 343 ff. — Roscher, §. 224 ff. u. Ansichten der Volkswirthschaft, S. 399 ff. — Mein Artikel, Luxus in Bd. VI d. deutschen Staatswörterbuchs.

Die als etwas sittlich Gleichgültiges vorgenommene Consumtion bezeichnet man als Luxus. Der Luxus ist daher kein wirthschaftlicher, sondern ein moralischer Begriff. Die unter denselben fallenden Consumtionen müssen auf entbehrliche Genüsse gerichtet sein, denn die Befriedigung der nothwendigen Bedürfnisse kann nicht als etwas sittlich Gleichgültiges aufgefaßt werden. Andererseits müssen die Mittel, die für diese Consumtion verwandt werden, dem freien Einkommen entnommen werden, denn die Verwendung der für die Lebensnothwendigkeiten oder für den regelmäßigen Fortbetrieb der Production erforderlichen Mittel zu überflüssigen Ausgaben ist sittlich nicht gleichgültig, sondern verwerflich, nicht Luxus, sondern Verschwendung. Eine Luxusconsumtion ist objectiv unberechtigt, d. h. schädlich, wenn sie in ihrer Wirkung die Verfolgung des Lebenszweckes beeinträchtigt; sie ist subjectiv verwerflich, wenn ihre Urheber es an einer gewissenhaften Prüfung der relativen Wichtigkeit ihrer Bedürfnisse haben fehlen lassen. Die ethische Aufgabe besteht allerdings darin, den Luxus zu überwinden, aber nicht durch Verzichtleistung auf unschädliche, sondern durch Erhebung der sittlich gleichgültigen Genüsse zu sittlich förderlichen, der überflüssigen zu nothwendigen. Diese Aufgabe bei fortschreitender Civilisation, durch die Entwickelung der Bedürfnisse, die wachsende Einsicht in deren Wesen und die bessere Erkenntniß und Beherrschung der Natur gefördert, erneuert sich doch fortwährend in wachsendem Umfange in Folge der zunehmenden Ergiebigkeit der Production, der steigenden Manichfaltigkeit der Arten und Formen der Producte, die man herstellen lernt, und der Entfaltung des Lebens zu immer größerer Vielseitigkeit der Bezüge und Anregungen. Der Luxus pflegt daher mit fortschreitender Gesittung zwar nicht relativ, d. h. im Verhältniß zum Gesammtbetrage des Einkommens oder zu den als nothwendig geltenden Verzehrungen, wohl aber absolut an Gehalt und Ausdehnung zuzunehmen. Perioden eines langsamen civilisatorischen Fortschritts sind ihm im Allgemeinen günstiger, als Perioden eines raschen Wachsthums; Perioden, deren Entwickelung vorzugsweise auf der Seite des Culturlebens liegt, günstiger als solche, deren Entwickelung eine überwiegend wirthschaftliche ist; große Gleichheit oder große Ungleichheit des Vermögens günstiger als ein manichfach sich abstufender Wohlstand.

Seinem Charakter nach unterscheidet sich der Luxus höherer Culturstufen von dem niedrigerer namentlich durch größere Vielseitigkeit, Geistigkeit, Gleichmäßigkeit und Positivität der Zielpuncte. Die große Mittheilsamkeit, welche ihm bei sehr wenig entwickelten Zuständen eigen ist, verschwindet im Laufe der Culturentwickelung, um auf den Höhepuncten dieser letzteren wieder um so glänzender hervorzutreten. Auf öffentliche Zwecke richtet sich der Luxus namentlich in den Perioden, wo entweder die Bedeutung der individuellen Persönlichkeit zurücktritt, oder wo in der Nation das Bedürfniß lebendig wird, die ausgebildeten Beziehungen des Privatlebens durch ein öffentliches, die Idee der Gemeinsamkeit zur Anerkennnng bringendes Leben zu ergänzen und zu krönen. Dort sind es die öffentlichen Körper als solche, hier die Einzelnen zum Besten der Gemeinschaft, von denen der Luxus vorzugsweise ausgeht. Niedere Culturstufen charakterisirt ein unvermitteltes Nebeneinanderstehen eines sehr rasch und vollständig verbrauchenden und eines conservativen, fast als eine Form der Sparsamkeit anzusehenden Luxus. Im weiteren Verlauf der Entwickelung verschwinden diese Gegensätze großentheils, und der Luxus nimmt eine vorzugsweise Richtung auf zugleich stetigen und langsamen Verbrauch, bis für denselben mit noch weiter fortgeschrittenem Wohlstande, namentlich unter dem Einfluß einer Periode raschen Aufschwungs, rasche Consumtionen wieder überwiegend in den Vordergrund treten.

Der Luxus eines Volkes, welcher nicht fortdauernd in der oben bezeichneten Weise überwunden wird, entartet, indem er theils in Verschwendung übergeht, theils eine Richtung auf vernunftwidrige, geschmacklose, unsittliche Ziele annimmt. Die erstere Verirrung, die namentlich in Zeiten vorkommt, wo die geistige und moralische Entwickelung von der wirthschaftlichen überholt wird, ist weniger gefährlich und erweckt leichter reagirende Kräfte. Die letztere, wo sie überhand nimmt, weist auf tiefer liegende innere Schäden hin und ist zu gleicher Zeit ein charakteristisches Symptom und eine mächtige Ursache nationalen Verfalls.

Vielfach, insbesondere in den Zeiten, wo die Völker in weiter ausgedehnten und stärker zusammengeschlossenen Staatsformen die mittelalterliche Abgeschlossenheit durch eine freiere sociale Organisation und einen ausgebildeteren Verkehr zu ersetzen streben, haben die Regierungen, theils aus moralischen, theils aus ökonomischen Gründen es für geboten erachtet, gegen angebliche Verirrungen des Luxus einzuschreiten — Luxusgesetze. — Die betreffenden Anordnungen haben sich aber größtentheils als undurchführbar und, weil nicht gegen die genußsüchtige Gesinnung selbst, sondern nur gegen die ewig wechselnden Formen ihres Ausdrucks gerichtet, als unwirksam erwiesen und pflegen daher im weiteren Verlauf der nationalen Entwickelung mehr und mehr fallen gelassen zu werden. Ein besonders häufiger Uebergang ist der von Verboten zu einer bedingungsweisen Erlassung, welche der Staat zugleich finanziell auszubeuten sucht, und die sich um so mehr erweitert, je mehr dieser Gesichtspunct in den Vordergrund tritt. — Luxussteuern.

Die culturgeschichtliche Bedeutung des Luxus beruht darauf, daß die Menschen großentheils die civilisatorische Bedeutung feinerer Consumtionen nicht anders als auf dem Wege der Erfahrung und Gewohnheit zu erkennen vermögen. Er ist das Mittel, dessen sich die Vorsehung bedient, um das Leben der Völker auch auf dem Gebiete des Genießens auf höhere Stufen der Gesittung zu erheben, so lange und so weit jene nicht im Stande sind, diese Erhebung auf der Grundlage freier Selbsterkenntniß und Selbstbestimmung zu erreichen. —

Ob eine bestimmte Art von Luxus dieser Bestimmung entspricht oder nicht, läßt sich mit dem Maßstabe der bloßen Erfahrung nicht mit Sicherheit beurtheilen. Ein zuverlässigeres Kennzeichen ist die Möglichkeit, sich zu denken, daß die betreffende Consumtion sich allgemein verbreite, ohne an Anziehungskraft zu verlieren, und ohne überwiegende Nachtheile im Gefolge zu haben.

Anmerkungen.

I.

Vom Begriff des Capitals.
(Zu §. 4.)

Wenn man die für die Verkehrswirthschaft gegebene Definition des Capitals auch für die in sich abgeschlossene Wirthschaft beibehalten wollte, so könnte man sich meines Erachtens der Consequenz nicht entziehen, nicht nur das Leihcapital, sondern auch das umlaufende Productivcapital aus den für das Capital aufgestellten verschiedenen Categorien zu streichen. Denn da in der abgeschlossenen Wirthschaft der Werth der Güter sich nicht durch Tausch conserviren läßt, so kann, sobald man unter Capital diejenigen Güter versteht, deren Werth sich dauernd erhält und von denen nur die Nutzungen dem Verbrauch dienen, für die Subsumirung unter diesen Begriff nur die schließliche Verwendung maßgebend sein. Die Güter, welche in der Privatwirthschaft den Character von Leihcapital haben, würden daher in der abgeschlossenen Volkswirthschaft, je nach der Verwendung, die sie schließlich erhalten, bald als Verbrauchsvorrath, bald als Nutz-, bald als Productivcapital aufzufassen sein. Diejenigen Güter aber, die für die Privatwirthschaft umlaufendes Capital sind, müßten, da ihre Bestimmung ja ist verzehrt zu werden, für die Volkswirthschaft als Verbrauchsvorrath gelten, hinsichtlich dessen man dann zwar Unterabtheilungen machen könnte, nämlich in Güter, die unproductiv, und in Güter, die productiv, reproductiv verbraucht werden sollen. So erhält man statt der für die Privatwirthschaft geltenden Kategorien, Verbrauchsvorrath einer- und Nutz-, Leih- und stehendes und umlaufendes Productivcapital andererseits für die Volkswirthschaft folgende Eintheilung:

1) Verbrauchsvorrath.
   a) unproductiv
   b) reproductiv zu verzehrenden.
2) Capital.
   a) Nutz-,
   b) Productivcapital, welches immer stehendes wäre, wobei sich zwischen 1a und 2a, wie zwischen 1b und 2b ein gewisser Parallelismus ergäbe, indem jene dem unmittelbaren Verbrauch, diese der Production dienen.

Zugleich zeigt sich aber, daß auch zwischen 1b und 2a und b eine Verwandtschaft und ein Gegensatz zu 1a besteht. Denn jene drei bilden die Grundlage neu entstehender Werthe, während der unproductiv zu verzehrende Verbrauchsvorrath mit solchen in keinerlei Beziehung steht. Man ist daher berechtigt, für jene nach einer gemeinschaftlichen Benennung zu suchen, und da sie der Hauptsache nach diejenigen Güter enthalten, die man für die Privatwirthschaft als Capital bezeichnet, so liegt nichts näher, als diese Benennung auch für die Volkswirthschaft beizubehalten. Dann muß man aber die Definition in diesem Falle entsprechend ändern, d. h. in der Weise, wie sie im Texte gegeben worden ist.

II.

Von der Gleichung der internationalen Nachfrage.

(Zu §. 73.)

An die im Texte gegebene Auseinandersetzung knüpft sich die Frage, in welchem Verhältnisse der dort bezeichnete Vortheil jedem der miteinander in Verkehr stehenden Theile — bezeichnen wir dieselben sogleich als Länder oder Nationen — zu Gute kommen wird. Denn obwol von vorn herein wahrscheinlich ist, daß jeder Betheiligte einen Antheil daran haben wird, da sonst auf der einen Seite das Interesse am Verkehre sich verlieren würde, so kann das doch in sehr verschiedenem Maße geschehen. Ja selbst eine Gestaltung des Verkehrs, welche dessen Vortheil lediglich dem einen Theile zu Gute kommen läßt, sobald nur der andere Theil nicht positiv benachtheiligt wird, ist nicht ausgeschlossen (s. unten).

Legen wir die einfachsten Voraussetzungen zu Grunde. Lassen wir den Einfluß der Transportkosten vorläufig außer Betracht, d. h. setzen wir sie gleich Null, und nehmen wir an, es handle sich um den Verkehr nur zwischen zwei Nationen. Die Productionskosten aller Waaren seien bei denselben relativ die nämlichen, nur eine Waare A vermöge die eine Nation relativ billiger herzustellen, eine andere Waare B die andere. Der Verkehr wird sich unter diesen Umständen auf den Austausch dieser beiden Waaren gegeneinander richten müssen, und für jedes der beiden Länder drückt sich der Preis des Gutes, den es eintauscht, in der Menge des andern Gutes aus, das es dafür hingiebt. Das erste Land wird die Production von B aufgeben und statt derselben die von A ausdehnen, um mit deren Ergebnissen B einzutauschen, das zweite Land wird gerade umgekehrt verfahren. In der Wirklichkeit wird allerdings dieser Uebergang der Unternehmer sammt den von ihnen verwendeten Arbeitskräften und Capitalien von einer Production zur anderen nicht ohne Schwierigkeiten sein und sich deßhalb nur allmälig vollziehen können. Wir dürfen dies jedoch an diesem Orte, wo es uns nur um das schließliche Ergebniß zu thun ist, unberücksichtigt lassen und uns jenen Uebergang ohne Weiteres als vollzogen denken.

Der Vortheil des ersteren Landes besteht darin, B, der des zweiten darin, A auf dem Wege des Tausches wohlfeiler zu beziehen, als durch unmittelbare eigne Production. Dieser Vortheil kann sich aber denkbarer Weise, wie gesagt, in sehr verschiedenem Maße auf die beiden Länder vertheilen. Sind z. B. im erstern Lande die Productionskosten von A sowol wie von B $= p$, im zweiten Lande die Productionskosten von A $= q$, von B aber $= \frac{q}{2}$, so wird im Verkehr zwischen beiden Ländern der Preis von A, der sich ja nach dem Obigen in B ausdrückt, allerdings nicht kleiner sein dürfen als B, denn sonst hätte das erstere

Land Verlust beim Umtausch, und er wird 2B nicht übersteigen dürfen, denn sonst fände das zweite Land seine Rechnung nicht; aber zwischen diesen beiden Extremen kann die Preisgleichung jede beliebige Gestalt annehmen, z. B. 2A = 3B, 3A = 4B, 3A = 5B, 4A = 5B, 4A = 7B u. s. w., und selbst A = B oder A = 2B. Welches sind nun die Einflüsse, welche derselben eine bestimmte Form geben?

Die Antwort darauf ergiebt sich aus den in den §§. 63—66 entwickelten Grundsätzen. Danach muß das Tauschverhältniß sich in der Weise festsetzen, daß ein Gleichgewicht von Nachfrage und Angebot stattfindet, d. h. die vom erstern Lande gelieferte Waare A muß genau die vom zweiten Lande empfangene Waare B bezahlen und umgekehrt. Würde von A zu einem bestimmten in B auszudrückenden Preise mehr angeboten als begehrt, so würde die Concurrenz der Verkäufer den Preis herabdrücken; würde mehr begehrt, als angeboten, die Concurrenz der Käufer ihn in die Höhe treiben, Es kommt also darauf an, in welchem Grade eine Verminderung des Preises in jedem Lande die Nachfrage nach der begehrten Waare oder, was das Nämliche ist, das Angebot der als Preisgut für diese hinzugebenden Waare zu steigern geeignet ist. Je größer diese eventuelle Steigerung in dem einen Lande im Vergleich zu dem andern ist, in desto geringerem Verhältnisse wird ihm der Vortheil des Tauschverkehrs zu Gute kommen.

In dieser Beziehung läßt sich eine doppelte Möglichkeit unterscheiden. Es wächst nämlich entweder

1) in jedem Lande die Nachfrage nach dem einzutauschenden Gute in demselben Verhältnisse, als sich der Preis desselben mindert, oder

2) sie wächst in einem der beiden Länder oder auch in beiden in einem abweichenden, sei es stärkeren, sei es schwächeren Verhältnisse.

Halten wir uns zunächst an die erste Annahme. Dieselbe besagt nichts Anderes, als daß jedes Land auch für jede größere Menge des ihm nun tauschweise zu liefernden Gutes doch nur immer den bisherigen Gesammtaufwand zu machen entschlossen ist. Es bietet mithin von dem nun seinerseits in den Verkehr zu bringenden Gute immer nur so viel an, als es mit demjenigen Maße von Productionsmitteln, die es bisher auf die Herstellung jenes ersten Gutes verwandte, herzustellen im Stande ist. Indem beide Länder auf diese Weise verfahren, sind die Gütermengen, welche sich zum Tausche gegenüber stehen, und mit ihnen das Tauschverhältniß der beiden Güter gegen einander bestimmt. Waren in dem ersten Lande, wie oben angenommen wurde, die Productionskosten von A und B einander gleich, im zweiten Lande die von B nur halb so groß, wie die von A, und wurden in dem ersten Lande bisher mB, in dem zweiten Lande nA verzehrt, so werden nun mA gegen 2nB oder, wenn wie auch für das Verhältniß, in welchem in jedem Lande die neue Production ergiebiger ist, als die alte, einen allgemeinen Ausdruck einsetzen und dasselbe für das erste Land mit s, für das zweite Land mit t bezeichnen: msA gegen ntB angeboten werden, und das Tauschverhältniß von A zu B stellt sich folglich wie ms : nt. Offenbar sind es also zwei Momente, durch welche dasselbe bestimmt wird, nämlich einestheils durch das Verhältniß der Kosten der beiden Productionen in jedem Lande, anderntheils durch das Verhältniß zwischen den von jedem Lande bisher verbrauchten Mengen des nun tauschweise zu beziehenden Artikels. Indessen ist ein Unterschied in den Grenzen ihrer Wirksamkeit bemerkbar. Auf Grund des ersteren Momentes kann freilich der Vortheil des Verkehrs ausschließlich dem einen Theile zufallen, der andere aber kann durch dasselbe wenigstens nicht in Nachtheil gerathen. Der Verkehr ist also bei demselben immer möglich, und seine Wirksamkeit ist daher unbeschränkt. Denn wenn gleich ein Land auf eine Veränderung seiner Production, die ihm keinen Vortheil bringt, sich nicht einlassen würde, sobald dieses Ergebniß sich unmittelbar mit der Veränderung herausstellte, so kann es doch dadurch zu derselben bewogen werden, daß es, so lange diese sich vollzieht, einen Vortheil hat. In dem gewählten Beispiele würde, wenn wir m und n als gleich annehmen, wie wir dies thun müssen, um die Einwirkung von s und t auf den Preis isolirt zu betrachten, das zweite Land allerdings schließlich nicht besser daran sein wie vor dem Verkehre. Die Ersten seiner Producenten von A jedoch die zur Production von B übergiengen, um damit A vom ersten Lande einzutauschen, würden einen Gewinn machen können. Dies würde zur Einleitung des Verkehres führen. Das gegebene Beispiel würde Andere nachziehen, und diese Bewegung würde nicht eher aufhören, als bis mit dem Wechsel der Production kein Vortheil mehr zu erzielen wäre, in unserem Falle also bis alle Producenten von A zur Production von B übergegangen wären. Alsdann freilich könnte das Land ebenso gut wieder zur Eigenproduction von A zurückkehren, allein abgesehen davon, daß in der Praxis eine solche abermalige Veränderung mancherlei Anstände zu überwinden haben würde, wofür hier kein außerordentlicher Gewinn als Entschädigung in Aussicht stünde, daß also schon aus diesem Grunde der neugewordene Zustand als bestehender sein Recht behaupten würde, würde ein solches Zurückgehen auf das Alte nur durch einen gemeinschaftlich gefaßten und fortdauernd festgehaltenen Beschluß aller Producenten möglich sein, indem ohne denselben die schon durchgemachte Entwickelung sich nur wiederholen könnte. Zur Fassung eines solchen Beschlusses aber, noch mehr zur Durchführung desselben ist begreiflicher Weise, da jedes ökonomische Motiv für denselben mangelt, bei sonst bestehender Freiheit der wirthschaftlichen Bewegung nicht die geringste Aussicht.

Dagegen kann das zweite Moment für die Bestimmung des Tauschverhältnisses der beiden Güter nicht unbegrenzt wirksam werden, denn es zeigt sich alsbald, daß, sowie das Verhältniß der gegenseitig angebotenen Quantitäten über eine gewisse Grenze hinaus von einander abweicht, der Umsatz für den einen Theil in einen positiven Verlust umschlagen müßte, zu dem er sich nicht hergeben wird, daß also dann der Verkehr auf Grundlage des durch jenes Moment bestimmten Tauschverhältnisses nicht fortbestehen kann. Mit Zugrundelegung der oben gewählten Buchstaben läßt sich das auch so ausdrücken, daß jenes Moment seinen Einfluß nur so lange zu behaupten vermag, als $\frac{nt}{m}$ oder $\frac{ms}{n}$ nicht kleiner sind als 1. Ist nämlich das Verhältniß, in welchem die neue Production ergiebiger ist als die alte, im ersten Lande $= s$, d. h. vermag man mit demselben Aufwande B und sA herzustellen, so wird das betreffende Land vom Verkehr natürlich fordern, daß dieser ihm für sA mindestens B oder für A mindestens $\frac{1}{s}$B liefere. Nun erhält aber nach dem Obigen, insoweit das hier in Frage stehende Moment gilt, das erste Land für ms A nt B oder für A $\frac{nt}{ms}$B. Die Forderung ist daher, daß $\frac{nt}{ms}$B mindestens ebenso groß sei als $\frac{1}{s}$B oder $\frac{nt}{m}$ ebenso groß als 1. Verhalten sich z. B. die Productionskosten der beiden Artikel in den beiden Ländern in der eben angenommenen Weise, so wird das erste Land A nicht billiger hergeben als für B, das zweite Land B nicht billiger als für $1/2$ A. Betrüge nun aber gegenüber einer bisherigen Consumtion von 10,000 B im ersten Lande die bisherige Consumtion von A im zweiten Lande nur 4,000, so würde das erste Land für A nur $8/10$ B, betrüge dagegen die letztere Consumtion 12,000 A, so würde das zweite Land für B nur $10/24$ A erhalten, wenn jenes Moment noch maßgebend für das Tauschverhältniß wäre. Die Unmöglichkeit der Folge schließt aber die unbedingte Wirksamkeit der Ursache aus. — Allein noch mehr. Das eine Gut wird zur Bezahlung des andern gewählt, weil es wegen der größeren relativen Kostspieligkeit im andern Lande dort einen vorzugsweise hohen Preis zu erzielen geeignet scheint. Allein eine verhältnißmäßig geringe Nachfrage nach demselben kann diesen Vorzug wieder ausgleichen und es vortheilhafter machen, irgend ein anderes Gut in Bezahlung anzubieten, wodurch die Wirksamkeit jenes Momentes noch weiter beeinträchtigt werden muß. Angenommen zur Erläuterung unter Beibehaltung der für das Verhältniß der Productionskosten in beiden Ländern gemachten Voraussetzungen, die bisherige Consumtion von B im ersten Lande sei 10,000, die von A im zweiten Lande sei 8,000 gewesen, so würde nach dem Obigen, das Tauschverhältniß ms oder 10 . 1 A gegen nt oder 8 . 2 B also 10 A gegen 16 B sein. Dabei hätte keines der beiden Länder Schaden, beide vielmehr Vortheil, und dieses Verhältniß stünde sonach mit der soeben erörterten Vorbedingung des Verkehrs nicht im Widerspruch. Allein würden sich die Producenten des einen und des andern Landes bei diesem Vortheil beruhigen? Offenbar nur wenn sie nicht hoffen können, durch Anbieten eines andern Tauschgutes als des gewählten ihren Vortheil noch weiter zu steigern. Nun kennen wir bis jetzt nur das Verhältniß der Productionskosten von A zu denen von B in beiden Ländern und die relative Gleichheit der Productionskosten aller übrigen Güter für beide Länder, die ja die erste Voraussetzung bildete, von der wir ausgingen. Das Verhältniß der Productionskosten von A, bezüglich B, zu denen aller übrigen Gütern aber ist noch unbestimmt gelassen, und gerade dieses ist es, worauf es für jene zuletzt erwähnte Hoffnung ankommt. Alle übrigen Güter stehen in einem gewissen, da wir sie uns vorläufig, wie oben bemerkt, als beliebig vermehrbar denken, ihren Productionskosten entsprechenden Werthverhältnisse unter einander, und zwar ist dieses Verhältniß gemäß der Annahme in beiden Ländern das gleiche. Wir können daher eines dieser Güter als Repräsentanten aller übrigen auswählen. Bezeichnen wir es mit C, und nehmen wir an, seine Herstellungskosten und folglich auch sein Werth seien im ersten Lande gleich denen von A. Ist der Werth von C z. B. gleich $2/3$ D, $7/6$ E, $7/4$ F, 2 G u. s. w., so ist mithin auch der Werth von A der gleiche, und ebenso vor dem Verkehre mit dem zweiten Lande der Werth von B, da dieser wiederum dem von A gleich ist. Vom zweiten Lande nun ist uns zwar bekannt, daß C, D, E, F u. s. w. in demselben Werthverhältnisse gegen einander stehen, wie in dem ersten, und wir wissen ferner, daß, vor dem Verkehr mit diesem letzteren A so viel werth war wie 2 B. Was jedoch noch unbestimmt ist, das ist das Werthverhältniß von A und folglich auch von B zu C und den übrigen Gütern. A kann im zweiten Lande zu C in demselben Werthverhältnisse stehen, wie im ersten Lande, aber ebenso gut auch in einem abweichenden. Es kann gleich viel, es kann aber auch mehr oder weniger werth sein, als C.

Nehmen wir zuerst an, es sei gleichviel werth, so ist B = ½ C, d. h. die bisherigen Producenten von A im zweiten Lande haben die Wahl, statt 8,000 A entweder 16,000 B oder 8,000 C anzubieten. Für 16,000 B würden sie nach dem Obigen 10,000 A erhalten, für 8,000 C aber nur höchstens 8,000 A, sie haben also keine Ursache, statt der Production von B die von C zu wählen. Anders dagegen verhält es sich mit den bisherigen Producenten von B im ersten Lande. Diese erhalten freilich, wenn sie statt der 10,000 B, die sie bisher producirten, 10,000 A anbieten, für diese 16,000 B; aber würden sie nicht noch mehr erhalten können, wenn sie statt A lieber C anböten. Hier muß man sich erinnern, daß C nur der Repräsentant aller übrigen Güter ist. Wir könnten daher auch sagen: wenn sie statt A lieber C oder irgend welche andere Güter anböten? Der Werth dieser Güter ist ja im Vergleich zu B im zweiten durchgängig noch einmal so hoch, als im ersten Lande. Die bisherigen Producenten derselben im zweiten Lande würden daher immer noch gewinnen, wenn sie nur etwas weniger als 20,000 B, die sie ja mit denselben Opfern herstellen können, und wenigstens nicht verlieren, wenn sie sogar volle 20,000 B dafür zahlten. Offenbar müssen aber für die Regulirung des Tauschverhältnisses von C und den übrigen Gütern, nach denen die Nachfrage ebenfalls proportional der Verminderung des Preises steigen soll, zu B eben dieselben Momente wirksam sein, wie für diejenige des Tauschverhältnisses zwischen A und B; insbesondere wird es daher darauf ankommen, in welchem Verhältnisse die bisherige Consumtion von C und den übrigen Gütern im zweiten zur bisherigen Consumtion von B im ersten Lande steht. Sobald der für die erstere gemachte relative Aufwand doppelt so groß oder noch größer ist, wie der für die letztere gemachte, wird der ganze Vortheil dieses Verkehrs dem ersten Lande zufallen müssen, d. h. C wird sich gegen 2 B vertauschen, und die übrigen Güter nach Verhältniß, da sonst, so lange der Preis von C und den übrigen Gütern noch niedriger wäre, die bei der Production derselben verbliebenen Producenten des zweiten Landes gegenüber den zur Production von B übergegangenen sich im Nachtheil befänden und diese letztere dadurch, daß sie ebenfalls zu ihr übergingen, zu heben bemüht sein würden. Andererseits kann auch der Preis von C nicht höher gehen als 2 B und der übrigen Güter nach Verhältniß, indem andernfalls das zweite Land zur Eigenproduction derselben zurückkehren würde. Bedenkt man, daß es sich auf der einen Seite um die Consumtion eines einzigen Gutes, auf der andern um die einer ganzen Reihe von Gütern handelt, so muß dieser Fall von vornherein als der bei weitem wahrscheinlichere erscheinen. Kann aber das erste Land für C 2 B erhalten, so wird es für A, das ihm ebenso viel kostet, nicht mit weniger fürlieb nehmen, sondern dieses nur dann produciren, wenn es ebenfalls 2 B dafür erhält. Auf diese Höhe wird also auch der Preis von A steigen. Das erste Land wird seinen vollen Bedarf an B zu dem Preise, der den geringeren Productionskosten dieses Artikels im andern Lande entspricht, von diesem beziehen. Für letzteres ist es unter solchen Verhältnissen gleichgültig, welche seiner Producenten zur Herstellung von B übergehen und ob es sich dieses mit A, C oder irgend einem andern Gute bezahlen läßt, dies wird vielmehr lediglich davon abhängen, welche Classe der Producenten bei dem ökonomischen Umschwunge vorangegangen ist, also von Ursachen, die hier nicht weiter zu verfolgen sind.

Es bleibt zunächst noch die Möglichkeit zu betrachten übrig, daß der bisherige relative Aufwand für C und die übrigen Güter im zweiten Lande geringer sei als der für B im ersten Lande. Die Unwahrscheinlichkeit desselben vermindert sich übrigens, wenn man an die Möglichkeit denkt, daß B gleichwie C eine Mehrzahl verschiedener Güter repräsentirt, d. h. daß nicht bloß ein, sondern eine ganze Reihe von Artikeln im zweiten Lande relativ wohlfeiler sind, wie im ersten. Unter dieser Voraussetzung wird beim Angebot seitens des ersten Landes von C gegen B der Vortheil des Verkehrs nicht ausschließlich diesem Lande zufallen können, sondern sich vielmehr auf beide Länder in der Weise vertheilen, wie sie sich aus dem Tauschverhältnisse nach der Formel ms C = nt B ergiebt. Es sei z. B. der bisherige Consum von C im zweiten Lande, also t = 9,000, so erhält man ein Tauschverhältniß 10,000 C gegen 18,000 B. Auch gegen A wird sich nach der obigen Ausführung alsdann B im Verhältniß von 18 : 10 umtauschen. Das erste Land erhält nach wie vor seinen ganzen Bedarf an B von dem zweiten, aber zu einem Preise, welcher der geringeren Nachfrage des zweiten Landes nach C entspricht. Wäre diese Nachfrage statt 9,000 nur 8,000, so würde das obige Tauschverhältniß nur 16 : 10 sein, und dabei könnte das Angebot von C nur gerade noch mit dem von A concurriren; wäre sie noch geringer, so müßten die Producenten des ersten Landes darauf verzichten, C anzubieten, um bei dem Angebote von A und der mittelst desselben zu erzielenden Preisverminderung von B sich bescheiden. Allgemein läßt sich das so ausdrücken: bei der Möglichkeit des Angebots verschiedener Güter ergiebt sich das Tauschverhältniß nach demjenigen Gute, nach welchem in dem andern Lande die relativ stärkste Nachfrage besteht, auf Grund der obigen Formel. — Für das zweite Land ist es auch hier gleichgültig, ob es sich mit C oder A bezahlen läßt, und es greifen daher die über diesen Punct oben gemachten Bemerkungen hier ebenfalls Platz. Seine Consumtion von A, C und den übrigen Gütern erweitert sich proportional den verminderten Preisen, die es für dieselben zu zahlen hat.

Nach diesen Auseinandersetzungen läßt sich die Betrachtung der andern oben aufgestellten Möglichkeit, daß nämlich das Werthverhältniß von A : C im zweiten Lande nicht dasselbe, sondern ein anderes sei, wie im ersten Lande, mit wenigen Sätzen erledigen. Es zeigt sich nämlich, daß, wenn in demjenigen Lande, welches für den einzutauschenden Artikel bisher den geringeren relativen Aufwand machte, das ihm angebotene Gut im Vergleich zu C weniger werth ist, als in dem Lande, dessen entsprechender Aufwand ein größerer war, für dieses die Veranlassung dem Verkehr C anzubieten, sich entsprechend erweitert, im entgegengesetzten Falle dagegen sich entsprechend beschränkt. Angenommen in unserem Beispiel habe im zweiten Lande A einen Werth nicht von C, sondern nur von $^7/_8$ C gehabt, B mithin von $^7/_{16}$, so würde vorausgesetzt, daß der bisherige Consum von C groß genug wäre, um bei einem Eintausch dieses Artikels gegen B den Vortheil des betreffenden Verkehrs ausschließlich auf die Seite des ersten Landes fallen zu lassen, dieses nicht wie früher für 8 C, sondern schon für 7 C 16 B erhalten können. Das Tauschverhältniß von A zu B kann jedoch nicht unter 8 : 16 herabgehen, da dies das Verhältniß der Productionskosten beider Artikel im zweiten Lande ist. Die Folge davon kann nur die sein, daß das erste Land dem zweiten die Production von A überläßt und sich darauf beschränkt, ihm C anzubieten, ja das Verhältniß wird sich umkehren und das zweite Land nun nicht bloß B, sondern auch A gegen C anbieten. Machen wir aber nun die gegentheilige Voraussetzung, daß der Werth von A im Vergleich zu C im zweiten Lande größer sei als im ersten, sagen wir z. B. A sei im zweiten Lande $1\frac{1}{2}$ C werth, B folglich $\frac{3}{4}$ C. Hier würde das erste Land, wenn es C anböte, im günstigsten Falle dafür nur $\frac{4}{3}$ B erhalten und deßhalb bei dem Angebot von A bleiben, das ihm zu produciren nicht mehr kostet, als C und für das es $\frac{8}{5}$ B erhalten kann. Man sieht, mit dem angebotenen Gute wechselt in unserer Formel ms : nt nun nicht mehr bloß der Betrag von n, sondern auch der von t. Das erste Land hat nach dem letzten Beispiele die Wahl, entweder mit ms, d. h. 10,000 . 1 A nt d. h. 8,000 . 2 = 16,000 B oder mit ms C, die ihm ebensoviel kosten wie ms A, $n_1 t_1$, d. h. 10,000 . $\frac{3}{4}$ = 13,333 $\frac{1}{3}$ B einzutauschen. Natürlich wählt es immer denjenigen Artikel, welcher ihm den meisten Vortheil verspricht, es kommt also, wenn mehrere Artikel für das Angebot in Frage kommen, darauf an, ob die geringere Nachfrage des andern Landes nach dem einen Artikel ihrer Wirkung auf das Tauschverhältniß wegen der geringeren Kosten, mit denen es den andern Artikel selbst produciren kann, nicht doch ungebrochen äußert.

Hier nun wird noch eine Zwischenbemerkung nöthig. Die Größen s und t, die hiernach auf das Tauschverhältniß von bestimmendem Einflusse sind, bezeichnen nach dem Obigen das Verhältniß der Productionskosten des von jedem Lande auszutauschenden Gutes gegen dritte Güter, deren relative Productionskosten in beiden Ländern die gleichen sind. Offenbar aber kann man nun diese dritten Güter ebenso gut ganz außer Betracht lassen und die auszutauschenden Güter unmittelbar nach ihren Productionskosten mit einander vergleichen. Danach wäre es also doch das Verhältniß der Productionskosten, welches das Tauschverhältniß wesentlich mitbestimmte? Allerdings, aber wohlgemerkt nicht der absoluten, sondern der relativen Productionskosten.

Das Verhältniß von s zu t ist in unserm Beispiel wie 1 : 2, zu t_1 wie 1 : $\frac{4}{3}$. Dies bezeichnet aber nur die relativen, nicht die absoluten Productionskosten. Das Verhältniß dieser kann ein ganz anderes sein. Stellt man sich z. B. vor, die Productionskosten bestünden ausschließlich in Arbeit, so läßt es sich sehr wohl denken, daß die Arbeit in dem ersten Lande von anderer Productivität ist als im zweiten Lande. Wäre sie z. B. noch einmal so productiv und bezeichnete s einen Tag Arbeit, so würde t dann nicht 2, sondern 2 . 2 Tage Arbeit bezeichnen.

Kehren wir jetzt zu der unterbrochenen Betrachtung zurück und modificiren wir unser Beispiel in einer Weise, die es dem ersten Lande vortheilhafter erscheinen läßt, für sein Angebot C zu wählen. Dies würde z. B. der Fall sein, wenn das Verhältniß der Productionskosten von C und B im zweiten Lande wie 5 : 3 wäre, denn dann würde das erste Land für je 40 B anstatt 25 A, nur 24 C zu zahlen brauchen. A zu liefern wird es nur dann sich bewogen finden, wenn es ebensoviel als für C dafür erhält. Der Preis von A muß deßhalb ebenfalls auf $\frac{5}{3}$ B steigen. Für das zweite Land aber ist es, anders als in den bisher betrachteten Fällen, nicht gleichgültig, ob es zu diesem Preise C oder B eintauscht. Denn während es beim Eintausch von C gegenüber dem Aufwande, den es für dessen Eigenproduction machen müßte, keinen Vortheil hat, erhält es A billiger, als es selbst dasselbe herzustellen vermöchte, oder was das Gleiche ist, es erhält mit demselben Aufwande mehr, als es sich unmittelbar selbst verschaffen könnte, und zwar im Verhältniß von 5 : 6. Es wird daher zunächst von dem ersten Lande A begehren und erst, wenn sein Bedarf an diesem befriedigt ist, auch C in Zahlung annehmen. Der Verkehr würde sich dann in folgender Weise gestalten.

Die Nachfrage des ersten Landes nach B steigt proportional der Preisminderung also von 10,000 auf 16,666 $^2/_3$. Diese würde es zuvörderst mit A decken, wonach die Nachfrage im zweiten Lande im Verhältniß von 5 : 6 steigen würde, es lieferte mithin 9,600 A, wofür es 16,000 B erhielte, und um den Rest seines Bedarfs an letzterem Artikel zu befriedigen 400 C für 666 $^2/_3$ B.

Als das Ergebniß dieser Betrachtungen lassen sich nun folgende allgemeine Sätze aufstellen: Wenn von zwei Ländern in dem einen gewisse Producte relativ kostspieliger herzustellen sind als in dem andern, so sucht das betreffende Land sich dieselben von dem andern durch Eintausch zu verschaffen und wählt als Zahlung vorzugsweise die in dem andern Land relativ kostbaren Artikel. Indem das letztere ebenso verfährt, begegnet sich das Streben beider Länder darin, die einem jeden relativ kostbareren Artikel gegen die dem andern relativ kostbareren einzutauschen. Diese Artikel sind es also, welche zunächst zum Umtausch gelangen, und zwar im Allgemeinen um so sicherer, je mehr ihre relativen Productionskosten von einem Lande zum andern differiren. Das Tauschverhältniß strebt sich schließlich in der Weise zu reguliren, daß jeder Artikel entsprechend dem Verhältniß seines Werthes im Erzeugungslande gegenüber denjenigen Artikeln, deren relative Kostbarkeit in beiden Ländern die gleiche ist, honorirt wird. (Betragen z. B. die Kosten eines hinzugebenden Artikels n Tage Arbeit, und ist die Productivität des betreffenden Landes p mal größer als die des andern, so wird das letztere diese Artikel mit Waaren bezahlen müssen, die ihm seinerseits np Tage Arbeit kosten.) Bei diesem Tauschverhältnisse kann es geschehen, daß ein Land die Güter, welche es einzutauschen begehrt, nicht vollständig mit solchen Gütern bezahlen kann, die im andern Lande relativ kostbarer sind. In diesem Falle erfolgt dann die Ausgleichung durch das Angebot solcher Güter, deren Productionskosten in beiden Ländern relativ die gleichen sind.

Noch bleibt indessen eine Schwierigkeit. Hinterher freilich, nachdem die in Frage stehende ökonomische Bewegung sich vollzogen hat, ist dieses Verhältniß der Productivität beider Länder zu einander wenigstens dann, wenn gewisse Productionen in beiden Ländern zu bestehen fortfahren, in dem Betrage der Opfer, welche die Herstellung der nämlichen durch diese gelieferten Erzeugnisse in dem einen und in dem andern Lande verlangt, erkennbar. Wenn das aufgestellte Gesetz aber zu Bestimmung der Werthrelationen in einem Verkehr verwandt werden soll, welcher sich erst zu bilden hat, so müßte das Verhältniß der Productivität der betheiligten Länder bereits vorher sich erkennen lassen. Hiefür aber fehlt es, weil die Werthrelation der einzelnen Güter zu einander in den verschiedenen Ländern eine verschiedene ist, an einem unmittelbar brauchbaren Maßstabe.

Die Lösung wird sich am besten abermals aus der Betrachtung eines Beispiels ergeben. Wir behalten die Voraussetzungen, daß die Güter, um die es sich handelt, beliebig vermehr= und verminderbar seien, und daß die Nachfrage nach ihnen proportional einer etwaigen Preisminderung steigen werde, sowie die Nichtberücksichtigung der Transportkosten bei und nehmen an, die Production jener Länder beschränke sich auf 3 Arten von Gütern, A, B und C. In dem einen Lande verhalten sich die Productionskosten dieser Artikel wie 2 : 3 : 4, in dem andern Lande wie 4 : 2 : 3. Das erste Land habe bisher 1,000 A, 800 B, 600 C, das zweite Land 500 A, 750 B, 600 C producirt und verbraucht. Jetzt kommen beide Länder in Verbindung mit einander. Wie wird sich ihre

Production, wie das Tauschverhältniß der Güter zu einander stellen? Der Verkehr kann überhaupt nur auf der Grundlage sich vollziehen, daß das eine Land eine bestimmte Art der Production aufgiebt, die betreffenden Productivkräfte einer andern Production zuwendet und mit deren Erzeugnissen sich die Producte, deren Erzeugung es selbst aufgegeben hat, vom andern Lande zu verschaffen sucht, was dort zu einer Ausdehnung derjenigen Production, welche den begehrten Artikel liefert, führen muß, zunächst auf Kosten derjenigen, welche den angebotenen liefert. Es handelt sich also in allen Fällen darum, denjenigen Artikel, dessen Erzeugung man aufgegeben hat, mittelst eines an seiner Stelle erzeugten durch Tausch zu erhalten. Für jedes Land sind demnach überhaupt 6 Möglichkeiten denkbar; es kann die Production von A mit der von B oder der von C, die von B mit der von A oder der von C, die von C mit der von A oder der von B vertauschen. Jedoch ist die Hälfte dieser Möglichkeiten von vorn herein dadurch ausgeschlossen, daß selbst im günstigsten Falle, d. h. wenn der Tauschwerth des angebotenen Artikels auf dem auswärtigen Markte durch eben dieses Angebot durchaus nicht gedrückt würde, dennoch das Maß des zu erlangenden Gegengutes geringer sein würde, als man mit dem nämlichen Aufwande daheim selbst herstellen könnte. Es zeigt sich das für unser Beispiel in folgender Uebersicht:

Das erste Land könnte produciren:

statt A $^2/_3$ B, wofür es nach d. bisherigen Tauschverhält. im 2. Lande erhält $^1/_3$ A,
„ „ $^1/_2$ C, „ „ „ „ „ „ „ „ „ „ $^3/_8$ A,
„ B $^3/_2$ A, „ „ „ „ „ „ „ „ „ „ 3 B,
„ „ $^3/_4$ C, „ „ „ „ „ „ „ „ „ „ $^9/_8$ B,
„ C 2 A, „ „ „ „ „ „ „ „ „ „ $^8/_3$ C,
„ „ $^4/_3$ B, „ „ „ „ „ „ „ „ „ „ $^8/_9$ C.

Für das erste Land würde sonach nur eine Vertauschung der Production von B mit der von A oder der von C oder der Production von C mit der von A in Frage kommen. Für das zweite Land würden die Ergebnisse gerade umgekehrte sein, und es kann sich daher für dasselbe nur um eine Vertauschung der Production von A mit der von B oder der von C oder der Production von C mit der von B handeln.

Die Art und Weise, wie sich der Proceß der Vertauschung der Production vollzieht, ist an sich gleichgültig. Zur Verdeutlichung sind indessen vielleicht folgende Bemerkungen nicht überflüssig. In der Regel werden die Producenten der verschiedenen Güter in einem Lande gegenseitig Kunden von einander sein. Gewisse Producenten werden nun die Bemerkung machen, daß sie mit dem Artikel, den sie erzeugen, den Artikel, den sie bedürfen, im anderen Lande billiger eintauschen können als daheim und daher für den betreffenden Tausch den auswärtigen Markt vorziehen. Nehmen wir an, es seien die Producenten von A im ersten Lande, welche für den Eintausch ihres Bedarfs an B diese Initiative ergreifen. Die Folge ist für das erste Land eine Verminderung der Nachfrage nach B oder was dasselbe ist, des Angebots an A, umgekehrt für das zweite Land eine Vermehrung der Nachfrage nach B und des Angebots von A. Dort wird der relative Werth von B, hier der von A sinken müssen. Die Producenten von B dort und die von A hier werden, da sie nun im inländischen Austausch nicht einmal so viel von dem andern Gut erhalten, als sie sich selbst herstellen könnten, ihren Bedarf von A, bezüglich B lieber selbst produciren. Aber auch insofern sie B, bezüglich A bedürfen, werden sie vorziehen, lieber das Gegengut zu produciren und mit diesem das ursprünglich selbst producirte Gut im Ausland einzutauschen, so lange sie bei dieser Operation noch einen Gewinn machen. Auf diese Weise wird nach den früheren Auseinandersetzungen die eine Production ausschließlich dem einen Lande zufallen; die andere kann, je nachdem die Angebotsverhältnisse liegen, entweder ausschließlich auf das andere Land übergehen oder auch nur theilweise, so daß sie, wenn auch in dem einen Lande in stärkerem, in dem andern in geringerem Umfange, in beiden Ländern fortbetrieben wird. Jedenfalls wird der Verkehr bis zu dem Puncte sich ausdehnen müssen, wo die Werthrelation der beiden Güter in beiden Ländern die nämliche geworden ist. In unserem Beispiel würde die ganze Production von A auf das erste, die ganze Production von B auf das zweite Land übergehen, weil erst alsdann die Gleichheit der Werthrelation sich herzustellen vermag. Jedes Land bringt aber, da es seine frühere Consumtion des betreffenden Artikels, dessen Kostensatz für es selbst sich ja nicht verändert hat, beibehält, nur den Ueberschuß, den es in Folge der Aufgabe der andern Production herzustellen vermag, auf den internationalen Markt. So ist denn das Ergebniß das oben bezeichnete, daß man die eine Production aufgiebt, um die Erzeugnisse derselben mit denen der an ihre Stelle getretenen einzutauschen.

In unserem Falle würde das erste Land anstatt 800 B 1,200 A, und das zweite anstatt 500 A 1,000 B erzeugen, und diese Producte würden sich gegen einander umtauschen. Das Tauschverhältniß wäre also 6 A gegen 5 B, und dabei könnte, wie man sieht, weder die Production von B im ersten Lande fortbestehen, noch die von A im zweiten Lande, da jenes mit dem Aufwande wie für 6 A nur 4 B, dieses mit dem Aufwande wie für 5 B nur $2\frac{1}{2}$ A erzeugen könnte. Das erste Land würde bei diesem Verkehr 200 B, das zweite 700 A profitiren.

Nun aber müssen wir das dritte Gut C in Betracht ziehen. Die Werthrelation wäre jetzt folgende:

	A		B		C
im ersten Lande	2	:	$2\frac{2}{5}$	:	4,
im zweiten Lande	$1\frac{2}{3}$	:	2	:	3,

oder, wenn wir die Gleichung für das zweite Land so verändern, daß die beiden ersten Glieder denen der ersten Gleichung gleich werden

$$2 : 2\frac{2}{5} : 3\frac{3}{5}.$$

C ist also im zweiten Lande relativ wohlfeiler als im ersteren. Dies muß zur Folge haben, daß beide Länder ihren Bedarf an C im zweiten Lande zu befriedigen suchen. Im ersten Lande werden die Producenten von C sich lieber auf die Production von A verlegen, um damit C einzutauschen; im zweiten Lande dagegen werden die Producenten von B, sobald der Preis von C in Folge der vermehrten Nachfrage zu steigen anfängt, da sie dasselbe mit demjenigen Aufwand produciren können, welcher der bisherigen Werthrelation von B : C entspricht, zur Production des letzteren übergehen, bis die Verminderung des Angebots von B dessen Preis wieder entsprechend gesteigert hat. Mit andern Worten: die Werthrelation von B : C kann sich nicht verändern, sondern nur die beider zu A. Diese aber wird sich schließlich auf dem Puncte festsetzen müssen, bei welchem Nachfrage und Angebot ins Gleichgewicht treten.

Um diesen Punct zu finden, müssen wir uns erinnern, daß nach der gemachten Voraussetzung die Nachfrage immer proportional der Preisminderung steigen, bezüglich der Preiserhöhung sinken soll. Die Consumtion des ersten Landes von B und C war bei einer Werthrelation dieser Artikel von 3 : 4 800 B und 600 C. Würde der Preis von B auf 4 $\frac{1}{2}$ steigen, so würde dessen Consumtion sich im Verhältniß von 9 : 8 mindern, also auf 533 $\frac{1}{3}$ herabgehen. Das Verhältniß der consumirten Menge beider Güter ist jetzt wie 3 : 2, und dieses Verhältniß muß das nämliche bleiben, wie sich auch die Productionskosten beider Artikel verändern, wenn sie nur in dem jetzigen Verhältniß bleiben. Dieses Verhältniß der Productionskosten ist 3 : 4 $\frac{1}{2}$ oder 2 : 3. Das war aber, wie wir oben sahen, das Preisverhältniß, nach welchem B und C im zweiten Lande angeboten werden können. Für die A, welche das erste Land an der Stelle von B und C producirt, wird es also, da ihm B und C von dem zweiten in dieser Werthrelation angeboten werden, immer gleichzeitig 3 B und 2 C begehren, und da die Preise sich gerade umgekehrt verhalten, wird es seinen Aufwand auf beide Artikel gleich vertheilen, und das zweite Land wird für beide Artikel gleich viel einnehmen.

Nun kann das erste Land produciren statt 800 B 1,200 A und statt 600 C 1,200 A, zusammen also 2,400 A, von denen es 1,200 für B, 1,200 für C auszugeben bereit ist. Das zweite Land würde die Productivmittel, die es bisher für A aufwandte, zu gleichen Theilen auf die Production von B und C vertheilen. Es würde daher statt 250 A 500 B und statt ebenfalls 250 A 333 $\frac{1}{3}$ C anzubieten haben.

Auf dieser Grundlage kann aber kein Tausch zu Stande kommen, da das erste Land einen positiven Verlust dabei haben würde. Dieses wird vielmehr für 500 B nur 750 A und für 333 $\frac{1}{3}$ C nur 666 $\frac{2}{3}$ A zu geben bereit sein. Dabei hätte das erste Land kein Interesse am Verkehr mehr, da es die eingetauschten Producte so theuer bezahlte, als wenn es sie selbst producirte. Wohl aber würde, wie das eben nachgewiesen worden ist, das zweite Land in seinem Interesse den Verkehr noch aufrecht erhalten. Inzwischen hat sich jedoch das Preisverhältniß von B und C verschoben. Die Producenten des zweiten Landes erhalten für 500 B 750 A, für 333 $\frac{1}{3}$ C aber, die ihm eben so viel kosten, nur 666 $\frac{2}{3}$ A. Die Producenten von C werden deßhalb zur Production von B übergehen, bis sich das Gleichgewicht der Preisverhältnisse wieder hergestellt hat. Durch diesen Uebergang kann der Preis von C nicht steigen, da er bereits das mögliche Maximum erreicht hat; nur der Preis von B kann durch denselben sinken. Es kommt also darauf an, bei welchem Angebot von B dessen Preis von 1 $\frac{1}{2}$ A auf 1 $\frac{1}{3}$ A herabgedrückt wird. Da um gegen B eingetauscht zu werden 1,200 A disponibel sind, so würde dies eintreten, wenn 900 B angeboten würden. Sobald dies der Fall ist, wird der Uebergang von der Production von C zu der von B aufhören. Es bleiben demnach 66 $\frac{2}{3}$ C für den Verkehr disponibel. Das Tauschverhältniß ist nun in beiden Ländern zwischen A und C, wie 4 : 2, zwischen B und C wie 3 : 2 und die Werthrelation stellt sich also folgendermaßen:

A	B	C
2	2 $\frac{2}{3}$	4

Production und Verkehr aber gewinnen folgende Gestalt:

Das erste Land producirt für sich	1,000 A,	— B,	533 $\frac{1}{3}$ C,
für den Verkehr	1,333 $\frac{1}{3}$ A.		
Zusammen	2,333 $\frac{1}{3}$ A,	– B,	533 $\frac{1}{3}$ C.

Das zweite Land producirt für sich	— A,	750 B,	600 C,
für der Verkehr	— A,	900 B,	$66^2/_3$ C.
Zusammen	— A,	1,650 B,	$666^2/_3$ C.

Es werden umgesetzt: 1,200 A gegen 900 B,
$133^1/_3$ „ „ $66^2/_3$ C.

Der Gewinn des ersten Landes besteht in 100 B, der des zweiten Landes in $833^1/_3$ A, was nach der jetzigen Werthrelation ein Verhältniß von 4 : 25 ergiebt:

Es ist leicht einzusehen, daß wenn die Initiative zur Vertauschung der Productionen von einer andern Seite ausgeht, als wir hier angenommen haben, allerdings die Stadien der Veränderung sich in verschiedener Weise gestalten werden, daß aber das Endergebniß immer das nämliche bleiben wird. — Fassen wir dasselbe näher in's Auge, so ergiebt sich, daß es mit demjenigen Resultate übereinstimmt, welches wir gefunden haben würden, wenn wir C als Maßstab der relativen Productivität der beiden Länder betrachtet, d. h. als ein Gut, dessen Productionskosten in beiden Ländern relativ die gleichen wären, angenommen und darauf das oben aufgestellte Gesetz angewendet hätten. Setzen wir nämlich C in beiden Ländern = 1, so wäre ursprünglich die Werthrelation

	A	B	C
erstes Land	$^1/_2$	$^3/_4$	1
zweites Land	$^4/_3$	$^2/_3$	1.

Nach dem obigen Gesetze würde jedes Land das relativ billigere Gut zu Markte bringen und zwar zu einem Werthe gegenüber dem gemeinsamen Maßstabe, der dem Verhältnisse der Productionskosten beider Artikel entspräche. Die neue Werthrelation würde sich demnach stellen müssen auf

A	B	C
$^1/_2$	$^2/_3$	1

Diese Relation ist aber identisch mit derjenigen, welche wir in der That gefunden haben 2, $2^2/_3$, 4. Insoweit als der Werth des zum Tausch angebotenen relativ billigen Gutes zu Bezahlung des nachgefragten relativ theurern nicht ausreichte, würde nach der früheren Auseinandersetzung das gleichviel kostende Gut zu Hülfe genommen werden müssen, und auch das findet sich durch das Beispiel bestätigt, indem sich bei demselben ergab, daß ein Theil des Bedarfes des zweiten Landes an A mit C bezahlt wurde.

Dieses Zusammentreffen weist auf den Weg hin, den man einzuschlagen hat, um das Problem im Allgemeinen zu lösen. Wenn nämlich in unserem Falle C sich als Maßstab der Productivität der beiden Länder herausstellt, so hat das seinen Grund offenbar darin, weil es dasjenige Gut ist, dessen Productionsbedingungen r e l a t i v, mit denen der andern Güter verglichen, in beiden Ländern am wenigsten differiren. Absolut freilich, d. h. die Kosten des nämlichen Guts in beiden Ländern mit einander verglichen, kann die Kostendifferenz eines andern Gutes ebenso klein und selbst geringer sein, als die von C; es ließe sich z. B. denken, daß, auf Arbeit reducirt, die Kosten wären

im ersten Lande von A = $^1/_2$, B = $^3/_4$, C = 1 Tag Arbeit,
„ zweiten „ „ A = $^1/_2$, B = $^1/_4$, C = $^3/_8$ „ „

Allein relativ, d. h. die Productivität der Arbeit ganz allgemein aufgefaßt, erscheint es als dasjenige Gut, hinsichtlich dessen das eine Land vor dem andern verhältnißmäßig am wenigsten voraus hat*). Dies führt auf den Versuch, die Preisrelation, welche sich zwischen zwei neu in Verkehr tretenden Ländern unter den übrigen angenommenen Voraussetzungen bilden wird, dadurch zu ermitteln, daß man dasjenige Gut, dessen Productionskosten auf den ersten Anblick relativ am wenigsten von einander abzuweichen scheinen, als Maßstab der Productivität behandelt. Es fragt sich dann nur, ob ein Mittel vorhanden ist, diesen Maßstab, wenn er ein falscher ist, als solchen zu erkennen und danach die Berechnung zu berichtigen, denn es bleibt immerhin möglich, daß nach Lage der Consumtionsverhältnisse der betreffenden Länder nicht das gewählte, sondern ein anderes Gut, dasjenige ist, um welches sich der Verkehr herumbewegt, d. h. dasjenige, welches zuletzt und nur aushülfsweise zum internationalen Austausch kommt. Eine solche Handhabe zur Berichtigung bietet nun aber der Satz, daß man, um ein Gut vom Auslande zu kaufen, auf die Dauer niemals mehr Kosten aufwenden wird, als man zur Herstellung desselben im Inlande nöthig hat. Mit Zuhülfenahme dieses Satzes läßt sich die Gestaltung, welche der Verkehr annehmen muß und dasjenige Gut, welches den Schwerpunct desselben in dem oben angedeuteten Sinne bildet, alsbald erweisen. Wir erläutern das am besten durch ein abermaliges Beispiel:

Die ursprüngliche Werthrelation von 5 Gütern, aus denen die Production überhaupt bestehe, sei

	A	B	C	D	E
im ersten Lande	4	7	6	8	5
„ zweiten „	5	9	3	7	4.

Hier wäre D dasjenige Gut, das dem Anscheine nach sich am besten als Maßstab der Productivität zu Grunde legen ließe. Setzen wir es = 1, so erhalten wir für die obigen Relationen folgenden Ausdruck:

	A	B	C	D	E
im ersten Lande	$1/2$	$7/8$	$3/4$	1	$5/8$,
„ zweiten „	$5/7$	$9/7$	$3/7$	1	$4/7$.

Nach der vorhergehenden Auseinandersetzung würden bei eingetretenem Verkehr zwischen den beiden Ländern diese Relationen sich zu einer einzigen für beide Länder gültigen in der Weise verbinden, daß von jedem der Preisverhältnißsätze der relativ wohlfeilere, also der präsumtive Ausfuhrartikel — in unserem Falle A und B für das erste, C und E für das zweite Land — bestehen blieben. Die neue Werthrelation würde sich demnach stellen, wie folgt:

	A	B	C	D	E
	$1/2$	$7/8$	$3/7$	1	$4/7$
oder in ganzen Zahlen	28	49	24	56	32.

*) Es ergiebt sich das daraus, daß wenn man es als Maßstab einsetzt, die Differenz der Productionskosten der übrigen Güter in beiden Ländern geringer erscheint, als wenn man eines der andern Güter als Maßstab gebraucht, denn

	A	als Maßstab eingesetzt ist die Differenz der Kosten für	B 3 : 1,
	„	„ „ „ „ „ „ „ „	C 8 : 3,
	B	„ „ „ „ „ „ „ „	A 1 : 3,
	„	„ „ „ „ „ „ „ „	C 8 : 9,
Dagegen	C	„ „ „ „ „ „ „ „	A 3 : 8,
	„	„ „ „ „ „ „ „ „	B 9 : 8.

Wird nach diesem Werthverhältniß der Bedarf des ersten Landes an C und E durch sein Angebot von A und B oder der des zweiten Landes an A und B durch dessen Angebot von C und E nicht gedeckt, so muß von Seiten desjenigen Landes, welches in dieser Lage ist, die nächst wohlfeilere Production, hier also D zu Hilfe genommen werden, und es kann auf diese Weise geschehen, daß dieselbe ausschließlich dem einen Lande zufällt. Ja es kann kommen, daß das betreffende Land, wenn auch diese nicht genügt, auch noch zu einer derjenigen Productionen greifen muß, die es bisher dem andern Lande ausschließlich überließ.

Angenommen die consumirten Mengen seien bisher gewesen:

	A	B	C	D	E
im ersten Lande	100	60	60	40	80,
„ zweiten „	50	40	60	30	50,

so würde nun das erste Land anbieten können

für 60 C	90 A	oder	$51\frac{3}{7}$ B,
„ 80 E	100 A	„	$57\frac{1}{7}$ B
zusammen	190 A	oder	$108\frac{4}{7}$ B,

dagegen das zweite Land

für 50 A	$83\frac{1}{3}$ C	oder	$62\frac{1}{2}$ E,
„ 40 B	120 C	„	90 E
zusammen	$203\frac{1}{3}$ C	oder	$152\frac{1}{2}$ E.

Andererseits verlangt das erste Land, indem sein Bedarf nach der Annahme proportional der Preisminderung steigt

105 C und $87\frac{1}{2}$ E,

das zweite $71\frac{3}{7}$ A „ $58\frac{38}{49}$ B.

Das erste Land werfe sich nun zunächst auf die Production von B. Davon vermag es abzusetzen $58\frac{38}{49}$ und es erhält dafür

für $51\frac{3}{7}$ B seinen Bedarf an 105 C

und für $7\frac{17}{49}$ B $11\frac{1}{4}$ E.

Es bleiben ihm nun noch übrig die Productionsmittel von $49\frac{39}{49}$ B oder $87\frac{1}{7}$ A; andererseits ein Bedarf von $76\frac{1}{4}$ E. Das zweite Land bedarf B nicht mehr; das Angebot kann also nur in A bestehen. A werden aber vom zweiten Lande nur $71\frac{3}{7}$ verlangt, wofür ein Preis von $62\frac{1}{2}$ E angeboten wird. Es bleibt also dem ersten Lande noch unbefriedigt ein Bedarf $13\frac{3}{4}$ E und unverwendet die Productionsmittel von $15\frac{5}{7}$ A. Die vortheilhafteste Verwendung, die sich für diese darbietet, ist die Production von D, wovon mit derselben $7\frac{6}{7}$ herzustellen sind; diese werden sich dann von dem andern Lande gegen die verlangten $13\frac{3}{4}$ E tauschen, deren Producenten zu dieser Production von der von D übergehen.

Das Resultat ist dann folgendes:

das erste Land producirt	$171\frac{3}{7}$ A,	$118\frac{38}{49}$ B,	— C,	$47\frac{6}{7}$ D,	— E,
„ zweite „ „	— „	— „	165 „	$22\frac{1}{7}$ „	$137\frac{1}{2}$ „

Unter den angenommenen Consumtionsverhältnissen erweist sich also D wirklich als zutreffender Maßstab für die Productivität beider Länder.

Sehen wir nun zu, in wiefern sich dies ändert mit der Veränderung jener Verhältnisse, d. h. je nachdem die verschiedenen Artikel für den Bedarf einer Nation eine verschiedene Bedeutung annehmen. Es wird zur Erläuterung genügen, wenn wir nur für einen Artikel in einem Lande ein verschiedenes Maß des

Bedarfs unseren früheren Voraussetzungen substituiren. Wir wählen dazu den Artikel E. Alle übrigen Consumtionsverhältnisse bleiben also unverändert. Nur von dem Artikel E habe im ersten Lande die bisherige Consumtion nicht 80, sondern $115\,^3/_7$ betragen.

Alsdann bleibt dem ersten Lande, in welchem in Folge des Sinkens des Preises die Nachfrage nach E auf $126\,^1/_4$ steigt, nachdem es die Nachfrage des andern Landes nach B und A befriedigt und dafür 105 C und $73\,^3/_4$ E erhalten hat, noch ein Bedarf von $52\,^1/_2$ E und die Disposition über die Productionsmittel von 60 A. Diese würden nun zur Production von 30 D verwandt und dem zweiten Lande für $52\,^1/_2$ E angeboten. Letzteres würde in Folge davon die Production von D gänzlich für die von E aufgegeben. Das Ergebniß wäre folgendes:

das erste Land producirt	$171\,^3/_7$ A,	$118\,^{38}/_{49}$ B,	— C,	70 D,	— E,
„ zweite „ „	— „	— „	165 „	— „	$176\,^1/_4$ „

Wir stehen an der Grenze, bis zu welcher D noch ein zutreffender Maßstab der Productivität beider Länder ist.

Lassen wir jetzt die bisherige Consumtion des ersten Landes von E abermals und zwar auf 128 wachsen, so würde dieses durch die Uebernahme der Production von D für das andere Land noch nicht die Möglichkeit gewinnen, seinen Bedarf an E vollständig durch Eintausch zu decken. Denn dieser Bedarf wäre entsprechend der Preisminderung auf 140 gestiegen. Außer den verlangten 105 C aber sind von dem andern Lande als Entgelt für die von ihm bedurften A, B und D nur $126\,^1/_4$ E zu erhalten. Es bleiben also noch $13\,^3/_4$ E ungedeckt. Dies muß zu einer Veränderung der Preisverhältnisse führen. Zunächst steigert sich das Angebot für E und zwar sowol von A als von B, als von D, da die Preisrelation der in dem nämlichen Lande producirten Güter untereinander die nämliche dem verschiedenen Maße ihrer Productionskosten entsprechende bleiben muß; sodann aber ändert sich, da aus dem nämlichen Grunde auch die Preisrelation zwischen C und E nicht dauernd gestört werden kann, auch das Tauschverhältniß von C zu A, B und D in einer der letztern Preisrelation entsprechenden Weise. Mit andern Worten: A, B und D auf der einen und ebenso C und E auf der andern Seite behalten ihr Tauschverhältniß unter einander bei, die ersteren sinken aber gegen die letzteren im Werthe und zwar so lange, bis die Verminderung der Nachfrage nach C und E bei deren gestiegenem Preise im ersten Lande und die Vermehrung der Nachfrage nach A, B und D bei deren gesunkenem Preise im zweiten Lande sich ins Gleichgewicht gesetzt haben. Folgendes ist das Ergebniß:

Das Angebot des ersten Landes auf D reducirt ist:

für 60 C = 45 D,
„ 128 E = 80 D
125 D.

Das Angebot des zweiten Landes auf E reducirt ist:

für 50 A = $62\,^1/_2$ E,
„ 40 B = 90 E,
„ 30 D = $52\,^1/_2$ E
205 E.

Es tauschen sich also jetzt 125 D gegen 205 E, oder 25 D gegen 41 E.

Die Werthrelation zwischen A, B und D bleibt unverändert $^1/_2 : ^7/_8 : 1$; dagegen steigt E dem gegenüber nun im Werthe von $^4/_7$ auf $^{25}/_{41}$ und C dem entsprechend von $^3/_7$ auf $^{75}/_{164}$. In ganzen Zahlen ausgedrückt war die Werthrelation in dem früheren Falle

	A	B	C	D	E
	1148	2009	984	2296	1312
jetzt	1148	2009	1050	2296	1400.

Für das erste Land verändert sich im Vergleich zur Eigenproduction der Kostenpreis von C im Verhältniß von 41 zu 25, der von E im Verhältniß von 41 zu 40. Im umgekehrten Verhältniß steigt die Nachfrage, also nach C von 60 auf $98^2/_5$, nach E von 128 auf $131^1/_5$. Für das zweite Land vermindert sich der Kostenpreis

von A im Verhältniß von 1750 auf 1148 oder von 125 auf 82,
„ B „ „ „ 3150 „ 2009 „ „ 450 „ 287,
„ D „ „ „ 2450 „ 2296 „ „ 175 „ 164,

und die Nachfrage, die im umgekehrten Verhältnisse steigt, stellt sich daher

nach A auf $76^9/_{41}$,
„ B „ $62^{206}/_{287}$,
„ D „ $32^1/_{82}$.

Dies ist zugleich das Angebot des ersten Landes für den internationalen Verkehr. Denn der Aufwand

für $76^9/_{41}$ A ist für dasselbe = dem für $38^9/_{82}$ D,
„ $62^{206}/_{287}$ B „ „ „ „ „ „ $54^{72}/_{82}$ D,
„ $32^1/_{82}$ D „ „ „ „ „ „ $32^1/_{82}$ D

der Gesammtaufwand angebotener Güter also gleich 125 D,
und das ist gerade der Aufwand, der durch die Aufgabe der Production von C und E disponibel wird denn

60 C kosteten ihm = 45 D,
128 E „ „ = 80 D
Summe 125 D.

Umgekehrt vermag das zweite Land die von dem ersten begehrten $98^2/_5$ C und $131^1/_5$ E mit demselben Aufwande zu decken, der ihm früher zur Beschaffung seines eigenen Bedarfs von A, B und D diente,

denn 50 A kosteten ihm soviel wie $62^1/_2$ E,
„ 40 B „ „ „ „ 90 E,
„ 30 D „ „ „ „ $52^1/_2$ E.
Alle drei Artikel also kosteten ihm soviel wie 205 E.
Jetzt liefert es . . . . $131^1/_5$ E.
Es bleiben . . . . $73^4/_5$ E,
statt deren es die begehrten . . . . $98^2/_5$ C liefert.

D hat offenbar hier aufgehört, ein anwendbarer Maßstab der beiderseitigen Productivität zu sein, da es nur noch in dem einen Lande producirt werden kann. Es ist aber auch von den übrigen Gütern keines, welches sich noch als ein solcher Maßstab gebrauchen ließe.

Lassen wir endlich die bisherige Consumtion des ersteren Landes an E auf 144 steigen, so würde das Angebot des ersten Landes auf D reducirt 135 betragen, dem ein Angebot des zweiten Landes auf E reducirt von 205 gegenüberstände. Dies gäbe ein Tauschverhältniß von 27 D gegen 41 E. Da aber das erste Land mit demselben Aufwande von 27 D selbst $43 \frac{1}{5}$ E produciren könnte, so kann auch E für dasselbe keinen höhern Preis erlangen, als diesem Verhältnisse entspricht, und die Folge würde sein, daß es einen Theil der Production von E selbst übernähme. Die Werthrelation der fünf Güter stellt sich dann folgendermaßen:

A	B	C	D	E
$\frac{1}{2}$	$\frac{7}{8}$	$\frac{15}{32}$	1	$\frac{5}{8}$.

Oder wenn wir E als dasjenige Gut, welches jetzt gleichzeitig in beiden Ländern producirt wird und daher als Maßstab der Productivität erscheint, als Einheit einsetzen:

$\frac{4}{5}$	$\frac{7}{5}$	$\frac{3}{4}$	$\frac{8}{5}$	1.

Die Nachfrage des ersten Landes würde unter diesen Verhältnissen gehen auf

96 C
und 144 E,
die des zweiten Landes auf $78 \frac{1}{8}$ A,
$64 \frac{2}{7}$ B,
$32 \frac{13}{16}$ D.

Sämmtliche Werthe auf E reducirt entspricht die Nachfrage des ersten Landes einem Werthe von 216, die des zweiten Landes einem Werthe von 205 E, d. h. jenes muß sich von seiner Nachfrage 11 E selbst befriedigen. Das Ergebniß ist:

das erste Land producirt statt 60 C und 144 E : $78 \frac{1}{8}$ A,
$64 \frac{2}{7}$ B,
$32 \frac{13}{16}$ D,
11 E;
das zweite Land statt 50 A, 40 B und 30 D : 96 C,
133 E.

Diese beiden Beträge tauschen sich gegen die angegebenen drei Beträge der Production des ersten Landes an A, B und D. Der Vortheil des Verkehrs besteht für das erste Land in 36 C, für das zweite in $28 \frac{1}{8}$ A, $24 \frac{2}{7}$ B und $2 \frac{13}{16}$ D.

Als allgemeine Sätze ergeben sich nun aus den vorstehenden Betrachtungen folgende:

1) im internationalen Verkehr kommen zunächst diejenigen Güter, deren Productionskosten im Vergleich mit den Productionskosten anderer Güter in demselben Lande am meisten von einander differiren, dann die ihnen in dieser Beziehung am nächsten stehenden u. s. w. in der Weise zum Umtausch, daß jedes Land die bei ihm relativ billigen Güter aus-, die relativ theuren eintauscht. Die Production der auszutauschenden Güter tritt an die Stelle der Production der einzutauschenden.

2) Diese Bewegung hat die Tendenz, sich so lange fortzusetzen, bis keine Güter mehr übrig sind, deren Bezug aus dem Auslande einer der Parteien noch einen Vortheil gewährte, d. h. bis das Werthverhältniß sämmtlicher Güter gegen einander in den betheiligten Ländern das nämliche geworden ist.

3) Die Werthrelation der von je einer Seite angebotenen Güter untereinander ist die nämliche, wie auf dem Markte des anbietenden Landes.

4) Die Werthrelation zwischen den von der einen und den von der andern Seite angebotenen Gütern verhält sich, wenn man den Werth der Güter jeder Seite auf einen gemeinschaftlichen Ausdruck reducirt, wie das bei der nach 3) unter ihnen gegebenen Werthrelation möglich ist, umgekehrt wie ihre Mengen. Diese Mengen aber richten sich einestheils nach dem Umfange der früher in der nun aufgegebenen Production verwandten Productivkräfte und Mittel, anderntheils nach dem Maße des Erfolges, den diese Kräfte und Mittel in der neugewählten Verwendung erzielen.

5) Der natürliche Widerstand jedes Landes ein Gut mit höhern Opfern vom Auslande zu beziehen, als es selbst für dessen Herstellung im Inland zu bringen nöthig hat, bestimmt in der ganzen Reihe der Güter die Grenze zwischen den vom Auslande zu beziehenden und den ihm anzubietenden Gütern oder den Punct, bei welchem die unter 2) bezeichnete Bewegung ihr Ende erreicht.

Aus diesen Sätzen ergeben sich noch einige beachtenswerthe Consequenzen, die bei der Betrachtung der vorher aufgestellten Beispiele deutlich hervortreten. Es zeigt sich nämlich, daß der Vortheil des internationalen Handels einem Lande um so weniger zu Gute kommt, je größer verhältnißmäßig seine Consumtion relativ theurer Artikel ist, oder, da dies als ein sicheres Zeichen seines Reichthums gelten kann, je reicher es vergleichsweise ist. Im Ganzen freilich kann ein reicheres Land von seinem auswärtigen Handel, weil derselbe vielseitiger und umfangreicher ist, größeren Nutzen ziehen, als ein ärmeres, aber die Gesammtheit der ärmeren Länder, mit denen es in Verkehr steht, zusammengenommen hat nothwendig von dem Verkehr mit ihm einen größeren Vortheil, wie es selbst. Ferner aber ergiebt sich, daß je reicher ein Land vergleichsweise ist, desto mehr die Reihe der Güter, welche es anzubieten vermag, sich verlängert, die derjenigen, welche es mit Nutzen eintauschen kann, sich verkürzt. Mit andern Worten: je mehr ein Land an Reichthum vor andern hervorragt, desto manichfaltiger gestaltet sich seine Ausfuhr; desto mehr dagegen concentrirt sich seine Einfuhr auf gewisse Hauptartikel, ein Satz, dessen Bedeutung für die Zollpolitik einleuchtet.

Bei der Entwickelung der aufgestellten Sätze sind aber, außer den allgemeinen Annahmen des §. 62 noch gewisse specielle Voraussetzungen gemacht worden, nämlich:

1) daß der Aufwand, welchen ein Land für eine bestimmte Art von Gütern zu machen bereit ist, sich unter allen Umständen gleich bleibt, mit andern Worten, daß die Nachfrage in demselben Verhältnisse steigt, als der Preis sinkt und umgekehrt;

2) daß die Production der Güter zu dem gleichen Kostensatze sich beliebig ausdehnen oder beschränken lasse;

3) daß die Transportkosten der Güter von einem Lande zum andern gleich Null seien.

Es entsteht nun die Frage, ob und inwiefern mit einer Veränderung dieser Voraussetzungen jene Sätze eine Einschränkung oder Modificirung zu erfahren haben.

Zu 1. Die mit dem Wechsel des Preises eintretende Veränderung der Nachfrage wird für die einzelnen Güterarten immer eine sehr verschiedene sein. Ein bestimmtes Gesetz, das über die allgemeinen Sätze des §. 64 hinausginge, läßt sich in dieser Beziehung nicht wol aufstellen. Faßt man dagegen die Nachfrage im Allgemeinen, d. h. nach allen Arten von Gütern zusammengenommen, ins Auge, so kann diese, so lange der wirthschaftliche Zustand im Uebrigen auf derselben Höhe der Entwickelung bleibt, die Productionsmittel und Kräfte sich nicht verändern, offenbar eine Veränderung ebenfalls nicht erleiden; eine Vermehrung des wirthschaftlichen Aufwandes für einen Zweck wird vielmehr durch eine entsprechende Verminderung desselben für einen andern Zweck ausgeglichen werden müssen, und umgekehrt wird eine Ersparniß, die man auf der einen Seite macht, zu einer anderweiten Verwendung derselben, d. h. zu einer Erweiterung der Production auf einem andern Felde führen, die, insofern sie nicht unmittelbar für die eigene Wirthschaft, sondern auf den Markt berechnet ist, zugleich als eine Vermehrung der Nachfrage nach dritten Gütern erscheint. Insofern die überschüssig gewordenen Productionsmittel in der eigenen Wirthschaft unmittelbar verwandt werden, tritt freilich die Vermehrung der Nachfrage als solche nicht besonders hervor, sie ist aber nicht minder vorhanden. Nachfrage und Angebot vertheilen sich hier nur nicht auf verschiedene Güter, sondern sind gleich in ein und demselben Gute vereinigt. Tritt nun beim internationalen Verkehr diese Veränderung in der Nachfrage nur in Bezug auf solche Güter hervor, welche nach Maßgabe der gegebenen Verhältnisse vom Auslande bezogen werden, so kann dadurch die Werthrelation der Güter nicht beeinflußt werden, da die an die Production des Auslandes gestellte Anforderung sich nur der Art, aber nicht dem Umfange nach verändert hat. In dem in der früheren Erörterung zuerst aufgeführten Beispiele, das wir jetzt wieder zu Hülfe nehmen wollen, bezog das erste der beiden Länder, die wir als im Verkehr mit einander stehend annehmen, von dem zweiten zwei Arten von Gütern C und E und zwar 105 C und $87\frac{1}{2}$ E. Die Werthrelation von C und E war 3 : 4. Beide Güter verschafft sich das beziehende Land auf diese Weise wohlfeiler, als durch eigene Production. Gesetzt nun die Folge dieser Verwohlfeilerung sei, daß in demselben die Nachfrage nach E auf 104 steige, und daß man, um sie zu befriedigen, die Nachfrage nach C entsprechend einschränke, also begehre:

$$87\tfrac{1}{2} + 16\tfrac{1}{2} = 104 \text{ E}$$

$$\text{und } 105 - 16\tfrac{1}{2} \cdot \tfrac{4}{3} = 83 \text{ C},$$

so hat sich damit nichts geändert, wodurch die Werthrelation afficirt werden könnte, denn einerseits erheischen die jetzt begehrten Mengen an E und C zusammen auf Seiten des producirenden Landes genau die nämlichen Productionskosten, wie die früher begehrten, andererseits ist das Angebot des begehrenden Landes unverändert geblieben. Anders stellt sich jedoch die Sache dann, wenn bei einer Veränderung in der Art der Nachfrage die vermehrte Consumtion einen vom Auslande zu begehrenden, die entsprechende Einschränkung einen im Inlande zu erzeugenden Artikel trifft, denn hier verändert sich das Verhältniß der gegenseitig angebotenen Gütermasse, und dabei kann wenigstens die internationale Werthrelation eine andere werden.

Stellen wir uns, um dies durch ein Beispiel auf der einfachsten Grundlage zu erläutern, zwei bisher nicht im Verkehr gewesene Länder vor und reduciren wir deren Production auf 2 Artikel A und B. Das erste Land producire 100 A und 100 B, die ihm soviel kosten, wie 200 A, das zweite Land producire 150 A und 150 B, die ihm soviel kosten wie 150 A. Lassen wir nun beide Länder mit einander in Verkehr treten, und nehmen wir an, daß im ersten Lande die Nachfrage nach B, im zweiten die nach A in demselben Verhältnisse zu steigen strebt, als das Werthverhältniß zu dem andern Gute sinkt, so würde das erste Land statt 100 B 200 A, das zweite Land statt 150 A 150 B produciren und diese beiden Mengen sich gegeneinander austauschen. Das Tauschverhältniß wäre also 4 A = 3 B. Nehmen wir dagegen an, daß zwar im zweiten Lande die Steigerung der Nachfrage nach dem umzutauschenden Artikel wie im Vorhergehenden der Verminderung des Preises entspricht, daß dagegen im ersten Lande die Nachfrage im umgekehrten Verhältnisse zum Preise mal $^{11}/_{10}$ sich verändert, indem dann im entsprechenden Maße die Consumtion des einheimischen Artikels ausgedehnt oder eingeschränkt wird, so wird das Tauschverhältniß zwischen A und B ein anderes werden. Das zweite Land bietet nach der Annahme unverändert 150 B an, so lange es für B nur A oder mehr zu erhalten vermag. Die Frage ist daher bei welchem Tauschverhältniß gleicht sich dieses Angebot von 150 B mit der Nachfrage im ersten Lande aus? Diese Nachfrage nach B war zum Preise von 2 A 100, jetzt soll sie auf 150, d. h. im Verhältniß von 2—3 steigen. Das thut sie, nach der Annahme, wenn der Preis im Verhältniß von $3 : 2 \,.\, ^{11}/_{10}$ oder von 2 auf $^{22}/_{15}$ fällt. Das Ergebniß wäre also, daß für die 150 B 220 A zum Angebot kämen, wonach sich die Werthrelation auf 22 : 15, anstatt auf 20 : 15 wie im ersten Falle stellt. — Allgemein läßt sich das so ausdrücken: die Werthrelation des internationalen Handels gestaltet sich in demselben Maße ungünstiger für ein Land, als die Nachfrage nach dem zu importirenden Artikel stärker steigt, als die Anschaffungskosten sinken. Wenn in dem andern Lande ebenfalls die Nachfrage nach dem von diesem einzutauschenden Artikel, sich in einem andern Verhältnisse verändert, als dem umgekehrten der Preisveränderung, so müssen sich natürlich beide Wirkungen combiniren. Angenommen z. B. in dem zweiten Lande stiege die Nachfrage nach dem Artikel A immer $^{6}/_{5}$ mal stärker, als der Preis sinkt, so stellt sich die Rechnung folgendermaßen.

Im ersten Lande verändert sich, wenn der Preis des Artikels B, der P sei, auf Pm sich verändert, die Nachfrage N in $N \,.\, \frac{11}{10\,m}$. Das disponible Angebot von A ist $Pm \,.\, N \frac{11}{10\,m}$ oder $P\,N\, ^{11}/_{10}$ P war = 2, N = 100. Das Angebot beträgt also 220 A.

Im zweiten Lande verändert sich wenn der Preis des Artikels A (er sei P_1) auf $P_1\,m_1$ sich verändert, die Nachfrage N_1 in $N_1 \,.\, \frac{6}{5\,m_1}$. Das disponible Angebot von B ist $P_1\,m_1 \,.\, N_1 \,.\, \frac{6}{5\,m_1}$ oder $P_1\,N_1 \,.\, ^{6}/_{5}$. P_1 war = 1, N_1 = 150. Das Angebot beträgt also 180 B. Diese vertauschen sich gegen 220 A. Das Tauschverhältniß ist sonach 11 A gegen 9 B.

Probe: Wenn das Tauschverhältniß 11 A gegen 9 B ist, so entspricht das im ersten Lande, wo der Preis von B bisher 2 A war, einem Herabgehen dieses Preises von 18 auf 11. Dabei steigert sich nach der Annahme die Nachfrage nach B im Verhältniß von 1 zu $^{18}/_{11} \,.\, ^{11}/_{10} = ^{18}/_{10}$, oder von 100 auf 180, wofür 220 A angeboten werden.

Im zweiten Lande, wo der Preis von A bisher = B war, sinkt derselbe bei dem besagten Tauschverhältnisse im Verhältniß von 11 auf 9. Dann steigert sich die Nachfrage nach A um das $^{11}/_{9} \,.\, ^{6}/_{5} = ^{22}/_{15}$ fache, also von den 150, die sie bisher betrug, auf 220, wofür 180 B angeboten werden. — Das Gleichgewicht zwischen Nachfrage und Angebot ist hiermit hergestellt.

Der aufgestellte Satz hat Gültigkeit, insoweit, wie das oben hervorgehoben wurde, der wirthschaftliche Gesammtzustand sich im Uebrigen unverändert erhält, d. h. die Gesammtmasse der zur Production verwandten Kräfte und Mittel die nämliche bleibt. Die durch den internationalen Verkehr eröffnete Möglichkeit veränderter Productionsbedingungen kann aber auch ein Anlaß zu einer Veränderung in der Masse jener zur Production verwandten Kräfte und Mittel werden. Einestheils kann sie dahin führen, daß man manche der letzteren nun unproductiv ruhen läßt, anderntheils und häufiger mag sie zur productiven Verwendung bisher noch unbenutzter anregen. — Vergl. oben Buch III, Capitel 2. — Dann geht der bisherige Zustand in einen neuen über, für welchen unser Satz dann ebenfalls gilt, nur daß natürlich bei der Anwendung von den veränderten thatsächlichen Grundlagen ausgegangen werden muß.

Eine besondere Betrachtung bedarf aber hier noch ein eigenthümlicher Fall. Wenn nämlich der Gesammtaufwand, den man in jedem der mit einander in Verkehr tretenden Länder für die Producte des andern Landes zu machen bereit ist, bei wechselnden Preisen derselben ein verschiedener ist, jedoch so, daß die Nachfrage nach den von dem andern Lande zu beziehenden Gütern bei abnehmenden Preisen derselben zwar steigt, aber in geringerem als dem der Preisminderung entsprechenden Verhältnisse, so kann es geschehen, daß die Ausgleichung von Nachfrage und Angebot sich in mehr als einem Puncte herstellt. Nach den vorausgegangenen Erörterungen dürfen wir die von jedem Lande angebotenen, bezüglich nachgefragten Güter auf einen gemeinschaftlichen Nenner bringen. Bezeichnen wir denselben mit A und B. Angenommen nun z. B. das eine Land tausche B mit A ein und sei bereit

wenn B 6 A kostet, 8,000 B,
„ „ 5 „ „ 9,000 „
„ „ 4 „ „ 10,000 „ zu nehmen,

andererseits begehre das andere Land zu einem Preise

von 1/4 B 40,000 A,
„ 1/5 „ 45,000 „
„ 1/6 „ 48,000 „

so kann sich offenbar das Gleichgewicht zwischen Nachfrage und Angebot bei einer Werthrelation sowol von 6 A = B als 5 A = B, als 4 A = B herstellen. In dem einen Falle werden 48,000 A gegen 8,000 B, im zweiten 45,000 A gegen 9,000 B, im dritten 40,000 A gegen 10,000 B vertauscht werden. Die Productivmittel aber, welche, um diesen internationalen Verkehr aufrecht zu erhalten, das eine oder das andere Land mehr oder weniger gebrauchen würde als vorher, würde es der einheimischen Production für den eigenen Bedarf zu entziehen oder zuzuführen bereit sein. Es entsteht mithin die Frage, welche der verschiedenenen möglichen Gleichungen in der Wirklichkeit eintreten wird, welche Umstände für die eine oder für die andere entscheiden. Es ist das dieselbe Frage, die im §. 68 bereits berührt worden ist, nur daß sie dort allgemeiner gefaßt wurde, indem sie einestheils nicht auf den internationalen Verkehr beschränkt war, anderntheils die Doppelseitigkeit des Verhältnisses, die darin liegt, daß das Angebot des einen der zu vertauschenden Artikel immer zugleich die Nachfrage nach dem andern bildet und umgekehrt, noch nicht berücksichtigt werden konnte. — Hier ist zunächst daran zu erinnern, daß die Voraussetzung, unter welcher zu räsonniren ist, dahin geht, daß der Umfang der Nachfrage oder des Angebots, welcher für die verschiedenen gegenseitigen Werthverhältnisse der zu vertauschenden Güter zu erwarten steht, nicht willkürlicher Veränderung unterliegt, sondern aus dem gegebenen allgemeinen Zustande mit Nothwendigkeit sich ergiebt. Es steht, um bei unserem Beispiel zu bleiben, fest, daß das eine Land, je nachdem ihm B so oder so viel A einzutauschen kosten würde, so und so viel davon begehren würde und ebenso, nur in umgekehrter Beziehung, vom andern Lande. Man darf daher die obige Frage nicht etwa damit beantworten zu können glauben, daß man sagt, jedes Land werde von den verschiedenen möglichen Werthrelationen die ihm günstigste erstreben, daraus werde ein wirthschaftlicher Wettkampf entstehen, dessen Ausgang sich nach dem verschiedenen Maße der Einsicht, Kraft, Geschicklichkeit und Ausdauer richten werde, welches jede Partei dazu mitbringe. Ebenso wenig kann ein weiteres Eingehen in die Momente, durch welche der Umfang der Nachfrage oder des Angebots bestimmt wird, zur Beantwortung der Frage beitragen. Vielmehr kann sich diese Antwort nur aus einer Betrachtung der Art und Weise ergeben, in welcher Nachfrage und Angebot aus der bloßen Möglichkeit heraus in die Wirklichkeit tritt. Wenn verschiedene Werthgleichungen möglich sind, welche von ihnen wird sich zuerst verwirklichen, und welche Aussichten sind vorhanden, daß sie, einmal in's Leben getreten, durch eine andere verdrängt werde, das ist die Frage.

Folgendes ist die Antwort, so weit es möglich scheint, eine solche im Allgemeinen zu geben. Wenn zwei Völker in Verkehr mit einander treten, so wird in der Regel das eine sich vorwiegend activ, das andere sich vorwiegend passiv dabei verhalten, und zwar wird gemeinhin das wirthschaftlich höher entwickelte Volk und bei ungefähr gleicher Höhe der wirthschaftlichen Entwickelung dasjenige, welches die unentbehrlicheren Güter einzutauschen begehrt, die active Rolle übernehmen. Das active Volk erscheint als Käufer und Verkäufer auf dem fremden Markte und beutet dort die von denen seiner Heimath abweichenden Preisverhältnisse zuerst aus. Der Gewinn, den es macht, veranlaßt es zur Ausdehnung seiner Thätigkeit in dieser Richtung, bis zu demjenigen Umfange, bei welchem sich zuerst das Gleichgewicht von Nachfrage und Angebot für den internationalen Verkehr herausstellt. Sobald es inne wird, mit seinem Handel auf diesem Punkte angekommen zu sein, fällt für dasselbe die Veranlassung zu weiterem Vorgehen hinweg. Die Tendenz geht also im Allgemeinen dahin, daß von verschiedenen möglichen Preisschwerpuncten der dem activen Volke günstigste zur wirklichen Geltung kommt. Wenn z. B. in dem eben angeführten Falle der active Antheil an dem internationalen Handel demjenigen Volke zufiele, welches A anbietet und B einzutauschen begehrt, so würden seine betreffenden Kaufleute im Anfange B für weniger als 4 A einzukaufen und alsdann im eigenen Lande zu einem Preise wieder zu verkaufen im Stande sein, der ihnen einen außergewöhnlichen Gewinn übrig ließe. Die Concurrenz würde sich aber alsdann dieses Geschäftszweigs bemächtigen und ihn ausdehnen, bis sein Ertrag sich in das richtige Verhältniß zu dem Ertrage anderer Erwerbsgeschäfte gesetzt hätte, was nach der Annahme bei einem Umsatze von 40,000 A gegen 10,000 B eintreten würde. Weiter zu gehen haben die den Handel Besorgenden kein Interesse. Indessen können allerdings möglicher Weise Umstände eintreten, welche dahin führen, daß einer der andern möglichen Preisschwerpuncte zur Geltung kommt. Es ist wenigstens denkbar, daß in dem andern Lande das Angebot des von diesem zu liefernden Gutes aus irgend einem Grunde einmal zurückbleibt, und daß die Erfahrung, daß dieses beschränktere Angebot eine größere Gesammtmenge von Gütern des fremden Landes einzutauschen vermag, dazu benutzt wird, jene Production dauernd zu beschränken. Leichter noch mag es sich ereignen, daß die Kaufleute des ersten Landes im Eifer für ihr Geschäft jenen ersten Gleichgewichtspunct mit ihrem Angebote überschreiten, dann freilich eine geringere Gütermenge eintauschen, diese letztere aber bei den Nachfrageverhältnissen ihrer Heimath zu entsprechend höheren Preisen abzusetzen vermögen, so daß sie keinen Schaden leiden, und in Folge dessen der Handel mit dem andern Volke auf dieser Grundlage sich fortsetzt. Es ergiebt sich hieraus zugleich, daß für jedes Land der Betrieb des internationalen Umsatzes durch Personen, welche die einzutauschenden Güter selbst zu verbrauchen beabsichtigen, die Verwirklichung einer vortheilhafteren, der Betrieb durch Personen, welche auf den Weiterabsatz jener Güter an Dritte rechnen, die Verwirklichung einer weniger vortheilhaften Preisrelation begünstigt. Liegen die Preisschwerpuncte in ununterbrochener Reihe nebeneinander, d. h. ist bei jedem innerhalb gewisser Grenzen liegenden Tauschverhältnisse (in dem obigen Falle also z. B. zwischen 4 A und 6 A = B) das Gleichgewicht von Nachfrage und Angebot möglich, so muß man übrigens annehmen, daß, so lange sich in den sonstigen mitwirkenden Umständen nichts ändert, die Werthrelation, die sich einmal aus irgend welchem Grunde verwirklicht hat, die Tendenz hat, fortzubestehen. Liegen dagegen die möglichen Preisschwerpuncte auseinander, so wird im Falle einer zwischen diesen Puncten erfolgenden Störung des Gleichgewichts zwischen Nachfrage und Angebot das Tauschverhältniß in der Regel nach demjenigen Gleichgewichtspunct gravitiren, welcher für diejenige Partei, die momentan einen Gewinn macht, der ungünstigere ist.

Zu 2. Was die Frage betrifft, ob und wie sich die aufgestellten Sätze modificiren, wenn die in Frage kommenden Güter nicht, wie bisher angenommen wurde, beliebig vermehrbar sind, so muß man unterscheiden. Insoweit eine Vermehrung der von dem Auslande nachgefragten Güter nicht absolut ausgeschlossen, sondern nur von einer Veränderung des Kostensatzes begleitet ist, wird durch das Auftreten der ausländischen Nachfrage zwar eine Veränderung der Werthstellung der betreffenden Güter eintreten, welche auf die Gestaltung des inneren Verbrauchs wie des internationalen Verkehrs überhaupt zurückwirkt; einzelne Güter können in Folge davon die Möglichkeit, Gegenstände des letzteren zu bilden, gewinnen oder verlieren; die Gesetze aber, nach welchen sich der internationale Tauschwerth regulirt, bleiben, da sie sich einfach aus dem Bestreben des möglichst wohlfeilen Bezugs der nachgefragten Artikel ableiten, die nämlichen, nur daß jetzt unter Productionskosten die höchsten nothwendigen Productionskosten zu verstehen sind.

Beispiel. Von zwei Ländern consumire, ehe sie mit einander in Verkehr treten, das eine von gewissen Gütern, die wir unter der Bezeichnung B auf einen gemeinschaftlichen Nenner bringen, 100, die ihm ebenso viel kosten, wie 200 von gewissen andern Gütern, die wir A nennen, und es sei entschlossen für B, welches auch sein Preis sei, immer den gleichen Aufwand zu machen. Das andere Land consumire 150 A die ihm ebensoviel kosten wie 150 B und außerdem 150 B. Für A wie für B sei es geneigt, ohne Rücksicht auf den Preisstand, die nämlichen Kosten aufzuwenden. B sei aber ein Gut, dessen Production über das bezeichnete Maß hinaus wachsende Kosten in Anspruch nehme, und zwar in der Weise, daß die letzten nothwendigen Kosten immer im Verhältniß von $\frac{1}{100}$ zur Ausdehnung des Angebots wachsen, also bei einer Production von 151 sollen die höchsten

Productionskosten für B sein = denen von 1,01 A, bei einer Production von 152 sein = denen von 1,02 A ꝛc.

Wie wird sich bei nun eintretendem Verkehr zwischen beiden Ländern die Preisrelation zwischen A und B stellen? In beiden Ländern zusammengenommen soll der Aufwand für B dem für 350 A gleich sein. Die Frage ist also: wenn $150 + xB$ jedes $1 + \frac{x}{100}$ A den Käufern zu stehen kommen, wie viel B erhalten diese für 350 A?

$$(150 + x) \cdot \left(1 + \frac{x}{100}\right) = 350.$$

Das Ergebniß der Rechnung ist x = 63,74 ... Danach wird das zweite Land schließlich statt 150 B 213,74 produciren. Das Tauschverhältniß ist 1,6374 ... A gegen B und es dehnt sich bei gleichem Aufwand wie früher die Consumtion des ersten Landes an B von 100 auf 122,1 ... aus, dagegen schränkt sich die des zweiten Landes von 150 auf 91,6 ... ein, wogegen es seine Consumtion an A von 150 auf 200 ausdehnt. *)

Die den verschiedenen Preisen entsprechende Ausdehnung der Nachfrage wie des Angebots läßt sich übrigens nur erfahrungsmäßig feststellen, und wie die Gestaltung der internationalen Nachfrage insoweit nicht im Voraus zu bestimmen ist, als es sich um Güter handelt, die in dem betreffenden andern Lande bisher noch gänzlich unbekannt waren oder doch jedenfalls den Consumenten erheblich mehr kosteten als den Preis, zu dem sie sie jetzt muthmaßlich ungefähr werd erhalten können; so läßt sich auch die Ausdehnung des Angebots nicht für Preisvoraussetzungen im Voraus angeben, die bisher niemals erreicht worden sind.

In den wichtigsten Fällen der Eröffnung eines internationalen Verkehrs wird daher die zu erwartende Gestaltung der Werthrelation der verschiedenen Güter sich nicht unmittelbar feststellen, sondern nur unter Beiziehung verwandter Erfahrungen sich annähernd abschätzen lassen.

Ist eine Vermehrung des Angebots irgend welcher Güter überhaupt oder über gewisse Grenzen hinaus absolut unmöglich, so ist es nach §. 66 die Größe ihres Gebrauchswerths und der Kauffähigkeit der Nachfragenden, welche den Preis

---

*) Sonach scheint das zweite Land bei dem internationalen Verkehr zu verlieren; aber nun bemerke man, daß einer der Vortheile, den es von demselben hat, hier noch nicht mit in Rechnung gezogen ist. Die Producenten von B nämlich beziehen für ihr Product 350 A; ihre Kosten betragen aber, wie sich aus der Annahme folgern läßt, ungefähr 234 A, nämlich $150\ A + 63{,}74 \ldots \times \left(1 + \frac{0{,}6474\ldots}{2}\ A.\right)$ Sie profitiren also ungefähr 116 A. Davon fallen $^3/_7$ freilich auf ihre eigenen Landsleute, $^4/_7$ aber, oder ungefähr 66 A auf das erste Land. Da sich der Annahme zufolge der consumtive Aufwand des zweiten Landes weder für die Güter, die es selbst erzeugt (B), noch für die, welche es vom Auslande bezieht (A) steigert, so müssen diese 116 A neues Vermögen bilden. Hierdurch wird sich der wirthschaftliche Zustand des Landes verbessern und das wird schließlich auch eine Steigerung seiner Nachfrage herbeiführen. So wie es ist, weist also das gewählte Beispiel auf eine weitere Entwickelung hinaus. Sollte es in sich abgeschlossen sein, so hätten für die consumtive Verwendung der Rente der Producenten von B, bezüglich des Ertrags des aus derselben gebildeten Capitals noch weitere Voraussetzungen eingeführt werden müssen. Wir verzichten jedoch darauf, um die Auseinandersetzung nicht noch weiter auszudehnen.

regulirt. Es kommt also für den Preis solcher Güter nur darauf an, in wie weit durch die Eröffnung einer Handelsverbindung mit einem andern Lande die Nachfrage nach denselben verstärkt wird. Mit andern Worten, ihr Preis wird sich auf derjenigen Höhe feststellen, bei welcher für das gegebene Angebot in den in Verkehr getretenen Ländern zusammengenommen noch eine erschöpfende Nachfrage vorhanden ist, und zu dieser Höhe berechnet in die internationale Werthgleichung eintreten.

Beispiel. A und B seien beliebig vermehrbare Güter. Von zwei Ländern, die bisher noch nicht in Verbindung mit einander gestanden haben, sei in dem einen das Kosten- und Werthverhältniß 2 A = B, in dem andern A = B. Das erstere consumire neben einer Quantität von A, die wir unbestimmt lassen können, 100 B, das letztere neben einer ebenfalls unbestimmt gelassenen Quantität von B, 180 A. Die Nachfrage nach B im ersten Lande und die nach A im zweiten Lande habe die Tendenz im Verhältniß einer etwaigen Preisminderung (den Preis immer als in dem andern Gute sich ausdrückend gedacht) zu steigen; so würde dem aufgestellten Gesetze zufolge nach Eröffnung des Verkehrs zwischen beiden Ländern sich ein Tauschverhältniß von 200 A gegen 180 B herstellen. Nun verbrauche aber weiter bisher das erste Land und zwar in der Menge von 40 ein drittes Gut C, dessen Production absolut beschränkt sei; das Tauschverhältniß desselben zu A sei 4 C gegen 5 A, die Consumenten sollen 40 C mit 50 A bezahlen, und die Nachfrage habe die Neigung im umgekehrten Verhältnisse zum Preise zu steigen oder zu fallen, so daß immer die gesammten 50 A für so viel oder so wenig C, als man dafür erhält, angeboten werden. Im zweiten Lande sei C bisher unbekannt. Nachdem man es aber dort kennen gelernt, stelle sich eine Nachfrage danach in dem Umfang heraus, daß man für jede beliebige Quantität von C einen Aufwand gleich dem für 40 B zu machen entschlossen sei, und zwar bilde sich diese Nachfrage auf Kosten derjenigen nach A. Wie wird sich jetzt das Tauschverhältniß von A, B und C stellen?

Dem zweiten Lande bleiben jetzt zum Eintausch von A nur 140 B disponibel. Da indessen das erste Land nach der Annahme für jede Menge von B von 100 an 200 A zu verwenden geneigt ist, so tauschen sich 200 A gegen 140 B. Für 40 C werden angeboten 50 A und 40 B; der Werth der letzteren in A ausgedrückt ist $57\frac{1}{7}$ A, das Gesammtangebot also = $107\frac{1}{7}$ A. Danach stellt sich der Werth von C auf $\frac{75}{28}$ A oder $\frac{15}{8}$ B, und von der Gesammtmenge erhält das erste Land $18\frac{2}{3}$, das letztere $21\frac{1}{3}$. Der Vortheil, den das zweite Land von dem Verkehr hat, besteht also darin, daß es mit demselben Aufwande, der ihm früher nur 180 A eintrug, 200 A und außerdem noch $21\frac{1}{3}$ C erhält. Die Consumenten des ersteren Landes gewinnen gegen früher 40 B, sind aber genöthigt, ihre Verzehrung an C auf $18\frac{2}{3}$ einzuschränken. Andererseits erzielen dann hier die Producenten von C eine Mehreinnahme im Werthe von $57\frac{1}{7}$ A, wovon ihre Landsleute $\frac{7}{15}$, die Fremden $\frac{8}{15}$ aufbringen*).

Zu 3. Die Kosten, welche der Transport der Waaren von einem Lande zum andern verursacht, und unter Transport verstehen wir hier Alles, was geschieht, um die Waaren auf den fremden Markt zum Angebot zu bringen, greifen

---

*) Vergleiche hierzu die vorstehende Anmerkung.

zunächst in den zweiten der oben aufgestellten Sätze insofern modificirend ein, als sie die völlige Gleichstellung aller Werthrelationen in den am Verkehr betheiligten Ländern verhindern. Es zeigt sich vielmehr, daß die Werthrelationen der Güter, welche die Gegenstände des Tausches bilden, auf den verschiedenen Märkten den Kosten des Hin- und Hertransports entsprechend differiren müssen. Führt z. B. das eine Land A aus und B ein, und betragen die Kosten des Transports des Artikels A nach dem zweiten Lande $^1/_{10}$ A und ebensoviel die Kosten des Transports des Artikels B nach dem ersten Lande, und tauscht sich im zweiten Lande A gegen B, so kann im ersten Lande die Werthrelation nicht die nämliche, sondern nur die von 12 A zu 10 B sein. Denn es bedarf je eines Aufwandes von 11 A, um 10 A auf dem fremden Markte anzubieten, und um die dafür eingetauschten 10 B zurückzubringen, ist abermals eine Ausgabe von A nöthig. Der Handel kann also nur betrieben werden, wenn man erwarten kann, für 10 B 12 A im ersten Lande zu erhalten. Zugleich ergiebt sich, daß solche Artikel nicht Gegenstände des internationalen Verkehrs werden können, bei denen die relativen Productionskosten in beiden Ländern nicht weit genug von einander abweichen, um die Kosten des Transports zu lohnen. Angenommen z. B. unter Beibehaltung der eben gemachten Annahme, bisher bei inländischer Production desselben sei B im ersten Lande theurer gewesen, als $^{12}/_{10}$ A, so würde der Verkehr stattfinden können. Gäbe es aber daneben eine andere Waare C von gleichen Verhältnissen der Transportkosten und des Tauschwerths auf dem fremden Markte, die jedoch das erste Land selbst billiger als zu $^{12}/_{10}$ A, z. B. zu $^{12}/_{11}$ A herstellt, so würde diese nicht eingeführt werden können. Die Folge wäre, daß obwol auf dem fremden Markte das Tauschverhältniß von A und das von C zu B das gleiche wäre, für das erste Land das eine und das andere Verhältniß sich doch verschieden, nämlich auf 12 A und 11 C = 10 B stellen würden. Durch diese Schranken, welche die Transportkosten dem internationalen Verkehr ziehen, wird der letztere wesentlich eingeengt werden, denn es wird nun zahlreiche Artikel geben, bei denen die Differenz der relativen Productionskosten nicht bedeutend genug ist, um die Transportkosten zu lohnen und die daher, obgleich relativ theurer als im Auslande, doch im Inlande fortproducirt werden müssen. Ebenso leuchtet ein, daß verkehrsfähige Artikel, die auf dem fremden Markte zu den diesem zuzuführenden Waaren die gleiche Werthrelation haben, von dort eingeführt bei verschiedener Kostspieligkeit des Transports sich verschieden im Werthe stellen werden und umgekehrt. Wenn z. B. für 10 A, die nach dem fremden Lande zu bringen noch 1 A gekostet haben, dort sowol 10 B als 10 C gekauft werden können, die Heimbringung von 10 B aber 1 A, die von 10 C 2 A kostet, so werden diese 10 B 12,10 C aber 13 A kaufen müssen, und folglich auch nicht, wie auf dem fremden Markte, B gegen C sondern 13 B gegen 12 C sich vertauschen.

Was endlich die Einwirkung der Transportkosten auf die Gleichung der internationalen Nachfrage anbetrifft, so verhält es sich damit in folgender Weise. Von den gegenseitig umgesetzten Gütermengen kommt den Eintauschenden nur derjenige Theil wirklich zu Gute, der durch die Kosten des Transports der Güter nicht verzehrt wird. Diese Transportkosten hin und her müssen daher auf die gesammte umgesetzte Gütermenge ausgeschlagen werden. Das Verhältniß, in welchem dadurch die von dem einen Land nach dem andern und die in umgekehrter Richtung versandten Güter getroffen werden, kann aber ein verschiedenes sein. Denn es ist nicht nöthig, daß jeder dieser Verkehrstheile gerade denjenigen Theil der Kosten trägt, den seine Versendung verursacht, vielmehr wird es darauf ankommen, daß die Deckung der Kosten in einer Weise erfolgt, bei welcher mit der Ausgleichung von Nachfrage und Angebot auf dem einen Markt zugleich auch die nämliche Ausgleichung auf dem andern Markt erreicht wird, und es ergiebt sich daraus, daß es die Gestaltung der Nachfrageverhältnisse nach den einzuführenden Gütern auf den verschiedenen Märkten ist, welche über die Vertheilung der Transportkosten entscheidet. Je rascher diese Nachfrage mit dem Steigen des Preises auf einem Markte im Vergleich zu dem andern abnimmt ein desto geringerer Theil der Transportkosten wird von ihm getragen werden müssen.

Noch ist aber hier ein weiterer Punct zu berühren. Der absolute Betrag der Kosten des Betriebes des internationalen Handels kann für beide Theile ein gleich großer oder ein verschiedener sein, d. h. um eine gewisse Quantität Güter von einem Lande zum andern und für dieselben eine gewisse Quantität anderer Güter von dort zurückzubringen, kann das eine Volk an Schiffen und Schiffsmaterial, Seeleuten, Schiffsbauern, Proviant ꝛc. ebensoviel oder mehr oder weniger nöthig haben, als das andere. Gehen wir zunächst von der ersten Annahme aus, so ergiebt sich als Consequenz, daß die Besorgung des internationalen Verkehrs, wenn wir der Kürze halber die Möglichkeit einer Mitwirkung Dritter bei derselben außer Acht lassen, demjenigen Lande zuzufallen strebt, das die geringere absolute Productivität hat. Bei ungehemmt wirkender Concurrenz wird nämlich dasjenige Volk, welches in der Lage ist, geringere Handelskosten zu berechnen, das andere von der Besorgung des Handels ausschließen können. Stehen aber die naturalen Kosten des Handels fest, und das eine Volk hat eine größere absolute Productivität als das andere, so heißt das nichts Anderes, als daß es mit dem betreffenden Aufwande eine größere Gütermenge zu erzeugen im Stande ist als dieses, daß es also für jene Kosten, in Producten angeschlagen, einen größeren Betrag in Ansatz zu bringen hat. Da es sich aber bei dem Verkehr eben darum handelt, die Kosten desselben auf die Producte auszuschlagen, mit denen er betrieben wird, so folgt daraus, daß das productivere Volk die Concurrenz nicht zu bestehen vermag. Gesetzt z. B. der Verkehr zwischen zwei Ländern bestehe in dem Umtausche des Artikels A gegen den Artikel B. Um 100 A oder B von dem einen Lande nach dem andern zu bringen, sei ein Aufwand erforderlich = R. Mit diesem Aufwande vermöge das eine Land 9 A oder 9 B, das andere nur 4 A oder 5 B zu produciren, so würde das letztere das erstere von der Besorgung des Handels verdrängen können.

In demselben Maße aber, als die größere absolute Productivität des einen Volkes sich nicht bloß auf das Gebiet seiner innern Wirthschaft, sondern auch auf die Besorgung des auswärtigen Handels selbst ausdehnt, wird natürlich dieser Nachtheil wieder gehoben. Angenommen in dem erwähnten Falle mit dem Aufwande R vermöchte das productivere Land statt 100 A oder B deren 300 zu transportiren oder, was dasselbe ist, für den Transport von 100 brauche es sich nur 3 A oder B als Kosten zu berechnen, so würde es in Folge davon seinerseits trotz seiner höhern absoluten Productivität sich ausschließlich des Handelsbetriebes bemächtigen können. Wir gelangen so zu dem Satze, daß die Concurrenzfähigkeit eines Volkes beim Betriebe des internationalen Handels einestheils von der vergleichsweise geringen absoluten Productivität seiner Wirthschaftsthätigkeit im Innern, anderntheils von der vergleichsweise großen Productivität seiner Thätigkeit beim Betriebe des internationalen Handels selbst abhängig ist.

Es ist also das vergleichsweise Verhältniß der Productivität in diesen beiden Richtungen, welches entscheidet. Um darauf nicht zurückkommen zu müssen, wollen wir aber, indem wir dazu schreiten, die ganze Frage nach dem Einflusse der Transportkosten — worunter wir hier immer den gesammten Verkehrsaufwand verstehen — auf die Gestaltung des internationalen Handels durch ein Beispiel noch näher zu erläutern, von der Annahme ausgehen, daß der Betrag der absoluten Transportkosten für alle Theilnehmer am Handel der gleiche sei, wie es sich auch mit dem Grade der Productivität ihrer Wirthschaft im Innern verhalte.

Die Production zweier noch nicht in Verkehr mit einander getretener Länder bestehe aus drei beliebig vermehrbaren Artikeln, A, B und C, nach denen die Nachfrage die Tendenz habe, proportional einer etwaigen Preisminderung zu steigen. Die Productionskosten der drei Artikel und folglich auch deren Werthverhältniß verhalte sich

in dem einen Lande, wie $5/6 : 1 : 5/4$,
in dem andern Lande, wie $1 : 1 : 1$.

Das erste Land consumire 144 A, 100 B, 90 C, das zweite 100 A, 100 B, 100 C. Träten nun beide Länder in Verkehr mit einander, so würde nach den früheren Auseinandersetzungen, wenn keine Transportkosten zu berücksichtigen wären, das Ergebniß folgendes sein. Die Werthrelation zwischen A, B und C würde sich auf $5/6 : 1 : 1$ darstellen. Anstatt der früheren Production würde das erste Land 264 A, und $112\frac{1}{2}$ B, das zweite $87\frac{1}{2}$ B und 220 C liefern und es würden sich vertauschen 120 A gegen 100 C, $12\frac{1}{2}$ B gegen $12\frac{1}{2}$ C, so daß der Vortheil des ersten Landes in $22\frac{1}{2}$ C, der des zweiten in 20 A bestände. Bei dem Austausch von A gegen C hätten beide Theile, von demjenigen von B gegen C dagegen nur das erste Land Gewinn.

Welche Veränderung erfährt die Werthrelation und die Gestaltung des Verkehrs, wenn der Transport bestimmte Kosten verursacht?

Diese Kosten sollen für die Versendung von je 9 A, B oder C von einem Land in das andere oder umgekehrt R betragen: R sei dem Aufwande gleich, mit welchem das erste Land C herzustellen vermag.

Hier erhellt nun fürs Erste, daß unter diesen Umständen die Möglichkeit des Austausches von B gegen C aufhört. Denn das ohne Berücksichtigung der Transportkosten berechnete Tauschverhältniß kann sich keinesfalls zu Ungunsten des zweiten Landes verändern, da dieses bei demselben nur ebensoviel B für C erhält, als es mit den Kosten des letzteren selbst zu produciren im Stande wäre. Die Transportkosten müßten daher ganz auf das erste Land fallen. Dieses würde für die Production von B einen Aufwand machen gleich dem für $4/5$ C, B nach dem ersten Lande zu transportiren würde ihm $1/9$ C kosten und ebensoviel die Zurückbringung des eingetauschten C, sein Gesammtaufwand für dieses wäre daher gleich dem Aufwande für $4/5 + 2/9$ C oder $46/45$. Mit andern Worten, C von dem fremden Lande zu beziehen, käme ihm $1/45$ theurer, als die eigene Production desselben, welcher es sich daher selbstverständlich zuwenden wird. Der Verkehr beider Länder beschränkt sich sonach auf den Umtausch der Artikel A und C. Das mögliche Angebot in dem ersten Lande besteht jetzt in 135 A, das in dem zweiten in 100 C. Davon gehen die Transportkosten ab. Welches wird nun das Tauschverhältniß auf dem einen und auf dem andern Markte sein?

Nehmen wir zunächst an, die Nachfrage sei auf beiden Märkten gleich energisch, d. h. man sei in jedem Lande entschlossen, für die Güter des andern, gleichviel welches deren zu erhaltende Menge, den bestimmten Aufwand von 135 A, bezüglich 100 C zu machen, so würden die Extreme, innerhalb deren eine Gleichung der internationalen Nachfrage möglich wäre, die Fälle bilden, wo die sämmtlichen Transportkosten nur von einer Partei getragen würden. Wir stellen sie am besten fest, wenn wir von der Voraussetzung ausgehen, eines der beiden Völker befinde sich ausschließlich in der Lage, die Vermittelung des Verkehrs zu übernehmen. Es sei also

a) das erste Volk das den Verkehr vermittelnde. Dieses will jedenfalls für die Erlangung des fremden Artikels einen Aufwand gleich dem von 135 A machen, d. h. die Concurrenz steigert sein Angebot so lange, bis dieser Aufwand erschöpft ist, auch wenn es mit einem geringeren Betrage die gleiche Gütermenge einzutauschen vermöchte. Andererseits sucht es mit diesem gegebenen Aufwande die möglichst große Gütermenge einzutauschen. Diese besteht in 100 C. Es richtet sich daher so ein, daß es von den gegebenen Productionsmitteln nur so viel auf die Production von A wirklich verwendet, daß der disponibel gebliebene Rest noch hinreicht um die Kosten zu decken, welche zur Versendung der producirten A nach dem andern Lande und zur Rückeinfuhr der für diese dort einzutauschenden 100 C erforderlich sind. Da die Transportkosten von A, B oder C für das erste Land in C ausgedrückt $^1/_9$ C oder nach der ursprünglichen Werthrelation von C zu A an $^5/_4 : ^5/_6 . ^1/_6$ A betragen, so ist der Ansatz für die Berechnung der wirklich producirten Menge von A

$$x\,A + \frac{x + 100}{6}\,A = 135\,A$$

und das Resultat $x = \frac{710}{7}$.

Das heißt: das erste Volk producirt mit den disponiblen Mitteln zunächst $\frac{710}{7}$ A,

verführt diese nach dem zweiten Lande, was ihm kostet $\frac{710}{7 . 6}$ A,

tauscht dort 100 C ein, welche das zweite Volk für die Versorgung mit A auszugeben entschlossen ist, und bringt diese nach der Heimath zurück, was ihm abermals zu stehen kommt auf $\frac{100}{6}$ A.

Hiermit erschöpft es genau seine Mittel, denn 135 A = $\frac{5670}{42}$ A.

Die Werthrelation von A : C ist also

im ersten Lande = 100 : 135,

" zweiten " = 100 : $\frac{710}{7}$.

Die wirkliche Consumtion beträgt:

im ersten Lande 100 C,

" zweiten " $\frac{710}{7}$ A.

b) Dies war das eine Extrem; wenden wir uns jetzt zu dem andern. Hier soll das zweite Land den Verkehr in den Händen haben und ebenso in seinem Interesse verfahren, wie im vorigen Falle das erste in dem seinigen. Um das Ergebniß zu berechnen müssen wir die Transportkosten in einem seiner Producte bemessen und zu diesem Behufe eine bestimmte Annahme machen. Denn bis jetzt kennen wir nur die Relation der Productionskosten der verschiedenen Producte des Landes untereinander, aber nicht ihren absoluten Betrag und ihr Verhältniß zu dem Aufwande R für den Transport von je 9 A, B oder C von einem Lande ins andere.

Gesetzt nun der Aufwand R sei hier ebenfalls wie im ersten Lande demjenigen der Production von C gleich, so würde das zweite Volk nach dem Ansatze $x\,C + \frac{x}{9}\,C + \frac{135}{9}\,C = 100\,C$ eine analoge Berechnung anstellen, wie das erste Volk im vorhergehenden Falle, deren Ergebniß wäre, daß es dem ersten Lande für die 135 A, die dieses aufzuwenden hat, nur 76,5 C anböte, denn damit würde es seine disponiblen Productionsmittel erschöpfen. Es würde nämlich brauchen:

Zur Herstellung von 76,5 C die Productionsmittel von	76,5 C;
Zu dem Transport dieser 76,5 C nach dem ersten Lande von . . .	8,5 C;
Zu dem Rücktransport der im ersten Lande eingetauschten 135 A von	15 C
	100 C.

Diese Rechnung würde sich aber um deßwillen nicht verwirklichen können, weil nach der Annahme das erste Land mit dem Aufwande von 3 A selbst 2 C erzeugen kann, für 76,5 C also niemals 135 A geben wird, sondern höchstens $114\,^3/_4$ A. Das zweite Volk muß daher den Ansatz für seine Berechnung auf $x\,C + \frac{x}{9}\,C + \frac{3\,x}{2\,.\,9}\,C = 100\,C$ modificiren, was zu dem Ergebniß führt, daß es mit dem Aufwande gleich dem für 100 C, wovon $78\,^6/_{23}$ Procent zur Production von ebensoviel C, $8\,^{16}/_{23}$ zum Transport der letzteren nach dem ersten Lande und $13\,^1/_{23}$ zum Rücktransport der hier erkauften Waaren verwandt werden würden, $117\,^9/_{23}$ A eintauscht. Wir haben also als die beiden möglichen extremen Fälle folgende:

Das erste Land erhält mit einem Aufwande von 135 A:	Das zweite Land mit einem Aufwande von 100 C:
höchstens 100 C,	höchstens $117\,^9/_{23}$ A,
mindestens 90 C.	mindestens $101\,^3/_7$ A.

Angenommen dagegen, der Aufwand R betrage für das zweite Land 2 C oder die Transportkosten von C $^2/_9$ C, so könnte es seinerseits den Handel nicht in die Hand nehmen, da es mit einem Aufwande gleich dem für 100 C nur $\frac{900}{14}$ C nach dem ersten Lande zu liefern vermöchte (Kosten $\frac{900}{14}\,C + \frac{200}{14}\,C$ für den Transport von C $+ \frac{300}{14}\,C$ für den Transport von A), dafür aber nach den Transportverhältnissen des ersten Landes nur $\frac{1350}{14}$ A einzutauschen vermöchte, also weniger nicht nur als ihm das erste Land selbst auf seinen Markt zu liefern vermag, sondern auch als es selbst mit diesem Aufwand zu erzeugen im Stande wäre.

Setzen wir umgekehrt den Fall, der Aufwand R sei im ersten Lande gleich 2 C oder 3 A, während er im zweiten Lande nur C betrage, so könnte das erste Land, da es dem zweiten für C mindestens A liefern muß, mit einem Aufwande = 135 A nur 81 A (Transportkosten hin und her je 27 A) auf den fremden Markt liefern und ebensoviel C daher zurückbringen. Da es mit diesem Aufwande aber selbst 90 A zu produciren vermag, so kann es seinerseits den Handel nicht betreiben.

Betrachten wir diese Fälle etwas näher, so ergiebt sich, daß im zweiten nur eine Gestaltung der Tauschverhältnisse beider Märkte möglich ist und ebenso im dritten Falle. Im zweiten Falle würde zwar für das erste Land die Gleichung von Nachfrage und Angebot sich herausstellen, sobald es für die mit einem Aufwande = 135 A in dem zweiten Lande angebotene A auch weniger als 100, wenn nur nicht unter 90 C erhielte; allein im zweiten Lande wäre der Annahme zufolge die Nachfrage nach A nicht eher erschöpft, als bis der Gesammtpreis der angebotenen A auf 100 C gestiegen wäre. Es muß also bei dem Tauschverhältnisse

im ersten Lande:	im zweiten Lande:
135 A gegen 100 C,	100 C gegen $101\frac{3}{7}$ A,

bewenden, wobei die Transportkosten lediglich von dem zweiten Lande getragen werden. Im dritten Falle ist die Sache noch einfacher. Da das zweite Land das Bedürfniß des ersteren an C nicht vollständig zu decken vermag, so muß im ersten Lande das Werthverhältniß von A : C, bei welchem allein die zur Ergänzung des ausländischen Angebots nothwendige einheimische Production von C fortgesetzt werden kann, unverändert, wie vor dem Verkehr bestehen bleiben. Es tauschen sich mithin:

im ersten Lande:	im zweiten Lande:
bei einer fortdauernden Eigenproduction von $11\frac{17}{23}$ C,	
$117\frac{9}{23}$ A gegen $78\frac{6}{23}$ C,	100 C gegen $117\frac{9}{23}$ A.

Allgemeiner gefaßt stellt sich unter der Voraussetzung, daß die absolute Productivität zweier Länder so weit von einander abweicht, daß die Vermittelung des Verkehrs ausschließlich dem einen Lande zufällt, das Tauschverhältniß auf den beiden Märkten in folgender Weise fest. Das active Land regulirt seine Production des auszuführenden Gutes so, daß es mit derselben, mit den Kosten der Ausfuhr der gelieferten Producte und der Einfuhr der dafür einzutauschenden Gegengüter gerade seine Productionsmittel erschöpft. Die Ausdehnung seiner Production ist also von den Kosten des Transports und Rücktransports, und die letzteren wiederum sind von dem Tauschverhältniß auf dem Markte des passiven Landes abhängig, da, je günstiger dieses Verhältniß für das active Land ist, desto größer auch die Menge der zurückzuführenden Gegengüter wird. In dem passiven Lande bedingen das Tauschverhältniß einmal die Stärke der ursprünglichen Nachfrage nach dem eventuell einzuführenden Gute und sodann die Differenz der Productionskosten dieses Gutes, wenn es im Lande selbst erzeugt wird, und derer des dafür anzubietenden Gegengutes. Bleibt die Gütermenge, welche das fremde Land anzubieten hat, hinter dem Begehr zurück, so daß noch eigene Production beibehalten werden muß, so reguliren die Kosten dieser das Tauschverhältniß. Das passive Land hat von dem Handel keinen Vortheil, das active Land vermag zwar weniger anzubieten, als unter den entgegengesetzten Verhältnissen, weil es sich höhere Transportkosten berechnen muß, aber dieser Nachtheil wird überwogen durch den Vortheil, daß es die möglichst günstigen Tauschbedingungen erhält. Uebersteigt dagegen das mögliche Angebot des activen Landes die bisherige Nachfrage des passiven, so reguliren sich die Tauschbedingungen nach dem Verhältnisse zwischen diesem Angebot und dem Angebot, welches das passive Land von seinen Tauschgütern zu machen entschlossen ist, und wenn das Letztere für den einzutauschenden Artikel immer das gleiche Maß von Opfern zu bringen beabsichtigt, nach dem Umfang, den es seiner Production der von dem activen Lande begehrten Güter durch Verwendung der bisher auf die Production des neu einzutauschenden Artikels verwandten Kräfte und Mittel auf jene zu geben vermag. Das passive Land profitirt hier von dem Handel in demselben Maß, als das active Land ihm eine größere Menge des Einfuhrartikels anbietet, als es selbst mit den Mitteln, die es jetzt auf seinen Ausfuhrartikel verwendet, hätte erringen können. Das active Land hat sich zwar geringere Transportkosten zu berechnen, leidet aber unter dem überwiegenden Nachtheil ungünstiger Tauschbedingungen auf dem fremden Markte. Ist die Nachfrage nach dem Artikel, den es auf diesen bringt, hier so gering, daß die Tauschbedingungen ihm keinen Vortheil mehr lassen, so unterbleibt der Handel oder hört wieder auf. Es sind also drei Momente, von denen die Gestaltung des Tauschverhältnisses auf den beiden Märkten abhängt: die Höhe der Transportkostenquote; die Stärke der ursprünglichen Nachfrage nach dem einzuführenden Gute in dem passiven Lande und die Differenz der Productionskosten des aus- und des einzuführenden Gutes in diesem Lande.

Nennen wir, um dies algebraisch auszudrücken, den bisherigen Verbrauch des activen Landes von dem für dasselbe theuren Artikel V, den bisherigen Verbrauch des passiven Landes von dem für dieses theuren Artikel W. Bezeichnen wir ferner die Kosten des theuren und des wohlfeilen Artikels im activen Lande mit c und a, im passiven Lande mit d und b und die in dem wohlfeilen Gute ausgedrückten Kosten, welche der Transport einer Einheit des wohlfeilen oder des theuren Gutes von einem Lande zum andern verursacht, mit q. Das active Land hat für das einzutauschende Gut Productionsmittel disponibel, mit welchen es $V \frac{c}{a}$ des hinzugebenden produciren kann; ebenso kann das passive Land statt W des für es theuren $W \frac{d}{b}$ des wohlfeilen Artikels produciren. So lange nun die von dem activen Lande auf dem fremden Markt angebotene Quantität seines Ausfuhrguts mindestens W beträgt, erhält es dafür $W \frac{d}{b}$ des andern Gutes; beträgt sie dagegen weniger, so erhält es von dem Gegengute das $\frac{d}{b}$ fache der Quantität, die es anbietet. Mit einem Aufwande von V c kann es $V \frac{c}{a}$ seines Ausfuhrgutes produciren. Statt dessen producirt es nur soviel, daß die übriggebliebenen Productionsmittel hinreichen den Transport der wirklich producirten Waaren und den Rücktransport der für diese einzutauschenden zu decken. Nennen wir diese Quantität x, die dafür einzutauschende Quantität des Gegenguts y, so haben wir

$$x + x q + y q = V \frac{c}{a}$$

$$x = \frac{V\frac{c}{a} - y\,q}{q + 1}$$

y aber ist, so lange x größer ist als W, $= W\,\frac{d}{b}$; ist es kleiner, $= x\,\frac{d}{b}$.

Hieraus ergeben sich die Tauschgleichungen auf beiden Märkten. Zugleich ist damit der Punct bezeichnet, bis zu welchem das active Land den ausschließlichen Vortheil von dem internationalen Handel zieht, und von dem ab es ihn mit dem andern Lande theilen muß. Es ergiebt sich nämlich aus diesem Ansatze unmittelbar, daß so lange W mindestens so groß ist als $\frac{V\,c\,b}{a\,(b + b\,q + d\,q)}$ das passive Land keine billigeren Tauschbedingungen erhält, als sie den Kosten der Eigenproduction des einzutauschenden Artikels entsprechen, daß aber sein Vortheil beginnt, sobald W kleiner wird als dieser Ausdruck.

Etwas verwickelter ist der erste Fall. Er unterscheidet sich von den beiden eben betrachteten dadurch, daß jedes der in Verkehr tretenden Länder, nicht blos eines derselben, im Stande ist, sich an der Vermittelung des Handels zu betheiligen. Die Folge davon ist, daß verschiedene Tauschverhältnisse der in Frage kommenden Artikel auf den Märkten beider Länder an sich möglich sind.

Es läßt sich denken, daß eines der beiden Länder, obwol zur Besorgung des Handels befähigt, denselben doch aus Mangel an Neigung oder Energie ausschließlich dem andern Lande überläßt. Die thatsächliche Alleinbesorgung des Handels muß dann in Bezug auf die Gestaltung der Tauschverhältnisse genau die nämlichen Folgen haben, wie die oben erörterte einem Lande ausschließlich zufallende Möglichkeit der Besorgung. In unserem Beispiel würde also, wenn das zweite Land sich nicht an der Vermittlung des Umsatzes betheiligte, das Tauschverhältniß im ersten Lande 135 A = 100 C, im zweiten Lande 100 C = 101 $^3/_7$ A sein. Im entgegengesetzten Falle, wenn das erste Land sich passiv verhielte, würde sich das Tauschverhältniß in diesem auf 135 A = 90 C, in dem zweiten Lande auf 100 C = 117$^9/_{23}$ A stellen.

Im Allgemeinen aber wird anzunehmen sein, daß wenn ein Land die Fähigkeit besitzt, sich einen Tauschartikel des Auslandes mit geringeren Kosten selbst zu holen, als es aufwenden muß, wenn es sich denselben vom Auslande zuführen läßt, es jene Fähigkeit auch wirklich zur Ausführung bringen werde. Dies vorausgesetzt muß sich für jedes Land der Preis derselben Waarenmenge, je nachdem man sie selbst geholt hat oder sie sich von dem fremden Volke hat zuführen lassen, ins Gleichgewicht setzen, und es entsteht nun die Frage, unter welchen Bedingungen sich dieses Gleichgewicht herstellen wird.

Halten wir uns dabei wieder zunächst an unser Beispiel. Gesetzt, das erste Land habe bisher allein den Handel betrieben und es habe sich demzufolge das Tauschverhältniß festgesetzt,

auf 135 A = 100 C im ersten Lande,
„ 100 C = 101$^3/_7$ A im zweiten Lande.

Jetzt aber machen die Einwohner des letzteren sich klar, daß sie bei activem Betriebe des Handels mehr erhalten können. Bei dem im ersten Lande bestehenden Tauschverhältnisse werden sie nämlich folgende Rechnung anstellen können.

Für C könnten sie in dem ersten Lande erhalten $^{27}/_{20}$ A. Mit dem Aufwande von C können sie aber nach dem Ansatze $x\,C + \frac{x}{9}\,C + \frac{27\,x}{20\,.\,9}\,C = C$ auf dem fremden Markte $\frac{180}{227}$ C anbieten und dafür $\frac{180}{227} . \frac{27}{20} = \frac{243}{227}$ A einzutauschen und zurückbringen, während sie, wenn sie sich passiv verhalten nur $^{71}/_{70}$ A für das gleiche Opfer erhalten. Sie verlangen daher auch auf ihrem Markte für C $\frac{243}{227}$ A. Dieß ist indessen mehr als das erste Land bei activem Handel gewähren kann. Denn wollte es unter diesen Bedingungen den activen Handel fortsetzen, so würde es nach dem Ansatz $x\,A + \frac{x}{6}\,A + \frac{227}{243\,.\,6}\,A = 135\,A$ für seine 135 A statt 100 nur 95 $\frac{355}{964}$ C erhalten. Es scheint, als würde unter diesen Umständen das erste Land es vorziehen müssen, die Besorgung des Handels an das zweite Land übergehen zu lassen, wonach sich als Tauschverhältniß

$$135\,A = 100\,C \text{ im ersten Lande}$$
$$227\,C = 243\,A,$$

oder

$$100\,C = 107\frac{11}{227}\,A \text{ im zweiten Lande}$$

ergeben würde.

Allein dieses Resultat leidet noch an einem inneren Widerspruche. Das zweite Land wird sich nämlich nach den gemachten Voraussetzungen, darauf beschränken, für seine Versorgung mit A einen Aufwand = 100 C zu machen und demzufolge nur $\frac{18000}{227}$ C oder $79\frac{67}{227}$ C anbieten, die nach den obigen Tauschverhältnissen einen Preis von $107\frac{11}{227}$ A erhalten werden. Damit aber wäre der Begehr des ersten Landes noch nicht erschöpft, denn dieses will ja auf C 135 A verwenden. Der Preis von C im ersten Lande muß daher noch weiter steigen, und zwar so lange, bis entweder die Kaufmittel des ersten Landes durch den zu zahlenden Preis erschöpft werden, oder sich für dasselbe die Möglichkeit eines andern Bezugs des begehrten Artikels, sei es durch activen Handel, sei es durch Eigenproduction eröffnet. In unserm Beispiel würde dies eintreten, wenn im ersten Lande das Tauschverhältniß sich auf 3 A = 2 B gestellt hätte. Dann würde das zweite Land auf dem fremden Markte (nach dem Ansatz $x\,C + \frac{x}{9}\,C + \frac{3\,x}{2\,.\,9}\,C = 100\,C$) $\frac{1800}{23}$ C anbieten können. Der Kaufpreis derselben aber von $\frac{2700}{23}$ oder $117^{9}/_{23}$ würde die Kaufmittel des ersten Landes noch nicht erschöpfen. Dieses könnte sich nun freilich am activen Handel nicht betheiligen, denn während es für A daheim noch immer $^{2}/_{3}$ C erhielte, vermöchte es sich bei activem Handel mit dem gleichen Aufwande nur $\frac{69}{106}$ A zu verschaffen (nach der Rechnung $xA + \frac{x}{6} A + \frac{23\,x}{27\,.\,6} A = A \quad xA = \frac{81}{106} A \quad \frac{81}{106} \,.\, \frac{23}{27} = \frac{69}{106}$). Dagegen kann und wird es den Rest seines Bedarfs nun durch Eigenproduction decken, indem es statt 17 $^{14}/_{23}$ A nun 11 $^{17}/_{23}$ C producirt.

Verändern wir unsere Voraussetzungen dahin, daß der Aufwand, den das erste Land für C zu machen entschlossen ist, nicht gleich dem für 135, sondern nur gleich dem für 110 A ist, so erhalten wir folgendes Ergebniß. Das zweite Land bietet jetzt in dem ersten, nach dem Ansatze $xC + \frac{x}{9} C + \frac{110}{9} C = 100\,C$, 79 C an und erhält dafür 110 A. Das Tauschverhältniß ist mithin

im ersten Lande 110 A = 79 C,
" zweiten " 100 C = 110 A.

Eine Eigenproduction des ersten Landes von C ist dabei außer Frage. Ebensowenig kann dieses aber auch an eine active Betreibung des Handels denken. Denn während es daheim für einen Aufwand von A $\frac{79}{110}$ C erhält, würde es mit dem gleichen Aufwand von dem fremden Markte nur $^{20}/_{29}$ C zurückzubringen vermögen.

Behalten wir andererseits die Annahme bei, daß das erste Land für C einen Aufwand gleich dem für 135 A zu machen entschlossen ist, ändern wir dagegen die Voraussetzung hinsichtlich seiner absoluten Productivität. Letztere sei um $^1/_4$ geringer, als wir bisher annahmen, d. h. der absolute Aufwand für jedes zu producirende Gut im Verhältniß von 3 : 4 stärker als in den bisher betrachteten Fällen. Da nun die internationalen Transportkosten eine feststehende Größe sind, so berechnen sie sich jetzt für den Transport von A oder B von einem Lande zum andern für das erste Land nicht mehr auf $^1/_6$ sondern nur auf $^1/_8$ A. Unter dieser Voraussetzung wird das in dem vorletzten Beispiele berechnete Tauschverhältniß von 3 A = 2 C im ersten und 23 C = 27 A im zweiten Lande nicht bestehen können, indem das erste Land dann zum activen Handel übergehen würde, bei welchem es mit dem Aufwande von A statt $^2/_3$ C $\frac{184}{266}$ C erlangen könnte. ($xA + \frac{x}{8} A + \frac{23}{27} \,.\, \frac{x}{8} A = A$, $x = \frac{216}{266}$, $\frac{216}{266} \,.\, \frac{23}{27} = \frac{184}{266}$). Es wird sich vielmehr das Tauschverhältniß so stellen müssen, daß jedes der beiden Länder den vollen Aufwand, den es für das fremde Product bestimmt, erschöpft, und dabei doch dasjenige Land, welches den Handel nicht activ betreibt, von einem Uebergang zum Activhandel keinen Vortheil zu erwarten hat. Sehen wir unsern Fall darauf an, so eröffnet sich uns die Schlußfolgerung: Mit dem Aufwande C würde das zweite Land x C auf den Markt des ersteren zu liefern im Stande sein und damit eine gewisse noch unbekannte Menge A, sagen wir m A eintauschen und zurückbringen. Das Tauschverhältniß wäre demnach:

$$\text{im ersten Lande } mA = xC,$$
$$\text{„ zweiten „ } C = mA.$$

Die Forderung wäre demnach, daß derjenige Betrag von C, den das erste Land bei activem Handel mit einem Aufwande = A sich verschaffen könnte, nicht größer sein soll als $\frac{x}{m}$. Nennen wir das Maß des Angebots, welches das erste Land auf dem Markte des zweiten machen kann, y, so haben wir nach den gemachten Voraussetzungen:

$$y + \frac{y}{8} + \frac{y}{8m} = 1$$
$$\text{also } y = \frac{8m}{9m + 1}$$

und folglich der Ertrag eines Aufwandes von A = $\frac{8}{9m + 1}$. Dieses soll nicht größer sein als $\frac{x}{m}$; x hinwiederum stellt sich nach der Gleichung $x + \frac{x}{9} + \frac{m}{9} = 1$ auf $\frac{9 - m}{10}$; $\frac{x}{m}$ mithin auf $\frac{9 - m}{10m}$ heraus.

Wir erhalten demnach

$$\frac{8}{9m + 1} \text{ höchstens} = \frac{9 - m}{10m}$$
$$\text{oder } 9m^2 \text{ höchstens} = 9$$
$$\text{oder } m \text{ höchstens} = 1.$$

Ist m = 1, so ergiebt sich aus der Rechnung x = $\frac{4}{5}$. Das Resultat wäre also, daß das zweite Land mit einem Aufwande = 100 C 80 C auf dem Markte des ersten zum Angebot und 100 A dafür zurückbrächte. Damit wäre indessen die Nachfrage des ersteren Landes nicht befriedigt. Das Tauschverhältniß muß sich daher für dieses ungünstiger gestalten. Sowie das aber geschieht, wird es für beide Länder vortheilhafter, wenn das erste das Gut, das es angeboten hat, selbst ausführt, und sich dasjenige, das es begehrt, dafür auf dem fremden Markte eintauscht. Mit andern Worten, der Handel geht jetzt in die Hände des ersten Landes über, wovon nach den gegebenen Voraussetzungen das Tauschverhältniß

$$\text{im ersten Lande } 135\ A = 100\ C,$$
$$\text{„ zweiten „ } 100\ C = \frac{980}{9}\ A \text{ die Folge ist;}$$

$$\left(\text{denn } y\ A + \frac{y}{8}\ A + \frac{100}{8}\ A = 135\ A \quad y = \frac{980}{9}\right)$$

ein Verhältniß, bei welchem das zweite Land, wie sich leicht wahrnehmen läßt, den Activhandel wieder aufzunehmen außer Stande ist.

An diese allgemeinen Auseinandersetzungen lassen sich mancherlei interessante Betrachtungen knüpfen. Wir beschränken uns darauf, folgende hervorzuheben.

1. Es kann nur ein seltener Zufall sein, daß von zwei Völkern, welche miteinander in Verkehr stehen, für jedes die active Betheiligung am Handel oder der Verzicht auf dieselbe gleich vortheilhaft ist. In bei weitem den meisten Fällen müßte daher bei gleicher wirthschaftlicher Energie und Einsicht der Handel

ausschließlich von dem einen Lande vermittelt werden. Dies ist erfahrungsmäßig nicht der Fall. Die Erklärung dafür ist theils in der fortdauernden Nachwirkung gegebener historischer Entwickelungen, theils in der thatsächlichen Verschiedenheit der wirthschaftlichen Energie und Einsicht zu suchen. In ersterer Beziehung entwickelt sich mit dem Besitze der Vermittelung des Handels die Vorliebe für die darauf bezüglichen Beschäftigungen, entstehen vielerlei günstige Verhältnisse, welche zum Festhalten der einmal gewonnenen Stellung auffordern und sie erleichtern. In letzterer Hinsicht ist daran zu erinnern, daß Völker, die vergleichsweise lässig wirthschaften, naturgemäß ihre Aufmerksamkeit eher auf die möglichen Vortheile der näher liegenden inländischen Production und Verkehrsvermittelung als auf die des entfernter liegenden auswärtigen Handels richten werden. Das wirkliche Leben setzt sonach der Entwickelung des internationalen Handels zu seiner rationellsten Gestaltung vielfache Hindernisse entgegen, welche bewirken, daß sich dieselbe nur allmälig zu vollziehen vermag. Dies ist niemals zu übersehen, wenn es sich darum handelt, die Richtigkeit der aufgestellten Sätze an den thatsächlichen Verhältnissen zu prüfen.

2. Ein vergleichsweise bedeutendes Volumen und Gewicht der in den auswärtigen Handel zu liefernden Waaren begünstigt die active Betheiligung an demselben; geringer Raumgehalt und Gewicht wirken im entgegengesetzten Sinne. Dies läßt sich folgendermaßen nachweisen. Die Transportkosten richten sich nach dem Raumgehalt und Gewicht, gebrauchen wir dafür den Ausdruck Masse, der zu transportirenden Güter. Setzen wir nun den absoluten Aufwand, den jedes Land für die von dem andern zu beziehenden Güter zu machen beabsichtigt, um dieses Element in der Rechnung nicht noch besonders berücksichtigen zu müssen, in beiden Ländern gleich, lassen wir ferner die eigene Erzeugung der Einfuhrartikel auf beiden Seiten nur unter so ungünstigen Verhältnissen möglich werden, daß sie auf die Gestaltung des Tauschverhältnisses außer Wirkung bleibt, nehmen wir aber an, daß mit dem beabsichtigten Aufwande das eine Land von seinem Exportartikel A eine Masse von $a + b$, das zweite mit dem seinigen B eine Masse von nur a zu erzeugen im Stande ist, und bezeichnen wir die Transportkosten als $\frac{1}{m}$ der transportirten Masse, so würden sich, wenn das eine Volk dem andern den Activhandel ohne Versuch einer Concurrenz überließe, folgende Tauschverhältnisse ergeben:

Beim Betriebe des Activhandels	im ersten Lande	im zweiten Lande
durch das erste Volk	$a + b\,A = a\,B$	$a\,B = \frac{m\,(a + b) - a}{m + 1}\,A$
durch das zweite Volk	$a + b\,A = \frac{am - (a + b)}{m + 1}\,B$	$a\,B = a + b\,A.$

Die Möglichkeit einer Theilnahme am Activhandel von Seiten des passiven Volkes und damit bei der gehörigen Energie desselben einer anderweiten Gestaltung dieser Tauschverhältnisse würde sich ergeben, sobald im ersten Falle:

$$\frac{m\,(a + b) - a}{m + 1} \text{ kleiner als } \frac{am\,(a + b)}{am + 2\,a + b}$$

und im zweiten Falle:

$$\frac{am - (a + b)}{m + 1} \text{ kleiner als } \frac{am\,(a + b)}{(a + b)\,m + 2\,a + b}$$

wäre.

Nun läßt sich aber durch eine einfache Rechnung nachweisen, daß, so lange b und m positiv sind, und positiv sind sie der Annahme nach, die erste Eventualität nur eintreten kann, wenn bm kleiner ist als a, der zweite dagegen immer eintreten muß, was nichts Anderes sagen will, als daß das erste Land es in der Hand hat, sich den Betrieb des Handels ausschließlich zu bewahren und nur in solchen Fällen, wo die Transportkosten hoch, die Differenz der Masse der zu transportirenden Producte gering ist, durch eine entsprechende Preisstellung einen Theil der mit jenem Betriebe verbundenen Vortheile zu Gunsten des andern Landes aufgeben muß. Stellt sich sonach heraus, daß, wo die Massenhaftigkeit der Tauschartikel isolirt wirkt, der Betrieb des Handels demjenigen Lande zufällt, dessen Ausfuhrartikel die größte Masse haben, so ergiebt sich daraus zugleich die Richtung, in welcher beim Zusammentreffen mit anderen Einflüssen, die Einwirkung des Massenverhältnisses der gegen einander zu vertauschenden Güter auf die active Betheiligung der verschiedenen Interessenten an diesem Umsatz sich geltend macht.

Diese Tendenz wird übrigens noch durch ein anderes Moment unterstützt. Bisher haben wir immer den Transportaufwand für eine gewisse Gütermasse als eine feststehende Größe angesehen. In der That ist er das jedoch nicht, er steigt und fällt vielmehr mit der Differenz zwischen der Gütermasse, die in einer, und derjenigen, die in der entgegengesetzten Richtung zu bewegen ist. Je mehr die von einem Lande ins andere gebrachten Güter ihrer Masse nach denjenigen gleichkommen, welche hier mit denselben eingetauscht und nun in das erste Land eingeführt werden sollen, desto besser können alle Transportkräfte und Mittel ausgenützt werden; je mehr die betreffenden Gütermassen von einander abweichen, desto weniger ist dies der Fall, und je nachdem sind folglich die Kosten des Transports geringer oder höher anzuschlagen. Nun verfährt aber der activ Handelnde, da er die Transportkosten auszulegen hat, in der Weise, daß er sein mögliches Angebot entsprechend beschränkt. Ist derjenige, welcher den Handel betreibt, ohnehin derjenige, der die geringere Gütermasse anzubieten hat, so steigt dadurch die Massendifferenz der gegeneinander umgesetzten Güter und mit ihr stellen sich die Transportkosten höher; umgekehrt stellen dieselben sich niedriger, wenn derjenige Betheiligte, der die größeren Massen anzubieten hat, den Handel in die Hand nimmt, zu diesem Zweck sein Angebot beschränkt und so dasselbe der Masse nach dem Gegenangebote nähert. Mit andern Worten: dasjenige Land, welches die massenhafteren Güter liefert, ist im Allgemeinen im Stande, niedrigere Transportkosten zu berechnen als dasjenige, welches Güter von concentrirterem Werthe zum Austausch bringt.

3. Was die Frage anbetrifft, in welcher Weise Fortschritte in der Kunst der Production auf die Gestaltung des internationalen Handels einwirken, so liegt es auf der Hand, daß dieselben ihm einen größeren Umfang zu geben geeignet sind und zwar um so mehr, je mehr dabei die unübertragbaren Vorzüge der einzelnen Länder zur Geltung kommen. Nimmt die Productivität nur bei dem einen Volke oder doch bei diesem in erheblich höherem Grade als bei dem andern zu, so wird jenes dadurch, so lange alle übrigen Verhältnisse unverändert bleiben, in Bezug auf die active Betheiligung am Handel entsprechend ungünstiger gestellt, und es kann unter Umständen geschehen, daß in Folge davon der Activhandel

immer mehr an das minder vorgeschrittene Volk übergeht. Häufig indessen wird diese Wirkung durch einen anderen Umstand aufgewogen werden. Wenn nämlich der Fortschritt der Kunst der Production zugleich zu einer starken Capitalansammlung führt, so kann hierdurch ein Ueberfluß an Capitalien entstehen, und dadurch der Zinsfuß soweit herabgedrückt werden, daß er den Fortbetrieb und selbst eine zunehmende Ausdehnung des Activhandels gestattet. — Das Tauschverhältniß wird sich im Allgemeinen mehr zu Gunsten des ärmeren Volkes gestalten, da dessen Angebot in der Regel verhältnißmäßig weniger steigen wird, als das des reicheren. Im Uebrigen müssen sich die Wirkungen sehr verschieden gestalten, je nachdem beide Theile die Verbesserungen sich gleichmäßig anzueignen im Stande sind oder nicht, je nachdem sie nur die Ein- oder nur die Ausfuhrartikel eines Landes betreffen oder doch die einen in einem höheren Maße als die andern, und je nachdem die Nachfrage nach den verschiedenen Artikeln mit dem Herabgehen der Preise sich in verschiedenem Grade verändert.

4. Verbesserungen des Transportwesens beeinflussen den internationalen Handel hauptsächlich dadurch, daß sie eine größere oder geringere Anzahl von Gütern überhaupt erst verkehrsfähig machen. Hierin wird in den meisten Fällen für beide Betheiligte ein erheblicher Vortheil liegen. Uebrigens kann die Gleichung der internationalen Nachfrage dadurch eine wesentliche Veränderung erleiden, namentlich dadurch, daß die Nachfrage nach den verschiedenen Artikeln durch die Preisminderung in verschiedenem Grade beeinflußt wird. Sieht man hiervon ab und fragt, indem man die Artikel des Verkehrs als feststehend annimmt, nur nach der Vertheilung des Vortheils, so kommen, so lange in einem Lande trotz der Vermehrung der Einfuhr die Eigenproduction der betreffenden Artikel nicht entbehrlich wird, die Transportverbesserungen lediglich dem einführenden Volk zu Gute *). Bleibt dagegen in einem Lande die Nachfrage nach den einzuführenden Artikeln hinter der durch die Verminderung der Transportkosten ermöglichten Vermehrung des Angebots zurück, so zieht es selbst den Vortheil dieser Verminderung.

Schließlich ist noch ein Punct kurz zu berühren, der aber schwerlich einer weiteren Auseinandersetzung bedarf. Bisher wurde der Verkehr immer nur auf zwei Länder beschränkt gedacht. In Wahrheit pflegt sich derselbe auf eine größere Anzahl von Ländern zu erstrecken. Hierdurch wird die Anwendung der aufgestellten Sätze einigermaßen verwickelter; in ihrem wesentlichen Inhalte werden sie dadurch nicht betroffen, denn das mehrseitige Verhältniß läßt sich in eine Reihe zweiseitiger Verhältnisse auflösen. Für den Markt jedes einzelnen Landes erscheinen die fremden Völker als Concurrenten einerseits für die Abnahme, andererseits für die Lieferung gewisser Producte. Die Bedingungen, unter welchen eine Ver-

*) Z. B. in den zuletzt behandelten drei Beispielen, wo wir die Gleichungen erhielten

im ersten Lande	im zweiten Lande
135 A = 90 C	100 C = $117\frac{9}{23}$ A
110 A = 79 C	100 C = 110 A
135 A = 100 C	100 C = $108\frac{8}{9}$ A

würden bei einer Verminderung der Transportkosten auf die Hälfte folgende Veränderungen eintreten:

	100 C = $131\frac{29}{41}$ A
110 A = $88\frac{18}{19}$ C	
	100 C = $121\frac{3}{17}$ A.

kehrsverbindung möglich ist, die eigentlichen Handelskosten, sind einem gegebenen Lande gegenüber für die verschiedenen Völker manichfach verschieden. Neben manchen andern Momenten zeigt sich hier namentlich der Einfluß der Lage. Je centraler die Lage eines Marktes ist, desto vielseitigere Verkehrsverbindungen lassen sich von dort anknüpfen, und dies muß günstig auf die Gestaltung der Gleichung der internationalen Nachfrage einwirken, indem das centrale Land jedem mehr oder minder peripherischen Lande gegenüber eine verhältnißmäßig größere Möglichkeit, sowol des Absatzes seiner eigenen, als des Bezugs der einzuführenden Producte besitzt. Unter Umständen wird es für dasselbe vortheilhafter werden, gewisse fremde Producte, statt direct mit eigenen Erzeugnissen, mit solchen, welche es erst von einem dritten Lande eingetauscht hat, zu bezahlen, und dies allmälig zum regelmäßigen Betriebe eines Zwischenhandels führen. Andererseits werden die Händler der peripherischen Länder nicht selten Veranlassung haben, statt des directen Verkehrs ein Zusammentreffen auf den Märkten des centralen Landes vorzuziehen und dadurch diese zu internationalen Hauptmärkten zu erheben. Je manichfaltiger die Gelegenheit zum Zwischenhandel für ein Volk ist, je besser sein Land sich zum internationalen Markt eignet, desto mehr fühlt es sich natürlich zum activen Betriebe des Handels hingedrängt, desto mehr verwächst seine Neigung mit demselben und desto energischer sucht es sie auszubilden und festzuhalten. Für das Verhältniß des Antheils der einzelnen Völker am Welthandel gewinnt dieser Umstand daher eine tief eingreifende Bedeutung.